嶺南學報

Lingnan Journal of Chinese Studies

嶺南大學中文系　　主編　蔡宗齊　復刊　第三輯

經學的傳承與開拓

本輯主編　　許子濱　李雄溪

（本輯全部論文均經過匿名評審）

上海古籍出版社

圖書在版編目(CIP)數據

嶺南學報 復刊第三輯:經學的傳承與開拓/香港嶺南大學中文系編.—上海:上海古籍出版社,2015.6
ISBN 978-7-5325-7640-1

Ⅰ.①嶺… Ⅱ.①香… Ⅲ.①社會科學—期刊—彙編—中國 Ⅳ.①C55

中國版本圖書館 CIP 數據核字(2015)第 101785 號

嶺南學報 復刊第三輯
經學的傳承與開拓
香港嶺南大學中文系
上海世紀出版股份有限公司
上海古籍出版社 出版
(上海瑞金二路 272 號 郵政編碼 200020)
 (1) 網址:www.guji.com.cn
 (2) E-mail:guji1@guji.com.cn
 (3) 易文網網址:www.ewen.co
上海世紀出版股份有限公司發行中心發行經銷
常熟文化印刷有限公司印刷
開本 787×1092 1/16 印張 19.75 插頁 3 字數 310,000
2015 年 6 月第 1 版 2015 年 6 月第 1 次印刷
ISBN 978-7-5325-7640-1
B·893 定價:88.00 元
如有質量問題,請與承印公司聯繫

《嶺南學報》編輯委員會
（以漢語拼音排序）

主編：蔡宗齊　　嶺南大學中文系

編委：陳平原　　北京大學中文系
　　　陳尚君　　復旦大學中文系
　　　陳引馳　　復旦大學中文系
　　　郭英德　　北京師範大學文學院
　　　胡曉明　　華東師範大學中文系
　　　蔣秋華　　中研院中國文哲研究所
　　　蔣　寅　　中國社會科學院文學研究所
　　　李惠儀　　美國哈佛大學東亞語言及文明系
　　　李雄溪　　嶺南大學中文系
　　　劉玉才　　北京大學中文系
　　　劉燕萍　　嶺南大學中文系
　　　汪春泓　　嶺南大學中文系
　　　王德威　　美國哈佛大學東亞語言及文明系
　　　王　鍔　　南京師範大學文學院文獻與信息學系
　　　徐興無　　南京大學文學院
　　　許子濱　　嶺南大學中文系
　　　許子東　　嶺南大學中文系
　　　虞萬里　　上海交通大學人文學院
　　　張　健　　香港中文大學中文系
　　　鄭吉雄　　香港教育學院人文學院

目　　録

《儀禮》各禮典之主要禮意與執禮時之三項基本禮意
　………………………………………………………… 葉國良（ 1 ）
"孟子深於《易》"論 ……………………………… 陳雄根（ 11 ）
釋"詩者天地之心" ………………………………… 徐興無（ 33 ）
清儒的"知識分化"與"專門之學"萌芽
　——從幾場論辯談起 …………………………… 張壽安（ 59 ）
讀王引之《經義述聞·爾雅》札記二則
　………………………………………………………… 郭鵬飛（ 95 ）
皮錫瑞《詩》主諷諭說探論 ……………………… 蔡長林（107）
唐文治先生《論語大義》義理體統探要 ………… 鄧國光（133）
香港大學"《春秋》、《左傳》學"研究述要補 …… 單周堯（191）
經學傳承：《書經》之中外詮釋
　………………………………………………………… 陳遠止（253）
論韓國《書》學文獻的文本狀態及其校勘原則
　………………………………………………………… 錢宗武（267）
文化接受者的身份認同
　——朝鮮王朝文廟從祀的形成過程 …………… 盧鳴東（289）

編後記 ……………………………………………………（305）
《嶺南學報》徵稿啓事 …………………………………（307）
撰稿格式 …………………………………………………（309）

《儀禮》各禮典之主要禮意與執禮時之三項基本禮意

葉國良

【摘　要】《儀禮》十七篇,包括十四種禮典,即士冠禮、士昏禮、士相見禮、鄉飲酒禮、鄉射禮、燕禮、大射儀、聘禮、公食大夫禮、覲禮各一篇、喪禮三篇(士喪、既夕、喪服)、士虞禮一篇、士祭祖禮一篇(特牲饋食禮)、大夫祭祖禮二篇(少牢饋食禮、有司徹)。以上各禮典之遂行,均有其主要禮意欲表達,譬如"祭主敬,喪主哀"之類。此外,各禮典之諸多儀節在具體執行時亦有共通之基本禮意,筆者以爲可以歸納爲恭敬、肅靜、潔淨三項。通過此三項基本禮意之支撐,各禮典之主要禮意方能顯現。

【關鍵詞】《儀禮》　禮典　儀節　主要禮意　基本禮意

一、前　言

《儀禮》十七篇,包括十四種禮典,即士冠禮、士昏禮、士相見禮、鄉飲酒禮、鄉射禮、燕禮、大射儀、聘禮、公食大夫禮、覲禮各一篇、喪禮三篇(士喪、既夕、喪服)、士虞禮一篇、士祭祖禮一篇(特牲饋食禮)、大夫祭祖禮二篇(少牢饋食禮、有司徹)。以上各禮典之遂行,均有其主要禮意欲表達,譬如"祭主敬,喪主哀"之類。

此外,各禮典之諸多儀節在具體執行時亦有共通之基本禮意,筆者以爲可以歸納爲恭敬、肅靜、潔淨三項。通過此三項基本禮意之支撐,各禮典之主要禮意方能顯現。

下文將先陳述各禮典的主要禮意，之後分別闡述具體執行時共通的三項基本禮意，以襯托出禮的社會功能與價值。

二、《儀禮》各禮典之主要禮意

《儀禮》十四種禮典，架構出周代貴族之家庭生活、社會生活、政治生活與感情發抒之樣貌，乃了解當時文化之重要文獻。各禮典均有其欲顯現之主要禮意，以下依序論述。

士冠禮屬嘉禮，《士冠禮》敘述士人在父執輩與家人之關注下舉行冠禮之過程。其冠於阼、三加、取字、以成人之禮見母、見兄弟、見鄉大夫、見鄉先生、見君等安排之目的，《禮記·冠義》稱："責成人禮焉者，將責爲人子、爲人弟、爲人臣、爲人少者之禮行焉。"易言之，行冠禮之主要禮意，乃要求冠者體悟自身對於家庭、社會、邦國之各種責任，且須依禮而行。

士昏禮亦屬嘉禮，《士昏禮》主要敘述兩姓透過納采、問名、納吉、納徵、請期、親迎之過程締結婚姻關係。其目的，《禮記·昏義》稱："昏禮者，將合二姓之好，上以事宗廟，而下以繼後世也。"易言之，行昏禮以締結兩家之姻親關係，其主要禮意乃爲祭祀祖先及繁衍子孫。

士相見禮屬賓禮，《士相見禮》雖亦述及大夫與庶人之相見禮儀，但主要在敘述士人執摯與人締結正式往來關係之禮，易言之，以摯之象徵意義正式向對方表示締結關係之誠意。

鄉飲酒禮以下四種禮典均屬嘉禮。鄭玄《三禮目錄》稱《鄉飲酒禮》敘述："諸侯鄉之大夫，三年大比，獻賢者、能者於其君，以禮賓之，與之飲酒。"其儀節安排之目的，《禮記·鄉飲酒義》稱："貴賤明，隆殺辨，和樂而不流，弟長而無遺，安燕而不亂，此五行者，足以正身安國矣。"易言之，舉行鄉飲酒禮之主要禮意，在藉行飲酒禮之機會，考察賢者、能者是否確實符合"五行"之要求。另據《鄉飲酒禮》賈疏、《鄉飲酒義》孔疏，除鄭玄所稱諸侯鄉之大夫三年大比所舉行者外，尚有黨正飲酒、州長習射、鄉大夫士飲國中賢者三種情況亦得舉行鄉飲酒禮，而其考察之標準，當與《鄉飲酒義》之"五行"無異。

鄉射禮，鄭玄《三禮目錄》稱《鄉射禮》敘述："州長春秋以禮會民，而射於州序之禮。"其禮意詳見下述大射儀，茲不贅。

燕禮，鄭玄《三禮目錄》稱《燕禮》爲："諸侯無事，若卿大夫有勤勞之功，與群臣燕飲以樂之。"其説似指犒勞、同樂之意，然而《禮記·燕義》稱其儀節安排之目的爲："君舉旅於賓，及君所賜爵，皆降，再拜稽首，升成拜，明臣禮也。君答拜之，禮無不答，明君上之禮也。……故曰：燕禮者，所以明君臣之義也。"易言之，不論無事同樂，或爲犒勞有功之臣，舉行燕禮之主要禮意，在藉較輕鬆之氣氛，再度確認君臣各自之責任與義務。

大射儀，鄭玄《三禮目錄》稱《大射儀》爲："名曰大射者，諸侯將有祭祀之事，與其群臣射，以觀其禮，數中者得與於祭，不數中者不得與於祭。"易言之，諸侯藉大射挑選人才參加祭祀，而在當時社會，得參加祭祀幾等於得參與邦國大事。《禮記·射義》者，清人孫希旦《禮記集解》稱："此篇釋《儀禮·大射儀》之義也。"大射之目的，《射義》稱："故射者，進退周還必中禮，内志正，外體直，然後持弓矢審固，持弓矢審固然後可以言中。此可以觀德行矣。"這裏的"德行"，包含好幾種内涵，大約即《周禮·地官·鄉大夫之職》所述考核賢能之項目："以鄉射之禮五物詢衆庶：一曰和，二曰容，三曰主皮，四曰和容，五曰興舞。"

按《射義》又言："古者，諸侯之射也，必先行燕禮；卿大夫之射也，必先行鄉飲酒之禮。故燕禮者，所以明君臣之義也；鄉飲酒之禮者，所以明長幼之序也。"足見舉行飲酒禮與射禮，不論鄉飲、鄉射，或爲燕禮、大射，其主要禮意都在觀德行、講道義。

聘禮以下三種禮典屬賓禮。鄭玄《三禮目錄》稱《聘禮》爲："諸侯相於久無事，使卿相問之禮。小聘，使大夫。"易言之，聘禮之主要禮意，在維護兩國邦交之和睦。

公食大夫禮，鄭玄《三禮目錄》稱《公食大夫禮》爲："主國君以禮食小聘大夫之禮。"即上段引鄭玄語所謂："小聘，使大夫。"易言之，公食大夫禮與聘禮主要禮意相同，僅規格較低而已。

覲禮，鄭玄《三禮目錄》稱《覲禮》爲："覲，見也。諸侯秋見天子之禮。春見曰朝，夏見曰宗，秋見曰覲，冬見曰遇。朝、宗禮備，覲、遇禮省，是以享獻不見焉。三時禮亡，唯此存爾。"《孟子·梁惠王下》曰："諸侯朝於天子曰述職。述職者，述所職也，無非事者。"既是述職，因而覲禮有諸侯奠命圭、出門右袒待命之儀節。易言之,覲禮之主要禮意,乃諸侯向天子表示效忠、天子考核諸侯有否失職。

《喪服》以下四篇屬凶禮。《喪服》、《士喪禮》、《既夕禮》,述士人喪葬之禮。鄭玄《三禮目録》稱《喪服》内容爲:"天子以下,死而相喪,衣服、年月、親疏、隆殺之禮。不忍言死而言喪,喪者,棄亡之辭,若全存居於彼焉,已亡之耳。"易言之,喪禮之過程,乃親屬以喪服輕重、年月久暫、親疏之等、隆殺之別對亡者表達哀悼之情。《士喪禮》,鄭玄《三禮目録》稱:"士喪其父母,自始死至於既殯之禮。"《既夕禮》,鄭玄云:"《士喪禮》之下篇也。"此兩篇詳述喪葬之各儀節。《論語·八佾》,林放問禮之本,子曰:"大哉問! 禮,與其奢也寧儉。喪,與其易也寧戚。"《禮記·少儀》曰:"喪事主哀。"足見喪禮之全部過程以表達哀戚之情爲主要禮意。關於士虞禮,鄭玄《三禮目録》稱《士虞禮》爲:"虞,安也。士既葬父母,迎精而反,日中祭之於殯宮以安之。虞於五禮屬凶。"精即魂,安葬當日及後數日內連續舉行三虞祭以安父或母之魂。虞禮既屬凶禮,猶主哀。

《特牲饋食禮》以下三篇屬吉禮,述祭祖之事。鄭玄《三禮目録》稱《特牲饋食禮》爲:"特牲饋食之禮,謂諸侯之士祭祖禰,非天子之士。"又稱《少牢饋食禮》爲:"諸侯之卿大夫祭其祖禰於廟之禮。羊豕曰少牢。"稱《有司徹》爲:"《少牢》之下篇也。大夫既祭,儐尸於堂之禮。祭畢,禮尸於室中。天子、諸侯之祭,明日而繹。"《論語·八佾》載:"祭如在,祭神如神在。子曰:吾不與祭,如不祭。"謂祭神則心存恭敬也。《禮記·少儀》曰:"祭祀主敬。"足見祭祖以敬神爲主要禮意。

以上十四種禮典,或爲賦予責任,或爲締結交往關係,或爲選拔賢能,或爲敦睦邦交,或爲考核諸侯,或以哀戚之情從事喪葬,或以敬意祭祀祖先,其主要禮意均極明確。然而各禮典均有繁複過程,須以諸多儀節完成之,在具體執行諸多儀節時,仍須傳達基本禮意,方能支撐主要禮意之遂行。下節分述之。

三、具體執禮時共通之三項基本禮意

古人執禮,每以肢體語言表達某一程度之禮貌,如揖拜周旋、袒襲髽免等均是,即"禮容"之謂,古人亦謂之"儀"①,乃禮文之一部分②。禮容與儀,雖能表達一定之意思,但如執禮之人僅專注於此,而忽略基本禮意,將不成其爲禮。《左傳》昭公五年載:

> 公如晉,自郊勞至于贈賄,無失禮。晉侯謂女叔齊曰:"魯侯不亦善於禮乎!"對曰:"魯侯焉知禮?"公曰:"何爲?自郊勞至于贈賄,禮無違者,何故不知?"對曰:"是儀也,不可謂禮。禮所以守國,行其政令,無失其民者也。今政令在家,不能取也。有子家羈,弗能用也。奸大國之盟,陵虐小國,利人之難,不知其私,公室四分,民食于他,思莫在公,不圖其終,爲國君,難將及身,不恤其所。禮之本末,將于此乎在,而屑屑焉習儀以亟,言善于禮,不亦遠乎?"君子謂:叔侯于是乎知禮。

又,同書二十五年載:

> 子大叔見趙簡子,簡子問揖讓周旋之禮焉。對曰:"是儀也,非禮也。"

上文所謂"自郊勞至于贈賄",指構成行聘之部分儀節,"揖讓周旋"指執禮時之禮容,但即令儀節暢順,禮容無違,仍未能顯現執禮之誠意,遑論顯現禮典之主要禮意?女叔齊批評魯侯"思莫在公,不圖其終",有賢人而不能用,聘於大國而未能安邦睦鄰,可見魯侯即使善於燕、射、聘、盟,實乃枉行其禮,故女叔齊謂魯侯"屑屑焉習儀以亟,言善於禮,不亦遠乎"。按:女叔齊對於魯侯,乃以救亡圖存之標準批評之,而《儀禮》各禮典,對天子、諸侯、大夫、士執禮之事,乃就國泰民安、各盡其責之理想狀況加以敘述,吾人自

---

① 《周禮·保氏之職》:"養國子以道……乃教之六儀:一曰祭祀之容,二曰賓客之容,三曰朝廷之容,四曰喪紀之容,五曰軍旅之容,六曰車馬之容。"可見儀與禮容可視爲同義詞。至於六儀之容當如何,鄭司農云:"祭祀之容,穆穆皇皇;賓客之容,嚴恪矜莊;朝廷之容,濟濟蹌蹌;喪紀之容,涕涕翔翔;軍旅之容,闐闐仰仰;車馬之容,顛顛堂堂。"鄭玄云:"祭祀之容,齊齊皇皇;賓客之容,穆穆皇皇;朝廷之容,濟濟翔翔;喪紀之容,纍纍顛顛;軍旅之容,暨暨詻詻;車馬之容,匪匪翼翼。"鄭司農與鄭玄雖各有詮釋,但均用高度抽象之形容詞予以描述,孫詒讓《周禮正義》雖各有詁訓,今日仍不易準確譯爲語體文。
② 古人所謂禮文,自包含禮容在內,此外如配合禮典之進行而有之陳設、幣帛等,亦爲禮文之一部分。

不必沿用女叔齊之標準予以考察。雖然,筆者以爲《儀禮》一書,除記各種禮典之儀節、禮容外,尚透露出具體執禮時須具備三項基本禮意,即恭敬、肅靜、潔淨,且三者相輔相成,乃足以支撐各種禮典之遂行。下文各舉數例説明之,其餘可以類推。

(一) 恭敬

此處所謂恭敬,不指上節所言之"祭祀敬神",而指具體執禮時對人、事均須心存敬意,而非徒具禮容而已。

《特牲饋食禮》,既筮尸,經云:"乃宿尸。主人立于尸外門外,子姓、兄弟立于主人之後,北面,東上。尸如主人服,出門左,西面。主人辟,皆東面,北上。主人再拜,尸答拜。宗人擯辭如初,卒,曰:'筮子爲某尸,占曰吉,敢宿。'祝許諾,致命,尸許諾。主人再拜稽首。尸入,主人退。"《少牢饋食禮》,既筮尸,經云:"吉則乃遂宿尸,祝擯。主人再拜稽首,祝告曰……尸拜,許諾。主人又再拜稽首。主人退,尸送,揖,不拜。"按:尸非主人之尊長,而主人或率宗人、子姓、兄弟、祝登門宿尸,且行再拜稽首之最敬禮者,即對其人心存恭敬也。《士虞禮》,既陰厭,尸謖,將出門,經云:"祝前,鄉尸,還;出户,又鄉尸,還;過主人,又鄉尸,還;降階,又鄉尸,降階,還;及門,如出户。尸出,祝反,入門,左,北面,復位。"祝引尸而先行,屢次還鄉尸、又還而前行者,鄭注:"每將還,必有辟退之容。凡前尸之禮儀在此。"蓋祝對尸本宜辟退讓道,唯需引導,又不得不在前,故每還必有辟退之容,以示敬意也。

《聘禮》,卿既受命圖事,戒上介、衆介畢,經云:"宰書幣,命宰夫官具。及期,夕幣,使者朝服,帥衆介夕,管人布幕于寢門外,官陳幣,皮北首,西上,加其奉于左皮上,馬則北面,奠幣于其前。使者北面,衆介立于其左,東上。卿大夫在幕東,西面,北上。宰入,告具于君。君朝服出門左,南鄉。史讀書,展幣。宰執書,告備具于君。授使者,使者受書,授上介。公揖,入。官載其幣,舍于朝。上介視載者,所受書以行。"按:此節述出使前,使者及衆介於國君及卿大夫面前,接受宰、史、官點交之聘幣。及入所聘國之境,展視之,以驗完整與否。經又云:"及郊,又展如初。及館,展幣於賈人之館,如初。"按:使者與衆介,自受命至入居使館,凡四展幣檢視之。何以如此? 對幣聘之事心存敬意也。又,未入境之先,經云:"爲壇壝,畫階,帷其北,無宫。"爲壇壝者,以習奠幣、執幣之禮也,何以如此? 對聘使之事心存敬意也。《士喪禮》,既筮宅,歸哭。經云:"既井椁,主人西面拜工,左還椁，反位，哭，不踊，婦人哭于堂。"主人在殯門外視椁，自左方先行向西南方，再繞椁而行，一周而反於原位。故胡培翬《儀禮正義》卷二十八云："西面者，殯門外東方之位，西面。則以南，以左，左還椁，謂循井椁之南而西，而北，而東，周繞而詳視之，乃反於拜位也。"主人繞椁審視者，唯恐匠人井構不善，對棺椁之事心存敬意也。

（二）肅靜

行禮而保持肅靜者，一爲尊重他人之發言，避免影響衆人之視聽；二則蘊含"時然後言，人不厭其言"之意①；三爲避免干擾重要儀節之進行；四則不敢以謹囂向君長。然則肅靜者，亦敬人、敬事之一端。故凡《儀禮》經文述其人發言、發聲者，乃禮之所必須。凡《儀禮》經文未述其人發言、發聲者，均應保持肅靜。

以《鄉飲酒禮》與《燕禮》言之，堂上主人方與主賓與衆賓周旋獻酢，堂下衆人何得喧囂？及奏樂、工歌，尤不得喧囂。以《鄉射禮》言之，其進行之過程，由司射與司馬主導（《大射儀》由司射與司馬正主導）。三耦俟於堂西，南面，東上，司射升自西階，階上北面，告於賓曰："弓矢既具，有司請射。"賓對曰："某不能，爲二三子許諾。"司射又適阼階上，東北面告於主人曰："請射于賓，賓許。"司射降自西階，階前西面，命弟子納射器。於此對話之時，凡與會者均應肅靜，否則將干擾射禮之進行。其後司射命上射、下射，司馬命張侯、獲者之時，衆人亦須肅靜，否則將干擾司射、司馬之命令。及將射，司馬出於司射之南，升自西階，由上射之後，西南面立於物間，右執簫，南揚弓，命去侯，獲者執旌許諾，聲不絕，以至於乏。此一措施，乃爲堂下衆人之安全設想。故司馬之命去侯，因距離遠，聲量必大而長，獲者乃能聽見，獲者之許諾，因場地大，聲量亦必大而長，衆人乃能警覺，相對而言，凡在場衆人均須肅靜，否則此一儀節之用意將隱而不彰，恐將出現傷亡之事。乃射，獲者坐而獲，獲者之聲量亦必大而長，此時衆人亦須肅靜，釋獲者乃能釋筭無誤。及樂射，衆人尤須肅靜，否則射者不能應樂節矣。蓋司射猶如今之教練，教練有所指示，射者須聽清楚。而司馬之有此稱，猶如軍旅之有官長，官長有命之時，部屬均須肅靜，命其進退，乃能進退，不責其出聲，則不得出聲。《大射儀》之過程亦大體如此，唯威儀較《鄉射禮》爲繁

---

① 詳《論語·憲問篇》。

複耳。

以《士喪禮》言之,有哭踊之事,唯若有重要儀節須進行,則暫時停止,維持肅靜,避免干擾要事。經云:"君使人弔,徹帷,主人迎于寢門外,見賓,不哭。"主人不哭者,君所使人將致君命也。既致命,主人乃哭,拜稽顙,成踊。又經云:"掘肂見衽,棺入,主人不哭。升棺,用軸,蓋在下。"主人不哭者,將升棺置於肂,恐干擾執事也。經又云:"君若有賜焉,則視斂,既,布衣。君至,主人出迎于外門外,見馬首,不哭。"鄭注:"不哭,厭於君,不敢伸其私恩。"至君哭之時,經云:"主人哭,拜稽顙,成踊。"君哭乃敢哭也。又云:"卒奠,主人出,哭者止。"此時哭者止者,鄭注:"以君將出,不敢讙囂聒尊者也。"經又云:"君出門,廟中哭,主人不哭,辟,君式之。貳車畢乘,主人哭,拜送。"主人先不哭者,君乘車將出也,故待貳車畢乘乃哭。《既夕禮》:"請啟期,告于賓。夙興,設盥于祖廟門外。……婦人不哭,主人拜賓,入,即位,袒。"婦人不哭者,鄭注:"此不象如初者,以男子入門不哭也。不哭者,將有事,止讙囂也。"經云:"公賵,玄纁束,馬兩。擯者出請,入告,主人釋杖,迎于廟門外,不哭,先入門右,北面,及衆主人袒。"主人不哭者,鄭注:"尊君命也。"主人既尊君命出門迎君,不宜哭也。往葬,經云:"至于邦門,公使宰夫贈玄纁束,主人去杖,不哭,由左聽命,賓由右致命。"此時主人不哭者,亦將聽君命也。至於壙,經云:"主人袒,衆主人西面,北上,婦人東面,皆不哭。乃窆,主人哭,踊無筭。"臨壙先不哭者,以將窆,恐干擾執事,故窆後乃哭,踊無筭。綜上觀之,喪禮雖以哀戚爲主,但若有重要儀節或有君上之命,哭踊之事亦須暫停,維持肅靜,以確保禮典之遂行。

(三) 潔淨

潔淨者,亦敬之一端,不淨則無法示人以敬。《大射儀》:"前射三日,宰夫戒宰及司馬、射人宿視滌。"鄭注:"滌謂漑器,掃除射宮。"謂維持器具及射箭場地之潔淨也。《聘禮》,使者既受命,攜幣及圭、璧、璋、琮等而行,入所使國之境,展幣檢視,拭圭、拭璧,展夫人之聘享亦如之。及郊,及館,又皆展如初,蓋唯恐圭、璧、璋、琮之不潔也。及公禮使者,經云:"公升,側受几于序端。宰夫內拂几,三,奉兩端以進。公東南鄉,外拂几,三,卒,振袂,中攝之,進西鄉。"宰夫既已拂几者三,以公之尊,又拂几者三,唯恐几之不潔對使者不敬也。凡此,均以潔淨示人以敬。又,《士昏禮》:"婦至,主人揖婦以入。……媵御沃盥交。"鄭注:"媵沃壻盥于南洗,御沃婦盥于北洗。"經又云："贊者徹尊冪，舉者盥，出，除鼏，舉鼎，入陳于阼階南，西面，北上，匕俎從設。"可見將同牢，夫、婦與舉者皆盥手，而尊、鼎亦皆有冪，爲潔淨也。蓋凡飲食，必設罍與洗或匜與盤以盥手，設蓋、冪以防塵，《士冠禮》、《鄉飲酒禮》、《燕禮》、《聘禮》、《公食大夫禮》及《特牲饋食禮》、《少牢饋食禮》等亦均如是。又凡獻、酢，賓主必上下堂洗爵，不憚其煩，爲維持潔淨也①。

　　古人事死如事生，於人既重潔淨，於亡者亦如是，《士喪禮》，既爲銘，經云："甸人掘坎于階間，少西，爲垼于西牆下，東鄉。新盆、槃、瓶、廢敦、重鬲，皆濯，造于西階下。"嗣後淅米，煮於垼，爲亡者沐櫛、洗浴、飯揜、鬠，既，經云："巾、柶、鬠、飯埋于坎。"蓋亡者別用新器皿，不與生者所用相混外，用畢又均埋於坎，重潔淨也。於神更加重視。《特牲饋食禮》，既筮日、宿尸、宿賓，厥明夕，主人冠端玄，及子姓、兄弟、賓及衆賓、宗人及祝均即位，經云："宗人升自西階，視壺濯及豆籩，反降，東北面告濯具，賓出，主人出，皆復外位。宗人視牲，告充，雍正作豕。宗人舉獸尾，告備。舉鼎鼏，告絜。請期曰羹飪。告事畢，賓出，主人拜送。"又云："夙興，主人服如初，立于門外，東方，南面，視側殺，主婦視饎爨于西堂下。"蓋祭之前夕，凡將與祭者均參與檢視器皿是否潔淨、犧牲是否肥充。及祭日，夙興，主人、主婦仍親自監督殺牲是否順利、饎爨是否正確潔淨。凡此，唯恐犧牲與粢盛、器皿之不潔也②。《少牢饋食禮》，主人朝服，即位於廟門之外，視刲羊、擊豕，宗人告備，乃退。雍人、廩人、司宮摡諸陳設、器皿，鄭注："凡摡者，皆陳之而後告絜。"主婦則被錫衣，移袂，薦自東房，親自處理陰厭所需祭品。又，《特牲饋食禮》、《少牢饋食禮》，設罍、洗，主人與賓、祝先盥於洗，主婦盥於房中③，及尸至，以匜、槃盥之。蓋不論大夫禮或士禮，祭祖之時，人、尸、神均不得不潔也。

----

① 《鄉飲酒禮》："凡旅不洗，不洗者不祭。"鄭注："敬禮殺也。"蓋旅酬乃飲酒進入興致之階段，不洗以拉近彼此之距離。
② 古人祭祀，重牛，除用騂、用犆外，尤重其角。《禮記·王制》："祭天地之牛，角繭栗。宗廟之牛，角握。賓客之牛，角尺。"《孔子家語·郊問》："孔子曰：上帝之牛角繭栗，必在滌三月，后稷之牛唯具，所以別事天神與人鬼也。牲用騂，尚赤也。用犆，貴誠也。"所謂在滌者，《公羊傳》宣公三年："帝牲在于滌三月，於稷者唯具是視。"注："滌，宮名，養帝牲三牢之處也。謂之滌者，取其蕩滌絜清。"若牛體有傷，或牛角損毀不正，則改卜牛，蓋已不潔淨也。《春秋》宣公三年："春，王正月，郊牛之口傷，改卜牛，牛死，乃不郊。"定公七年："春，王正月，鼷鼠食郊牛角，改卜。鼷鼠又食其角，乃免牛。"均其證也。
③ 《少牢饋食禮》不言主婦盥於房中，《特牲饋食禮》不言祝盥，蓋省文也。

四、結　論

　　上文所舉基本禮意諸例，雖分恭敬、肅靜、潔淨三者，實則肅靜、潔淨亦以恭敬爲本，恭敬者，蘊之於內，肅靜、潔淨者，形之於外，內外相合，乃能顯示誠意，有誠意，乃有基本禮意可言，有基本禮意可言，各種禮典之主要禮意方可顯現而無憾。若不如是，祭禮進行時對尸不敬，射禮進行時喧嘩混亂，飲食禮進行時器皿不淨，禮典或將中斷，禮意如何顯現？《左傳》中對執禮不敬必有後殃之記載不下十餘處①，《禮記·曲禮》首句言"毋不敬"，恰能說明本文之宗旨。日本茶道宗師千利休標舉茶道之精髓，得四字訣，曰"和、敬、清、寂"，其言頗饒禪意，淺人或難曉悟。筆者對於古禮之闡釋，每欲卑之無甚高論，以求平實易曉，故約古禮之基本禮意爲三字訣，曰"敬、靜、淨"，而歸結於"敬"。林安梧教授曾以"敬而無我"、"靜爲燥君"、"淨而無染"分隸儒、道、釋三教，認爲乃其"身心治療上可能起的效用"②。筆者以爲後世之三教均曾沾溉於華夏古文明，其所主之敬、靜、淨，頗受益於古禮，唯古人謂之教養者，林教授謂之"身心治療"耳。今之國人，或有自我中心不知敬人者，或有於公共場合大聲喧嘩者，亦有亂拋垃圾不注重衛生者，不如古人之善反省，讀此或能有所警惕歟？

（作者單位：臺灣大學中國文學系）

---

① 如《左傳》僖公十一年：天王使召武公、內史過賜晉侯命，受玉惰。過歸，告王曰："晉侯其無後乎！王賜之命，而惰於受瑞，先自棄也已，其何繼之有？禮，國之幹也；敬，禮之輿也。不敬則禮不行，禮不行則上下昏，何以長世？"按此謂晉侯受玉惰不敬。文公四年：逆婦姜于齊，卿不行，非禮也。君子是以知出姜之不允於魯也，曰："貴聘而賤逆之，君而卑之，立而廢之，棄信而壞其主，在國必亂，在家必亡。不允宜哉！詩曰：'畏天之威，于時保之。'敬主之謂也。"按此謂逆婦卿不行不敬。文公十四年：邾文公之卒也，公使弔焉，不敬。邾人來討，伐我南鄙，故惠伯伐邾。按此謂弔唁不敬。成公四年：夏，公如晉。晉侯見公，不敬。季文子曰："晉侯必不免。詩曰：'敬之敬之，天惟顯思，命不易哉！'夫晉侯之命在諸侯矣，可不敬乎！"按此謂行聘禮不敬。以上四條，除晉侯受玉惰、逆婦卿不行不符心存敬意之基本禮意外，其餘二條未明言具體原因，然其受批評，必在恭敬、肅靜、潔淨三者之中矣。

② 參林安梧《"儒、道、釋"三教與"身心治療"——以"敬、靜、淨"三個核心概念的展開》，載《元亨學刊》第二期（2011年12月），臺中：元亨書院。

"孟子深於《易》"論

陳雄根

【摘　要】趙岐《孟子題辭》謂孟子"通'五經',尤長於《詩》、《書》"。今觀《孟子》徵引《詩》、《書》者甚衆,然未見引《易》之例,學者或置疑孟子未嘗論《易》。查《孟子》一書闡發《易》理之處甚多,特未明言之矣。本文梳理《孟子》學説合乎《易》義者共二十例,所涉内容,包括義利之辨、與民同樂、"時"之觀念、仁者樂天、大勇、勿正勿忘、善與人同、正位與大道、性善説等,涵蓋孟子主要學説。此二十條,直接闡發《周易》正文者,有《豫》卦、《復》卦、《恒》卦、《大過》卦、《小畜》卦、《大畜》卦及《无妄》卦,其餘皆與《易傳》(包括《象》、《彖》、《文言》、《説卦》及《序卦》)之義相通。至於孟子是否闡發《易傳》之義,此中牽涉《易傳》、《孟子》寫作年代孰先孰後問題。本文參考近人李零、金景芳、李學勤之説,認爲《易傳》之成書,當在《孟子》之前,而《孟子》一書闡發《易傳》之可能性爲大。退一步而言,《易傳》縱或有後人因《孟子》學説而補入之言論,然二者闡發《周易》之義,亦理無二致。故焦循"孟子深於《易》"論,其説當可確立也。

【關鍵詞】義與利　與民同樂　以戰爲喻　"時"之義　性善説

一

趙岐《孟子題辭》謂孟子"通'五經',尤長於《詩》、《書》"[①]。朱熹《孟

[①] 見《孟子注疏》,《十三經注疏》整理本,北京:北京大學出版社2000年版,第6頁。

子序說》引程子謂"知《易》者莫如孟子"①。又焦循著《孟子正義》,屢言孟子深於《易》。然今觀《孟子》徵引《詩》、《書》者甚衆,未見引《易》之例,學者遂或置疑孟子未嘗見《易》②。查《孟子》一書闡發《易》理之處甚多,特未明言之矣。本文參考前人及時賢之說,推尋《孟子》書中闡發《易》理之處,分條說明於下。

二

(一) 義與利

《孟子》開篇即載孟子與梁惠王論仁義與利。《梁惠王上》(1.1)③云:

> 孟子見梁惠王。王曰:"叟,不遠千里而來,亦將有以利吾國乎?"孟子對曰:"王何必曰利,亦有仁義而已矣。王曰:'何以利吾國?'大夫曰:'何以利吾家?'士庶人曰:'何以利吾身?'上下交征利,而國危矣。萬乘之國,弑其君者必千乘之家。千乘之國,弑其君者必百乘之家。萬取千焉,千取百焉,不爲不多矣。苟爲後義而先利,不奪不饜。未有仁而遺其親者也,未有義而後其君者也。王亦曰仁義而已矣,何必曰利!"(頁2—4)

朱熹《孟子集注》(以下簡稱"朱《注》")於"未有仁而遺其親者也,未有義而後其君者也"後注云:"此言仁義未嘗不利,以明上文'亦有仁義而已'之意也。"④又於"王亦曰仁義而已矣,何必曰利"下注云:"循天理,則不求利而自無不利;殉人欲,則求利未得而害已隨之。"⑤按:《周易·乾》卦云:"乾:

---

① 朱熹《四書章句集注》,北京:中華書局2005年版,第197頁。
② 李光地《榕村語錄》卷五云:"孟子竟是不曾見《易》,平生深於《詩》、《書》、《春秋》,《禮經》便不熟。"(《四庫全書》本,上海:上海古籍出版社1987年版,第725册,第66頁)
③ 本文《孟子》分章據楊伯峻《孟子譯注》,香港:中華書局1997年1月再版。又本文所引《孟子》原文,據《孟子注疏》,《十三經注疏》整理本,北京:北京大學出版社2000年版。所引原文及注疏頁碼附於引文之後,外加括號。
④ 《四書章句集注》,第201頁。
⑤ 同上書,第202頁。

元、亨、利、貞。"①(頁1)《文言》云:"利者義之和也。……利物足以和義。"孔穎達《疏》(以下簡稱孔《疏》)云:"'利者義之和'者,言天能利益庶物,使物各得其宜而和同也。……'利物足以和義'者,言君子利益萬物,使物各得其宜,足以和合於義,法天之'利'也。"(頁14—15)孟子生當戰國之世,人欲橫流,爭權奪利,無復有仁義存焉,故言仁義而不言利,以拔本正源。孟子深知爲仁義者,乃循天理行事;使物各得其宜,乃法天之"利",故雖不求利,而利自見。

又《離婁下》(8.26)云:

孟子曰:"天下之言性也,則故而已矣。故者以利爲本。"(頁272)

按:此處所言之利,亦即《周易·乾》卦所言"乾:元、亨、利、貞"之"利"。焦循《孟子正義》云:

孟子獨於故中指出利字,利即《周易》"元、亨、利、貞"之利。《繫辭傳》云:"變而通之以盡利。"《象傳》云:"乾道變化,各正性命,保合太和乃利貞。"利以能變化,言於故事之中,審其能變化,則知其性之善。利者義之和。《禮記·表記》云:"道者,義也。"《注》云:"謂斷以事宜。"《春秋繁露·仁義法》云:"義者,謂宜在我者。"其性能知事宜之在我,故能變通。……《繫辭傳》云:"感而遂通天下之故。"又云:"是以明於天之道,而察於民之故。"又云:"又明於憂患與故。"通者,通其故之利也。察者,察其故之利也。明者,明其故之利也。故者,事也。《傳》云:"通變之謂事。"非利不足以言故,非通變不足以言事。諸言性者,據故事而不通其故之利,不察其故之利,不明其故之利,所以言性惡,言性善惡混,或又分氣質之性,義理之性,皆不識故以利爲本者也。孟子私淑孔子,述伏羲、神農、文王、周公之道,以故之利而直指性爲善,於此括全《易》之義,而以六字盡之云:"故者以利爲本。"明人之所以異於禽獸者,在此利不利之間,利不利即義不義,義不義即宜不

---

① 本文所引《周易》原文,據《周易正義》,《十三經注疏》整理本,北京:北京大學出版社2000年版。所引原文及注疏頁碼附於引文之後,外加括號。

宜。能知宜不宜,則智也。不能知宜不宜,則不智也。①

"利不利即義不義,義不義即宜不宜",乃孟子之義利觀,亦即《文言》所云"利者義之和也"。

(二)"與民同樂"與《豫》卦、《兑》卦之關係

孟子屢言王者當與民同樂,如《梁惠王上》(1.2)云:

> 孟子見梁惠王。王立於沼上,顧鴻雁麋鹿,曰:"賢者亦樂此乎?"孟子對曰:"賢者而後樂此,不賢者雖有此,不樂也。……文王以民力爲臺爲沼,而民歡樂之……樂其有麋鹿魚鼈。古之人與民偕樂,故能樂也。"(頁 6—8)

"與民同樂"乃取於《易·豫》:"豫:利建侯行師。"孔《疏》云:"謂之豫者,取逸豫之義,以和順而動,動不違衆,衆皆説豫,故謂之豫也。動而衆説,故可利建侯也。以順而動,不加无罪,故可以行師也。"(頁 99)文王築靈臺靈沼,而民歡樂,乃因與民共樂,此即所謂"動不違衆,衆皆説豫"也。

又《梁惠王下》(2.1)記孟子語齊宣王曰:"王之好樂甚,則齊其庶幾乎!"(頁 38)並引導齊王認同獨樂樂不若與人樂樂,與少樂樂不若與衆樂樂,進而推衍其説,言王鼓樂田獵,百姓聞之,舉欣然相告,此無他,乃與民同樂故。按:《豫》卦《象傳》曰:"雷出地奮,豫。先王以作樂崇德。"孔《疏》云:"雷是陽氣之聲,奮是震動之狀。雷既出地,震動萬物,被陽氣而生,各皆逸豫,故曰'雷出地奮,豫'也。'先王以作樂崇德'者,雷是鼓動,故先王法此鼓動而作樂,崇盛德業,樂以發揚盛德故也。"(頁 101)孟子謂齊王"好樂甚,則齊其庶幾乎"者,蓋勉其"作樂崇德",以成其王者之業也。

《梁惠王下》(2.4)復記齊宣王與孟子之對話如下:

> 齊宣王見孟子於雪宫。王曰:"賢者亦有此樂乎?"孟子對曰:"有人不得則非其上矣。不得而非其上者,非也;爲民上而不與民同樂者,亦非也。樂民之樂者,民亦樂其樂。憂民之憂者,民亦憂其憂。樂以

---

① 焦循撰,沈文倬點校《孟子正義》,北京:中華書局 1996 年版,第 585—586 頁。

天下,憂以天下,然而不王者,未之有也。"(頁48—49)

按:《易·兑》卦《彖傳》云:"兑,説也。剛中而柔外,説以利貞,是以順乎天而應乎人。説以先民,民忘其勞;説以犯難,民忘其死。説之大,民勸矣哉!"(頁275)爲君者能樂民之樂,憂民之憂,則民亦樂爲君效力,忘其勞、忘其死矣。

《梁惠王下》(2.4)下文又引夏諺曰:

> 吾王不遊,吾何以休?吾王不豫,吾何以助?一遊一豫,爲諸侯度。(頁49)

按:《序卦》曰:"豫必有隨。"孔《疏》云:"鄭玄云:'喜樂而出,入則隨從。孟子曰:"吾君不遊,吾何以休?吾君不豫,吾何以助?"此之謂也'。王肅云:'歡豫,人必有隨。'隨者,皆以爲人君喜樂歡豫,則以爲人所隨。……若以人君喜樂遊豫,人則隨之,紂作靡靡之樂,長夜之飲,何爲天下離叛乎?故韓康伯云:'順以動者,衆之所隨。'在於人君取致豫之義,然後爲物所隨。"(頁395)朱《注》:"夏諺以爲王者一遊一豫,皆有恩惠以及民,而諸侯皆取法焉,不敢無事慢遊以病其民也。"①鄭玄舉孟子所引夏諺以釋《序卦》"豫必有隨",足證孟子深明《豫》卦之義。人君取豫之意,在於施恩及民,故"樂民之樂者,民亦樂其樂",此乃"豫必有隨"之義。

(三) 以戰爲喻與《師》卦之關係

《梁惠王上》(1.3)云:

> 梁惠王曰:"寡人之於國也,盡心焉耳矣。河内凶,則移其民於河東,移其粟於河内。河東凶亦然。察鄰國之政,無如寡人之用心者。鄰國之民不加少,寡人之民不加多,何也?"孟子對曰:"王好戰,請以戰喻。填然鼓之,兵刃既接,棄甲曳兵而走,或百步而後止,或五十步而後止。以五十步笑百步,則何如?"曰:"不可,直不百步耳,是亦走也。"曰:"王如知此,則無望民之多於鄰國也。"(頁11)

---

① 《四書章句集注》,第217頁。

孟子舉"五十步笑百步",喻梁惠王好戰殘民,與鄰國同,故無望民之多於鄰國。按《易‧師》卦:"師,貞,丈人吉,无咎。"《彖》曰:"師,衆也。貞,正也。能以衆正,可以王矣。"《象》曰:"地中有水,師。君子以容民畜衆。"(頁59—61)孟子以戰爲喻,提出保民而王,與《彖》、《象》之理合。孔《疏》:"'君子以容民畜衆'者,言君子法此《師》卦,容納其民,畜養其衆。若爲人除害,使衆得寧,此則'容民畜衆'也。……所以《象》稱'地中有水',欲見地能包水,水又衆大,是容民畜衆之象。"國君用師,如能"爲人除害,使衆得寧",則能如《師》卦之象,"容民畜衆"矣(頁61)。又《梁惠王下》(2.11)云:

> 齊人伐燕,取之。諸侯將謀救燕,宣王曰:"諸侯多謀伐寡人者,何以待之?"孟子對曰:"臣聞七十里爲政於天下者湯是也。未聞以千里畏人者也。《書》曰:'湯一征,自葛始。'天下信之,東面而征西夷怨,南面而征北狄怨,曰'奚爲後我'?民望之,若大旱之望雲霓也。歸市者不止,耕者不變,誅其君而弔其民,若時雨降,民大悦。《書》曰:'徯我后,后來其蘇。'今燕虐其民,王往而征之,民以爲將拯己於水火之中也,簞食壺漿,以迎王師。若殺其父兄,係累其子弟,毀其宗廟,遷其重器,如之何其可也?天下固畏齊之彊也,今又倍地而不行仁政,是動天下之兵也。"①(頁69—70)

此章孟子兩引《書》,舉湯之征伐,天下皆信其志在救民,不爲殘暴,故云湯何爲不先來征我之國。他國之民,皆以湯爲己君,而待其來,使己得以蘇息,故湯得以七十里而王天下。此即《師》卦《彖傳》所言"能以衆正,可以王矣"之義,湯爲民除害,以寧百姓,故能"容民畜衆"也。

(四)"後必有災"、"反其本"與《復》卦之關係

"後必有災"與"反其本"之論,見《梁惠王上》(1.7):

> (孟子)曰:"然則王之大欲可知已。欲辟土地,朝秦、楚,莅中國而撫四夷也。以若所爲,求若所欲,猶緣木而求魚也。"(齊宣)王曰:"若是其甚與?"曰:"殆有甚焉。緣木求魚,雖不得魚,無後災。以若所爲,

---

① "湯始征"事亦見《滕文公下》6.5,《孟子注疏》,第201頁。

求若所欲,盡心力而爲之,後必有災。"曰:"可得聞與?"曰:"鄒人與楚人戰,則王以爲孰勝?"曰:"楚人勝。"曰:"然則小固不可以敵大,寡固不可以敵眾,弱固不可以敵強。海內之地,方千里者九,齊集有其一。以一服八,何以異於鄒敵楚哉?蓋亦反其本矣。"(頁27—28)

孟子謂齊宣王求"辟土地,朝秦楚,莅中國而撫四夷"之大欲,殆有甚於"緣木求魚",蓋以其所爲求其所欲,猶以小敵大、以寡敵眾、以弱敵強,必招敗績,此乃"後必有災"之理。按《易·復·上六》:"迷復,凶,有災眚。用行師,終有大敗。以其國君凶,至于十年不克征。"《象》曰:"'迷復'之凶,反君道也。"孔《疏》:"'迷復凶'者,最處復後,是迷闇於復。……'有災眚'者,闇於復道,必无福慶,唯有災眚也。'用行師終有大敗'者,所爲既凶,故用之行師,必无克勝,唯'終有大敗'也。……用此迷復於其國內,則反違君道,所以凶也。"(頁135)"迷復"即迷入歧途而不知回復,此亦齊王執迷於其大欲,蔽於後災之必至,而不知所復,故孟子勸王"反其本"。《復·六二》:"休復,吉。"王弼《注》:"得位處中,最比於初。……在初之上而附順之,下仁之謂也。既處中位,親仁善鄰,休之復也。"《象》曰:"'休復'之吉,以下仁也。"(頁134)孟子勸齊王"反其本",即在"發政施仁"、"制民之產",此即《象傳》所言"'休復'之吉,以下仁也"。

(五)"恒心"與《恒》卦之關係
《梁惠王上》(1.7)云:

> (孟子)曰:"無恒產而有恒心者,惟士爲能。若民則無恒產,因無恒心。苟無恒心,放辟邪侈,無不爲已。及陷於罪,然後從而刑之,是罔民也。"(頁28—29)

趙岐《注》:"恒心,人常有善心也。惟有學士之心者,雖窮不失道,不求苟得耳。凡民迫於飢寒,則不能守其常善之心也。"(頁28)又曰:"民誠無恒心,放溢辟邪,侈於姦利,犯罪觸刑,無所不爲。"(頁29)按《易·恒·九三》云:"不恒其德,或承之羞,貞吝。"孔《疏》曰:"德既无恒,自相違錯,則爲羞辱承之,所羞非一,故曰'或承之羞'也。處久如斯,正之所賤,故曰'貞吝'也。"(頁170)孟子所言"苟無恒心,放辟邪侈,無不爲已",以至犯罪觸刑,乃爲《恒》卦"不恒其德,或承之羞"之補充說明。

(六)"時"與《易》卦之關係

孟子重視"時",其"時"之觀念與《易》之"時"義乃一脈相承。《易·豫·彖》云:"豫之時義大矣哉!"孔《疏》:"夫立卦之體,各象其時,時有屯夷,事非一揆,故爻來適時,有凶有吉。人之生世,亦復如斯,或逢治世,或遇亂時,出處存身,此道豈小?,故曰'大矣哉'也。然時運雖多,大體不出四種者:一者治時,'頤養'之世是也;二者亂時,'大過'之世是也;三者離散之時,'解緩'之世是也;四者改易之時,'革變'之世是也。故舉此四卦之時爲歎,餘皆可知。"(頁99—100)按:《豫·彖》所言"四卦",乃指《頤》、《大過》、《解》及《革》卦。孟子論頤養之道,見《梁惠王上》(1.3):

> 不違農時,穀不可勝食也。數罟不入洿池,魚鼈不可勝食也。斧斤以時入山林,材木不可勝用也。穀與魚鼈不可勝食,材木不可勝用,是使民養生喪死無憾也。養生喪死無憾,王道之始也。五畝之宅,樹之以桑,五十者可以衣帛矣。鷄豚狗彘之畜,無失其時,七十者可以食肉矣。百畝之田,勿奪其時,數口之家,可以無饑矣。謹庠序之教,申之以孝悌之義,頒白者不負戴於道路矣。七十者衣帛食肉,黎民不饑不寒,然而不王者,未之有也。①(頁11—12)

《易·頤·彖》云:"天地養萬物,聖人養賢以及萬民,頤之時大矣哉!"(頁144)孟子所言不違農時、砍伐以時、無失牲畜之時,皆所以頤養萬民之道也。另外,孟子亦有"養賢"之説,《萬章下》云:"悦賢不能舉,又不能養也,可謂悦賢乎?"其下復言"養君子"之道(頁336)。此即《彖傳》所言"聖人養賢"之意也。

又《公孫丑上》(3.1)載孟子之言云:

> 且王者之不作,未有疏於此時者也;民之憔悴於虐政,未有甚於此時者也。飢者易爲食,渴者易爲飲。孔子曰:"德之流行,速於置郵而傳命。"當今之時,萬乘之國行仁政,民之悦之,猶解倒懸也。故事半古

---

① 孟子"無失其時"之論,亦見《梁惠王上》1.7,《孟子注疏》,第29頁。

之人，功必倍之，惟此時爲然。（頁84）

趙岐《注》："言王政不興久矣，民患虐政甚矣。若飢者食易爲美，渴者飲易爲甘。德之流行，疾於置郵傳書命也。"（頁84）又云："倒懸，喻困苦也。當今所施恩惠之事，半於古人，而功倍之矣。言今行之易也。"（頁84）按：孟子所言之時，乃亂時，"大過"之世是也。《易·大過》："大過：棟橈，利有攸往，亨。"孔《疏》："'棟橈'者，謂屋棟也。本之與末俱橈弱，以言衰亂之世，始終皆弱也。'利有攸往，亨'者，既遭衰難，聖人'利有攸往'，以拯患難，乃得亨通，故云'利有攸往，亨'也。"《彖》曰："大過，大過者也。'棟橈'，本末弱也。剛過而中，巽而説行，'利有攸往'，乃亨。大過之時大矣哉！"（頁147—148）處衰亂之世，而有王者出，以拯民難，民之欣悦，猶解倒懸。孟子之言，與《大過》"時"義相一致也。

又《梁惠王下》（2.8）記湯放桀、武王伐紂之事云：

齊宣王問曰："湯放桀，武王伐紂，有諸？"孟子對曰："於傳有之。"曰："臣弑其君，可乎？"曰："賊仁者謂之賊，賊義者謂之殘，殘賊之人謂之一夫。聞誅一夫紂矣，未聞弑君也。"（頁64）

趙岐《注》："言殘賊仁義之道者，雖位在王公，將必降爲匹夫，故謂之一夫也。但聞武王誅一夫紂耳，不聞弑其君也。《書》云'獨夫紂'，此之謂也。"（頁64）按：孟子之言，意謂誅暴國之君，若誅獨夫，湯武興天下之同利，除天下之同害，故天下歸之①。此與《易·革》卦之義合。《革·彖傳》："革而當，其悔乃亡。天地革而四時成，湯武革命，順乎天而應乎人，革之時大矣哉！"孔《疏》："'革而當，其悔乃亡'者，爲革若合於大通而利正，可謂當矣。革而當理，其悔乃亡消也。……'湯武革命，順乎天而應乎人'者，以明人革也。夏桀、殷紂，凶狂無度，天既震怒，人亦叛亡。殷湯、周武，聰明睿智，上順天命，下應人心，放桀鳴條，誅紂牧野，革其王命，改其惡俗，故曰'湯武革

---

① 《荀子·正論篇》："誅暴國之君若誅獨夫，若是，則可謂能用天下矣。能用天下謂之王。湯、武非取天下也，修其道，行其義，興天下之同利，除天下之同害，而天下歸之也。桀、紂非去天下也，反禹、湯之德，亂禮義之分，禽獸之行，積其凶，全其惡，而天下去之也。天下歸之之謂王，天下去之之謂亡。故桀、紂無天下而湯、武不弑君，由此效之也。"見王先謙《荀子集解》，北京：中華書局1996年版，第324頁。

命,順乎天而應乎人'。"(頁237—238)"順乎天而應乎人"除見於《革》卦《彖傳》外,尚見於《兌》卦《彖傳》(頁275)。此與孟子所言"順天者存,逆天者亡"(見《離婁上》7.7,頁230)意義相合。孟子深明《革》卦之義,故言桀紂崇惡,失其尊名,不得以臣論之,欲以此悟齊王也。

孟子於古之聖人,最仰慕者爲孔子,其對孔子之評價,見《公孫丑上》(3.2):

> 可以仕則仕,可以止則止,可以久則久,可以速則速,孔子也。……乃所願,則學孔子也。……聖人之於民,亦類也。出於其類,拔乎其萃,自生民以來,未有盛於孔子也。(頁94—95)

焦循《孟子正義》云:"故雖能'集義'(按:本章孟子曾言"浩然之氣"乃"集義所生"),又必量時合宜,而要之於孔子之'可仕可止,可久可速'。《易》之道,大中而上下應之,此志帥氣之學也。分陰分陽,迭用柔剛,通其變使民不倦,神而化之使民宜之,此'可仕可止,可久可速'之學也。"①孔子行事量時合宜,乃深通《易》道有以致之。於《萬章下》(10.1),孟子又稱孔子爲"聖之時者"、"集大成"者,其言云:

> 伯夷,聖之清者也;伊尹,聖之任者也;柳下惠,聖之和者也;孔子,聖之時者也。孔子之謂集大成。集大成也者,金聲而玉振之也。金聲也者,始條理也。玉振之也者,終條理也。始條理者,智之事也。終條理者,聖之事也。(頁316—317)

朱《注》云:"孔子仕、止、久、速,各當其可,蓋兼三子之所以聖者而時出之,非如三子之可以一德名也。"又云:"孔子集三聖之事,而爲一大聖之事;猶作樂者,集衆音之小成,而爲一大成也。"②焦循《孟子正義》:"孟子稱'孔子之謂集大成'曰:'始條理者,智之事也。終條理者,聖之事也。'聖智至孔子而極其盛,不過舉條理以言之而已矣。《易》曰'易簡而天下之理得',自乾坤言,故不曰仁智而曰易簡。以易知,知一於仁愛平恕也。以簡能,能一於

---

① 《孟子正義》,第219頁。
② 《四書章句集注》,第315頁。

行所無事也。"①孟子欲效孔子,蓋慕其能因時制宜,集衆聖之長。焦循指出孟子"始條理者,智之事也。終條理者,聖之事也"與《繫辭上》"易簡而天下之理得矣"(頁306)之關係,以明孟子之深於《易》也。

又《盡心上》(13.26)孟子言執中權變之道,亦與"時"義有關:

> 楊子取爲我,拔一毛而利天下,不爲也。墨子兼愛,摩頂放踵利天下,爲之。子莫執中。執中爲近之。執中無權,猶執一也。(頁431)

趙岐《注》:"子莫,魯之賢人也。……執中和,近聖人之道,然不權。聖人之重權。執中而不知權,猶執一介之人,不知時變也。"(頁431)孟子倡言執中,與《易》重"中"思想契合。執中而行權,乃執中而知時變也②。焦循曰:"聖人之道,以時爲中,趨時則能變通,知變通則權也。"③此之謂也。

(七)"仁者樂天"與《繫辭》"樂天知命"

孟子"仁者樂天"之論見《梁惠王下》(2.3):

> 齊宣王問曰:"交鄰國有道乎?"孟子對曰:"有。惟仁者能以大事小,是故湯事葛,文王事昆夷。惟智者爲能以小事大,故大王事獯鬻,勾踐事吳。以大事小者,樂天者也。以小事大者,畏天者也。樂天者保天下,畏天者保其國。"(頁44)

趙岐《注》:"聖人樂行天道,如天無不蓋也,故保天下,湯、文是也。智者量時畏天,故保其國,大王、勾踐是也。"(頁45)則樂天爲樂天之德,畏天爲畏天之威④。《繫辭上》云:"樂天知命,故不憂。"王弼《注》:"順天之化,故曰樂也。"孔《疏》:"順天施化,是歡樂於天;識物始終,是自知性命。順天道之常數,知性命之始終,任自然之理,故不憂也。"(頁314)《論語》之《子罕》及《憲問》篇並記孔子言"仁者不憂",孟子申其説,謂仁者能以大事小,樂行天

---

① 《孟子正義》,第673—674頁。
② 同上書,第918頁。又孟子"執中行權"之説,參吕紹綱《孟子與〈易〉》一文,見李明洙編《孟子研究》(韓國孟子學會發行)第2輯,1999年版,第157—158頁。
③ 《孟子正義》,第918頁。
④ 同上書,第113頁。

道，此與《繫辭上》所言聖人樂順天道之常，任自然之理，故無所憂慮之說甚相吻合。

（八）"畜君"與《小畜》、《大畜》二卦之關係

《梁惠王下》(2.4)記孟子與齊宣王論與民同樂，孟子舉昔者齊景公問於晏子何脩而可以比於先王之觀，晏子舉今時之弊（"今也不然，師行而糧食，飢者弗食，勞者弗息。睊睊胥讒，民乃作慝。方命虐民，飲食若流。流連荒亡，爲諸侯憂"），先王之法（"無流連之樂，荒亡之行"〔頁50〕）以對，二者惟在君之所行。景公聞之，悦，"大戒於國，出舍於郊。於是始興發，補不足。召大師，曰：'爲我作君臣相説之樂。'蓋《徵招》、《角招》是也。其《詩》曰：'畜君何尤？'畜君者，好君也"（頁51）。"畜君"之"畜"有畜止之義。朱《注》："言晏子能畜止其君之欲，宜爲君之所尤，然其心則何過哉？孟子釋之，以爲臣能畜止其君之欲，乃是愛其君者也。"①孟子言"畜君"之道，蓋有取《易》之《小畜》、《大畜》二卦，二卦之"畜"並有畜止之義。《小畜》乾下巽上（☴），卦辭云："小畜：亨。密雲不雨，自我西郊。"孔《疏》："但小有所畜，唯'畜'九三而已。初九、九二，猶剛健得行，是以剛志上得亨通，故云'小畜亨'也。"又曰："'密雲不雨'者，若陽之上升，陰能畜止，兩氣相薄則爲雨也。今唯能畜止九三，其氣被畜，但爲密雲，初九、九二，猶自上通，所以不能爲雨也。'自我西郊'者，所聚密雲，由在我之西郊，去我既遠，潤澤不能行也，但聚在西郊而已。"（頁68—69）卦辭以"密雲不雨"爲喻，強調陰僅能適度畜止陽，以略施濟助爲己任，形成密雲而不降雨之狀。換言之，陰畜陽而不制陽，猶臣畜君而不損君，故"小畜"可致亨通。李士鉁《周易注》曰："《孟子》曰：'畜君何尤？畜君者，好君也。'臣能畜君，君能從臣，所以亨也。"②

《大畜》乾下艮上（☶），卦辭云："大畜：利貞。"孔《疏》曰："謂之'大畜'者，乾健上進，艮止在上，止而畜之，能畜止剛健，故曰'大畜'。《彖》云：'能止健，大正'也。是能止健，故爲大畜也。"（頁139）張岱《四書遇》於《孟子》本章下引真西山曰："《易》之大、小畜，皆以止爲義。凡止君之欲者，乃所以愛君也。"③此釋《孟子》"畜君者，好君也"之義，可謂得之，於此

---

① 《四書章句集注》，第217頁。
② 李士鉁《周易注》，《續修四庫全書》經部《易》類，上海：上海古籍出版社1995年版，卷上"小畜：亨。密雲不雨，自我西郊"條，第17頁。
③ 張岱著，朱宏達點校《四書遇》，杭州：浙江古籍出版社1985年版，第386頁。

亦可知孟子之深於《易》也。

（九）"雖千萬人吾往矣"與《易》"'无妄'之往"
《公孫丑上》（3.2）記曾子之言大勇，曰：

> 昔者曾子謂子襄曰："子好勇乎？吾嘗聞大勇於夫子矣。自反而不縮，雖褐寬博，吾不惴焉；自反而縮，雖千萬人，吾往矣。"（頁89）

趙岐《注》："縮，義也。……曾子謂子襄，言孔子告我大勇之道，人加惡於己，己內自省，有不義不直之心，雖敵人被褐寬博一夫，不當輕，驚懼之也。自省有義，雖敵家千萬人，我直往突之，言義之強也。"（頁89—90）此言自省而理正，義之所在，則勇往直前可也。按：《易·无妄》："无妄：元、亨、利、貞。其匪正有眚，不利有攸往。"孔《疏》："'其匪正有眚，不利有攸往'者，物既无妄，當以正道行之。若其匪依正道，則有眚災，不利有所往也。"（頁135）又《无妄·初九》："无妄往，吉。"《象》曰："'无妄'之往，得志也。"王弼《注》："行不犯妄，故往得其志。"（頁137）孔子所言"自反而縮，雖千萬人吾往矣"，當屬"'无妄'之往"，孟子述夫子之言，蓋亦於"'无妄'之往"有所體會也。

（十）"勿正"、"勿忘"與《周易》之關係
《公孫丑上》（3.2）又記公孫丑問孟子何謂浩然之氣，孟子答曰：

> 其為氣也，至大至剛，以直養而無害，則塞于天地之間。其為氣也，配義與道。無是，餒也。是集義所生者，非義襲而取之也。行有不慊於心，則餒矣。……必有事焉而勿正，心勿忘，勿助長也。（頁90—91）

焦循《孟子正義》云："《詩·終風·序》箋云：'正，猶止也。'《莊子·應帝王篇》云'不正'，《釋文》云：'正本作止。'正之義通於止也。……蓋正之為止，即是已止之止，'必有事焉而勿止'，謂必有事於集義而不可止也。何以不止？心勿忘，則不止也。心何以勿忘？時時以不得於言者求諸心，即時時以不得於心者求諸心，使行無不慊於心，則心勿忘而義集也。……惟孟子之學，在自反以求心，持志以帥氣，縮而合乎義道則氣不餒，不縮而乖乎義道則氣不暴，全以心勿忘爲要而已。忘通妄，即《易》无妄之妄。事即通變之謂事之事。正通止，即終止則亂之止。通變則爲道爲義，勿止則自彊不息，勿妄則進德修業，此孟子發明《周易》之旨，故深於《易》者，莫如孟子也。"①按："通變之謂事"出《繫辭上》（頁319），"自強不息"出《乾》卦《象傳》（頁11），"進德修業"出《乾文言》（頁18）。焦氏稱孟子深於《易》，其説是也。

（十一）"未雨綢繆"與《既濟》卦之關係

《公孫丑上》（3.4）記孟子引《詩》以喻：

> 《詩》云："迨天之未陰雨，徹彼桑土，綢繆牖戶。今此下民，或敢侮予。"孔子曰："爲此詩者，其知道乎！能治其國家，誰敢侮之？"（頁106）

詩出《豳風·鴟鴞》。孫奭《疏》（以下簡稱孫《疏》）："言此鴟鴞小鳥，尚知天未陰雨之前，取彼桑根之皮土，以纏綿牖戶，喻人君能於閒暇之時，治其國家，以明其刑政，則今此下民，誰敢侮慢我也。詩人蓋以天之未陰雨，國家閒暇之譬也。徹彼桑土，綢繆牖戶，明其政刑之譬也。今此下民，或敢侮予，大國必畏之譬也。"（頁107）孟子舉《詩》未雨綢繆以言治國之道，其意與《既濟》卦合。《既濟》離下坎上（䷾），《象傳》曰："水在火上，既濟。君子以思患而豫防之。"王弼《注》："存不忘亡，既濟不忘未濟也。"孔《疏》："水在火上，炊爨之象，飲食以之而成，性命以之而濟，故曰'水在火上，既濟'也。但既濟之道，初吉終亂，故君子思其後患，而豫防之。"（頁293—294）孟子引孔子語申述《詩》義，治國當防患於未然，與《象傳》義同。

（十二）"善與人同"與《同人》卦之關係

《公孫丑上》（3.8）孟子曰：

> 大舜有大焉，善與人同，舍己從人，樂取於人以爲善。（頁117）

---

① 《孟子正義》，第203—204頁。

孟子言大舜"善與人同",謂能舍己之見,從人之見,又樂取諸人以爲善,義有取於《同人》卦。孔《疏》釋"同人"爲"和同於人"(頁86)。《同人》卦離下乾上(☰),《彖傳》曰:"同人,柔得位得中而應乎乾,曰'同人'。……唯君子爲能通天下之志。"孔《疏》:"'柔得位得中'者,謂六二也,上應九五,是應於乾也。……唯君子之人於'同人'之時,能以正道通達天下之志,故利君子之貞。"(頁86—87)《序卦》曰:"物不可以終否,故受之以同人。與人同者,物必歸焉,故受之以大有。"(頁395)大聖之君,"善與人同",如此,則"能以正道通達天下之志",而"物必歸焉"。

(十三)"正位"、"大道"之論

《滕文公下》(6.2)記孟子言"正位"、"大道"之論:

> 居天下之廣居,立天下之正位,行天下之大道。(頁193)

孫《疏》釋此三句云:"能居仁道以爲天下廣大之居,立禮以爲天下之正位,行義以爲天下之大路。"(頁194)朱《注》:"廣居,仁也。正位,禮也。大道,義也。"①説均未安。按:趙岐《注》:"廣居,謂天下也。正位,謂男子純乾正陽之位也。大道,仁義之道也。"(頁193)其説得之。《易·家人》之《象傳》曰:"家人,女正位乎内,男正位乎外。男女正,天地之大義也。家人有嚴君焉,父母之謂也。父父、子子、兄兄、弟弟、夫夫、婦婦而家道正,正家而天下定矣。"(頁185)男女共生於天地之間,女位於内,以婉順持家;男於《易》爲乾(《説卦》言乾爲君爲父),男主外,外則恭於其位,周濟天下。孟子"立天下之正位",與《象傳》"正位"之説合。

《説卦》曰:"昔者聖人之作《易》也,將以順性命之理,是以立天之道曰陰與陽,立地之道曰柔與剛,立人之道曰仁與義。兼三才而兩之,故易六畫而成卦。分陰分陽,迭用柔剛,故易六位而成章。"(頁383—384)孟子所説"行天下之大道",乃《説卦》所言"立人之道",即仁義也。趙岐説得之。

(十四)"深造之以道"與《繫辭》"深極而研幾"

《離婁下》(8.14)記孟子之言曰:

---

① 《四書章句集注》,第266頁。

> 君子深造之以道,欲其自得之也。(頁 261)

趙岐《注》:"造,致也。言君子問學之法,欲深致極竟之以知道意,欲使己得其原本,如性自有之然也。"(頁 261)焦循《孟子正義》曰:"按《易·繫辭傳》云:'夫易,(聖人之)所以極深而研幾也。唯深也,故能通天下之志。唯幾也,故能成天下之務。'深造即極深也。以道即研幾也。自得,則通天下之志,成天下之務也。'一陰一陽之謂道',道者,反復變通者也。博學而不深造,則不能精;深造而不以道,則不能變;精且變,乃能自得;自得,乃能不疾而速,不行而至,爲至神也。"①焦氏以《繫辭上》"深極而研幾"(頁 335)釋孟子"深造之與道",可謂知言也。

(十五) 以水爲喻

《孟子》一書,多次以水爲喻,其中《離婁下》(8.18)曰:

> 孟子曰:"源泉混混,不舍晝夜,盈科而後進,放乎四海。有本者如是,是之取爾。"(頁 263)

趙岐《注》:"言水不舍晝夜而進。……至於四海者,有原本也。以況於事,有本者皆如是,是之取也。"孫《疏》:"以其源泉混混,則譬君子之德性;不舍晝夜,則譬君子之學問;盈科而後進,則譬君子之成章;放乎四海,則譬君子於是造乎道也。"(頁 263—264)朱《注》:"言水有原本,不已而漸進以至於海;如人有實行,則亦不已而漸進以至於極也。"②孫、朱皆言孟子以水設譬,喻人行事不已,則可漸至於道。按《習坎·象傳》曰:"水洊至,'習坎'。君子以常德行,習教事。"孔《疏》:"重險懸絶,其水不以險之懸絶,水亦相仍而至,故謂爲'習坎'也……言君子當法此,便習於坎,不以險難爲困,當守德行而習其政教之事。若能習其教事,則可便習於險也。"(頁 154)此亦以水設喻,言人當持恒守德,迎難而進。程頤《周易程氏傳》:"君子觀《坎》水之象,取其有常,則常久其德行。"③孟子以水爲喻,取意與《象傳》同。

---

① 《孟子正義》,第 559 頁。
② 《四書章句集注》,第 293 頁。
③ 程頤《周易程氏傳》,臺北:成文出版社 1976 年版,第 145 頁。

(十六)"性善"之説與《易傳》之關係

《告子上》(11.6)曰:

> 孟子曰:"乃若其情,則可以爲善矣,乃所謂善也。若夫爲不善,非才之罪也。"(頁354)

焦循《孟子正義》曰:"孟子'性善'之説,全本於孔子之贊《易》。伏羲畫卦,觀象以通神明之德,以類萬物之情,俾天下萬世無論上智下愚,人人知有君臣父子夫婦,此'性善'之指也。孔子贊之則云:'利貞者,性情也。……六爻發揮,旁通情也。'(按:語出《乾·文言》)禽獸之情,不能旁通,即不能利貞,故不可以爲善。情不可以爲善,此性所以不善。人之情則能旁通,即能利貞,故可以爲善;情可以爲善,此性所以善。禽獸之情何以不可爲善,以其無神明之德也。人之情何以可以爲善,以其有神明之德也。神明之德在性,則情可旁通;情可旁通,則情可以爲善。於情之可以爲善,知其性之神明。性之神明,性之善也。孟子於此,明揭"性善"之恉在其情,則可以爲善,此融會乎伏羲、神農、黄帝、堯、舜、文王、周公、孔子之言,而得其要者也。《説文》心部云:'性,人之陽氣,性善者也。''情,人之陰氣,有欲者。'……孟子據以爲'性善',孟子深通於《易》而知乎《禮》之原也。孔子以旁通言情,以利貞言性,情利者,變而通之也。以己之情,通乎人之情;以己之欲,通乎人之欲。……因己之好貨,而使居者有積倉,行者有裹糧;因己之好色,而使内無怨女,外無曠夫。如是則情通,情通則情之陰已受治於性之陽,是性之神明有以運旋乎情欲,而使之善,此情之可以爲善也。故以情之可以爲善,而決其性之神明也。乃性之神明,能運旋其情欲,使之可以爲善者,才也。孔子贊《易》云:'立天之道曰陰與陽,立地之道曰柔與剛,立人之道曰仁與義。'(按:語出《説卦》)是爲三才。有此才,乃能迭用柔剛,旁通情以立一陰一陽之道。才以用言,旁通者情,所以能旁通而窮理盡性以至於命者,才也。通其情可以爲善者,才也。不通情而爲不善者,無才也。"① "性善"説乃孟子學説之核心,焦氏指出此説與《易傳》之關係,可謂得之。

---

① 《孟子正義》,第755—756頁。

(十七)"理"與"義"

孟子言"理"與"義",見《告子上》(11.7):

> 故曰:口之於味也,有同耆焉;耳之於聲也,有同聽焉;目之於色也,有同美焉。至於心,獨無所同然乎?心之所同然者何也?謂理也,義也。聖人先得我心之所同然耳。故理、義之悦我心,猶芻豢之悦我口。(頁357)

趙岐《注》:"心所同耆者,義理也。理者,得道之理,聖人先得理義之要耳。理義之悦心,如芻豢之悦口,誰不同也。"(頁357)孟子言人心之悦理義,猶芻豢之悦於口,但聖人先覺乎此耳。孟子之言理義,蓋有取於《易》。焦循《孟子正義》曰:"《易·説卦傳》云:'和順於道德而理於義,窮理盡性,以至於命。'孔子言道德性命,指出理字,此孟子所本也。道者,行也。凡路之可通行者爲道,則凡事可通行者爲道。得乎道爲德,對失道而言也。道有理也,理有義也。理者,分也。義者,宜也。其不可通行者,非道矣。可行矣,乃道之達於四方者,各有分焉,即各有宜焉。……弗宜則非義,即非理。故道之分有理,理之得有義。理於義者分而得於義也。惟分,故有宜有不宜。理分於道,即命分於道,故窮理盡性,以致於命。孟子以理義明性,即孔子以理於義明道也。趙氏以'得道之理'明之,得道之理,即'和順於道德而理於義'也。"①焦氏析孟子以理義明性,與《説卦》"和順於道德而理於義"説合,其言是也。

(十八)"放其良心"與《易》善惡漸積之道

《告子上》(11.8)記孟子論良心之放失與失其所養之關係云:

> 牛山之木嘗美矣。以其郊於大國也,斧斤伐之,可以爲美乎?是其日夜之所息,雨露之所潤,非無萌蘖之生焉,牛羊又從而牧之,是以若彼濯濯也。人見其濯濯也,以爲未嘗有材焉,此豈山之性也哉?雖存乎人者,豈無仁義之心哉?其所以放其良心者,亦猶斧斤之於木也,旦旦而伐之,可以爲美乎?其日夜之所息,平旦之氣,其好惡與人相近

---

① 《孟子正義》,第773—774頁。

也者幾希。則其旦晝之所爲,有梏亡之矣。梏之反覆,則其夜氣不足以存。夜氣不足以存,則其違禽獸不遠矣。人見其禽獸也,而以爲未嘗有才焉者,是豈人之情也哉?故苟得其養,無物不長;苟失其養,無物不消。(頁359—360)

良心者,即本然之善心,亦即仁義之心。良心之初放失,夜間清明之氣尚足存之,然旦晝積惡日久,夜氣之生,日以寖薄,不足以存其仁義之良心。譬如牛山之木雖美,然斧斤旦旦伐之,則失其美矣,雖日夜之息、雨露之潤,猶有萌蘖,然牛羊又牧放之,日積月累,終致失其所養,濯濯然無草木矣。此言人當養其良心,積善以成德。按《坤·文言》曰:"積善之家,必有餘慶。積不善之家,必有餘殃。臣弒其君,子弒其父,非一朝一夕之故,其所由來者漸矣,由辯之不早辯也。"(頁36)此明言人所行善惡事,由久而積漸,故致後之吉凶。又《繫辭下》:"子曰:'小人不恥不仁,不畏不義,不見利不勸,不威不懲。小懲而大誡,此小人之福也。……善不積,不足以成名;惡不積,不足以滅身。小人以小善爲无益而弗爲也,以小惡爲无傷而弗去也。故惡積而不可揜,罪大而不可解。'"(頁361)此言積惡足以亡身之理。《孟子》本章所言"旦旦而伐之"、"梏之反覆",乃積漸之意也。積善,則良心得其所養,仁義存焉;積惡,則良心失其所養,仁義消亡矣。

《說卦》言"立人之道曰仁與義"(頁384)爲三才之一,《孟子》本章言人"豈無仁義之心",又言"人見其禽獸也,而以爲未嘗有才焉者",則孟子所言之"才",合《說卦》"立人之道曰仁與義"之句觀之,當指"仁義之心"也。

(十九)"君子不亮,惡乎執"與"君子履信思順"

《告子下》(12.12)記孟子之言曰:

君子不亮,惡乎執?(頁404)

趙岐《注》:"亮,信也。《易》曰:'君子履信思順。'若爲君子之道,捨信將安所執之耶?"趙氏引《易》,出《繫辭上》:"《易》曰:'自天祐之,吉无不利。'子曰:'祐者,助也。天之所助者,順也;人之所助者,信也。履信思乎順,又以尚賢也。是以自天祐之,吉无不利也。'"(頁342)《繫辭》引《易》"自天祐之,吉无不利",出《大有·上九》。上既引《易》,下即釋其《易》理,指天之所助,唯在於順;人之所助,唯在於信。既履信思順,又尊尚賢人,則從天以下皆祐助之,無所不利也。趙氏引《易·繫辭》文,以證孟子所言君子之道在乎信,捨此則無所執之理。

(二十) "終身由之而不知其道者,衆也" 與《繫辭》之關係

《盡心上》(13.5) 曰:

> 孟子曰:"行之而不著焉,習矣而不察焉,終身由之而不知其道者,衆也。"(頁 415)

趙岐《注》:"人皆有仁義之心,日自行之於其所愛,而不能著明其道以施於大事;仁妻愛子亦以習矣,而不能察知可推以爲善;由,用也,終身用之,以爲自然,不究其道可成君子:此衆庶之人也。"(頁 415) 按:此章孟子所言,與《繫辭上》合。《繫辭上》曰:"一陰一陽之謂道,繼之者善也,成之者性也。仁者見之謂之仁,知者見之謂之知,百姓日用而不知,故君子之道鮮矣。"(頁 315—317) "百姓日用而不知",即孟子所言衆庶 "終身由之而不知其道者" 者也。"君子之道" 即孟子所言之道,亦即 "一陰一陽之謂道"。"繼之者善也,成之者性也" 者,謂繼道之功者唯善行,成就此道者乃人之本性,此亦孟子性善之説也①。

三

以上所言《孟子》與《易》之關係共二十條,所涉內容,包括義利之辨(第一條)、與民同樂(第二條)、"時"之觀念(第六條)、仁者樂天(第七條)、大勇(第九條)、勿正勿忘(第十條)、善與人同(第十二條)、正位與大道(第十三條)、性善説(第十六條)等,涵蓋孟子主要學説。此二十條,直接闡發《周易》正文者,有《豫》卦(第二條)、《復》卦(第四條)、《恒》卦(第五條)、《大過》卦(第六條)、《小畜》、《大畜》卦(第八條)及《无妄》卦(第九條),其餘皆與《易傳》(包括《彖》、《象》、《文言》、《説卦》及《序卦》)之義相

---

① 參《孟子正義》,第 884—885 頁。

通。至於孟子是否闡發《易傳》之義,此中牽涉《易傳》、《孟子》寫作年代孰先孰後問題。《史記·孔子世家》首言孔子作《易傳》:

> 孔子晚而喜《易》,序《彖》、《繫》、《象》、《説卦》、《文言》。讀《易》,韋編三絶。曰:"假我數年,若是,我於《易》則彬彬矣。"①

近世學者對《易傳》是否由孔子所撰,或有存疑,學者輒從《易傳》内容分析,考訂各傳成書年代,或出戰國早期、中期、晚期,説法紛紜②。近年大批古代簡帛文獻出土,學術界對古籍之成書過程,有進一步之理解。李零於《出土發現與古書年代的再認識》認爲古書多經後人整理:

> 先秦古書也像後世文集,往往是由後人搜集整理而成。但這個過程還要複雜得多。古書從思想醖釀,到口授筆録,到整齊章句,到分篇定名,到結集成書,是一個長過程。它是在學派內部的傳習過程中經衆人之手陸續完成,往往因所聞所録各異,加以整理方式的不同,形成各種傳本,有時還附以各種參考資料和心得體會(筆記、注釋、學案、傳狀),老師的東西和學生的東西並不能分得那麽清楚。③

至於《易傳》之成書,金景芳認爲《易傳》有孔子以前之成説、孔子對《易》理之闡釋、弟子記録孔子之語及後人附加之説明。金氏云:

> 《易傳》成分如此複雜,有孔子寫的,有以前的舊説,有孔子講弟子記的,有後世竄入的,怎麽可以説是孔子作的呢?研究先秦的東西,不可用後世的眼光。古人講的"作"與現代不同。現代的"作",必須每一個字都出自一人的手筆,引文要注明,否則有抄襲之嫌。古人的"作"則不然。子書的作者可以不是一人,而是一派,書的内容一定反映同一派的思想。……《易傳》十篇也該這麽看,裏邊有"子曰",説明不全

---

① 司馬遷《史記》,北京:中華書局2008年版,第1937頁。
② 參楊慶中《周易經傳研究》,北京:商務印書館2005年版,第九章"《易傳》成書的年代",第172—189頁。
③ 李零《出土發現與古書年代的再認識》,見《九州學刊》,香港:香港中華文化促進中心1988年版,第三卷,第一期,第112頁。

是孔子親筆寫,但思想應屬於孔子。①

《易傳》之寫作過程,可從李、金二氏之説理解。又李學勤將《易傳》內容與《子思子》比較,證明後者思想受《易傳》之影響,從而推論曰:

> 如果我們承認《子思子》的四篇(按:指《中庸》、《坊記》、《表記》及《緇衣》四篇)出於子思,應該説《易傳》的基本內容和結構在子思的時代已經有了。②

若李學勤推論正確,則《易傳》之成書,當在《孟子》之前,而《孟子》一書闡發《易傳》之可能性爲大。退一步而言,《易傳》縱或有後人因《孟子》學説而補入之言論,然二者闡發《周易》之義,亦理無二致。故焦循謂"孟子深於《易》",當可確立也③。

前人或以孟子不曾見《易》,此乃不知孟子也。孔子晚而喜《易》④,而孟子願效夫子,譽其爲"聖之時者",又稱"孔子之謂集大成"(見第六條),如此,難以設想孟子不效孔子習《易》,更遑論孟子不曾見《易》矣。《孟子》一書雖不援《易》,然不乏闡發《易》理者,此不可不察也。

(作者單位:香港中文大學中國語言及文學系)

---

① 金景芳講述,呂紹綱整理《周易講座》,桂林:廣西師範大學出版社2005年版,第一講"緒論",第24頁。
② 李學勤《周易溯源》,成都:巴蜀書社2006年版,第二章"《易傳》的年代問題",第105頁。
③ 《孟子正義》,第525頁。
④ 同上書,第203—204頁。

釋"詩者天地之心"

徐興無

【摘　要】 漢儒自董仲舒起，改造戰國以來道家等諸子學説中的"天心"、"天地之心"等觀念，強調宇宙的道德稟性，又以儒家經典配合陰陽五行推算天道，占測天心，言説災異，"六經"遂轉爲政治數術。故《齊詩》與《詩緯》創言"詩者天地之心"，賦予《詩三百》以宇宙意義，又以"四始"、"五際"、"六情"之説，依孟京《易》學之例，以《詩三百》爲律曆，占知《詩》中之"天心"，推測風俗性情。"天心"、"天地之心"漸而流爲兩漢以降政治、學術、宗教之話語，至劉勰《文心雕龍》，以"天地之心"爲"道心"，建構"文心"之觀念，於文學形上學理論貢獻至大。

【關鍵詞】 詩緯　《齊詩》　四始五際　文心　道心

一、讖緯與《齊詩》

先秦兩漢詩説，多以詩出乎人心，《尚書·堯典》"詩言志"爲其定説，鄭玄注曰："詩，所以言人之志意也。"①《左傳》、《國語》皆有"詩以言志"②、"詩所以合意"③之説。然先秦兩漢儒家詩説，重在教化，《毛詩序》概括道：

---

① 孔穎達《毛詩正義·詩譜序》"然則《詩》之首放於此乎"句下引。阮元校刻《十三經注疏》，北京：中華書局1980年版，第262頁。
② 襄公二十七年。孔穎達《春秋左傳正義》，卷三十八，《十三經注疏》，第1997頁。
③ 《國語·魯語下》，上海師範大學古籍整理研究所點校，上海：上海古籍出版社1998年版，第210頁。

"先王以是經夫婦,成孝敬,厚人倫,美政教,移風俗。"①蓋詩有作有用,作者"在心爲志,發言爲詩","情動於中而形於言"②;用者或賦詩言志、或獻詩陳志、或教詩明志,然皆"發乎情,止乎禮義"③。後世詩人,遂由其中自覺出抒發情感懷抱之文學意識,朱自清先生《詩言志辨》論之甚詳④,而劉若愚先生《中國文學理論》則將"詩言志"定義爲中國"早期的表現理論"、"原始主義詩觀"⑤。要之,此"詩言志"之説,其志爲人之心志,或爲合乎禮義、合乎倫理之心志。

然漢儒又創爲新説,以詩爲"天地之心"、"天心"、"天志",其説淵源何自? 當作何解? 其説於中國後世文學有何影響? 本文試作闡釋。

《詩緯》之《含神霧》曰:

> 詩者,天地之心,君德之祖,百福之宗,萬物之户也。⑥

又曰:

> 孔子曰:詩者,天地之心。刻之玉板,藏之金府。⑦

清儒陳喬樅《詩緯集證》卷三釋此曰:

> 詩之爲學,情性而已。情性者,人所稟天地陰陽之氣也。天地之氣,分爲陰陽,列爲五行。人稟陰陽而生,内懷五性、六情。仁義禮智信謂五性,喜怒哀樂好惡謂六情。六情所以扶成五性,性情各正,萬化之原也……《詩》正性情而厚人倫,美教化而移風俗,推四始之義,明五

---

① 《毛詩正義》,卷一,《十三經注疏》,第 270 頁。
② 同上注。
③ 同上書,第 272 頁。
④ 參見朱自清《詩言志》第一篇《詩言志辨》,桂林:廣西師範大學出版社 2004 年版。
⑤ 參見劉若愚著、杜國清譯《中國文學理論》,南京:江蘇教育出版社 2006 年版,第 98—102 頁。
⑥ 安居香山、中村璋八《緯書集成》,上册,石家莊:河北人民出版社 1994 年版,第 464 頁。按:本文所引識緯悉據安居香山、中村璋八《緯書集成》,除有異文,不注明原始出處。
⑦ 《緯書集成》,第 464 頁。按:此條出《太平御覽》卷八百四《珍寶部》三引。《後漢書·崔駰列傳》"乃將鏤玄珪,册顯功"李賢注引《詩含神霧》曰:"刻之玉版,臧之金府。"范曄撰,李賢等注《後漢書》,卷五十二,北京:中華書局 1965 年版,第 1713 頁。

際之要,此聖人所以統天地之心,順陰陽之理,慎德行之用,著善惡之歸,爲萬物獲福於無方之原,故緯言此以明之。①

陳氏以爲,"天地之心"即是人心,而人之性情,通於天地陰陽之氣,聖人以《詩》教化人倫,即爲統天地之心。陳氏雖云"漢世緯學多用《齊詩》"②,然《齊詩》緣何有此觀念,緣何以陰陽五行闡釋"五性"、"六情",以與《齊詩》"四始"、"五際"説相配合,陳氏並未詳加疏證,則其思想史的價值未能得以揭示,其中話語尚待推考。

漢儒視讖緯爲"孔丘秘經,爲漢赤制"③、"秘書微文"④、"讖書秘文"⑤,以緯學爲"内學"⑥。上引《含神霧》兩條,實爲《齊詩》之説,《含神霧》中又有:

集微揆著,上統元皇,下序四始,羅列五際。⑦

故"四始"、"五際"、"天地之心"諸説均出自《齊詩》。按《漢書·眭兩夏侯京翼李傳》載翼奉上疏元帝曰:

臣聞之於師曰:天地設位,懸日月,布星辰,分陰陽,定四時,列五行,以視聖人,名之曰道。聖人見道,然後知王治之象,故畫州土,建君臣,立律曆,陳成敗,以視賢者,名之曰經。賢者見經,然後知人道之務,則《詩》、《書》、《易》、《春秋》、《禮》、《樂》是也。《易》有陰陽,《詩》有五際,《春秋》有災異,皆列終始,推得失,考天心,以言王道之安危。⑧

---

① 清道光二十六年小嫏嬛館刻本。
② 《詩緯集證》,卷三,釋"詩者持也"條。
③ 《後漢書·蘇竟楊厚傳》,卷三十上,第 1043 頁。
④ 《論衡·效力篇》:"孔子,周世多力之人也,作《春秋》,删'五經',秘書微文,無所不定。"黄暉《論衡校釋》,卷十三,北京:中華書局 1990 年版,第 580 頁。
⑤ 《論衡·實知篇》:"讖書秘文,遠見未然,空虛闇昧,豫睹未有,達聞暫見。"同上書,卷二十六,第 1072 頁。
⑥ 《後漢書·方術傳》:"自是習爲内學,尚奇文,貴異數,不乏于時矣。"《後漢書》,卷七十二上,第 2705 頁。
⑦ 《緯書集成》,上册,第 464 頁。
⑧ 《漢書》,卷七十五,北京:中華書局 1962 年版,第 3172 頁。

《匡張孔馬傳》載匡衡上疏成帝曰：

> 臣又聞之師曰："妃匹之際，生民之始，萬福之原。"婚姻之禮正，然後品物遂而天命全。孔子論《詩》以《關雎》爲始，言太上者民之父母，后夫人之行不侔乎天地，則無以奉神靈之統，而理萬物之宜。……臣聞"六經"者，聖人所以統天地之心，著善惡之歸，明吉凶之分，通人道之正，使不悖于其本性者也。故審六藝之指，則天人之理可得而和，草木昆蟲可得而育，此永永不易之道也。①

據翼、匡之言可知，"神靈之統"即詩緯中所言"君德之祖"；"萬福之原"即詩緯中所言"百福之宗"；"萬物之宜"即詩緯所言"萬物之户"。聖人以"六經""統天地之心"、"考天心"，故須審"六藝（六經）之指"而得"天人之理"，此理於《易》則爲陰陽；於《春秋》則爲災異，而於《詩》則爲"四始"、"五際"。故讖緯之中，不僅以《詩》爲"天地之心"，又以《易》考知"天心"。《易緯乾鑿度》曰："《易曆》曰：'陽紀天心'。"②《易緯是類謀》曰："命機之運，由孔出。天心表際，悉如《河》、《洛》命紀，通終命苞。"鄭玄注曰："紀數天之運，皆孔子出天之心意。"③

漢儒經學講論陰陽五行，推測災異禍福，當始自董仲舒。《漢書·五行志上》："景、武之世，董仲舒治公羊《春秋》，始推陰陽，爲儒者宗。"④《漢書·儒林傳》載《齊詩》先師爲轅固生，爲景帝時的博士，武帝時復以賢良徵，"諸儒多嫉毁固老，罷歸之。時固已九十餘矣"⑤，其人較之董仲舒當爲前輩宿儒，故其詩學尚不涉及陰陽災異之説。至其弟子夏侯始昌，《齊詩》遂有創發，《漢書·儒林傳》載："諸齊以《詩》顯貴，皆固之弟子也。昌邑太傅夏侯始昌最明。"⑥《眭兩夏侯京翼李傳》載其："通'五經'，以《齊詩》、《尚書》教授。自董仲舒、韓嬰死後，武帝得始昌，甚重之。始昌明於陰

---

① 《漢書》，卷八十一，第3342—3343頁。
② 《緯書集成》，上册，第43頁。
③ 同上書，第284—285頁。
④ 《漢書》，卷二十七，第1317頁。
⑤ 同上書，卷八十八，第3612頁。
⑥ 同上注。

陽……族子勝亦以儒顯名……從始昌受《尚書》及《洪範五行傳》，説災異。"①故始昌繼董仲舒之後，發明《齊詩》與《尚書·洪範》中的天人之理。夏侯始昌授《齊詩》於后倉，后倉授翼奉、蕭望之、匡衡等，匡衡又授師丹、伏理等，"由是《齊詩》有翼、匡、師、伏之學"②。翼、匡上疏皆稱師説，其師當爲夏侯或后倉。

且《齊詩》遠紹《公羊》，旁通京氏《易》。《漢書·儒林傳》載胡毋生與董仲舒同業，治公羊《春秋》，景帝時與董仲舒同爲博士，後歸教於齊，授東海嬴公等。嬴公授東海孟卿。孟卿又從蕭奮受《禮》，授后倉。后倉創爲后氏《禮》，昭帝時立於學官，故夏侯始昌弟子后倉之學亦淵源於《公羊》。《漢書·儒林傳》又載孟卿又以《禮》與《春秋》多而繁雜，命其子孟喜從田王孫受《易》，創爲孟氏《易》。焦贛（延壽）從其問學，京房又從焦贛受《易》，創爲京氏《易》，宣、元以後皆立於學官，故《齊詩》與孟、京《易》學聲氣相通。《漢書》以《公羊》之眭孟，《尚書》之兩夏侯、李尋，《易》之京房，《詩》之翼奉等同傳，以其皆爲善"推陰陽言災異"，"納説時君著明"者③，因此，倘考察《齊詩》之説，當旁及《公羊》、孟京《易》學等漢儒經説，方可得其肯綮。

二、"天心"、"天地之心"

"天心"與"天地之心"始見諸戰國秦漢間文獻，多屬道家和陰陽家思想中的天道觀念。這是一種新天道觀，以"道"作爲宇宙萬物的根本和法則，《韓非子·解老》曰："道者，萬物之所然也，萬理之所稽也。理者，成物之文也；道者，萬物之所以成也。"④宇宙萬物的構成和運行形式是陰陽五行，《解老》又曰：

> 天得之以高，地得之以藏，維斗得之以成其威，日月得之以恒其光，五常得之以常其位，列星得之以端其行，四時得之以御其變氣，軒

---

① 《漢書》，卷七十五，第3154頁。
② 同上書，卷八十八，第3613頁。
③ 《眭兩夏侯京翼李傳·贊》，《漢書》，卷七十五，第3195頁。
④ 王先慎《韓非子集解》，北京：中華書局1998年版，第146—147頁。

轅得之以擅四方，赤松得之與天地統，聖人得之以成文章。①

天地、日月、五常、四時、四方諸物並舉，是戰國時期宇宙論的話語特徵，正如史華慈指出的那樣，諸子百家當中"存在著這樣一整套術語辭彙，它們最終會獲得相當不同的思想模式的認同。這些術語本身表現出了如下的特點：儘管它們也許擁有某些共同的涵義，但仍然可以導向極其不同的解釋方向和側重點"②。而在《管子》、《呂氏春秋》、《淮南子》等戰國秦漢間文獻中，討論宇宙發生與構成時，大都排比宇宙萬物，歸納到陰陽五行的嚴整框架中，甚至據此拋棄卜筮而占測天道。《管子·五行》曰：

> 故通乎陽氣，所以事天也，經緯日月，用之於民；通乎陰氣，所以事地也，經緯星曆，以視其離。通若道然後有行，然則神筮（當爲"筴"）不靈（當爲"筮"），神龜衍（當在下文"澤"字上）不卜，黃帝（二字衍）澤（讀"釋"）參，治之至也（疑"衍釋參"句，尚有脫字）。③

因此，這種天道觀念中的"天"，是自然之"天"，非西周宗法禮樂文化意涵中的上帝鬼神，故"天心"一詞多見諸道家、陰陽家以及根據道家創發的法家之書，用以比喻天道。如《管子·版法解》：

> 法者，法天地之位，象四時之行，以治天下……故曰："凡將立事，正彼天植。"天植者，心也。天植正則不私近親，不孽疏遠……欲見天心，明以風雨。故曰："風雨無違，遠近高下，各得其嗣。"④

又如《文子》一書，亦頗有此語。《道原》篇云："真人者……懷天道，包天

---

① 《韓非子集解》，第147頁。
② 本傑明·史華慈（Benjamin I. Schwartz）著、程鋼譯《古代中國的思想世界》，第五章，南京：江蘇人民出版社2004年版，第181頁。原文見 Benjamin I. Schwartz, *The World of Thought in Ancient China*. (Camberidge, Massachusetts: Harvard University Press, 1985), p174.
③ 顏昌嶢《管子校釋》引陳氏（奐）云："此文及注，錯誤不可讀。筮當爲筴，靈當爲筮，衍字當在下句內，黃帝二字又涉下文而衍。澤，讀釋。釋猶舍也。凡每卜筮，必會人參立而占之。不筮不卜，故推演舍參，言不用設立占人以推衍也。"卷十四，長沙：岳麓書社1996年版，第363、364頁。
④ 《管子校釋》，卷二十一，第510頁。

心,噓吸陰陽,吐故納新,與陰俱閉,與陽俱開,與剛柔卷舒,與陰陽俯仰,與天同心,與道同體。"①《精誠》篇云:"故大人,與天地合德,與日月合明,與鬼神合靈,與四時合信,懷天心,抱地氣,執沖含和,不下堂而行四海,變易習俗,民化遷善,若出諸己,能以神化者也。"②《上仁》篇云:"故不言而信,不施而仁,不怒而威,是以天心動化者也。"③《上禮》篇云:"聖人初作樂也,以歸神杜淫,反其天心。"④《淮南子》中亦有所見。《泰族》篇云:"故聖人者,懷天心,聲然能動化天下者也。"⑤《要略》篇云:"乃原心術,理情性,以館清平之靈,澄澈神明之精,以與天和相嬰薄。所以覽五帝三王,懷天氣,抱天心,執中含和,德形於內,以莙凝天地,發起陰陽。"⑥儒家論禮說詩,亦有承道家意義之"天心"者。如《説苑·反質》曰:"聖王承天心,制禮分也。凡古之卜日者,將以輔道稽疑,示有所先,而不敢自專也。"又曰:"《詩》云:'尸鳩在桑,其子七兮。淑人君子,其儀一兮。'《傳》曰:'尸鳩之所以養七子者,一心也。君子之所以理萬物者,一儀也。以一儀理物,天心也。五者不離,合而爲一,謂之天心。'"⑦

錢賓四先生指出:"《易傳》與《戴記》之宇宙論,實爲晚周以迄秦皇漢武間儒家所特創,又另成爲一種新的宇宙論。此種新宇宙論,大體乃采用道家特有之觀點,而又自加以一番之修飾與改變,求以附合儒家人生哲學之需要而完成。"⑧故"天地之心"亦早現於這兩部儒家文獻中。

《易·復卦·彖傳》曰:

> 反復其道,七日來復,天行也。利有攸往,剛長也。復,其見天地

---

① 杜道堅《文子纘義》,卷一,《四部備要》本。
② 同上書,卷二。按,《淮南子·泰族》作:"故大人者,與天地合德,日月合明,鬼神合靈,與四時合信,故聖人懷天氣,抱天心,執中含和,不下廟堂而衍四海,變習易俗,民化而遷善,若性諸己,能以神化也。"
③ 同上書,卷十。按,此句亦見諸《淮南子·泰族》。
④ 同上書,卷十二。按,《淮南子·泰族》作:"唯聖人能盛而不衰,盈而不虧。神農之初作琴也,以歸神;及其淫也,反其天心。"
⑤ 劉文典《淮南鴻烈集解》,北京:中華書局1989年版,第664頁。
⑥ 同上書,第706頁。
⑦ 向宗魯《説苑校證》,卷二十,北京:中華書局1987年版,第512—513頁。
⑧ 錢穆《〈易傳〉與〈小戴禮記〉中之宇宙論》,載《中國學術思想史論叢·卷二》,合肥:安徽教育出版社2004年版,第19頁。

之心乎?①

《禮記·禮運》曰：

> 故人者,其天地之德,陰陽之交,鬼神之會,五行之秀氣也……故人者,天地之心也,五行之端也,食味、别聲、被色而生者也。②

"天心"不僅在天道中顯現,亦體現爲人類和人心,天與人在陰陽五行構成的宇宙中同構相應,因而人道與倫理亦同俟於天道,此是儒家對於宇宙論的一大創發,而漢儒進而賦予天心以道德内涵。董仲舒始定"天心"爲"仁"。《春秋繁露·俞序》曰：

> 《春秋》之道,大得之,則以王;小得之,則以霸。故曾子、子石,盛美齊侯安諸侯,尊天子。霸王之道,皆本於仁。仁,天心,故次以天心。③

他援用《墨子》中的"天志"一詞代稱"天心",《天地陰陽》篇曰：

> 天志仁,其道也義。④

故天之心爲仁,天之道爲義,天道即上引《象傳》中所言"天行"。天有仁義二德,乃分而言之;若總而言之,天唯有一仁而已。《王道通三》篇曰：

> 是故王者唯天之施,施其時而成之,法其命而循之諸人,法其數而以起事,治其道而以出法,治其志而歸之於仁。仁之美者在於天。天,仁也。⑤

---

① 《周易正義》,卷三,《十三經注疏》,第38頁。
② 《禮記正義》,卷二十二,《十三經注疏》,第1423—1424頁。按,《大戴禮記》卷十一《少閒》亦云："成湯卒受天命……發厥明德,順民天心嗇地,作物配天,制典慈民。"王聘珍《大戴禮記解詁》,北京：中華書局1983年版,第218—219頁。
③ 蘇輿撰、鍾哲點校《春秋繁露義證》,卷六,北京：中華書局1992年版,第161頁。
④ 同上書,卷十七,第467頁。
⑤ 同上書,卷十一,第329頁。

由此可見，天即是仁，故天心與民志皆爲仁。而董仲舒歸仁於天，非唯思想的表述，且爲推考天意、天志之術確立前提。《漢書·董仲舒傳》載其《對策》曰：

> 陛下發德音，下明詔，求天命與情性，皆非愚臣之所能及也。臣謹案《春秋》之中，視前世已行之事，以觀天人相與之際，甚可畏也。國家將有失道之敗，而天乃先出災害以譴告之，不知自省，又出怪異以警懼之，尚不知變，而傷敗乃至。以此見天心之仁愛人君而欲止其亂也。①

董仲舒不僅開創以《春秋》推證災異，測知天意之術，且以《詩》作爲占測之具。《春秋繁露·堯舜不擅移湯武不專殺》曰：

> 《詩》云："殷士膚敏，祼將于京。侯服于周，天命靡常。"言天之無常予，無常奪也。②

《必仁且智》篇曰：

> 災者，天之譴也；異者，天之威也。譴之而不知，乃畏之以威。《詩》云："畏天之威"，殆此謂也。③

《天道無二》篇曰：

> 天之常道，相反之物也，不得兩起，故謂之一。一而不二者，天之行也……人孰無善？善不一，故不足以立身。治孰無常？常不一，故不足以致功。《詩》云："上帝臨汝，無二爾心。"知天道者之言也。④

《循天之道》篇曰：

---

① 《漢書》，卷五十六，第 2498 頁。
② 《春秋繁露義證》，卷七，第 220 頁。
③ 同上書，卷八，第 259 頁。
④ 同上書，卷十二，第 345—347 頁。

夫德莫大於和，而道莫正於中。中者，天地之美（蘇輿曰："美"下疑奪一字）達理也，聖人之所保守也。《詩》云："不剛不柔，布政優優。"此非中和之謂與？①

《天地陰陽》篇曰：

　　《春秋》舉世事之道，夫有書天（盧文弨疑此處文有脫誤）之盡與不盡，王者之任也。《詩》云："天難諶斯，不易維王。"此之謂也。夫王者不可以不知天。知天，詩人之所難也。天意難見也，其道難理。是故明陰陽、入出、實虛之處，所以觀天之志。辨五行之本末順逆、小大廣狹，所以觀天道也。②

故在董仲舒看來，詩人正是知天心、知天道的人，而讖緯《齊詩》所謂"天心"、"天地之心"均承其緒而來，而如何"推得失，考天心"？如何"統天地之心，著善惡之歸，明吉凶之分，通人道之正，使不悖于其本性"？《齊詩》用力於此，遂將《詩三百》創發爲律曆占候之術。

三、"四始"、"五際"、"六情"

　　《齊詩》發明的《詩經》占候之術爲"四始"、"五際"之説。《眭兩夏侯京翼李傳》載元帝初元元年地震，翼奉奏《封事》曰：

　　臣奉竊學《齊詩》，聞五際之要《十月之交》篇，知日蝕、地震之效昭然可明，猶巢居知風，穴處知雨，亦不足多，適所習耳。③

《詩汎歷樞》曰：

　　《大明》在亥，水始也。《四牡》在寅，木始也。《嘉魚》在巳，火始

---

① 《春秋繁露義證》，卷十六，第444頁。
② 同上書，卷十七，第467頁。
③ 《漢書》，卷七十五，第3173頁。

也。《鴻雁》在申,金始也。①

卯酉爲革政,午亥爲革命,神在天門,出入候聽。②

卯,《天保》也;酉,《祈父》也;午,《采芑》也;亥,《大明》也。然則亥爲革命,一際也。亥又爲天門,出入候聽,二際也。卯爲陰陽交際,三際也。午爲陽謝陰興,四際也。酉爲陰盛陽微,五際也。③

《詩推度災》亦曰:

建四時五際而八節通。卯酉之際爲革政,午亥之際爲革命。神在天門,出入候聽。④

王者布德於子,治成於丑。興運于寅,施化於卯。成紀於辰,震威於巳。德王於午,故子者孳也,自是漸孳生也。⑤

《十月之交》,氣之相交,周十月,夏之八月。⑥

"四始"之説初見《史記·孔子世家》引孔子曰:"《關雎》之亂以爲《風》始,《鹿鳴》爲《小雅》始,《文王》爲《大雅》始,《清廟》爲《頌》始。"⑦《齊詩》中則以其爲天道德運之始,依律曆學以十二地支劃分時空,配之以五行與《詩》篇,則亥、子、丑爲水,亥爲水始爲《大明》;寅、卯、辰爲木,寅爲木始爲《四牡》;巳、午、未爲火,巳爲火始爲《嘉魚》;申、酉、戌爲金,申爲金始爲《鴻雁》;而辰、戌、丑、未皆爲土。

"五際"則爲陰陽交際之時節。清儒迮鶴壽《齊詩翼氏學》推考《齊詩》"四始五際"之術,以翼奉上封事,言"五際之要《十月之交》篇"在初元二年,是年歲在甲戌,《十月之交》當爲戌土之際⑧。《漢書·眭兩夏侯京翼李

---

① 《緯書集成》,上册,第480頁。
② 同上注。按《後漢書·郎顗傳》載郎顗曰:"《詩汎歷樞》曰:'卯酉爲革政,午亥爲革命。神在天門,出入候聽。'言神在戌亥,司候帝王興衰得失,厥善則昌,厥惡則亡。"《後漢書》,卷三十下,第1065頁。
③ 《緯書集成》,上册,第480—481頁。
④ 同上書,第469頁。
⑤ 同上書,第475頁。
⑥ 同上書,第469頁。
⑦ 司馬遷《史記》,卷四十七,北京:中華書局1959年版,第1936頁。
⑧ 《清經解續編》,卷八百四十八,第17頁。

傳》"《詩》有五際"顏師古注引孟康注云:"《詩內傳》曰:'五際,卯酉午戌亥也,陰陽終始際會之歲,於此則有變改之政也。'"①故连氏以"五際"之説非如《詩汎歷樞》所言亥兼兩際,當依翼奉與孟康注。陳喬樅《詩緯集證》亦以"《毛詩大序》正義引《詩汎歷樞》"之説"於義爲疏",認爲:"戌、亥皆爲天門,亥爲革命,當一際,則天門候聽,宜以戌當一際矣。"②

總之,"四始五際"之説,乃爲運用陰陽五行占測天道之詩學,與漢代《易》學以乾坤八卦配陰陽五行,《春秋》學以春秋四時配陰陽五行,《書》學以《洪範》五行配陰陽五行如出一轍。陳喬樅釋《詩推度災》"建四始五際而八節通"曰:

考《易緯通卦驗》,以八卦氣配八節,始於乾主立冬,終於兑主秋分;始於乾者,乾在亥位,即《詩》"四始"之以亥爲始也;終於兑者,兑居酉位,即《詩》"五際"之以酉爲終也。周天三百六十五日四分日之一,一陰一陽,分之各得一百八十二日有奇;分爲時得九十一日有奇;四正分而成八節,節四十五日二十一分;八節各三分之,各得十五日七分而爲一氣。《詩》之"始"、"際",集微揆著。天道三微而成著,三著而成體分,滿三十二爲一日,五日爲微成一候,三微成著,則十五日爲一氣;三著成體,則四十五日爲一節。陰陽代嬗而成一歲,歲有四時,立爲八節,以定二十四氣而應七十二候。推而演之,自十一月冬至至正月立春,亦謂之三微之月,其間相距四十五日,則十五日爲一微;四十五日成一著;三著體成;至四月爲乾,純陽之象也。故十一月、十二月、十三月,三正之始,皆爲三微之月。又推之三統之正,若循連環,周則又始,得亦三微而成一著。五德之運,千五百二十歲(案:"歲"後似缺"一"字)紀,三紀四千五百六十歲,復於青龍爲元,此五行相代,一終之大數,是亦三著而體成也。聖人受命而王,莫不承天地,法五行,修五事,而御宇宙,養蒼生者也。四時之運,成於五行;五行之氣,資於陰陽。"四始"、"五際"者,所以明陰陽五行、終始盛衰之理,建"四始"、"五際"而八節通。所謂尚消息盈虛,以裁成天地之道;輔相天地之宜,以

---

① 《漢書》,卷七十五,第3173頁。
② 《詩推度災》,《詩緯集證》,卷一,釋"建四始五際而八節通"條。

左右民也。①

八卦配八節,出孟京《易》學和《易緯》,故《齊詩》之術,模仿《易》學以卦氣配律曆之法,以《詩》篇當卦爻。逯鶴壽認爲,《齊詩》講"四始五際"專用"二《雅》":

> 十五國風,諸侯之風也;三頌,宗廟之樂也;唯二《雅》皆述王者之命運政教,四始五際,專以陰陽之終始際會,推度國家之吉凶休咎,故止用二《雅》。亥,《大明》也;寅,《四牡》也;巳,《嘉魚》也;申,《鴻雁》也。四始四部皆《雅》詩也。卯,《天保》也;酉,《祈父》也;午,《采芑》也;亥,《大明》也;戌,《十月之交》也。五際五部亦《雅》詩也。②

又曰:

> 二《雅》之詩百十一篇,分爲八部,各從其部首,次第循環,數之各滿其部之篇數,以下即爲別部。③

"四始五際"皆推測得失成敗之時,預知帝王改政革命之際。比如其以《大明》在亥,亥爲革命,緣《大雅·大明》歌"肆伐大商,會朝清明",當武王革商之時。當然,革命之詩屬於權變之象,而王道流行方爲正經,故《詩推度災》云"王者布德於子,治成於丑。興運於寅,施化於卯。成紀於辰,震威於巳。德王於午",自子至午,皆爲陽道。如董仲舒所云"陽者天之德也,陰者天之刑也"④,"天之任陽不任陰,好德不好刑","陽出而前,陰出而後,尊德而卑刑之心見矣"⑤,故王道居陽,"任陽不任陰",乃"天心"爲仁之體現。

《齊詩》和《詩緯》中或有不限於二《雅》,而全用《詩三百》當六十四卦三百八十四爻以推求天心之法,如《詩推度災》曰:

---

① 《詩推度災》,《詩緯集證》,卷一,釋"建四始五際而八節通"條。
② 《清經解續編》,卷八百四十八,第 16 頁。
③ 同上書,第 18 頁。
④ 《陰陽義》,《春秋繁露義證》,卷十二,第 341 頁。
⑤ 《天道無二》,同上書,第 345 頁。

《關雎》惡露,乘精隨陽而施,必下就九淵,以復至之月,鳴求雄雌。(宋均曰:隨陽而施,隨陽受施也。淵,猶奥也,九奥也,九喻所在深邃。復卦冬至之月。鳴求雄雌。鳴,鳴鳴相求者也。)①

孟京《易》學和《易緯》中以六十四卦氣當值一歲,每月五卦,每卦六日七分,其中復、臨、泰、大壯、夬、乾、姤、遯、否、觀、剥、坤爲十二月之"辟卦"或"天子卦",各主一月。十一月即冬至子月,乃一年之始,當值之卦爲未濟、蹇、頤、中孚、復,以復爲辟卦,故曰"復至之月"或"復卦冬至之月"。《易·復卦·彖傳》"反復其道,七日來復",王弼注曰:"陽氣始剥盡至來復時,凡七日。"孔穎達《正義》謂王弼注以"陽氣始於剥盡之後,至陽氣來復時,凡經七日",乃用《易緯》之説,《正義》曰:

(王弼注)用《易緯》六日七分之義,同鄭康成之説。但於文省略,不復具言。案《易緯稽覽圖》云:"卦氣起中孚。"故離、坎、震、兑,各主其一方,其餘六十卦,卦有六爻,爻别主一日,凡主三百六十日。餘有五日四分日之一者,每日分爲八十分,五日分爲四百分四分日之一又爲二十分,是四百二十分。六十卦分之,六七四十二卦,别各得七分,是每卦得六日七分也。剥卦陽氣之盡在於九月之末,十月當純坤用事。坤卦有六日七分。坤卦之盡,則復卦陽來,是從剥盡至陽氣來復,隔坤之一卦六日七分,舉成數言之,故輔嗣言"凡七日"也。

《關雎》爲《詩三百》之首,故當此復卦之位。《詩》計三百零五篇,近乎一歲日數,倘以一篇當值一日有餘,亦近乎一卦六爻當值六日七分。此條見諸《玉燭寶典》的材料,不見逸氏、陳氏之考,亦無法復原其全貌,然足以據此推斷《齊詩》或《詩緯》中有此占測"復,其見天地之心乎"之術。

《禮稽命徵》曰:"王者制禮作樂,得天心,則景星見。"②《詩》既爲"天地之心"、"天心",則與天文星象密切相關。《春秋説題辭》曰:

---

① 《玉燭寶典》,卷十一引,商務印書館《叢書集成初編》據《古逸叢書》本影印,《叢書集成初編》,第1339册,第367頁。
② 《緯書集成》,中册,第510頁。

> 詩者，天文之精，星辰之度，在事爲詩，未發爲謀，恬澹爲心，思慮爲志，故詩之爲言志也。①

律曆星占之術以分野上應天官，推人間災異禍福，故亦以《詩》之封國對應占測，知民之情性聲氣風俗。《詩含神霧》曰：

> 齊地，處孟春之位。海岱之間，土地汙泥，流之所歸，利之所聚。律中太簇，音中宮角。
> 陳地，處季春之位，土地平夷，無有山谷，律中姑洗，音中宮徵。
> 曹地，處季夏之位，土地勁急，音中徵，其聲清以急。
> 秦地，處中秋之位，男懦弱，女高膝，白色秀身，律中南呂，音中商，其言舌舉而仰，聲清以揚。
> 唐地，處孟春之位，得常山、太岳之風，音中羽。其地磽确而收，故其民儉而好畜，外急而內仁。
> 魏地，處季冬之位，土地平夷。
> 邶、鄘、衛、王、鄭，此五國者，千里之城，處州之中，名曰地軸。
> 鄭，代己之地也，位在中宮，而治四方，參連相錯，八風氣通。②

又《詩推度災》曰：

> 邶國結蝓之宿，鄘國天漢之宿，衛國天宿斗衡，王國天宿箕斗，鄭國天宿斗衡，魏國天宿牽牛，唐國天宿奎婁，秦國天宿白虎，氣生玄武，陳國天宿大角，檜國天宿招搖，曹國天宿張弧。③

班固《漢書·地理志》亦承此《詩經》分野之學，以"民函五常之性，而

---

① 《緯書集成》，中冊，第856頁。
② 《緯書集成》，上冊，第460—461頁。按，黃奭《黃氏逸書考》輯《詩含神霧》"白色秀身"下有"律中南呂"，自注"四字從《書鈔》增"；"民儉而好畜"下有"外急而內仁"，自注"五字從《太平寰宇記》增"。皆據補。《易緯·詩緯·禮緯·樂緯》，上海古籍出版社1993年影印1934年江都朱氏補刊《黃氏逸書考》本，第3頁。
③ 同上書，第472頁。

其剛柔緩急,音聲不同,繫水土之風氣,故謂之風"①,於秦、魏、周、韓、趙、燕、齊、魯、宋、衛、楚、吳、粵諸地,先述其星占分野,再述其在《詩》之封國、歷史,人民的性情與風俗,多引《詩》爲證。

儒家既以人爲"五行之秀","天地之心",則人之性情亦具宇宙之義。《禮記·禮運》曰:"故聖人作則,必以天地爲本,以陰陽爲端,以四時爲柄,以日星爲紀,月以爲量,鬼神以爲徒,五行以爲質,禮義以爲器,人情以爲田。"②《樂記》曰:"本之情性,稽之度數,制之禮義,合生氣之和,道五常之行。"③董仲舒曰:"仁貪之氣,兩在於身。身之名取諸天,天兩有陰陽之施;身亦兩有貪仁之性。天有陰陽禁,身有情欲柾,與天道一也。……身之有性情,若天之有陰陽也。"④而《詩》、《書》、《禮》、《樂》皆是正情性之術。《漢書·匡張孔馬傳》載匡衡上疏元帝曰:

> 《詩》始《國風》,《禮》本《冠》、《婚》。始乎《國風》,原情性而明人倫也。⑤

故在《齊詩》與讖緯,人之性情,亦可以陰陽五行、律曆數術推測節制。隋蕭吉《五行大義》第十八《論情性》引翼奉曰:

> 五行在人爲性,六律在人爲情。性者,仁、義、禮、智、信也,情者,喜、怒、哀、樂、好、惡也。五性處内御陽,喻收五藏;六情處外御陰,喻收六體。故情勝性則亂,性勝情則治。性自内出,情從外來,情性之交,間不容系。⑥

《詩》中亦有五行五性、六律六情,五者爲"五際",六者爲"六情"或"六義",以此推測人的性情。《毛詩正義》釋《詩大序》"是謂四始,《詩》之至也"曰:

---

① 《漢書》,第1640頁。
② 《禮記正義》,卷二十二,《十三經注疏》,第1424頁。
③ 《禮記正義》,卷三十八,《十三經注疏》,第1535頁。
④ 《深察名號》,《春秋繁露義證》,卷十,第294—299頁。
⑤ 《漢書》,卷八十一,第3340頁。
⑥ 錢杭點校《五行大義》,卷四,上海:上海書店出版社2001年版,第106頁。

又鄭(玄)作《六藝論》，引《春秋緯·演孔圖》云："《詩》含五際、六情"者……其六情者，則《春秋》云"喜、怒、哀、樂、好、惡"是也。①

《文選》卷十七陸機《文賦》"及其六情底滯"，李善注曰：

《演孔圖》曰："《詩》含五際六情，絕于申。"宋均曰："申，申公也。"仲長子《昌言》曰："喜、怒、哀、樂、好、惡，謂之六情。"②

"六情"亦釋爲"六義"。《初學記》卷二十一《文部·經典第一》"五際六情"引宋均注曰：

六情即六義也。一曰風，二曰賦，三曰比，四曰興，五曰雅，六曰頌。③

《漢書·眭兩夏侯京翼李傳》載翼奉對元帝問曰："《詩》之爲學，情性而已。五性不相害，六情更興廢。觀性以曆，觀情以律，明主所宜獨用，難與二人共也。"又陳其術曰：

臣聞之於師，治道要務，在知下之邪正。我誠鄉正，雖愚爲用；若乃懷邪，知益爲害。知下之術，在於六情十二律而已。北方之情好也；好行貪狼，申子主之。東方之情，怒也；怒行陰賊，亥卯主之。貪狼必待陰賊而後動，陰賊必待貪狼而後用，二陰並行，是以王者忌子卯也。《禮經》避之，《春秋》諱焉。南方之情，惡也；惡行廉貞，寅午主之。西方之情，喜也；喜行寬大，巳酉主之。二陽並行，是以王者吉午酉也。《詩》曰："吉日庚午。"上方之情，樂也；樂行奸邪，辰未主之。下方之情，哀也；哀行公正，戌丑主之。辰未屬陰，戌丑屬陽，萬物各以其類應。今陛下明聖虛靜以待物至，萬事雖衆，何聞而不論，豈況乎執十二

---

① 《毛詩正義》，卷一，《十三經注疏》，第272頁。
② 蕭統編、李善注《文選》，卷十七，上海：上海古籍出版社1986年版，第772頁。陳喬樅《齊詩翼氏學疏證·一》曰："宋均云：'申，謂申公也。'申公之說《詩》，不云五際六情之説，與《齊詩》異義，故《演孔圖》云然耳。"《清經解續編》卷一一七六，第97頁。
③ 按，《太平御覽》卷六百九《學部》引《春秋演孔圖》文，將此宋均注誤入正文。

律而御六情！①

四、"文心"與"道心"

"天地之心"、"天心"等觀念本爲不斷建構之話語，故亦隨語境之變遷而轉化。讖緯之外，這些觀念集中體現於漢代及後世的政治、學術、宗教與文學之中。

漢儒通經致用，經學成爲政治的根據，至"以《禹貢》治河，以《洪範》察變，以《春秋》決獄，以三百五篇當諫書"②，檢點史籍，可見董仲舒《對策》之後，"天心"、"天地之心"之辭，屢見於詔令奏議，流行爲政治話語，兩《漢書》、兩《漢紀》乃至後世有關政治、社會生活的史籍所載，不勝枚舉，兹不贅列。

儒學亦以漢儒創發之"天心"理解傳統經典中相關概念。所謂"考之文理，稽之《五經》，揆之聖意，以參天心"③。如《論語·堯曰》曰："敢昭告于皇皇后帝：有罪不敢赦。帝臣不蔽，簡在帝心。"④按"帝心"一詞亦見《墨子·兼愛下》引湯之言曰："有善不敢蔽，有罪不敢赦，簡在帝心。"⑤"帝心"即"上帝之心"，《尚書·湯誥》曰："爾有善，朕弗敢蔽；罪當朕躬，弗敢自赦，惟簡在上帝之心。"孔穎達《正義》引鄭玄注《論語》云："簡閱在天心，言天簡閱其善惡也。"⑥則鄭玄以"天心"釋"帝心"。此外，在後世的《易》學、宋明理學中，"天心"與"天地之心"乃關涉天道與天理之重要觀念，討論頻繁，兹亦不展開論述。

漢代道教文獻中亦多"天心"、"天地之心"，然其義仍承接先秦道家之緒。如《老子河上公章句》云"一人籲嗟，則失天心"⑦。嚴遵《老子指歸》更爲多見。如《身名孰親》篇云"聖人上原道德之意，下揆天地之心"⑧。《天

---

① 《漢書》，卷七十五，第 3167—3168 頁。
② 皮錫瑞《經學歷史》，北京：中華書局 1959 年版，第 90 頁。
③ 《眭兩夏侯京翼李傳》，《漢書》，卷七十五，第 3184 頁。
④ 邢昺《論語注疏》，卷二十，《十三經注疏》，第 2535 頁。
⑤ 孫詒讓《墨子閒詁》，卷四，北京：中華書局 1986 年版，第 113 頁。
⑥ 孔穎達《尚書正義》，卷八，第 162 頁。
⑦ 王卡點校《任契》，《老子河上公章句》，卷四，北京：中華書局 1993 年版，第 301 頁。
⑧ 嚴遵著、王德有點校《老子指歸》，卷二，北京：中華書局 1994 年版，第 24 頁。"天地之心"，又見《以正治國》、《善爲道者》、《用兵》諸篇。

下有道》篇云:"天心和洽,萬物豐熟,嘉祥屢臻,吉符並集,非天降福,世主道德也。"①唯其爲宗教,其"天心"已被神化爲有天的意志,東漢道經《太平經》出現之時,正值讖緯流行之際,其中"天心"、"天地之心"等觀念層出不窮,影響了後世道經。《太平經》將"天"視爲包含儒道思想的道德象徵,其陰陽五行觀念和占測法術皆受漢儒經學與緯學的影響。如《太平經鈔》己部《陽尊陰卑訣》曰:"天者,仁賢明儒道術聖智也……是以古者聖人獨深知皇天意。"②又以道經爲"得天心"之文。如丙部《試文書大信法》曰:"試取上古人所案行得天心而長吉者書文,復取中古人所案行得天心者書策文,復取下古人所思務行得天意而長自全者文書,宜皆上下流視考之,必與重規合矩無殊也。"③又如己部《拘校三古文法》曰:"是故正言正文,乃見是正天地之心也。"④

然而就"詩者天地之心"而言,此雖爲漢儒經學、緯學之義,但亦創爲詩歌之形而上學。劉若愚先生《中國文學理論》曰:"不論我們將'心'解釋爲'心智'(mind)或'心情'(heart),這句話表現出一種詩的形上概念。"⑤而真正將"天地之心"闡發、轉變爲文學理論者,乃劉勰之《文心雕龍》,首篇《原道》兩言"天地之心",以原文學之道。其曰:

> 文之爲德也大矣,與天地並生者何哉?夫玄黄色雜,方圓體分,日月疊璧,以垂麗天之象;山川焕綺,以鋪地理之形:此蓋道之文也。仰觀吐曜,俯察含章,高卑定位,故兩儀既生矣。惟人參之,性靈所鍾,是謂三才,爲五行之秀,實天地之心。心生而言立,言立而文明,自然之道也。⑥

劉勰《原道》篇以《易經》爲主要文獻依據,如王元化先生所言:"《原道篇》的理論骨幹是以《繫辭》爲主,並雜取《文言》、《説卦》、《彖傳》、《象辭》

---

① 嚴遵著、王德有點校《老子指歸》,卷二,北京:中華書局1994年版,第29頁。"天心"又見《上德不德》、《大成若缺》、《爲學日益》、《聖人無常心》、《方而不割》、《天下謂我》、《勇敢》諸篇。
② 王明編《太平經合校》,北京,中華書局1960年版,第388—389頁。
③ 同上書,第56頁。
④ 同上書,第358頁。
⑤ 《中國文學理論》,第25頁。
⑥ 范文瀾《文心雕龍注》,卷一,北京:人民文學出版社1958年版,第1頁。

以及《大戴禮記》等一些片斷拼湊而成。"①《文心雕龍》全書五十篇,"位理定名,彰乎大易之數,其爲文用,四十九篇而已"②。是亦比照《繫辭》所謂"大衍之數五十,其用四十有九"③,當以首篇《原道》爲太極④。漢儒立言,倡言"考之于經傳"⑤,無論是否拼湊,劉勰對經典的理解包含了時代內涵。魏晉時期,儒家的《易經》之學經過玄學的改造,成爲融通先秦道家思想,闡發自然之道的工具,因此,黃季剛先生《文心雕龍劄記》認爲,莊子和韓非子之言道,"猶萬物之所由然。文章之成,亦由自然,故韓子又言聖人得之以成文章。韓子之言,正彦和所祖也"⑥。黃氏之論,重在闡釋劉勰所言之"道"乃自然之道,非儒家禮教或理學之理,反對當時桐城派的文學觀念⑦。朱東潤先生亦云:"彦和因文言道之說,與昌黎因文見道之說不同,昌黎所言者堯、舜、禹、湯、文、武、周、孔之道,而彦和所言者爲天地自然之道,故昌黎所言者爲文之中心思想,而彦和所言者僅藉以說明文體應爾而已。"⑧然黃氏、朱氏等未加闡明者,在於此"道"和"道之文"何以能被認識?而劉勰之論正在此處落腳,所謂"惟人參之,性靈所鍾,是謂三才,爲五行之秀,實天地之心"一語,其要在揭示人類能夠俯察仰觀,參天與地,展開精神活動,唯賴此性靈,宇宙之意義方得以認識,道之文理可得以闡發,故此性靈可視爲天地之心,繼而由心生言,由言生文,乃循道之自然。劉勰此語固然根據《禮運》"故人者,天地之心也,五行之端也",但是《禮運》以此作爲人類道德自覺之根據,而《原道》則將此轉變爲人類文學自覺之根據。此爲劉勰一大創發。《原道》又曰:

  人文之元,肇自太極,幽贊神明,易象惟先。庖犧畫其始,仲尼翼其終。而乾、坤兩位,獨制《文言》。言之文也,天地之心哉!若乃《河

---

① 王元化《文心雕龍創作論》,上海:上海古籍出版社1984年版,第61頁。
② 《文心雕龍注》,卷十,第727頁。
③ 孔穎達《周易正義·繫辭上》,《十三經注疏》,第80頁。
④ 參見王元化《文心雕龍創作論》,第61頁。
⑤ 《律曆志上》,《漢書》,卷二十一上,第956頁。
⑥ 黃侃《文心雕龍劄記·原道第一》,上海:上海古籍出版社2005年版,第1頁。
⑦ 黃氏曰:"今曰文以載道,則未知所載者即此萬物之所由然乎,抑别有所謂一家之道乎?"(《文心雕龍劄記·原道第一》,第2頁)這是黃氏針對推崇理學的桐城派而言,說詳見周勛初師《黃季剛先生〈文心雕龍劄記〉的學術淵源》(黃侃《文心雕龍劄記》,第1頁)。
⑧ 朱東潤《中國文學批評大綱》,上海:上海古籍出版社2006年版,第49頁。

圖》孕乎八卦,《洛書》韞乎九疇,玉版金鏤之實,丹文綠牒之華,誰其尸之,亦神理而已。①

"人文"一詞當源自《易經·賁卦》之《象傳》:"文明以止,人文也。觀乎天文以察時變,觀乎人文以化成天下。"②斯波六郎先生認爲:

> "人文之元"的"元"是指"人文"所生之本或根源,而不是"人文"的肇始。"元"本來解作"氣之始也"(《易九家注》),也就是尚未獲得具體形象的物之本原。"太極"或是"道"初生時的名稱。《易緯·乾鑿度》鄭氏注云"氣象未分之時,天地之所始也",晉顧榮亦云"太極者,蓋謂混沌時朦昧未分"(《晉書·紀瞻傳》),彦和之意大致類此。故"人文之元,肇自太極"即是説人文之本與道的起源相關,非但悠久,兼亦自然。③

吉川幸次郎先生進而指出,"人文之元,肇自太極"比之"文之爲德也大矣,與天地並生"的思想"更進一層,指人文之理在天地未分之時即已存在"④。他們都認識到了"元"所具有的根源意謂,但如果進一步考察"元"的思想淵源,我們或可對其中所含根本或根源的義涵有更爲融通的認識。

其實,"人文之元,肇自太極"一語是劉勰綜合漢儒《春秋》學與《易》學而成的範疇。董仲舒最早以"元"代表"道"。《春秋繁露·玉英》釋《公羊春秋》"元年",既以其爲宇宙萬物之本,亦以其爲人道之本,其曰:"元者爲萬物之本,而人之元在焉。安在乎,乃在乎天地之前。"⑤這個"元"就是根本的意思。不過,"元"既是《春秋》紀年之始,也就同時具有初始發生之義,"元"與"太極"一樣,都是"道"的代稱,俱在天地產生之前,既爲宇宙之本,亦爲宇宙之始,張岱年先生《中國哲學大綱》認爲,"宇宙中之最究竟者,古

---

① 《文心雕龍注》,卷一,第2頁。
② 孔穎達《周易正義》,卷三,《十三經注疏》,第37頁。
③ 斯波六郎《文心雕龍劄記》,載《日本研究〈文心雕龍〉論文集》,濟南:齊魯書社1983年版,第44—45頁。
④ 吉川幸次郎《評斯波六郎〈文心雕龍原道、徵聖劄記〉》,載《日本研究〈文心雕龍〉論文集》,第32頁。
⑤ 《春秋繁露義證》,卷三,第69頁。

代哲學中謂之'本根'"①。"本根"包含三項意謂,"第一,始義";"第二,究竟所待義";"第三,統攝義"②。"在中國哲學,本根與事物的關係,不是背後的實在與表面的假象之關係,而是源流根枝之關係。"③因此,我們本不必按照現代哲學的邏輯,刻意地認爲"元"中只有根源之義而無起始之義,其"肇始於太極",即與太極並生之意。董仲舒也將"元"視爲開始,視其本質爲元氣。《春秋繁露·王道》曰:"《春秋》何貴乎元而言之? 元者,始也,言本正也。道,王道也。王者,人之始也。王正則元氣和順、風雨時、景星見、黃龍下。"④何休注《公羊春秋》"元年"曰:"變一爲元,元者氣也,無形以起,有形以分,造起天地,天地之始也。"⑤又《春秋元命包》曰:"元者,端也,氣泉。"⑥《春秋説題辭》:"元,清氣以爲天,混沌無形體。"⑦漢儒已經將《春秋》之"元"對應《易》之"太極",既指根本之道,又指發生之始,如《漢書·律曆志上》曰:"《(春秋)經》'元'一以統始,《易》'太極'之首也……故《易》與《春秋》,天人之道也。"⑧《漢書·眭兩夏侯京翼李傳·贊》曰:"幽贊神明,通天人之道者,莫著乎《易》、《春秋》。"⑨由此可見,漢儒始以"元"和"太極"兩個觀念,闡明天人相應之理,而劉勰繼踵而進,創爲文學發生之論,即文學之原理(人文之元)與太極(道)並生,文學現象(文之爲德)與天地並生。

正緣如此,《易》的卦象纔是最初的文學現象,是"太極"(道)、"人文之元"的體現,所以"幽贊神明,易象爲先"。形而下的乾坤兩卦則象徵天地,聖人爲其獨制《文言》,因此劉勰以《文言》爲文學修辭之始,釋其爲"言之文",這樣的"文",就是"與天地並生"的"文",就是"仰觀吐曜,俯察含章,高卑定位,故兩儀既生矣"的"文",劉勰稱贊這樣的"文"也是"天地之心",以其爲文學修辭的根據。清儒紀昀不解其意,於此評曰:"此解《文言》,不

---

① 張岱年《本根論》,《中國哲學大綱》,第一篇,北京:中國社會科學出版社1982年版,第6頁。
② 同上書,第8頁。
③ 同上書,第15頁。
④ 《春秋繁露義證》,卷四,第100—101頁。
⑤ 徐彥《春秋公羊傳注疏》,卷一,《十三經注疏》,第2196頁。
⑥ 《緯書集成》,中册,第604頁。
⑦ 同上書,第858頁。
⑧ 《漢書》,卷二十一,第981頁。
⑨ 同上書,卷七十五,第3194頁。

免附會。"①劉若愚先生指出此處所言"天地之心",指的是文學現象而不是指人類的性靈,因此當不源自於《禮運》,而"似乎是受了《詩緯》的影響"②,其分析論述似更有助於我們理解劉勰之意:

  "文言"這一篇名,可有而且已有不同的解釋:指"文章之言"(words on the text)或指"文飾之言"(embellished)。劉勰自然采取後一解釋,而且靈巧地將此一複合詞變成"言之文",語言的"圖樣"或"表像"或"修飾"——"文學"的一個便利的定義!然後他重述"天地之心"這句話,這次將它應用於文學(文)而非應用於"人",而將"文"調適於前面指出的多重互應之中(宇宙——心靈——語言——文學)。③

  劉勰所謂"《河圖》孕乎八卦,《洛書》韞乎九疇,玉版金鏤之實,丹文綠牒之華",亦出漢儒經學、緯學之説,《易·繫辭上》云:"河出圖,洛出書,聖人則之。"④漢儒遂神化其説,以構建經典的先天起源。《漢書·五行志上》曰:"劉歆以爲虙羲氏繼天而王,受《河圖》,則而畫之,八卦是也。禹治洪水,賜《洛書》,法而陳之,《洪範》(九疇)是也。"⑤《尚書中候握河紀》曰:"神龍負圖出河,虙羲受之,以其文畫八卦。"⑥《尚書中候考河命》曰:"天乃悉禹《洪範九疇》,洛出龜書五十六字,此謂洛出書者也。"⑦讖緯之中,五帝三王受天之瑞,皆有《河圖》、《洛書》之出。如《尚書中候》曰:"帝堯即政七十載,修壇河洛。仲月辛日,禮備至於日稷,榮光出河,龍馬銜甲,赤文綠色,臨壇吐甲圖。"⑧故《詩含神霧》造作孔子曰"詩者,天地之心。刻之玉板,藏之金府"之説,與以《河圖》、《洛書》神化《易》與《洪範》等經典之説如出一轍。劉勰所處時代,緯學亦盛,而劉勰却視讖緯爲文學修辭之取資,其

---

① 周振甫《文心雕龍注釋》,第3頁。
② 《中國文學理論》,第34頁,注釋②。
③ 《中國文學理論》,第34頁。
④ 孔穎達《周易正義》,卷七,《十三經注疏》,第82頁。
⑤ 《漢書》,卷二十七上,第1315頁。
⑥ 《緯書集成》,上册,第422頁。
⑦ 同上書,第432頁。
⑧ 同上書,第402頁。

有《正緯》之篇,以讖緯"無益經典,而有助文章"①。故於此類《河》、《洛》之奇異,劉勰則歸之於不可測知的自然顯現,所謂"誰其尸之,亦神理而已"。於是《河圖》、《洛書》便與《文言》相對,《文言》爲"天地之心",《河》、《洛》爲"神理";一出"六經",一出讖緯;一爲聖人的創作,一爲自然的顯現。此一分別,亦可證之於《正緯》之篇,其中比較經緯之異,即云:"經顯,聖訓也;緯隱,神教也。聖訓宜廣,神教宜約;而今緯多於經,神理更繁。"②接著,《原道》又提出了"道心"的觀念:

> 玄聖創典,素王述訓,莫不原道心以敷章,研神理而設教,取象乎《河》、《洛》,問數乎蓍龜,觀天文以極變,察人文以成化;然後能經緯區宇,彌綸彝憲,發輝事業,彪炳辭義。故知道沿聖以垂文,聖因文而明道,旁通而無滯,日用而不匱。《易》曰:"鼓天下之動者存乎辭。"辭之所以能鼓天下者,乃道之文也。贊曰:道心惟微,神理設教。③

黃季剛先生《文心雕龍劄記》指出"道心惟微"乃"荀子引《道經》之言,而梅賾僞古文采以入《大禹謨》"④。劉勰所言"天地之心",其實也是"道心"。在劉勰看來,"道心"出乎孔子所作"六經";而"神理"則出乎孔子所設神教,即"取象乎《河》、《洛》,問數乎蓍龜"之事。劉勰於此分判經、緯,既爲以下《徵聖》、《宗經》、《正緯》諸篇張本,又發明文學之道並出天人之理。倘劉勰"天地之心"之語源自《詩緯》,則細析其文,可見其旨意側重於闡發"詩者天地之心"之義,而將天人感應等占術內涵屏棄一旁,即將《詩緯》中所謂"君德之祖,百福之宗,萬物之戶","刻之玉板,藏之金府"等義涵劃歸"神理"與"神教"之中。劉勰論"文心"之旨趣,不在發明"神理"、"神教",而在闡論文學根源於"道",以"文心"源自"道心"或"天地之心"。是亦可證諸《序志》篇之言:

---

① 《文心雕龍注》,第 31 頁。
② 同上書,第 30 頁。
③ 同上書,第 2—3 頁。
④ 《文心雕龍劄記·原道第一》,第 7 頁。《荀子·解蔽》:"故《道經》曰:'人心之危,道心之微。'"王先謙《荀子集解》,北京:中華書局 1988 年版,第 400 頁。僞古文《尚書·大禹謨》:"人心惟危,道心惟微。惟精惟一,允執厥中。"孔穎達《尚書正義》,卷四,《十三經注疏》,第 136 頁。

  蓋《文心》之作也,本乎道,師乎聖,體乎經,酌乎緯,變乎騷,文之樞紐,亦云極矣。①

  "文心"既"本乎道",此道上承漢儒《齊詩》之説,爲象徵仁義道德之宇宙根本之道,下融魏晉玄學之義,爲宇宙自然,孕育人文之道,則儒家"詩言志"之"志",既非一般生理意義上的心志或情志,亦非拘執於早期儒家詩教所言"止乎禮義"的道德之志。"志"與"文心",不僅成爲"天地之心"而獲得形而上之義藴,亦轉而變爲文學之形而上觀念。劉勰之時,僞古文《大禹謨》"人心惟危,道心惟微"一語已流行天下,而劉勰以"文心"爲"道心",便超越了形而下意義上的"人心"②。劉永濟先生曾以"言志與明道"二事,於中國文學"爲根柢,爲本基","志之與道,易詞言之,則情與理耳。情與理,人心作用之異名也"。由於"志之所向無定,道之所存亦無定",因此"'志於道'③一義,實通貫此二論之樞機"④。然永濟先生以此義出自唐宋諸賢之口,劉勰"雖已唱原道之論,但轉移時尚之力未著"⑤。今若由漢儒詩説觀之,劉勰的轉移之力亦不可謂不著。

  從《文心雕龍》對"天地之心"的闡發,可見劉勰綜合了諸多思想與文獻資源,兼收並用,其目的在於來建構有體系的文學理論。其自言此法曰:"有同乎舊談者,非雷同也,勢自不可異也。有異乎前論者,非苟異也,理自不可同也。同之與異,不屑古今,擘肌分理,唯務折衷。"⑥這種"折衷"之法,決非一些文獻或思想的片斷拼湊,而是體大慮周的思辨和經營,正如周勛初師所指出的那樣:

    劉勰的主要研究方法,正是從儒家學術和玄學中得來的。"唯務折中",由此建立了嚴整的體系,這不但見之於劉勰的自白,而且核之

---

① 《文心雕龍注》,卷十,第727頁。
② 按,蔡沈《尚書集傳》解"人心"與"道心"最爲懇切,曰:"心者,人之知覺,主於中而應於外者也。指其發於形氣者而言,則謂之人心;指其發於義理者而言,則謂之道心。"蔡沈《尚書集傳》,北京:中國書店1994年版,第21頁。
③ 按,此語見《論語·述而》。邢昺《論語注疏》,卷七,《十三經注疏》,第2481頁。
④ 參見劉永濟《文學通變論》,載《劉永濟集·文學論·默識錄》,北京:中華書局2010年版,第426—431頁。
⑤ 同上書,第428頁。
⑥ 《文心雕龍注》,卷十,第727頁。

《文心雕龍》全書，都是信而有徵的。儒家學派采用"叩其兩端"的方法，玄學中人辨析概念分析問題的辯難方法，都曾給他以滋養，只是他在使用這些方法上有發展，因而觀察問題更深入，分析問題更細緻，使用這項方法更熟練罷了。這就說明，他所繼承的主要是先秦兩漢以來的優秀傳統，在我國古代哲人提供的思想資料的基礎上，取得了新的成就，作出了新的貢獻。[①]

（作者單位：南京大學文學院）

[①] 周勛初《劉勰的主要研究方法——"折中"説述評》，載《文史探微》，上海：上海古籍出版社1987年版，第153—154頁。

清儒的"知識分化"與"專門之學"萌芽
——從幾場論辯談起

張壽安

【摘　要】本研究從清乾嘉間幾場重要的學術辯論，觀察傳統學術的知識分化現象。主要說明兩點：一、清代的學術界已經出現各種專業知識獨立的聲音和努力，辭章、義理、考據之爭，表面是爭正統，實質是爭取獨立的知識地位。二、清代學術並非前人所言的考證學，而是因考證而產生了豐富的工具性知識，這些工具性知識在清儒的深入研究發展下，其後都成了專門之學。在觀察近代中國知識轉型的大歷史議題下，重新審視清代學術，尤其在知識發展上的貢獻，將揭開清代學術思想史之研究的新一頁。

【關鍵詞】清代學術思想史　戴震　龔自珍　袁枚　傳統知識分化

一、前　言

清乾嘉間學術界發生了一連串激烈的學術論辯，影響最深遠的莫過於義理、考據、辭章之爭。雖然目前學界的研究結論是：學問大分三途，仍以義理爲歸。義理仍擔當著學問之大本的地位。但若仔細疏理論辯各方的立意與理據，重構論辯議題的發展與轉折，不難看出其結局應是道術分裂、知識分化。不僅辭章之學家派林立，技藝性知識興起，作爲學問大本的義理,也不再以程朱爲唯一指標,禮學代表的新秩序正披靡學界。而其中作爲轉折關鍵的,正是以考據爲主軸的新學術從其内部所産生的多種專門之學。

數年前筆者曾撰文從學術史角度指出,乾嘉學術的最要特色在學統重建與專門之學成立。龔自珍於道光三年(1823)爲阮元六十年譜寫序時,就把阮元學圈的學術成就歸納爲專門之學十大類:訓故、校勘、目録、典章制度、史學、金石、九數、文章、性道、掌故等,甚至爲這些學門作出定義。這些學門有不少在 20 世紀以降與西學融會,成爲今日的專門之學。

考據學從乾隆初期迅速發展,到四庫開館建立大本營,儼然清學主流,並和辭章、義理之學産生論辯。這些論辯不僅關涉學問高下次第,更觸及理論層次,其目的在劃清學門界綫,破除高下之别。事實上,一種專門之學得以成立,至少得完成幾個要件:一,學門性質定位;二,學門理論建構。本文就以乾嘉間較重要的幾場論辯爲綫索,來觀察清儒學門意識的萌芽與專門知識的分立。

二、袁枚和惠棟的辯論: 文章、窮經

這場辯論發生在乾隆十九至二十三年間(1754—1758)[1],惠棟(1697—1758)原信已不可見,但從袁枚(1716—1798)的兩封回信不難看出其主題應是: 窮經與文章之辯。

先是惠棟致信袁枚勸其篤志"窮經",並説袁枚好文章是"捨本逐末"。袁枚的回信高舉文章之學,反言質問窮經。其信云:

---

[1] 確切時間很難考定。袁枚信中談到惠棟寄奉《六宗説》、《讀大禮議》二文,據漆永祥所輯考整理的《東吴三惠詩文集》,無此二文。鄭幸《袁枚年譜新編》(上海:上海古籍出版社,2011)對袁枚《答惠定宇書》、《答惠定宇第二書》亦未詳於何時之作,袁枚乾隆二十三年回覆程晉芳書札告知惠棟死訊的《答程魚門書》中有"惠子湛深經術,僕愛而未見"(下編,頁 284—285)。可見兩人並未見過面,如果要説二人能夠有書信往來的機會,可能就是惠棟館於盧見曾幕府時期(乾隆十九年至二十三年之間)。案: 乾隆十八年,盧見曾第二次調任兩淮鹽運使,當時袁枚有詩册《隨園主人呈雅雨公詩册》進呈。乾隆十九年三月至乾隆二十年(1755)六月,惠棟在盧見曾幕中,還與沈大成等幕賓一同參加盧見曾補刻朱彝尊所著《經義考》未刻部分的校勘工作。惠棟還參與盧見曾編纂的《山左詩鈔》的校訂工作。這項工作始於乾隆十八年仲春,成於乾隆二十三年仲秋,成書之後不久惠棟便逝世。

來書懇懇以窮經爲勖,慮僕好文章,捨本而逐末者。然比來見足下窮經太專,正思有所獻替,而教言忽來,則是天使兩人切磋之意,卒有明也。

夫德行本也,文章末也。"六經"者,亦聖人之文章耳,其本不在是也。古之聖人,德在心,功業在世,顧肯爲文章以自表著耶?孔子道不行,方雅言《詩》、《書》、《禮》以立教,而其時無"六經"名。後世不得見聖人,然後拾其遺文墜典,強而名之曰"經"。增其數曰六、曰九,要皆後人之爲,非聖人意也。是故真偽雜出而醇駁互見也。……此近日窮經者之病,蒙竊恥之。古之文人,孰非根柢"六經"者?要在明其大義,而不以瑣屑爲功。即如說《關雎》,鄙意以爲主孔子哀樂之旨足矣。而說經者必爭爲后妃作,宫人作,畢公作,刺康王所作。……問其由來,誰是秉《關雎》之筆而執明堂之斤者乎?其他說經,大率類此。最甚者,秦近君說"堯典"二字至三萬餘言。……一闠之市,是非麻起;煩稱博引,自賢自信,而卒之古人終不復生。于彼乎?于此乎?如尋鬼神搏虛而已。僕方怪天生此迂繆之才,後先嘈沓,擾擾何休,敢再拾其瀋而以吾附益之乎?

聞足下與吳門諸士,厭宋儒空虛,故倡漢學以矯之,意良是也。第不知宋學有弊,漢學更有弊,宋偏于形而上者,故心性之說近玄虛;漢偏于形而下者,故箋注之說多附會。雖捨器不足以明道,《易》不畫,《詩》不歌,無悟入處。而畢竟樂師辨乎聲詩,則北面而弦矣;商祝辨乎喪禮,則後主人而立矣。藝成者貴乎?德成者貴乎?……

夫人各有能不能,而性亦有近有不近。孔子不強顏、閔以文學,而足下乃強僕以說經。倘僕不能知己知彼,而亦爲以有易無之請,吾子其能捨所學而相從否?①

惠棟挑起這場論辯已年近六十,是他生命的晚年,也是學術最成熟的時候。惠棟父祖三代傳經,是江南名儒世家,惠棟自幼即知推重漢人經術。乾隆十九年(1754)雅好經史的兩淮鹽運使盧見曾(1690—1768)延聘惠棟等一批飽學之士入幕刊刻《雅雨堂叢書》等多種古籍。《雅雨堂叢書》共收古籍十三種,惠棟主持校訂者有十一種。期間沈大成(1700—1775)、戴震

---

① 袁枚《答惠定宇書》,《小倉山房文集》卷十八,袁枚著、王英志校點《袁枚全集》(江蘇,古籍出版社1999年版),第二册,頁305—306。

（1724—1777）等都參與編校，而惠棟鼎力主持，貢獻最大。在盧幕四年，惠棟專心編輯校勘古籍、宣揚漢學、提攜後進。在漢學初興之際，盧見曾幕儼然是江南的漢學基地。惠棟窮經的基本態度是尊漢，方法是訓詁，所謂："漢人通經有家法，故有'五經'師。訓詁之學，皆師説所口授，其後乃著竹帛，所以漢經師之説立於學官，與經並行。'五經'出於屋壁，多古字古言，非經師不能辨，經之義存乎訓，識字審音，乃知其義。是故古訓不可改也，經師不可廢也。"①最重漢儒師説，從識字審音入手，掌握字義再求經意，所謂古訓不可改，經義存乎訓。當其時，沈大成、錢大昕（1728—1804）、王鳴盛（1722—1797）、戴震、王昶（1725—1806）②，及惠棟弟子江聲（1721—1799）、余蕭客（1732—1778）皆先後從遊論學，漢學聲勢壯然興起。錢大昕形容："漢學之絶者千有五百餘年，至是而粲然復章矣。"③可見惠棟當時地位崇高。

乾隆二十年（1755），袁枚年四十，已是名滿江南的才子，所撰時文更是科舉試子的模擬範本，宗穀芳説他"以制舉文震海内，後生小子爭摹仿句調以弋科名者，如操卷取也"④。袁枚的仕途並不順心，乾隆十三年（1748）就告病辭官歸鄉，專心經營詩文創作和致力"性靈説"辭章理論的建構，又通過經營田產、收放貸款等方式擁有自己的經濟基礎，然後經營"隨園"，開始大規模召開文宴（據鄭幸《袁枚年譜新編》，袁枚最晚在乾隆二十四年就有大規模的文宴召開）⑤，利用早年當官的人脈建立自己的聲名跟影響力。宗穀芳説："時先生正以詩古文詞樹壇坫江南，欲收致四方才俊士，與之共商史漢文章之正統。"⑥袁枚其實早已意識到辭章之學地位提升和理論建構是

---

① 惠棟《九經古義述首》，惠棟《松崖文鈔》卷一，收入漆永祥點校《東吳三惠詩文集》（臺北：中研院中國文哲研究所，2006），頁300。
② 江慶柏《清代人物生卒年表》（北京：人民文學出版社2005年版），頁26，注：王昶生於雍正二年十一月二十二日，公曆爲1725年1月6日。
③ 錢大昕《惠先生棟傳》，錢大昕著、陳文和點校《潛研堂文集》卷三十九，《嘉定錢大昕全集》（南京：江蘇古籍出版社1997年版），第9冊，頁622。
④ 宗穀芳《後序》，《小倉山房文集》，收入《袁枚全集》（南京：江蘇古籍出版社1999年版）第二冊，頁7。
⑤ 鄭幸《袁枚年譜新編》（上海：上海古籍出版社2011年版），前言，頁14。又言："袁枚的後半生以專心經營名山事業爲主。這包括兩方面內容，一是具體的詩文創作，一是思考、建構并傳播其'性靈論'。"（頁12）
⑥ 宗穀芳《後序》，《小倉山房文集》，收入《袁枚全集》（南京：江蘇古籍出版社1999年版）第二冊，頁7。又，宗穀芳於乾隆十八年（1753）春與袁枚談論時藝，袁枚深以少年之作刊布流傳爲悔。參鄭幸《袁枚年譜新編》（上海：上海古籍出版社2011年版）乾隆十八年條，頁237。

他畢生的目標。乾隆二十年(1755)編成詩集十卷,賦詩自表心情説:"臨池照影私心語,不信吾無後世名。"①袁枚的詩文中顯示出自我表彰之意及和時人辯論的傾向,收到漢學界惠棟如此外行的建議,他不免挾天意以暢言。

惠棟對這個正在崛起的後輩,顯然想將其導入正途,所以勸袁枚以窮經爲重。又從"本末論"言經學是本、文章是末,要寫出好文章得先窮經,否則只是逐末。

袁枚的回信用詞調侃,機辯嘲笑比比皆是,不須多言。唯從"知識分化"角度省視,袁枚提出的幾個觀點頗值得留意,也代表當時知識論辯的常用型態:一,重新定義"本末"。惠棟的信既然從本末立論,經是本,文章是末,寫文得先治經。不僅壓低文章的地位,還説經是文的基礎,批評袁枚不治經,文章再好也是無根。袁枚的回信拔本塞源,一起首就另立了一套"本末論",不循惠棟的本末規則。袁枚説:德行是本,"六經"和文章都是末;連孔子也是功業不成纔轉而著述文字,因此"六經"也只是文。換言之,"六經"也是末。"六經皆文",是袁枚的第二個論點。按惠棟的排列,經高於文;但在袁枚的排列下,德行、功業、經世纔是學問的最高目標,文章和"六經"都只是末。從正統經學角度看,袁枚的"六經"皆文確實壓低了經的地位;但從文章角度看,"六經"皆文却大大擡高了文章的地位,令文章與經地位平等。尤其值得注意的是,袁枚爲文章之學找到一個根本——經。其三,在本末說之外,袁枚又另立了一個論學的原則:"自表"。他説:若聖人能實踐功業,"顧肯文章以自表著耶",自表和文章有何關係?自表和功業又有何關係?這在乾隆晚期也是袁枚生命晚年和孫星衍的辯論時,有了更完滿的發揮。其四,袁枚對窮經之學提出質疑:他首先懷疑"經"這個詞。他説經就是聖人的文章,在孔子之時並無經名,後人無法得見聖人的行爲,只好拾其遺文墜典編輯成册,稱之爲經,其後還不斷增衍其數,提出"六經"、"九經"云云;造成真偽雜出莫可詰責。至於今人的窮經效果更是令人質疑,他説古人已逝不可質對,今人繁稱博引典説不已,簡直是一闠之市,尋鬼神摶虛而已!窮經的可信性無法定讞,袁枚遂敬謝不敏,豈敢附益?最後袁枚説出自己的讀經態度:"要在明其大義,而不以瑣屑爲功。"對惠棟

---

① "編得新詩十卷成,自招黄鳥聽歌聲。臨池照影私心語,不信吾無後世名。"見袁枚《小倉山房詩集》卷十一,《編得》其一,收入《袁枚全集》(江蘇:江蘇古籍出版社1999年版)第一册,頁220。

的勸説,完全反對,大笑蒼天何生此迂謬之才①!

　　袁枚和漢學界的第一場辯論,最值得留意的理論是"六經"皆文説;最值得留意的論辯方式,則是他跳脱了經學家本末論的制約,另立一套標準去序列學問次第。他在信末評論漢宋學術實虛時,採用了兩套"學問理論"架構,一是"形而上/形而下",分判宋漢優劣;一是"德/藝",分判德行/經學,貶斥窮經之學只是技藝,形而下的枝節而已。可惜袁枚並没有完整的論述。

　　惠棟旋即反駁,論點有二:"士之制行,非經不可。疑經者非聖無法";"説經貴心得,不以沿襲爲工"。既然袁枚從德行/文章談本末,德行爲本,惠棟就順著這個本末論,把德行也籠罩在經學之下,經是德行之基礎,懷疑經,就等同非聖無法,混淆大本。惠棟言辭強勢,袁枚的措辭就更加犀利,譏笑窮經是履人舊跡。言:

> 夫窮經而不知經之所由名者,非能窮經者也。三代上無"經"字……"六經"之名,始於莊周;《經解》之名,始於戴聖。莊周,異端也;戴聖,贓吏也。其命名未可爲據矣。……"六經"者文章之祖,猶人家之有高、曾也。高、曾之言,子孫自宜聽受,然未必其言之皆當也。……
>
> 漢王充曰:"著作者爲文儒,傳經者爲世儒。著作以業自顯,傳經者因人以顯。是以文儒爲優。"……唐柳冕曰:"明'六經'之義,合先王之道,君子之儒也;明'六經'之注,與'六經'之疏,小人之儒也。今先小人之儒,而後君子之儒,以之求才,不亦難乎?"……
>
> 足下謂説經貴心得,不以沿襲爲工。此言是矣。……前賜《讀大禮議》、《六宗説》俱精確,然一則毛西河曾言之,一則郝京山曾言之;其書俱在,其説更詳。此豈足下有意襲之哉!足下之心得之,彼二人之心先得之。足下之識雖在二人之前,而足下之生已在二人之後;則不襲之襲,二人傳而足下不傳矣。……姑毋以説經自喜也。②

---

① 袁枚的論述雖不嚴謹,但他有許多靈感性的觀點,發人所未發。其後章學誠有不少觀點即與袁枚類似,雖然章對袁的言行十分不齒。參錢穆《中國近三百年學術史》(臺北:臺灣商務印書館1972年版),第九章"章實齋附袁簡齋",頁428—435。

② 袁枚《答惠定宇第二書》,《小倉山房文集》卷十八,袁枚著、王英志校點《袁枚全集》,第二册,頁306—308。

袁枚的第二封復信,首先質疑經的權威性;其次把經定義爲"文"。他毫不掩飾地譏諷窮經説:"經"之一詞出現於莊周,三代並無,後儒尊經太過,其實"六經"也不過是古人的"文章"。順此,袁枚就進一步發揚了他"六經"皆文的主張:"六經者,文章之祖。"此一宣言,把後世的文章寫作全都上溯到"六經",經成了文章之源! 接著他又爲"經"作爲"文"之性質,寫下新的定義:"文人自表"。換言之,經和文一樣都是"自書己懷"。既然是自書己懷,古人和今人皆有可表,爲何要固守窮經。這個新定義和經學界堅信的道在"六經"、"六經"乃聖人之言,完全兩途。顯然,袁枚的"六經皆文"改寫了經的性質! 經,不必然藴含萬世不移之道;經,也只是古人的創作。"創作"纔是評斷學問高下的最要條件。

第二個爭論點是:學貴心得、反對沿襲。惠棟提出的"心得"二字,正合了袁枚辭章理論的重心。他洋洋灑灑的述説文章家最貴心得,最重自創,反倒是窮經者多襲人舊言。曰:

> 文章家所以少沿襲者,各序其事,各值其景,如烟雲草木,隨化工爲運轉,故日出而不窮。若執一經而説之,如射舊鵠,雖后羿操弓,必中故所受穿之處;如走狹徑,雖趺趺小步,必履人之舊迹也。①

接著就直接舉證惠棟的兩篇心得之作:《讀大禮議》和《六宗説》,指出毛奇齡(1623—1716)和郝敬已經考證過這個主題,且二人的著作較惠棟所言更爲詳細。既有此二人著作在先,惠棟縱使不是有心抄襲,也是抄襲矣! 最後引漢儒王充之言,再次強調以"著作"爲宗的文儒優於以"注疏"爲究的世儒,所謂:"著作者爲文儒,傳經者爲世儒。著作者以業自顯,傳經者因人以顯。是以文儒爲優。"強調創作的重要性,反勸惠棟:"終日仰首屋梁所自矜獨得者,不俱可危乎?……姑毋以説經自喜。"②

袁枚、惠棟的辯論呈現出當時文章家與經學家論辯的一些樣態。首先窮經者不能接受文章家以虛詞鋪陳爲尚,而文章家對窮經者的瑣碎陳言也無法苟同。從袁枚的論述可以看出窮經、文章兩家對立之初,漢學界氣勢

---

① 袁枚《答惠定宇第二書》,《小倉山房文集》卷十八,袁枚著、王英志校點《袁枚全集》,第二冊,頁307。
② 同上書,頁308。

雀起，頗有踏躪他人門户之勢，文章家急於提高文章的地位。袁枚把文章的源頭上溯到"六經"，經與文同一性質，確實開啓了經的另一種學問樣態！在近代學術的發展史上有重要意義，晚清民初以降學界從文學角度闡釋諸經與諸子，導源於此。而學問最貴心得的論述，也在理論界崛起。同時得留意的是，雙方論辯時都采用了本末／德藝及形上／形下這類一組式的概念，來判別窮經／文章或漢學／宋學（並無考據一詞）。不僅分學問之"高下"，也急於"序列"學問之先後次第。這種學問序列方式，可稱爲"串聯式"的理論，把學問視作一種"綫性論述"，循本至顛，先後有序。很限制學問的多元開展，到乾隆中期後這一情況始逐漸改變。

三、戴震論學問三途：理義、制數、文章

戴震作爲乾嘉學術的領導者，其學術貢獻中很重要的一點却未被研究者充分認識，即他開啓了"學問分化"的論述。

乾隆二十年（1755）戴震在《與方希原書》中提出古今學問有三途：理義、制數、文章。這是一個很重要的學術宣言。雖然目前研究者都認爲戴震縱言學問三途，最終仍把義理視爲學問之大本。換言之，無論考據、文章都以義理爲歸。至於義理爲何？學術界也都認爲，對戴震而言，前期指程朱義理，後期則轉向自家建立的義理。所以戴震一生治學都以義理爲最大歸宿。

事實上這個觀點並不精確。義理確實是戴震一生之歸宿，但以其學術貢獻而言，則不然。本節就討論戴震及其後學如何分化學問，如何開展"制數之學"的"知識内容"。換言之，考據和專門之學之間的聯繫與轉折如何在清代展開。其中最重要綫索就是：乾嘉學界的治學方法。

首先必須釐清一個基本概念，面對學問，貫穿戴震思維的是：道在何處？如何求道？而不是義理。學界一味往義理方向尋求，難免疏忽了"道"——這個戴震和乾嘉學界揭示的新目標。"道在六經"，無庸置言，是戴震早期就定下的學問方向，至於"如何求道"則是一個方法議題？也是一個實踐議題？是戴震和當時漢學界共同思忖的大問題。而傳統學問的分化，也就從考據——這個求道的"方法"展開（詳下）。

戴震，徽州歙縣人，徽州素有朱學格物遺風，治學務實。戴震早年自學

於鄉,頗有著述,後入"不疏園"從學江永,江永讚其學問精湛,又得交新安才俊,以音韻文字、名物度數之學顯名徽歙。乾隆二十年(1755),戴震避仇入都,據史傳言:倉皇入都,衣服行李皆無有,所攜僅"制數"諸作。戴震在北京結識了錢大昕、王昶、紀昀(1724—1805)、王鳴盛等一班新科進士,他的"名物度數之學"立刻引起北京學界的驚讚。秦蕙田(1702—1764)正修《五禮通考》,延戴震至"味經軒"同輯"時享"一類,紀昀也在是年冬爲戴震刊刻《考工記圖注》。學界交相延譽,戴震知名海内!

《與方希原書》就寫在入京之年。信中戴震指出古今學問之途有三,其言:

> 得鄭君手札,言足下大肆力古文之學。僕嘗以爲此事在今日絶少能者,且其途易歧,一入歧途,漸去古人遠矣。古今學問之途,其大致有三:或事於理義,或事於制數,或事於文章。事於文章者,等而末者也。然自子長、孟堅、退之、子厚諸君子之爲之曰:是道也,非藝也。以云道,道固有存焉者矣,如諸君子之文,亦惡睹其非藝歟?夫以藝爲末,以道爲本。諸君子不願據其末,畢力以求據其本,本既得矣,然後曰:是道也,非藝也。循本末之説,有一末,必有一本。譬諸草木,彼其所見之本,與其末同一株,而根枝殊爾。根固者枝茂。世人事其枝,得朝露而榮,失朝露而瘁,其爲榮不久。①

首先戴震指出古今學問有三個不同的途徑,人可各依其從入,建立不同的事業。有從事於理義之學者,有從事於制數之學者,有從事於文章之學者。戴震所謂的"事",指從事的事,也指事業成立的事。顯然理義、制數、文章都可以成爲專門之業,縱使戴震認爲從事文章是最末一等,但並不妨礙文章之學可以達到他欲拉提學問三途的共同歸向——"道"。一般研究者認爲戴震學問三途皆歸於義理,其實不然。戴震治學始終關懷的是求道,道和義理仍有不同,"六經"載道指的是經天緯地之方,義理則是人心本性與天理合轍。戴震這封信寫得文意曲折,言詞晦澀,真如他自己所説"漫散不可收拾",可見他思緒尚未穩定。但仔細分疏仍可看出戴震正試著宣告他的學問理念。以下試作分析。

---

① 戴震《與方希原書》,收入戴震《戴震文集》卷九,《戴震集》,頁188—190。

首先得指出，戴震這封信的主旨不是談學術問題，而是談如何從事古文。方矩和戴震是安徽歙縣同鄉，乾隆十七年（1752）江永教學於汪氏不疏園，汪鳳梧、方矩、戴震、鄭牧、程瑤田、汪肇龍、金榜等從學於江永①。方矩雅好古文，戴震當時也嗜古文，其後戴震棄文治經；所以當方矩來信詢問古文時，戴震感慨萬千，想到自身"奔走避難，嚮之所欣，久棄不治，數千里外聞足下爲之，意志動盪"，不免回顧問學之路，説了一堆漫散不可收拾的話。其實，戴震心中思考的是：學問可分三途，人依其才，各選一途，都能成就專業，非必文章不可。但是，他堅持無論從事任何一途，都得以求聖人之道、明聖人之道爲目標，唯有如此，才能有本有根，發而爲文，自能枝茂花華，因爲擁有浸灌之資；否則文章之途將爲榮難久。所以戴震告訴方矩：理義、制數、文章，三學各有其本，但必須得聖人之道才是大本，"道"遠高於三學之各本。故此，他説爲學當以明聖人之道爲歸。

　　在這封信裏，戴震使用了一組概念"道、藝"，來劃分學問的性質，若學問功力未臻於道，發爲文章就流於藝，技藝而已。也因此，這封信才會一開頭就質疑司馬遷、班固、韓愈、柳宗元這些歷來被視爲古文大家者的文章成就，究竟是道耶？是藝耶？這段"道、藝論述"文字曲折，思路涣散，想必戴震有心求道，但對如何纔能把道與治學結合起來，還不十分清晰。他試著定義"道"，説："猶造化之終始萬物也。非曲盡物情，游心物之先，不易解此。"似乎指一種悟境，但"曲盡物情"又指一種實境。這種對道和藝的劃分，其實暗孕著"理論"與"實務"的二分，也潛藏著對"唯一大本"的動搖。這種學問論述，發展到乾嘉時期的焦循、孫星衍、阮元就越發清晰，包括理論和實踐。

　　接著戴震談到另外兩途：理義、制數。説：

---

① 方矩（1729—1789），又名根矩，字晞原，安徽歙縣人，貢生。乾隆十七年（1752）江永講學歙縣西溪汪泰安不疏園，方矩曾來就學，與汪泰安之子梧鳳（1725—1773）、戴震、鄭牧（1714—1792）、汪肇龍（1721—1780）、程瑤田（1725—1814）、金榜（1735—1801）、吳紹澤等師從江永，後吳紹澤轉習詞章。江永講學不疏園七年之久，戴震於諸經所得獨多，爲江門大弟子。七子同集不疏園，從學江永於乾隆十七年，時江永七十二，鄭牧三十九，汪肇龍三十二，戴震三十，程瑤田和汪梧鳳均二十八，方矩二十四，金榜十八，不疏園堪稱皖派漢學的發軔，汪世清稱之爲"江門七子"，其中以戴震、程瑤田、金榜成就最爲。參考汪世清，《不疏園與皖派漢學》，《卷懷天地自有真》（臺北：石頭出版社2006年版），頁638—652。洪湛侯《徽派樸學》（合肥：安徽人民出版社2005年版），第二章，第45—48頁。

聖人之道,在"六經"。漢儒得其制數,失其義理;宋儒得其義理,失其制數。譬有人焉,履泰山之巔,可以言山;有人焉,跨北海之涯,可以言水。二人者不相謀,天地間之鉅觀,目不全收,其可哉?

由這段文字可以很清楚地看出戴震絕未將宋儒義理視爲學問之大本,他既分學問爲三途,説漢儒得了制數失了義理、宋儒得了義理失了制數,看似各有所長,可緊接著他就批評漢宋儒互不相謀,是天地鉅觀,目未全收,既然目未全收,豈可言其得道?因此,漢宋都未得道。然則道在何處?戴震言:"道在六經"。前面説過戴震承認學問三分,可以各成其事,但都得以求道爲歸。此處,他先批評漢宋得失各半,又轉言道在"六經",可見戴震認爲漢宋皆失。目前學界所認爲的戴氏學問大本在宋儒義理,這個論斷是不正確的。得"六經"之道,纔是戴震治學的大本。此處還得特別分辨的是:道和義理,對清儒尤其對乾嘉漢學界而言,不是同一概念。這一議題在戴震乾隆二十二年(1757)識惠棟,乾隆三十年(1765)自家治學方法更臻完備具體後,有清楚交代(詳下)。

另有一事同樣發生在乾隆二十年,值得留意,即姚鼐拜師遭拒。姚鼐拜師遭拒,學界有人認爲姚鼐就此懷恨戴氏,遂終其一生發憤建立桐城文派與漢學界力抗;也有人認爲二人並無交惡,姚鼐其後轉回文章之學,全因其秉賦和價值取向與漢學不合之故①。拜師遭拒,緣於戴震的《與姚姬傳書》,姚鼐拜師信今不得見,但細看戴震回信,不難發現這其實只是一封談"治學方法"的信,並未涉及義理、考據、辭章之爭。戴震言:

日者,紀太史曉嵐欲刻僕所爲《考工記圖》,是以向足下言欲改定,足下應詞非所敢聞,而意主不必汲汲成書。僕於時若雷霆驚耳,自始知學,每憾昔人成書太早,多未定之説。今足下以是規教,退不敢忘,自賀得師。何者?凡僕所以尋求於遺經,懼聖人之緒言,闇汶於後世也。然尋求而獲,有十分之見,有未至十分之見。所謂十分之見,必徵之古而靡不條貫,合諸道而不留餘議,鉅細畢究,本末兼察。若夫依於傳聞以擬其是,擇於衆説以裁其優,出於空言以定其論,據於孤證以信

---

① 姚鼐拜師遭拒但二人並未交惡。參考王達敏《姚鼐與乾嘉學派》(北京:學苑出版社2007年版),第一章"從辭章到考據",頁14—30。

其通，雖溯流可以知源，不目睹淵泉所導，循根可以達杪，不手披枝肄所歧，皆未至十分之見也。以此治經，失不知爲不知之意，而徒增一惑，以滋識者之辨之也。

先儒之學，如漢鄭氏、宋程子、張子、朱子，其爲書至詳博，然猶得失中判。其得者，取義遠，資理閎，書不克盡言，言不克盡意。學者深思自得，漸近其區，不深思自得，斯草薉於畦而茅塞其陸。其失者，即目未睹淵泉所導，手未披枝肄所歧者也。而爲説轉易曉學者，淺涉而堅信之，用自滿其量之能容受，不復求遠者閎者，故誦法康成、程、朱不必無人，而皆失康成、程、朱於誦法中，則不志乎聞道之過也。誠能有志乎聞道，必去其兩失，殫力於其兩得。①

姚鼐與戴震相識時，戴震年三十三，姚鼐年二十五。姚鼐出身清門已得鄉薦，頗有文名，戴震窮愁潦倒甫抵北京，但正以制數學之精湛雀譽京華。戴震正欣然《考工圖記》將欲刊刻，而青年姚鼐居然當面規誡他：既然《考工記圖》有未盡之疑，不宜倉促出版。戴震聞言先是大驚，繼而震怒，立刻提筆申述平生的治學方法。所謂考核之學必求十分之見，言：“徵之古而靡不條貫，合諸道而不留餘議，鉅細畢究，本末兼察。”這種一字一音皆循根達杪，溯流探源，不以孤證爲信，堅持鉅細靡遺、貫通諸經的考核工夫，正是戴震治經求道的態度。接著他批評漢儒鄭玄及宋儒程頤、張載、朱熹，雖然學問富贍，但仍是得失中判。後人縱使學鄭玄、朱熹，但若不能志存聞道，空無依傍，仍將失道於誦法之中。最後，它仍然決定出版《考工圖記》，不接受姚鼐的質疑。這封討論治學方法的信，表面上是向姚鼐致歉，表示有失期盼；但實際上戴震則公開表明自己戮力求道、鉅細靡遺、已臻十分之見，對自己的治學方法和功力信心滿滿。

戴震曾言自己的學問並無師承，全係自學。其實戴震的治學方法，多源自他的具體治學經驗。換言之，不是方法引導戴震治學，而是實際的治學經驗令戴震逐漸建立起方法，兩者相互生衍。戴震對自己治經求道的步驟歸納出一個條理，要到南遊識惠棟之後。

乾隆二十二年（1757），戴震南遊揚州，在兩淮鹽運使盧見曾幕中與惠棟見面。次年，惠棟卒。乾隆三十年（1765），戴震入都過吳，惠棟子出示乃

---

① 戴震《與姚孝廉姬傳書》，收入戴震《戴震文集》卷九，《戴震集》上編，頁184—186。

父《授經圖》，戴震回憶兩人治學的路徑，寫下"求道次第"，並宣稱："理義存乎典章制度。"言：

> 震自愧學無成就……莫之能闚測先生涯涘。然病夫"六經"微言，後人以歧趨而失之也。言者輒曰：有漢儒經學，有宋儒經學，一主於故訓，一主於理義。此誠震之大不解也者。夫所謂理義，苟可以舍經而空憑胸臆，將人人鑿空得之，奚有於經學之云乎哉！唯空憑胸臆之卒無當於賢人聖人之理義，然後求之古經。求之古經而遺文垂絕，今古縣隔也，然後求之故訓。故訓明則古經明，古經明則賢人聖人之理義明，而我心之所同然者，乃因之而明。賢人聖人之理義非它，存乎典章制度者是也。松崖先生之為經也，欲學者事於漢經師之故訓，以博稽三古典章制度，由是推求理義，確有據依。彼歧故訓、理義二之，是故訓非以明理義，而故訓胡為；理義不存乎典章制度，勢必流入異學曲說而不自知。其亦遠乎先生之教矣。①

"理義存乎典章制度"，理義不可空憑胸臆。顯然，這理義已不是宋儒的義理，而是具體的體民之情、遂民之欲的實踐之道。戴震在回憶惠棟授經與自家治學的經驗時，特別舉出理義存乎典章制度這個理念，是乾嘉漢學發展史上的關鍵轉折。戴震這句話必須和其"訓詁明而後義理明"合觀，纔能完整代表乾嘉漢學界的治學理念和治學途徑。乾隆六十年（1795），私淑戴震時年三十九歲的凌廷堪（1755—1809）撰《戴東原先生事略狀》，就說戴、惠論學若有所合，並把這段惠棟治學的途徑引為戴震的治學途徑。顯然，他的目的在揭示這就是戴震後學共同的治經求道途徑。其言：

> 理義不存乎典章制度，勢必流入於異學曲說而不自知。故其為學，先求之於古六書九數，繼乃求之於典章制度。以古人之義釋古人之書，不以己見參之，不以後世之意度之。既通其辭，始求其心，然後古聖賢之心不為異學曲說所汩亂。蓋孟、荀以還所未有也。學成乃著書，以詔後之學者。不幸哲人遽萎，書多未就。今案其遺編，學之大者

---

① 乾隆三十年（1765），戴震四十三歲，撰《題惠定宇先生授經圖》，《戴震文集》卷十一，收入《戴震集》，頁213—214。

猶可考見，特懼讀之者不得旨要之所在，以矜奇炫博遇之，不然或與妄庸巨子譏罵洛閩者等視而齊觀，則先生之學由此而晦矣。廷堪於先生爲同郡後生，爰綜其論著及生平出處之大略，綴緝成篇，聊自附於私淑之末，并以備他日采擇焉。①

乾隆五十七年（1792），段玉裁（1735—1815）於戴震没世十六年後，爲老師編《戴東原先生文集》，用了相當長的篇幅闡釋戴震治學求道和義理、考核之間的聯繫，以免世人對戴學有所曲解。言：

> 稱先生者，皆謂考核超於前古。始，玉裁聞先生之緒論矣，其言曰："有義理之學，有文章之學，有考核之學。義理者，文章、考核之源也，熟乎義理，而後能考核，能文章。"玉裁竊以謂義理、文章，未有不由考核而得者。自古聖人制作之大，皆精審乎天地民物之理，得其情實，綜其始終，舉其綱以俟其目，興以利而防其弊，故能奠安萬世，雖有姦暴，不敢自外。《中庸》曰："君子之道，本諸身，徵諸庶民，考諸三王而不繆，建諸天地而不悖，質諸鬼神而無疑，百世以俟聖人而不惑。"此非考核之極致乎！聖人心通義理，而必勞勞如是者，不如是不足以盡天地民物之理也。後之儒者，畫分義理、考核、文章爲三，區別不相通，其所爲細已甚焉。夫聖人之道在"六經"，不於"六經"求之，則無以得聖人所求之義理以行於家國天下，而文詞之不工又其末也。先生之治經，凡故訓、音聲、算數、天文、地理、制度、名物，人事之善惡是非，以及陰陽氣化、道德性命，莫不究乎其實。蓋由考核以通乎性與天道，既通乎性與天道矣，而考核益精，文章益盛，用則施政利民，舍則垂世立教而無弊，淺者乃求先生於一名、一物、一字、一句之間，惑矣。②

段玉裁舉出戴震早年似乎有義理爲文章、考核之源的説法，接著他話鋒轉沉指出他不認爲那是戴震治學的次第和目標。他仔細梳理戴震生平所治各種類型的學問：故訓、音聲、算數、天文、地理、制度、名物、人事之善惡是

---

① 凌廷堪《戴東原先生事略狀》，《校禮堂文集》（北京：中華書局 1998 年版），卷三十五，頁 312—317。
② 乾隆五十七年（1792）壬子，段玉裁撰《戴東原集序》，收入《戴震集》，頁 451—452。

非以及陰陽氣化、道德性命,其方法皆莫不究乎其實。換言之,都是經由考核求得十分之見,通乎性與天道,最終求其能落實於制度。可見,考核的目的不是求一字一音或一名一物,而是求聖人制作之意;唯有通過制作,纔能掌握經世濟民之道。段玉裁清楚地分開了片言隻語式的考核,令典章制度成爲考據之學與"六經"治世之間的聯繫。所以他深信由考核纔能通乎性與天道。

"典章制度之學"成爲漢學界的治學重點,其實和漢學界堅信"六經"治世之道的理念相互貫徹。乾隆中期,"考據的方法"逐漸成熟具體,道與經世方策聯繫起來,漢學界對自家學問的定位也更加明確。

四、袁枚與孫星衍、焦循的辯論:"考據學"

袁枚與孫星衍(1753—1818)的辯論,是乾嘉間規模最大的一場辯論,捲進了焦循(1763—1820)、淩廷堪、王引之(1766—1834)、章學誠(1738—1801)等人,時間從乾隆五十八年(1793)到嘉慶三年(1798)未歇,爭論的開端是辭章、考據之辯,然其結果却導致爲"考據學"定名。

先是袁枚兩次致函孫星衍,歎其以精彩絶艷之筆爲考據之學,徒然辜負天賜奇才,勸孫星衍放棄考據,回歸辭章以著作爲上。袁枚的兩封信今不可見,但從乾隆五十九年(1794)孫星衍的回信及袁枚的再覆信,仍可窺知若干重要訊息。孫星衍《答袁簡齋前輩書》言:

　　來書惜侍以驚采絶艷之才爲考據之學,因言形上謂之道,著作是也;形下謂之器,考據是也。侍推閣下之意,蓋以鈔撮故實爲考據,抒寫性靈爲著作耳,然非經之所謂道與器也。道者謂陰陽柔剛仁義之道,器者謂卦爻象象載道之文,是著作亦器也。侍少讀書,爲訓詁之學,以爲經義生於文字,文字本於六書,六書當求之篆籀古文,始知《倉頡》、《爾雅》之本旨。於是博稽鐘鼎款識及漢人小學之書,而九經三史之疑義可得而釋。及壯,稍通經術,又欲知聖人制作之意,以爲儒者立身出政,皆則天法地,于是考周天日月之度,明堂井田之法,陰陽五行推十合一之數,而後知人之貴於萬物,及儒者之學之所以貴於諸子百家。雖未遽能貫串,然心竊好之。此則侍因器以求道,由下而上達之學,閣下奈何分道與器爲二也?

  來書又以聖作爲考據,明述爲著作,侍亦未以爲然。古人重考據甚於重著作,又不分爲二。……近時開四庫館,得《永樂大典》,所出佚書甚多,及釋、道二藏,載有善本古書,前世或未之覯。而鐘鼎碑碣,則歲時出於土而無窮。以此而言,考據之學今人必當勝古,而反以爲列代考據如林,不必從而附益之,非通論矣。……孔子云學優則仕,漆雕開云斯未能信,侍正恐經世之疏,故汲汲不敢有暇日耳。①

袁枚的論辯基本上延續三十年前和惠棟論辯時的議題,但顯然他的論點已完全成熟。雖然袁枚仍然采用形而上/形而下來分判著作/考據,但他已爲著作建立了一個理論依據:"抒寫性靈。"袁枚辭章論述主張"不拘格套,獨抒性靈",反對前後七子"文必秦漢,詩必盛唐",倡導"落筆無古人"②,強調作品的原創性。其雛型正是當年和惠棟辯論時的"自表論"。因此袁枚嘲笑繁徵博引毫無性靈的考據之學是埋没人才、埋没人性,爲形下之器而已。袁枚的立論代表當時文章論述走向性情解放一路,具近代純文學雛形,在吾國文學發展史上地位關鍵。袁枚回信時年八十,距歿世僅二年,其觀點是他生平學問的最後定見。乾隆以來,文章之學爭取獨立地位並建構其理論,與經學界激烈爭辯,波瀾壯闊,歷程清晰,是清代學術極精彩的一章③。

  至於考據一方,同樣也在進行理論建構。首先,從孫星衍的回信不難看出他對袁枚突然提出"考據"一詞,感到十分陌生,甚至不清楚所指爲何?他勉强疏理出袁枚的意思,所謂考據大概是指"鈔撮故實",因爲和袁枚讚賞的抒寫性靈相對;所以他歸結出袁枚用"道、器"來區分"文章、考據",認爲文章是道考據是器。有趣的是,接下來孫星衍話鋒一轉,直截了當地告訴袁枚經學本身自有一套"道器論",和文章家不同。所謂:"然非經之所謂道與器也!"顯然,孫星衍對袁枚所稱考據一詞雖然不置可否,但對袁枚的

---

① 孫星衍《問字堂集·岱南閣集》(北京:中華書局1996年版),卷四,頁90—92。袁枚的回信,見同卷《附答書》,頁93—94。按:《問字堂集》所收較《袁枚文集》所收多了一大段文字。
② 袁枚性靈説和肌理説、神韻説、格調説並稱,爲清代前期四大詩歌理論,參簡有儀《袁枚研究》(臺北:文史哲出版社1988年版)、王建生《袁枚的文學批評》(中壢:聖環圖書2001年版)、黄婉甄《清代性情詩論研究——以清代四大詩説爲主》,中山大學中國文學研究所2004年碩士論文,廖宏昌指導。
③ 參考王達敏《姚鼐與乾嘉學派》與李貴生《傳統的終結——清代揚州學派文論研究》(上海:復旦大學出版社2009年版)。

道器論却很在意！接著，他用了近乎二百字的篇幅爲經學的"道器論"作出定義。孫星衍很有次第地闡述説：道指天地人事運轉的一種本質，至於古今文字都是載體、都是著作、都是器（器指所有的文字載録著作），作爲一個儒者正是要讀書以求明道，最終實現立身出政、經世濟民的人生價值。故此，他提出"因器求道"是儒者治學之正途。接著説明因器求道的步驟：因爲古今文字懸隔，先得從訓詁之學入手以求經義，由小學而九經三史，以求經術之方，所謂："考周天日月之度，明堂井田之法，陰陽五行推十合一之數。"而後知儒者之學可行於世。下學上達，因器求道，以經世濟民。豈可分道器爲二？至此，我們看到兩套道器論。顯然孫星衍建立了乾嘉考據學的"道器論"。

孫星衍的信清楚説出"因器求道"的兩層工夫：先是器的工夫，包括訓詁名物度數之學；其次求道，包括明聖人制作之意、則天法地。其中，名物制度之學最是要務。我們試對照前引段玉裁歸納戴震之學：天文、曆算、名物、制度、九數、六書、性理、天道等，不難看出漢學界的學問和知識内容正逐漸一一呈現，下學上達於道，道指具體的治術。孫星衍的信和段玉裁《戴東原集序》的寫作時間相差不到二年，二人觀點無論在治學方法、治學步驟和學問内容的歸納上，都極類似。而更值得吾人留意的則是論辯方法，孫星衍改寫了袁枚的道器論，和當年袁枚改寫惠棟的本體論如出一轍，都在爲自家學術建構理論。在學術分化、知識求獨立的清代中葉，這種論辯方法和現象，發生在各種學問圈。

孫、袁的辯論，尤其袁枚貼的"考據標籤"，立刻引起焦循、凌廷堪的激烈反擊。乾隆六十年（1795），三十三歲的焦循寫下《與孫淵如觀察論考據著作書》，批評"考據"一詞不能成立，宣稱惠棟、戴震以來的學問應該稱爲"經學"。細讀焦循這封信，可以看出他真的是煞費心思地在考慮該如何爲這乾隆以來的新興學術定名？這種學問呈現出瑣碎餖飣、鈔撮故實的現象是實情，袁枚等人斥爲考據在學界引起同感也是實情。然則，惠、戴學術的性質絶非如此。於是焦循從秦漢經學學術史的角度爲清代學術拉出一條脈絡。焦循這封信一開始就上溯孔門兩漢，表明清代經學源自先秦。他回顧三代秦漢一直到宋明的學術類型：孔門四教無論德行、語言、政事、文學都稱爲學，周秦以來的學術稱爲經學，至於漢人的學問，據《漢書·藝文志》歸納爲六藝、諸子、詩賦、兵家、數術、方技，但無論是某家者流或天文、術譜、五行、蓍龜、雜占、醫方、房中、神仙術等，都仍然歸本於經學；歷史上稱前漢經義、後漢古學，也是以經學爲名。換言之，從先秦以降，學術類別無論如何劃分，都屬於經學範疇。只有趙宋之後，經學出於臆斷幾近喪亡，到宋代王應麟之徒稍稍尋究古説、摭拾舊聞，此風既起，轉相仿效，天下乃有"補苴掇拾"之學。換言之，瑣碎餖飣的學術現象起自明代。至於清代經學復興，從顧炎武、萬斯同到惠棟、戴震繼起諸儒倡導的則是"古學"，精醇務實以求經世，絕非補苴掇拾的考據。故此，他提出應以"經學"來稱呼惠棟、戴震倡導的新學術。同時，焦循爲"經學"作出一個新定義。言：

> 經學者，以經文爲主，以百家子史、天文術算、陰陽五行、六書七音等爲之輔，彙而通之，析而辨之，求其訓故，核其制度，明其道義，得聖賢立言之指，以正立身經世之法。以己之性靈，合諸古聖之性靈，並貫通於千百家。著書立言者之性靈，以精汲精，非天下之至精，孰克以與此？……蓋惟經學可言性靈，無性靈不可以言經學。故以經學爲詞章者，董、賈、崔、蔡之流，其詞章有根柢，無枝葉。……是又詞章之有性靈者，必由於經學，而徒取詞章者不足語此也。……
>
> 本朝經學盛興，在前如顧亭林、萬充宗、胡朏明、閻潛邱，近世以來，在吳有惠氏之學，在徽有江氏之學、戴氏之學，精之又精，則程易疇名於歙，段若膺名於金壇，王懷祖父子名於高郵，錢竹汀叔姪名於嘉定。其自名一學著書授受者，不下數十家，均異乎補苴掇拾者之所爲，是直當以經學名之，烏得以不典之稱之所謂考據者混目於其間乎？若袁太史所稱，擇其新奇隨時擇録者，此與經學決不相蒙，止可以爲詩科、策科，在"四部"書中爲"説部"，世俗考據之稱，或爲此類而設，不得竊附於經學，亦不得誣經學爲此概以"考據"目之也。①

焦循的這個定義十分重要，他大大地擴張了清代經學的知識範圍與知識内容。焦循明確指出，經學除了"經文"之外，還需要其他學問作爲輔助：史書、諸子百家、天文、術算、陰陽五行、六書、七音等。我們可以把這些輔助稱爲"輔助性知識"。同時，焦循也歸納序列治經求道的步驟：先明訓詁，次求制度，再明道義，得立言之旨，立身經世。最終焦循還不忘提及袁枚最

---

① 焦循《雕菰樓集》卷十三《與孫淵如觀察論考據著作書》，收入焦循著、劉建臻點校《焦循詩文集》（揚州：廣陵書社 2009 年版），上册，頁 245—247。

得意的性靈論,指出研究經學也得以己之性靈貫通聖人及千百家之性靈,得天地之至精,纔堪稱治經。和孫星衍所論同轍。其後還施展考據本領,證明"著作"一詞的本意是"餘事",以譏諷袁枚。他引漢人:"取舍者,昔人之上務。著作者,前列之餘事。"既然著作是餘事,若以道、器理論配對,"取舍"爲道,"著作"爲器。袁枚又有何可驕①? 對照前文,可以看出焦循在學問論述上仍然采用了惠、袁、戴、孫以來的"道器"分判,作爲理論架構。

焦循應是乾嘉學者中最了解清代新興經學之學術性質的學者之一。他的經學論述一方面批評瑣碎不見大道的枝節考核,一方面也積極建構經學研究的方法與理論。他對孫星衍未能立即分判考據與治經的差異即刻反駁袁枚,反而呈現出一種猶疑的態度,十分不滿。嘉慶元年(1796),焦循又致信從未謀面的學界前輩劉台拱(1751—1805),批評袁枚考據一詞,呼籲劉氏以學界大老的身份"仰出一言",爲當時的經學"正名"。言:

> 乃近來爲學之士,忽設一"考據"之名目,循去年在山東時,曾作札與孫淵如觀察,反覆辨此名目之非。蓋儒者束髮學經,長而遊於膠庠,以至登鄉薦,入詞館,無不由於經者。既業於經,自不得不深其學於經,或精或否,皆謂之學經,何考據之云然? 先生當世大儒,後學之所宗,仰出一言以正其名,俾共知儒者之學,有深淺,無同異,則不致以虛聲漫附,亦不致視爲艱途,以阻其功力也。②

從袁枚、孫星衍與焦循的書信中,我們發現乾嘉漢學界正處在一種焦慮中,如何爲自己所倡導的新興學術做出定名? 它具有考據的型態但不囿於考據,既異於兩漢經學,也非隋唐注疏。這種焦慮一直貫穿於江藩、阮元、龔

---

① 焦循認爲"著作之名,見於班孟堅《賓戲》,其辭云:'取舍者,昔人之上務。著作者,前列之餘事。'推其以著作爲'餘事',倘以道與器配之,正是'取舍'爲道,'著作'爲器。今袁太史以'考據'爲器,著作爲道,已異於班氏之說。且漢時所謂著作者,專爲掌修國史之稱,或曰'著作東觀',或曰'典著作'是也。魏、晉、南北朝,直名史之官爲著作郎,乃無端設一'考據'之目,又無端以著作歸諸抒寫性靈之空言,此不獨'考據'之稱有未明,即著作之名亦未深考也。袁氏之說不足辨,而'考據'之名不可不除。果如補苴掇拾,不能通聖人立言之指,則袁氏之說轉不爲無稽矣。"見《雕菰樓集》卷十三《與孫淵如觀察論考據著作書》,收入焦循著、劉建臻點校《焦循詩文集》(揚州:廣陵書社2009年版),上冊,頁247。
② 焦循《雕菰樓集》卷十三《與劉端臨教諭書》,收入焦循著、劉建臻點校《焦循詩文集》,頁247—248。

自珍。而事實上，也必須到龔自珍把清代經學做出知識上的分類、定義，分判出它與漢唐的不同，顯示出清代經學的特色之後，清代經學的學術特質纔得以確立。換言之，經過知識分化，經學不再是籠統一塊，各種專門之學分立。這種知識分化的理念出現後，文章、義理、考核各種學問也纔得以安頓。

同時，淩廷堪也積極排斥考據一詞。他在與孫星衍論中西算學的信中所言："空疏者流，謂工文章者不在讀書，瀹性靈者無須考證"，就是批評袁枚。性靈説是袁枚的詩論主張①。又與江藩(1761—1831)論文章之學所言"能文者不在多讀書也，吾讀書不屑屑於考據也"，"孫君淵如、焦君里堂聞茲邪説，輒力闢其謬"；其中"號稱能文者"，都是批評袁枚②。顯然，性靈與讀書，性靈與考據，成了文章之學與經學的對仗。

除了反對考據一詞，反省"漢學"一詞也是乾嘉學界的要務。其中最值得重視的宣言之一，是乾隆五十八年(1793)淩廷堪與胡敬仲討論"學術流變"的一封信。大意謂：

> 近之學者，多知崇尚漢學，庶幾古訓復申，空言漸絀。是固然已。第目前侈談康成、高言叔重者，皆風氣使然，容有緣之以飾陋，借之以竊名，豈如足下真知而篤好之乎？且宋以前學術屢變，非漢學一語遂可盡其源流。即如今所存之《十三經注疏》，亦不皆漢學也。蓋嘗論之，學術之在天下也，閲數百年而必變。其將變也，必有一二人開其端，而千百人譁然攻之；其既變也，又必有一二人集其成，而千百人靡然從之。夫譁然而攻之，天下見學術之異，其弊未形也；靡然而從之，天下不見學術之異，其弊始生矣。當其時亦必有一二人矯其弊，毅然而持之。及其變之既久，有國家者，繩之以法制，誘之以利禄，童稚習其説，耄耋不知非，而天下相與安之。天下安之既久，則又有人焉，思起而變之，此千古學術之大較也。③

首先得聲明，淩廷堪這封信並非批評考據，也非學術論辯，而是對當時學界

---

① 淩廷堪《答孫符如同年書》，王文錦點校《校禮堂文集》，卷二十四，頁216。
② 淩廷堪《與江豫來書》，王文錦點校《校禮堂文集》，卷二十四，頁212—213。
③ 淩廷堪《與胡敬仲書》，王文錦點校《校禮堂文集》，卷二十三，頁203—206。該文撰於乾隆五十八年(1793)。

以"漢學"稱呼清初以來的新興學術提出質疑。淩廷堪此信頗似一篇簡要的經學史,把兩漢到清的經學流變作了一番梳理。他指出宋以前學術屢變,不能用漢學一語概括;五代到宋元,性理之學大盛,是經學三變;清初到惠、戴治經循舊音古義,堪稱又一變。甚至通行的《十三經注疏》,也非皆屬漢學。他説每一時代學術之興起都有其意圖,但流行既久尤其與政權結合後,就會生出弊端,後一代的學術每每糾正前一代的弊端,故此,學術工作者必須審視學術變遷,隨時作出調整。學術隨時代而變,清代學術乃爲了因應宋明而提出修正,與兩漢經學不同。因此,他反對用漢學稱呼當時的學術。

淩廷堪從"學術流變"的大視域來審視歷代經學變化,具有"學術史觀"的開創意義。在乾嘉時代,能具有此一宏觀視域的學者除淩氏外,尚有章學誠、龔自珍。所以他提出:"不明千古學術之源流,而但以譏彈宋儒爲能事,所謂天下不見學術之異,其弊將有不可勝言者。"

五、乾嘉學者的焦慮:如何爲"漢學考據"定名

回顧焦循和淩廷堪的這幾封信,甚至段玉裁的《戴東原集序》,我們確實看到乾嘉學者的焦慮,不知如何爲乾嘉學術定位的焦慮。焦循説"乃近來爲學之士,忽設一'考據'名目",似乎考據爲一新名詞,其實考據一詞早已出現。乾隆二十四年(1759)王鳴盛論學已有考據一詞,而且把考據之學視爲"知識之樹"的骨幹。其言爲:

> 夫天下有義理之學,有考據之學,有經濟之學,有詞章之學。譬諸木然,義理其根也,考據其幹也,經濟則其枝條,而詞章乃其蔪葉也。譬諸水然,義理其原也,考據其委也,經濟則疏引灌溉,其利足以澤物,而詞章則波瀾淪漪,瀅洄演漾,足以供人玩賞也。四者皆天下之不可少,而能兼是者,古今未之有也。孰爲重?義理爲重。[①]

[①] 王鳴盛《王憨斯先生文集序》,《西莊始存稿》,卷十六,陳文和主編《嘉定王鳴盛全集》(北京:中華書局 2010 年版),第十册,頁 300。《嘉定王鳴盛全集》無撰稿時間。又,查王植《崇雅堂稿》,序文末有"乾隆二十四年己卯九月東吳王鳴盛頓首拜撰",收入國家清史委員會編《清代詩文集彙編》(上海:上海古籍出版社 2006 年版),第 254 册,頁 424。

王鳴盛把學問分成四類，比戴震多了一項經濟之學，確實是史學家的視域。有趣的是他建立了一棵知識樹，把知識作了樹狀的排列，而考據之學正是知識樹的主幹。可惜的是他仍堅持以義理爲歸，知識樹遂落入綫性論述，未逾程頤矩矱①。段玉裁常用"考核"一詞，凌廷堪、孫星衍也使用"考證"一詞，乾隆四十四年（1779）戴震甫入四庫館，因總閱官錢載斥戴學"破碎大道"，兩人發生口角，翁方綱勸架時，也用"考訂"一詞，所謂："籜石蓋不知考訂之學，此不能折服東原也。訓詁名物豈可目爲破碎？"②把戴震的訓詁名物的學問稱爲考訂，基本上這些稱名指實，無大分別。

　　乾嘉學者對如何稱呼這清初惠戴以降的新興學問，一直是一大困惑？若從官方立場言，較常使用的詞彙是"實學"。王鳴盛《福建鄉試錄序》説："皇上以實學倡天下士……期進於有體有用。"③至於學術界，惠棟每用"漢學"、"古學"、"説經"、"窮經"等詞，戴震也用"古學"、"説經"等詞。王鳴盛嘗問戴震治經與惠棟何異？戴震回答惠求其古，我求其是。而王鳴盛則認爲"非古無以爲是"④。阮元在回應時人詢問所爲何學，也每用"實事求是"、"説經"、"古學"等相答。可見漢學考據學界對如何定位自家學問一直是一大難題。所以當袁枚以考據稱呼時，孫星衍並未積極反擊，甚至並不反對。直到江藩寫《漢學師承記》，以"漢學"定位乾嘉學術時，龔自珍駁辯十點不妥，建議江藩改爲"國朝經學師承記"，確立清代自有經學，反駁了漢學一詞⑤。

---

① 程頤論學有三途："古之學者一，今之學者三，異端不與焉。一曰文章之學，二曰訓詁之學，三曰儒者之學。欲趨道，捨儒者之學不可。"又言："今之學者有三弊，溺於文章，牽於訓詁，惑於異端。苟無是三者，則將安歸？必趨於聖人之道矣。"《河南程氏遺書》卷二十八，收入《二程集》（臺北：里仁書局1982年版），上册，頁187。
② 翁方綱亦分學問爲三："有義理之學，有考訂之學，有詞章之學，三者不可强而兼也，況舉業文乎！然果以其人之真氣貫徹而出之，則三者一原耳。"翁方綱《吳懷舟詩文序》，《復初齋文集》卷四，收入《續修四庫全書》（上海：上海古籍出版社1995年版），集部，別集類，第1455册，頁386。
③ 王鳴盛《福建鄉試錄序》，《西莊始存稿》，見陳文和主編《嘉定王鳴盛全集》，第十册，頁294。
④ 王鳴盛《古經解鈎沉序》引戴震語惠棟求古，吾求是。曰："吾交天下士，得通經者二人，吳郡惠定宇、歙州戴東原也。間與東原從容語：'子之學于定宇何如？'東原曰：'不同。定宇求古，吾求是。'嘻！東原雖自命不同，究之求古即所以求是，舍見無是者也。"余蕭客《古經解鈎沉》書成於乾隆二十七年（1762），《古經解鈎沉》於乾隆三十四年初刊，王鳴盛之序文，應該是乾隆二十八至三十三年之間所作。《西莊始存稿》卷十五，見陳文和主編《嘉定王鳴盛全集》第10册，頁279—280。
⑤ 龔自珍《江子屏所著書序》，《龔自珍全集》（臺北：河洛圖書出版社1975年版），第三輯，頁193—194。又《與江子屏箋》，同書，第四輯，頁346。

事實上,乾嘉學術已無法用單一性質的學術術語予以定位,因爲它的發展已經超出單一性質,而成爲多途事業,非目錄分類上的經史子集所能條列,也非經學、玄學、道學等術語所能框定。龔自珍在爲阮元六十年譜寫壽序時,把乾嘉學問分成十類專門之學,不歸一宗,正說明此一事實。從知識分化的角度觀察,我們發現專門之學多途發生的原因,和考據學本身方法和理論的發展密切相關。換言之,考據學的方法與實踐,產生了專門之學。

此間,居轉折關鍵地位的是戴震,推進理論成熟與實踐的是惠戴後學。關於清初學風丕變到雍正、乾隆間惠棟、戴震推動而興起的新學術面貌,汪中有很中肯的描述。乾隆三十八年(1774)十二月,汪中爲江永門人汪鳳梧撰墓誌銘就指出:清代經籍之道復明始於江永、戴震。言:

> 國初以來,學士陋有明之習,潛心大業,通於六藝者數家,故於儒學爲盛。迨乾隆初紀,老師略盡,而處士江慎修崛起於婺源,休寧戴東原繼之。經籍之道復明,始此兩人。①

到乾隆四十八年(1784)在爲李惇撰寫墓誌銘時,則極力讚揚大江南北已呈現了"古學大興"的局面,咸以惠棟、戴震爲宗。尤其重要的是,他指出當其實學者各以才力成其"專家之學",不相依附,展現出學術多元的面貌。言:

> 是時古學大興,元和惠氏、休寧戴氏,咸爲學者所宗。自江以北,則王念孫爲之唱,而君和之,中及劉台拱繼之。并才力所詣,各成其學。雖有講習,不相依附。②

顯然,方法與實踐相結合,是考證之學發展出多元知識的歷史途徑。以下梳理此一脈絡。

---

① 汪中《大清故貢生汪君墓誌銘并序》,收入汪中著、田漢雲點校《新編汪中集》(揚州:廣陵書社2005年版),《文集》第八輯,頁483。
② 汪中《大清故候選知縣李君之銘并序》,收入汪中著、田漢雲點校《新編汪中集》,《文集》第八輯,頁480。李惇,字成裕,又字孝臣,江蘇高郵人,與同郡王念孫、汪中、劉台拱、顧九苞等友好。乾隆四十五年中進士,晚好曆算。

六、乾嘉學者的"説經"方法：工具性知識崛起

"説經"在唐代指説佛經，元明時泛指經典論述，但到清乾隆間則意指以徵實嚴謹的方法研究經學。從《四庫全書總目》對宋元明清經典著作的評論，可以清楚看到這種轉變。《四庫全書總目》評元胡震《周易衍義》言其："割裂"，"前後脱簡"，"其於經文訓詁，大都皆舉史事以發明之，不免太涉氾濫，非説經家謹嚴之體"①。評明徐世淳《易就》言其："其書似儒家之語録，又似禪家之機鋒，非説經之正軌也。"②評明洪化昭《周易獨坐談》言其："然雜引古事，語皆粗鄙。如周公作歌招夷齊、夷齊答歌之類，雜以俳諧，殊乖説經之體。"③唯對宋魏了翁《周易要義》和明陳第《尚書疏衍》，略有嘉言。評前者曰："以説經者但知誦習成言，不能求之詳博，因取諸經注疏之文，據事別類而録之。""是編所録，雖主於注疏釋文，而采掇謹嚴，別裁精審，可謂剗除支蔓，獨擷英華。"較諸當時只知誦習成言者，能別裁精審，有廓清之功，已然開拓了注疏之路④。評後者言："雖其初不由訓詁入，而實非師心臆斷，以空言説經者比。"⑤顯然，清儒給"説經"下了一個新的定義，"徵實"成爲説經的新標準。再試看《四庫全書總目》幾種對清儒説經的讚詞：評蔣廷錫《尚書地理今釋》，言："均考訂精核，足證往古之譌。""崑崙河源之説，非惟訂漢儒之謬，並證《元史》之非。恭逢聖代，混一輿圖，得以考見其實據，尤非前代經師輾轉耳食者比矣。欽定《書經傳説彙纂》已備采其文。……爲説經家所未曾有也。"⑥文字考訂精核，又據實勘驗，是説經者的表率。又説毛奇齡《易小帖》，徵引前人之訓詁以糾王弼、陳搏二派之空言，蓋"自明以來，申明漢儒之學，使儒者不敢以空言説經"，毛奇齡實已開先路⑦。至於惠棟所撰《周易述》，發揮漢儒之學，以荀爽、虞翻爲主，而參以鄭

---

① 永瑢等撰《四庫全書總目》（北京：中華書局 2003 年版），卷四，上册，頁 23。
② 永瑢等撰《四庫全書總目》，上册，頁 64。
③ 同上書，頁 65。
④ 同上書，頁 17。
⑤ 同上書，頁 100。
⑥ 同上書，頁 104—105。
⑦ 同上書，頁 38。

玄、宋咸、干寶諸家之説,融會其義,自爲注而自疏之,更是説經之圭臬①。據此可知,清儒對摭雜家之言、談靈異、空言天道或借抒憤慨的説經是一概不取。顯然,"説經"在清代已經形成了一套規範、一套方法。

何謂説經? 如何説經? 戴震〈與是仲明論學書〉有很清楚的闡釋。言:

> 僕自少時家貧,不獲親師,聞聖人之中有孔子者,定"六經"示後之人,求其一經,啓而讀之,茫茫然無覺。尋思之久,計於心曰:"經之至者道也,所以明道者其詞也,所以成詞者字也。由字以通其詞,由詞以通其道,必有漸。"求所謂字,考諸篆書,得許氏《説文解字》,三年,知其節目,漸睹古聖人制作本始。又疑許氏於故訓未能盡,從友人假《十三經注疏》讀之,則知一字之義,當貫群經、本六書,然後爲定。②

這段話説的是我們熟知的"由字通其詞,由詞通其道",然則戴震治經還有更重要的方法。其下言:

> 至若經之難明,尚有若干事:誦《堯典》數行,至"乃命羲和",不知恒星七政所以運行,即掩卷不能卒業;誦《周南》、《召南》,自《關雎》而往,不知古音,徒強以協韵,即齟齬失讀;誦古《禮經》,先《士冠禮》,不知古者宮室、衣服等制,則迷於其方,莫辨其用;不知古今地名沿革,則《禹貢》《職方》失其處所;不知"少廣"、"旁要",則《考工》之器不能因文而推其制;不知鳥獸、蟲魚、草木之狀類名號,則比興之意乖。而字學、詁訓、音聲,未始相離,聲與音,又經緯衡從宜辨。漢末孫叔然創立反語,厥後考經論韵悉用之。釋氏之徒,從而習其法,因竊爲己有,謂來自西域,儒者數典不能記憶也。中土測天用"勾股",今西人易名"三角、八綫",其"三角"即"勾股","八綫"即"綴術",然而"三角"之法窮,必以"勾股"御之,用知"勾股"者,法之盡備,名之至當也。管、吕言五聲十二律,宮位乎中,黄鐘之宮四寸五分,爲起律之本。學者蔽於鐘律失傳之後,不追溯未失傳之先,宜乎説之多鑿也。凡經之難明,右

---

① 永瑢等撰《四庫全書總目》,上册,頁44。"棟能一一原本漢儒,推闡考證,雖掇拾散佚,未能備睹專門授受之全,要其引據古義,具有根柢,視空談説經者,則相去遠矣。"
② 戴震《與是仲明論學書》(癸酉),收入《戴震全集》(北京:清華大學出版社1997年版),第五册,頁2587—2588。

若干事，儒者不宜忽置不講。僕欲究其本始，爲之又十年，漸於經有所會通。①

戴震指出説經除了文字訓詁之外，還有若干難明之"事"必須解決，這若干難明之事，就不再指文字形聲義的問題，而是與經文事類相關的"專門知識"。包括：恒星七政之運行、古音韻、古代宮室、衣服、制度、古今地理沿革、少廣旁要、鳥獸蟲魚草木之狀類名號、漢代反語、古代的勾股綴術、古代鐘律等。他説：不明恒星七政的運轉，就無法了解《尚書》所載羲和之官的職責；不明古音韻就讀不通《詩經》的協韻；不明古代宮室、衣服、制度，就分不清方位作用，無法了解禮制的意義；不明古今地理沿革，就無法按圖索驥《禹貢》時代的水道疆域；不明少廣、旁要就無法了解《考工記》所載工具車器的製作方法；不明鳥獸蟲魚草木的狀類名號，就無法正確掌握《詩經》的比興；不明漢代的反語，如何能正確了解聲與韻的經緯橫縱；不了解中國的勾股算學，如何能評斷西人的三角之法；不了解管、吕的鐘律之學，如何能解釋音律位置。

戴震這封信寫於乾隆十四年(1749)，年二十七，是他入都前六年，也是他到"不疏園"從學江永的前三年，這封信已完整説出了戴震的説經方法。前文已經提到，戴震在到北京前，甚至在從學江永前，其本身學問已有可觀成就②。在不疏園，戴震兩次問學，第二次是應聘教汪鳳梧之子，同時從學江永，從學衆人中，戴震於諸經所得獨多，是江門大弟子③。戴震入都前的著作據錢穆整理：二十二歲成《籌算》一卷，二十三歲成《六書論》三卷，二十四歲成《考工記圖》，二十五歲成《轉語》二十章，二十七歲成《爾雅文字考》十卷，三十歲成《屈原賦注》，三十一歲爲《詩補傳》，錢穆説該書："就全

---

① 戴震《與是仲明論學書》(癸酉)，收入《戴震全集》(北京：清華大學出版社1997年版)，第五册，頁2587—2588。
② 凌廷堪言戴震"乾隆十九年，以避讐入都，是時先生之學已大成"。凌廷堪撰《戴東原先生事略狀》，收入《校禮堂文集》，卷三十五，頁312—317。該文撰於乾隆六十年(1795)乙卯，凌氏年三十九歲。
③ 鄭虎文《汪明經鳳梧行狀》："經學則與休陽(案：應爲寧)戴氏震、同里汪氏肇龍同出婺源江門。汪氏精三禮，而戴氏於諸經所得獨多，爲江門大弟子，其學與江氏相出入，君亞焉。江氏作君祖傳，即稱君與戴氏俱研經學，有著述聞於遠近也。"見錢儀吉纂《碑傳集》(北京：中華書局2008年版)，第十一册，卷一百三十三，頁3999—4000。又鄭虎文《汪明經肇龍家傳》："傳江氏之學者，首稱休寧東原戴氏震，歙松籠汪氏肇龍及鄭氏用牧、程氏易田、汪氏在湘、方氏晞原、金氏蘂中六七君皆知名。"同書，卷一百三十三，頁4001。

詩考其字義名物,不以作詩之意衍其説。"①我們仔細對比戴震的著作和他所主張的説經方法,立刻可以看出他的著作正是他治經方法的實踐。戴震在信中提到他的得意之作《經考》,却因畏懼時人以驚狂視之,而不敢示人。戴震治學一生最大的計劃就是"七經小記"。據段玉裁所言,七經是:《詩》、《書》、《易》、《禮》、《春秋》、《論語》、《孟子》;至於撰著的方法,據戴震自言,必須分"數大端":始於六書九數,繼以名物制度。所以戴震撰寫《訓詁篇》、《原象篇》,之後《學禮篇》、《水地篇》,最後歸約到《原善篇》。其中,《原象篇》談的是天體算法,《學禮篇》談的是名物制度,《水地篇》談的是水地沿革②。可見戴震的説經步驟,從六書九數到聲音文字訓詁、從天文曆算到名物制度水地,終而至於聖人之道與我心之同然。這數大端的學問,堪稱戴震説經的"基礎知識",也可以稱爲治經的"工具性知識"。從考據學的發展來看,這"數大端"的工具性知識在清儒積極的研治下,都發展成了"專門之學"。

乾嘉學者意識到治經必須具備特定的工具性知識,與戴震同時以校勘之學著名的盧文弨也是重要代表。乾隆五十一年(1786),盧文弨爲江寧郡學官錢塘所著《聖廟樂釋律》作序,回顧康熙年間關於考定曆法的一段中西算學之爭,言及康熙乾隆對數學和律吕學的重視。提出審音與明時,其理相通,基礎都在數學知識。因此呼籲儒者治經當通曉數學。其序曰:

> 大樂與天地相應,故審音與明時無異理也。康熙年間司天者,中西各是其説而不相下,廷臣莫能決。聖祖仁皇帝謂不明其理則何以判其爭,於是專精研求於勾股乘除之術,而數學於以大明,於是乎有《儀象考成》之書,而晦朔弦望無不正,合朔中氣無不驗。又推之以定樂,而有《律吕正義》一書,不泥古法,而獨探天地間之元聲,爲發千古未發之秘。今上續緒,悉遵循之以爲準。聖明作述,此誠千載一時之盛也已。儒者躬被陶淑之化,而不明其理,不究其數,陽景中天而瞽者不見,震雷動物而聾者不聞,不當引以爲深恥乎?③

---

① 錢穆《中國近三百年學術史》,第八章,頁310—311。關於這封信的寫作時間,參考該書頁312—313。
② 參段玉裁《戴東原先生年譜》,收入《戴震集》(上海:上海古籍出版社2009年版),附錄,頁482—484。
③ 盧文弨《聖廟樂釋律序》,《抱經堂文集》(北京:中華書局2006年版),卷二,頁10,該文撰於乾隆五十一年(1786,丙午)。

盧文弨又指出"說經之道,貴擇善而從,不可以專家自囿"。乾隆四十一年(1776)爲戴祖啓(字敬咸,號未堂,曾官國子監學正)《春秋五測》作序時,又強調天文知識對說解經書的重要性,言:"説《春秋》者之有例,猶夫觀天者之有法也。"序言:

> 揆日之度,察星辰之行,以正時而成歲,必稽其玄焉,必立之法焉,而猶有參錯而難合者,則其立法疏也。故善觀天者不能廢法,而要當使法一稟於自然。此豈幸其一二偶驗而遂謂吾法之盡善,至其不驗,則將強天以求合,是其爲不可也,不甚明哉! 説《春秋》者之有例也,猶夫觀天者之有法也。屬辭比事之爲教也遠矣。顧左氏所稱,猶爲史官之常例。雖其間亦有聖人所不易者,然不可即以爲聖人之所筆削者盡如此。厥後諸儒之説,莫不知有例,而用之不精,或偏而不全,或常而不變,其蔽往往陷於繚繞破碎,而使經之義轉晦。故法不密,則懸象遲速之度不能必其無差也;例不精,則垂文示教之旨不能必無失也。……昔之人所據以爲説《春秋》之例,然者君謂其不盡然,立五測以祛四蔽,不必定出己見,而亦不必固守成説,期於適當而止,君之所以爲例者,不綦善乎! 夫觀天者,至近世而儀器更精,分數更明,故其密合,亦遠勝前代。蓋鑒前人之失,而順天以求合,不偏守一法以測天。君也因文以見例,不偏執一例以測聖人。其道實有相類者,余是以擬議而爲之説如此。①

乾隆三十八年(1773)盧文弨爲潘融如《聲音發源圖解》作序時,又提到當時學界認爲西域字母之學對音聲的研究成果勝過中國士人,潘氏作書爲了證明中國亦有懂聲音之學者,以雪中國有目無耳之説②。借用西域聲音發源理論以解中國音聲之源並作圖解説明,可以證明説經之儒曾援用域外知識以證明中土之學,如算學之引用西學然。

乾隆六十年(1795),戴震過世後十九年,也是段玉裁編《戴東原先生文集》後三年,私淑戴震學術的淩廷堪撰寫《戴東原先生事略狀》,詳述戴震治

---

① 盧文弨《抱經堂文集》(北京:中華書局 2006 年版),卷二,頁 17—18。《春秋五測序》該文撰於乾隆四十一年(1776,丙申)。
② 盧文弨《抱經堂文集》,卷三,頁 34—35。《聲音發源圖解序》撰於乾隆三十八年(1773,癸巳)。

經求道的步驟：先求之於古六書九數，繼乃求之於典章制度，終於"六經"之道與我心之同然。又把戴震的學術成就分爲三：小學、測算、典章制度，加上所列細目地理、鐘律、校勘、義理之書，應是七類，一一分述戴學的具體貢獻，並理出戴學的後傳譜系。言：

> 故其爲學，先求之於古六書九數，繼乃求之於典章制度。以古人之義釋古人之書，不以己見參之，不以後世之意度之。既通其辭，始求其心，然後古聖賢之心不爲異學曲説所汩亂。蓋孟、荀以還所未有也。……先生之學，無所不通，而其所由以至道者則有三：曰小學，曰測算，曰典章制度。其小學之書，有《聲韻考》四卷，《聲類表》十卷，《方言疏證》十三卷。……其測算之書，有《原象》四篇，《迎日推策記》一篇，《勾股割圜記》三篇，《續天文略》三卷，《策算》一卷。……其典章制度之書未成。有《文集》十二卷，《考工記圖》二卷，《毛鄭詩考》四卷，《詩經補注》僅《二南》二卷，《屈原賦》戴氏注七卷，《通釋》二卷。考證之精者，多散見其中。至於《原善》三篇，《孟子字義疏證》三卷，皆標舉古義，以刊正宋儒，所謂由故訓而明理義者，蓋先生至道之書也。……先生卒後，其小學之學，則有高郵王給事念孫、金壇段大令玉裁傳之；測算之學，則有曲阜孔檢討廣森傳之；典章制度之學，則有興化任御史大椿傳之，皆其弟子也。……故於先生之實學，詮列如左。而理義固先生晚年極精之詣，非造其境者，亦無由知其是非也。其書具在，俟後人之定論云爾。①

對照前文所言，段玉裁分戴震學術爲：故訓、音聲、算數、天文、地理、制度、名物、人事之善惡是非以及陰陽氣化、道德性命等；凌廷堪的分類較段更爲專業。同時期，戴震友朋闡揚戴震學術時也紛紛以專門之學歸類，唯各人的分類略有差異，其最要者是龔自珍的分類。

道光三年（1823），阮元六十壽慶，子常生爲編年譜二十四卷。求序於龔自珍。龔自珍寫《阮尚書年譜第一序》，把阮元學術成就大分爲十類，分別是：訓故之學、校勘之學、目錄之學、典章制度之學、史學、金石之學、九數之學、文章之學、性道之學、掌故之學。且爲每一學門做出定義，包括源流、

---

① 凌廷堪《戴東原先生事略狀》，收入《校禮堂文集》，卷三十五，頁312—317。

歷代變化、重要典範，尤其強調清儒的貢獻和阮元的成就。這些定位式的陳述，資料豐富意蘊深厚，值得一一細究。

本文既論學術分化，就覘取金石一門略作陳述，以見金石之學在當時的兩種走向。龔自珍定義"金石之學"說：

> 在昔叔重童文，識郡國之彝鼎，道元作注，紀川原之碑碣。金石明白，其學古矣。歐、趙而降，特爲緒餘，洪、陳以還，間多好事。公謂吉金可以證經，樂石可以助史，翫好之侈，臨摹之工，有不預焉。是以儲彝器至百種，蓄墨本至萬種，椎拓徧山川，紙墨照眉髮，孤本必重鉤，偉論在箸錄。十事彪炳，冠在當時。是公金石之學。①

金石之學自宋代以來一直有兩個派別："或考稽史傳，證事跡之異同，或研討書法，辨源流之升降。"時有爭辯。金石文字有助於考證經史，始於許慎、鄭玄，把金石視爲書法摹本則是魏晉以後的事。龔自珍紀錄阮元金石之學的態度是"正經助史"，至於翫好臨摹，則不預焉。但清儒喜愛金石書法者大有人在，翁方綱就曾經爲了定位金石之學的"藝術價值"，借答客問言：

> 客曰：然則考金石者豈其專爲書法歟？曰：不爲書法而考金石，此欺人者也。彼固曰以訂證史籍爲專務耳。夫金石之足考經正史固然已，且夫集錄金石，始於歐陽子，而歐陽之言曰："物嘗聚於所好。"此非以其書言之乎？……夫學貴無自欺也，故凡考訂金石者，不甘居於鑒賞書法，則必處處攟摭某條某條足訂史誤。金石文足訂史誤，固時有之……至於一官一地，偶有牴牾，苟非確有證據，何以知史必非而碑必是乎？且即以篆變隸、隸變楷以來，上下正變之概，豈易罄陳而可忽視之乎？正惟力窮書法原委，而時或他有所證，則愈見金石之文裨益匪淺也。其書極醜劣而足證史事者，此特千百之一二而已。②

---

① 龔自珍《阮尚書年譜第一序》，《龔自珍全集》，第三輯，頁225—229。從龔自珍序末復程同文"敬語程公，爲我報公子，俟公七秩之年，更增十卷之書，當更之，此其第一序云爾。癸未正月"，知自珍期待阮元七十壽時，阮常生能再增加年譜十卷，他願再寫一序以爲壽。故阮元六十歲之序稱爲第一序。阮常生所編年譜，今不得見。詳王章濤《阮元年譜》（合肥：黃山書社2003年版），道光三年六十歲條，頁731。
② 翁方綱《自題考金石圖後》，《復初齋文集》卷六，收入《續修四庫全書》，第1455冊，頁408。

翁方綱是清代的書法大家，其書法流傳海外，甚爲朝鮮士人愛重。他強調金石書法具有藝術價值，豈專爲考經史而設？其實阮元也是清代重要的金石蒐藏家，考經證史固然是鐘鼎金銘功能之一，但阮元又何嘗廢棄書法的藝術價值。知識分化與價值重構，在清代學術界一直多途並進。

隨著各種工具性知識的發展，清儒的知識分類也逐漸擴張，前舉王鳴盛分學問爲四類，翁方綱分學問爲三類，戴震分學問之途爲三。盧文弨的分類更可視爲轉折之代表。乾隆二十五年（1760）《書楊武屛先生雜諍後》，言：

> 人之爲學也，其逕途各有所從入。爲理學者，宗程、朱；爲經學者，師賈、孔，爲博綜之學者，希踪貴與、伯厚；爲辭章之學者，方軌子雲、相如；爲鈔撮之學者，則漁獵乎《初學記》、《藝文類聚》諸篇；爲校勘之學者則規橅乎《刊誤》、《考異》諸作。人之力固有所不能兼，抑亦關乎性情，審其近而從事焉，將終身以之，而後可以發名成業。①

盧文弨把學問分成六類，前四類理學、經學、辭章之學、校勘之學，都與時人相類。但後面談到的博綜之學、抄撮之學，則顯然是有鑑於當時正在興起的新學問路向——輯佚——而作出的歸納。因他接著就談到自己思考治學之途的經驗，說年十五六即從人抄書，摩挲版本異字，有志於校勘之學。若與焦循歸納的當時的學術現象對比，亦即焦循所批評漢學界治經陷於枝節的幾種現象，當中就有"摭拾者"與"叢綴者"②。這種現象很可以代表學問發展尚未成型、無可定位、亦無師可承的過渡階段。相較於龔自珍的歸類，齊整而有定義，可見漢學考據發展到專門知識的成立，確實經過一段理論實踐和摸索。

七、結論："道器論"與清代"專門之學"

專門之學在清代建立，其知識意義是多面性的。現分幾個重點說明：

---

① 盧文弨《書楊武屛先生雜諍後》，《抱經堂文集》，卷十一，頁160。
② 《雕菰樓集》卷八《辨學》，收入焦循著、劉建臻點校《焦循詩文集》（揚州：廣陵書社2009年版），上冊，頁139。

（一）技藝性知識的地位提高；（二）道器論重新定位，傳統學問的實踐意義；（三）清學不宜稱考據學，應改稱專門之學。

　　清儒治經以恢復兩漢經説爲口號，結果導出古學復興，專門之學成立。主要原因有二：一是上文所論"説經方法"本身發展出的工具性知識；一是"古學復興"帶來的技藝之學復興。

　　汪中是乾嘉間少數具有學術史觀的學者，雖以文名稱譽學壇，然一生之志唯在《述學》一書①。汪中籌劃中的《述學》和今本不同，那是一本專門討論秦漢學術流變和學問分化的學術史之作，其中一個要點就是重構三代學制。汪中的計劃，不僅是探究三代的學校制度、取才方式，也包含教育内容。恢復三代學制尤其教育内容，是清儒的重要學術企圖之一，唯有育才與用才合一，正確的學問觀念纔能建立。

　　清儒考證三代學制的文字甚多，目的在批判當時的教育，揭示學用合一的教育理念。按《周禮》所載，大司徒掌教的教育内容有六德、六行、六藝。《周禮·地官·大司徒》："以鄉三物教萬民而賓興之，一曰六德：知、仁、聖、義、忠、和。二曰六行：孝、友、睦、姻、任、恤。三曰六藝：禮、樂、射、御、書、數。"鄉三物的"物"是指"事"，都是學子必須實踐的具體行爲。六藝中的"書"是基礎的文字教育，"數"是基礎的算術教育。戴震早年爲學時，就發現這些基本訓練已經喪亡而力圖重振。乾隆三十九年（1774），戴震爲屈曾發撰寫《九數通考序》就清楚表明"六書九數"之學的重要，言：

　　　　古者九數，司徒掌之，以教萬民；保氏掌之，以教國子。與五禮、六樂、五射、五御、六書之倫，合而謂之道藝，夫德行以爲之體，道藝以爲之用。故司諫巡問民間，則以時書其德行道藝，辨其能，而可任於國事者。由是言之，士有國事之責，期在體用賅備有如是。今屈君將出爲國家分理斯民，凡用之於官，施之爲教，淵乎其有本也。……今屈君所爲書，信足以補道藝中一事矣。②

---

① 汪中《與端臨書》："所諭鳩集文字，中亦素有此志。然中之志，乃在《述學》一書。文藝又其末也。"汪中《述學》卷六《别録》（臺北：世界書局 1962 年版），頁 15。
② 戴震《九數通考序》，收入《戴震全集》，第六册，頁 3232—3233。按：此篇輯自北京大學圖書館藏《湖海文傳》卷二十八。此前未見戴震已刊著作著録。乾隆三十九年甲午，戴震五十二歲，校《九章算術》成。參年譜，第六册，頁 3410。

屈曾發是清朝著名的數學家,該書原名《數學精詳》,戴震改名爲《九數通考》①。戴震指出六書九數是三代教育的主要内容,也是國家任用人才的標準之一。他説司諫在民間選拔人才時除了德行之外,還得從"道藝"來辨别一個人有無才幹,而文字素養和算術素養是考核的基本技藝。此處值得留意的是,戴震把書、數稱爲"道藝",屬於"用"的範疇,而把德行稱爲本,屬於"體"的範疇。相較於之前的論述者,戴震已經認識到"道、藝之學"不僅是"技術"也具備"理論",是經國之實策。其後戴震在四庫館輯出算學十書,是算學史上一大偉業②。

阮元編纂《疇人傳》是另一重要指標。《疇人傳序》開宗明義指出"道"和"藝"的關係。阮元言:

> 昔者皇帝迎日推測而步術興焉,自時厥後,堯命羲和,舜在璿璣,三代迭王,正朔遞改,蓋效法乾象,布宣庶績,帝王之要道也。是故周公制禮,設馮相之官,孔子作《春秋》,譏司術之過……數術窮天地,制作侔造化,儒者之學,斯爲大矣。③

《疇人傳》共收録280人(西洋37人)。這是一本爲古今致力於"九數之學"的人所編列的傳記。所謂:"蓋數爲六藝之一,極乎數之用,則步天爲最大,故凡通九九術者,俱得列於是編。"阮元在《凡例》中,把古今算學知識分成幾個大類:一,步算:該書只取步算不取占候,換言之只取與天算有關的知

---

① 屈曾發,字省園,蘇州常熟人,著《九數通考》十三卷。自序言:"己丑之春,得聖祖仁皇帝《御製數理精藴》,伏而讀之,訂古今之同異,集中西之大成,平日之格而不化者,一旦涣然冰釋。惜薄海内外窮儒寒畯,未獲悉睹全書,乃不揣固陋,舉曩時所輯,重加增改,一折衷於《數理精藴》,學者取而習之,不特古者六藝教人之法,可得其旨趣,即我朝文軌大同,制作明備之休,亦藉以仰窺萬一矣。其書初名'數學精詳',休寧戴震爲改今名。"見阮元主編《疇人傳》卷四十二,《疇人傳彙編》(臺北:世界書局1982年版),上册,頁547。《數理精藴》於雍正元年(1723,癸卯)刻成,己丑,應爲乾隆三十四年(1769)。
② 戴震從《永樂大典》中輯出《周髀算經》、《九章算術》、《海島算經》、《孫子算經》、《五曹算經》、《五經算術》、《夏侯陽算經》等七部算書,收入《武英殿聚珍版叢書》,另從汲古閣叢書輯出《張邱建算經》、《緝古算經》和《數術記遺》,一共十部算經,進行校勘,作圖及注釋作爲收入《四庫全書》的底本。後來戴震又根據汲古閣本從新校勘十部算書,交曲阜孔繼涵於乾隆四十二年(1777)刻成微波榭版,第一次用《算經十書》稱之。
③ 阮元《疇人傳序》,阮元主編《疇人傳》,收入《疇人傳彙編》(臺北:世界書局1982年版),上册,頁1。

識，凡涉及妖星、暈珥、占驗、吉凶者，一概不取；二，天學理論：該書載錄了傳統自秦漢至魏晉的六種天學理論，建立了天文曆算之學的歷史脈絡；三，儀器制度：該書也載錄了實測的儀器和制度①。

從事天文曆算，需要仰賴實測儀器與數學知識，阮元對儀器製作之著錄與算學技術之演進十分重視。更值得留意的是，阮元對歷代天文志紀錄原則的批評。他指出：歷代天文志將"推步"與"儀象"（儀器制度）切割，把"儀象"附合於律（呂）、《易》，這是不恰當的。基本上，古時的數學知識確實普遍被應用於天文、曆法、音律、星象等領域。儀器制度則被列入技藝。阮元所進行的知識分類，則把儀象和推步置於一處，呈現出九數之學是技藝與知識合一的完整學問。"由藝通道"，在阮元的知識觀念裏系統完整。換言之，他指出了：技藝之學是抽象之道的具體落實。

除了說經引發出的技藝之學，其他技藝性知識也逐漸建立起獨立地位。前文曾經討論了辭章之學致力於建立其獨立地位，袁枚另立一套本末論、形上形下論或道器論，目的都在於此。同其時，"詞"這被視爲詩餘的不登大雅之堂的末道小技，也發生著轟轟烈烈的"尊體運動"②。和金石之學同樣在爭取其獨立的藝術及學術地位。

關於"道器論"的重新定位，也值得一述。反觀前文不難發現，清儒無論是孫星衍提出的"道器論"，焦循闡釋的經學基礎知識，或阮元提出的"道藝論"，龔自珍提出的知識分類；乾嘉學者其實都在致力於建構一套新的"學問論述"方式，一則擺脫傳統的本末論，二則配合新興的學問觀。尤其"綫性論述式"的本末論或道器論，最引發清儒的批駁。我們嘗試與宋代程頤的學問論述做一比較，以呈現清儒"學問論述"的突破意義。

程頤論學，嘗言："古之學者一，今之學者三，異端不與焉。一曰文章之學，二曰訓詁之學，三曰儒者之學。欲趨道，舍儒者之學不可。"③程頤所謂的"訓詁"，補苴掇拾瑣碎餖飣。其後談論"問學致知"、"如何識道"，縱使主張即物致知，目標仍在求貫通之理，並未展開"客觀知識"的研究。最明

---

① 阮元手訂《凡例》，阮元主編《疇人傳》，收入《疇人傳彙編》，上册，凡例，頁1—5。
② 可參顏妙容《清代詞學尊體之論述研究》，中山大學中文系2005年博士論文；蘇利海《晚清詞壇"尊體運動"研究》（北京：中國社會科學出版社2013年版）。
③ 朱熹《二程語錄》。收入王雲五編《叢書集成簡編》（臺北：臺灣商務印書館1966年版），卷十一，頁135—136。

顯的莫過於談論如何讀《春秋》，程頤說："必先識得個義理，方可看《春秋》。"①治《春秋》得以義理爲先導，這和戴震所説"志存聞道，必空所依旁"，大異其趣。顯然，程頤論爲學是爲了窮理，治經也是爲了窮理，明經和求道之間的聯繫是義理先行。事實上，這種"義理先行"的學問論述是程朱理學的通性。論儒者之道，也側重性理道德論述；這和清儒擺脱依傍直求"六經"具體治世之道，儼然兩途。其中最要關鍵，就是宋儒未能識得"訓詁之學"所開敞的"知識天地"。這和清儒"説經"，從訓詁之學展開的"器學"知識，並由此建立的另一套"道器論"，截然不同。清儒的實事求是之學，不必先立一個道體，也不必先識得義理，而是很實際的循著説經必須的基礎知識（文字聲音訓詁名物度數）一一考核進去，考證經驗的累積和理論逐步型構，令技藝性的知識獨立成家，而這些技藝性知識和治世的實務方策緊密相連。從實務到理論，從器到道，清儒建立了另一套道器論。故此我們可以説，宋儒講的是性理之學，縱使言道，道也義囿於性理之下。清儒則從文字聲音名物度數治經，從器物考核開發出"器知識"，清儒揭示的是"道器論"，宋儒建立的是"性理論"。當清儒的道器論取代宋儒的性理論後，儒學在19世紀展現了它的知識面貌。當然，更值得留意的是當"器學"獨立之後，"道"的內涵與定義也必將改寫。每一種器知識都可能因其定義與獨立價值而發展出獨立的理論。龔自珍所做的定義只是雛形。莊子所謂"道術將爲天下裂"，我認爲正可形容18世紀傳統學術面對知識分化時的狀態。

同時得指出，論者每以戴震的學問三途（理義、制數、文章）比附程頤的學問三分（文章、訓詁、儒學），這也是不正確的。戴震所謂的制數之學和説經諸事以及他所謂的訓詁，皆非宋儒所謂的訓詁；尤其他提出的學問三途，目標都在求道，大異於宋儒的性理。

乾嘉學術另一特質值得說明的是，傳統中國的學問多屬實踐性，而非純理論性知識。清人因説經方法產生出各種專門知識，無論是輯逸、校勘、訓詁、水地、金石或性道、文章之學等，都是指實踐而言，都得在治學過程中實際操練。或面對材料做出考核、裁斷，或面對生活做出應用，並非純粹思辨性的理論。研究訓詁學的近代學者張以仁教授（1930—2009）曾説："傳統的訓詁學只是一種工具之學，目的在實用。而所謂理論的部分也不過是解釋字義的方法論而已。""如何使它從讀書識字或辨認詞語的工具之學進

---

① 《二程語録》，卷十一，頁115。

入真正的語義的探究領域之中,實在是值得訓詁學者們共同努力的事。"①課堂上也説:訓詁其實不能被稱爲一種"學",它是一種治學方法,需要實踐,尚未有完整的理論,尤其面對出土文獻的審訂,方法隨時更新。龔自珍稱呼阮元十大學門,所采用的名詞都是"之學",如"水地之學"而非"水地學","文章之學"而非"文學","訓詁之學"而非"訓詁學"。意思是指:欲從事這門學問,當如何如何進行。傳統學人對知識的定位,以及傳統學術在近代轉型過程中,其知識性質如何被改變甚至刊落,值得深思。

由以上的分析可以看出,用"考據學"稱呼清代學術是不精確的。考據不可被稱爲學,考據是治學的基礎,先求其實證。唯進行考據之時,必須采用若干方法,纔能得其實是。而這若干方法也不是學界之前所謂的歸納法或演繹法,而是各種工具性的知識,即戴震在《與是仲明論學書》所言的"若干事",每一事都指一種古代知識,藉用這些工具性知識,纔得以"説經"。而清儒就在致力開發這些工具性知識的同時,開展出各類專門之學。故此,我認爲清代學術應稱爲"專門之學"。和先秦子學、兩漢經學、魏晉玄學、隋唐佛學、宋明理學並列爲"清代專門之學"。

(作者單位:中研院近代史研究所)

---

① 參張以仁《訓詁學的舊業與新猷》,《東方論壇》,第四卷第四期,頁41—46,1970 年 10 月。收入《中國語文學論集》(臺北:東昇出版社 1981 年版),本文據其新版《張以仁語文學論集》(上海:上海古籍出版社 2012 年版),頁 13—14。

讀王引之《經義述聞·爾雅》札記二則①

郭鵬飛

【摘 要】 高郵王念孫(1744—1832)、王引之(1766—1834)父子,爲清代樸學巨擘,學養深邃,其於典籍訓釋,論述嚴密,舉證精確,故結論往往一言九鼎,阮元(1764—1849)稱其"一字之證,博及萬卷"②,誠非謬讚。王氏之學,對後世影響十分深遠,然智者千慮,容或有失,今就《經義述聞·爾雅》"業,敘也"及"揚,續也"兩則,檢其可議之處,略陳己見,以供斟酌。

【關鍵詞】《經義述聞》《爾雅》 王念孫 王引之 經學 訓詁學

一、《爾雅上》"業,敘也"條

王引之曰:

> 引之謹案:《齊語》曰:"修舊法,擇其善者而業用之。"言擇舊法之善者而次敘用之也。《韋注》:"業,猶創也。"失之。《晉語》曰:"信於

---

① 本論文爲"王引之《經義述聞》斠正"研究計劃階段性成果,計劃得到香港政府研究資助局優配研究金資助(編號:143808),謹此致謝。拙文曾受單師周堯教授、陳師雄根教授、葉國良教授、蔣秋華教授、招祥麒教授指正,銘感殊深。又匿名評審人對拙文提出寶貴意見,亦致謝忱。
② 阮元《揅經室集·續集》,《續修四庫全書》,第1479冊,上海:上海古籍出版社,據上海圖書館藏清道光阮氏文選樓刻本影印,2002年版,第473頁下。

事,則民從事有業。"《韋注》:"業,猶次也。"次亦叙也。邵引《學記》"時教必有正業",失之。正業之業,不得訓爲叙。①

王引之引《國語·齊語》"修舊法,擇其善者而業用之"一語以證"業"之爲"叙",並謂韋昭(204—273)注"業"乃"創"爲非。案:"業,叙也"者,《爾雅·釋詁》原文曰:

舒、業、順,叙也;舒、業、順、叙,緒也。②

郭璞(276—324)注前者爲"皆爲次叙",注後者曰"四者又爲端緒"③。"次叙"與"端緒"有意義關聯,故《爾雅》編排如此,邢昺(932—1010)《爾雅疏》亦指這是"互相訓也"④。"端緒"有"始"義,故《廣雅》擴而納之,曰:

業,始也。⑤

王念孫《廣雅疏證》釋云:

《齊語》:"擇其善者而業用之。"韋昭注云:"業,猶創也。"⑥

---

① 王引之《經義述聞》,南京:江蘇古籍出版社,影印道光七年(1827)刻本,2000 年版,第 613 頁下。
② 周祖謨(1914—1995)《爾雅校箋》,南京:江蘇教育出版社 1984 年版,第 5 頁。周氏此書,係以天禄琳琅所藏南宋國子監刊本《爾雅》爲底本,此本經王國維(1877—1927)及昌彼得(1921—2011)考證,定爲南宋國子監覆刻北宋監本,而北宋監本則出自五代長興監版。王說見氏著《五代兩宋監本考》,此文由趙燦鵬點校,崔文印復校,收入謝維揚、房鑫亮主編《王國維全集》,杭州:浙江教育出版社;廣州:廣東教育出版社 2009 年版,卷七,第 195—207 頁。昌著見《跋宋監本爾雅》,臺北:故宫博物院景印南宋國子監本《爾雅》,第 1—3 頁。蔣復璁(1898—1990)1971 年序,出版日期不詳。此本乃現存最早之《爾雅》附《郭注》本子,價值極高,而周祖謨以此作底本,並參考三十多種古籍,詳加校箋,允爲現今最佳《爾雅》校本。
③ 同上注。
④ 《十三經注疏》,第 8 册,《爾雅注疏》,臺北:藝文印書館景印清嘉慶二十年(1815)重刊《十三經注疏附校勘記》,1981 年版,第 8 頁上。
⑤ 張揖撰,王念孫疏證《廣雅疏證》,南京:江蘇古籍出版社,據嘉慶元年(1796)序高郵王氏刊本影印,1984 年版,第 4 頁。
⑥ 同上注。

王念孫解釋《國語·齊語》此語之"業"爲"始",並采韋昭注"業,猶創也"爲證,與其子王引之意見相反。錢大昭(1744—1813)《廣雅疏義》舉證則與王念孫同①。今考《國語·齊語》原文曰:

> 桓公曰:"吾欲從事於諸侯,其可乎?"管子對曰:"未可。國未安。"桓公曰:"安國若何?"管子曰:"修舊法,擇其善者而業用之……君若欲速得志於天下諸侯,則事可以隱令,可以寄政。"桓公曰:"爲之若何?"管子曰:"作内政而寄軍令焉。"桓公曰:"善。"②

文意是管仲對桓公行以霸術,提出分四民而居,以鞏固民生,發展國力;又用事於諸侯之前,要"作内政而寄軍令"。此皆嚴法新猷。桓公急於統合諸侯之志,溢於言表。因此,管仲謂"修舊法,擇其善者而業用之"之"業"若釋爲"次序",恐不合桓公心意,且"擇舊法之善者而次叙用之",頗爲累贅,"業"字可有可無。韋昭訓"業"爲"創",並非無理,然"創新"或"創始"義於此亦稍覺突兀。竊以爲此"業"應訓作"纂",或作"修"。考《春秋左傳》昭公元年:

> 昔金天氏有裔子曰昧,爲玄冥師,生允格、臺駘。臺駘能業其官,宣汾、洮,障大澤,以處大原。帝用嘉之,封諸汾川,沈、姒、蓐、黄實守其祀。

杜預(222—284)注:

> 纂昧之業。③

《史記·鄭世家》有相同記載,"臺駘能業其官",裴駰《史記集解》引服虔曰:

---

① 徐復(1912—2006)主編《廣雅詁林》,南京:江蘇古籍出版社1992年版,第2頁下。
② 上海師範大學古籍整理研究所點校《國語》卷六,上海:上海古籍出版社1988年版,上册,第230—231頁。此書以《四部備要》排印清代士禮居翻刻明道本爲底本,用《四部叢刊》影印明代翻刻公序本參校。
③ 《十三經注疏》,第6册,《春秋左傳注疏》,第706頁。

> 脩眛之職。①

此之爲證也。

另《國語·晉語》"信於事,則民從事有業",王引之引《韋注》"業,猶次也"説,以爲《爾雅》"業,叙也"之證。考《國語·晉語》原文:

> 晉饑,公問於箕鄭曰:"救饑何以?"對曰:"信。"公曰:"安信?"對曰:"信於君心,信於名,信於令,信於事。"公曰:"然則若何?"對曰:"信於君心,則美惡不逾。信於名,則上下不干。信於令,則時無廢功。信於事,則民從事有業。於是乎民知君心,貧而不懼,藏出如入,何匱之有?"公使爲箕。及清原之蒐,使佐新上軍。②

文章是晉文公問救濟饑荒之法,箕鄭對之曰"信"。衡諸文意,"信"爲國政之本,定而恒久,臣民無所動心。"信於事,則民從事有業",若從《韋注》,"民從事有其次叙"與"信於事"無甚關係,王説可堪商榷。此"業"當爲"事業",謂君令有信,則民守其常業。《逸周書·史記解》曰:

> 好變故易常者亡。昔陽氏之君,自伐而好變,事無故業,官無定位,民運於下,陽氏以亡。③

潘振曰:

> 業,事業也。政事無舊業,任官無常位。④

好變,則舊業無常,政令必毀。此可與《國語·晉語》互參。

《爾雅》"業,叙也"者,《説文解字·丵部》曰:

―――――――――
① 司馬遷(前145—?)《史記》,北京:中華書局2013年版,第5册,第2127頁。
② 上海師範大學古籍整理研究所點校《國語》,卷十,下册,第381頁。
③ 黄懷信、張懋鎔、田旭東撰,李學勤審定《逸周書彙校集注》(修訂本),上海:上海古籍出版社2007年版,下册,第963頁。
④ 潘振《周書解義》,轉引自黄懷信、張懋鎔、田旭東撰,李學勤審定《逸周書彙校集注》(修訂本),下册,第963頁。

業,大版也。所以飾縣鍾鼓。捷業如鋸齒,以白畫之。象其鉏鋙相承也。从丵,从巾。巾象版。《詩》曰:"巨業維樅。"魚怯切。𣍹,古文業。①

段玉裁(1735—1815)《説文解字注》曰:

　　鉏鋙相承謂捷業。②

王筠(1784—1845)《説文解字句讀》曰:

　　捷業,疊韻。《漢書·揚雄傳》作緁獵,《顔注》:"相差次也。"③

業之形,參差象鋸齒,鉏鋙而相承,"相承"亦有"叙"義,故朱駿聲指"業"引申爲"次業",並引《爾雅》"業,叙也"爲證④。然而,遍尋先秦兩漢文籍,釋"業"爲"叙",文例甚少,前人或舉《孟子》一語,文曰:

　　孟子之滕,館於上宫。有業屨於牖上,館人求之弗得。

趙岐(?—201)注:

　　屨,扉屨也。業,織之有次業而未成也。⑤

焦循(1763—1820)《孟子正義》曰:

---

① 丁福保《説文解字詁林》,第 4 册,第 3204 頁上。案:"所以飾縣鍾鼓",桂馥(1733—1802)《説文解字義證》認爲"飾"字下脱"枸"字,詳見《説文解字詁林》,第 4 册,第 3205 頁。
② 丁福保《説文解字詁林》,第 4 册,第 3204 頁下。
③ 同上書,第 3205 頁下。
④ 同上書,第 3206 頁上。
⑤ 《十三經注疏》,第 8 册,《孟子注疏》,第 260 頁上。(按:今本"扉"作"屝",從阮元《校勘記》改。見同書第 265 頁下。)朱熹(1130—1200)注同。見氏著《四書章句集注·孟子集注》,北京:中華書局,2013 年第 2 版,第 380 頁。郝懿行(1757—1825)《爾雅義疏》、朱駿聲(1788—1858)《説文通訓定聲》所引同。郝著見《爾雅廣雅方言釋名清疏四種合刊》(以下簡稱《合刊》本),上海:上海古籍出版社 1989 年版,第 9 頁下。朱著見丁福保(1874—1952)《説文解字詁林》,北京:中華書局 1988 年版,第 4 册,第 3206 頁上。

《説文》履部云:"屨,履也。"尸部云:"扉,屨屬。"趙氏以緉爲扉,而以草履釋之。此直以扉釋屨,扉爲草屨,故云"織之有次業而未成",謂織草爲扉,已有次第而尚未成。①

"次業"即"次第"。"業"之爲"叙",除上文所引《孟子》一例外,再不多見。今考《太尉楊公碑》:

暨漢興,烈祖楊喜佐命征伐,封赤泉侯。嗣子業紱冕相承,公之丕考以忠謇亮弼輔孝安,登司徒太尉,公承夙緒,世篤儒教。②

此"業"亦有"叙"義。今供存參③。

二、《爾雅上》"揚,續也"條

王引之曰:

郭注曰:"揚,未詳。"邵曰:"《曾子‧立事篇》:'身言之,後人揚之。'"引之謹案:"後人揚之",謂稱道其言,非謂繼續也。今案《雒誥》曰:"以予小子揚文武烈。"《立政》曰:"以揚武王之大烈。"《逸周書‧祭公篇》:"以予小子揚文武大勳。"皆謂續前人之業也,猶言嗣守文武大訓耳。解者於《雒誥》則以爲襃揚《某氏傳》,於《立政》則以爲播揚《正義》,胥失之矣。④

---

① 焦循撰,沈文倬(1917—2009)點校《孟子正義》,北京:中華書局1987年版,下册,第1005頁。
② 蔡邕(133—192)《蔡中郎集》,揚州:江蘇廣陵古籍刻印社,據清咸豐中聊城楊氏海源閣刊本影印,1990年版,卷三,第1頁。
③ 鄧雙安曰:"《廣雅‧釋詁》:'業,始也。'紱(fú)冕:指官爵。紱,繫印的絲帶。《新唐書‧宰相世系表一下》:'喜生敷,赤泉定侯。敷生胤。胤生敞,官丞相,安平敬侯。敞生忠,安平頃侯。忠生譚,屬國、安平侯。譚生寶,寶生震,官太尉。''繼',從嚴本、徐本、活本,楊本作'承'。"見氏著《蔡邕集編年校注》,石家莊:河北教育出版社2002年版,上册,第99頁。按:鄧氏釋"業"爲"始",亦通。
④ 王引之《經義述聞》,第632頁下。

王引之舉《尚書》之《雒誥》、《立政》與《逸周書·祭公解》三例，以證《爾雅》"揚，續也"義。案：此《爾雅·釋詁》文，原曰"賡、揚，續也"。郭璞注：

> 《書》曰："乃賡載歌。"揚未詳。①

邢昺疏：

> 釋曰：謂相繼續。郭云《書》曰"乃賡載歌"者，《虞書·益稷》文。②

郭氏不詳"揚"之"續"義，邢亦不釋。邵晉涵（1743—1796）《爾雅正義》曰：

> 揚者，《益稷》云："皋陶拜手稽首颺言。"《史記》作"皋陶拜手稽首揚言。"是颺即揚也。③

邵氏以《尚書·益稷謨》與《史記》"颺"、"揚"二字相通，郝懿行《爾雅正義》引證與邵同④。"揚"之爲"續"，先秦兩漢文獻鮮見其例，邵、郝之後，更無有力明證。自王引之説出，後人多以爲宗。然王氏所舉三證，不無商榷之處，今逐一檢討，以考其得失。

一、《尚書·雒誥》原文曰：

> 王若曰："公，明保予沖子。公稱丕顯德，以予小子揚文武烈，奉答天命，和恒四方民居師。惇宗將禮，稱秩元祀，咸秩無文。惟公德明光于上下，勤施于四方，旁作穆穆，迓衡不迷，文武勤教，予沖子夙夜毖祀。"⑤

僞《孔傳》釋"公稱丕顯德，以予小子揚文武烈"曰：

---

① 周祖謨《爾雅校箋》，第 22 頁。
② 《十三經注疏》，第 8 册，《爾雅注疏》，第 28 頁下。
③ 朱祖延（1922—2011）主編《爾雅詁林》，武漢：湖北教育出版社 1998 年版，上卷，第 811 頁上。
④ 《合刊》本《爾雅義疏》，第 86 頁上。
⑤ 《十三經注疏》，第 1 册，《尚書注疏》，第 228 頁。

> 言公當留，舉大明德，用我小子襃揚文武之業。①

本文記成王要求周公留守洛邑，語調謙和，前文頌讚周公之光明德性，下文"揚文武烈，奉答天命"，當訓發揚文武大業，以答天命。此"揚"非"續"義。

二、《尚書·立政》，其文曰：

> 今文子文孫，孺子王矣。其勿誤于庶獄，惟有司之牧夫。其克詰爾戎兵，以陟禹之迹，方行天下，至于海表，罔有不服。以覲文王之耿光，以揚武王之大烈。嗚呼！繼自今後王立政，其惟克用常人。②

按文意，周公告誡成王立政，整軍經武，使海內臣服，而下文即接以"覲文王之耿光，以揚武王之大烈"，"覲"爲顯現，"揚"爲弘揚，皆爲傳頌文武德業之辭，故《孔疏》曰：

> 於四海之表，無有不服王之化者，以顯見文王之光明，以播揚武王之大業。③

孔穎達(574—648)之言有理，"揚"於此亦不能訓"續"。

三、《逸周書·祭公解》，文曰：

> 王曰："嗚呼！公，朕皇祖文王，烈祖武王，度下國，作陳周，維皇皇上帝度其心，寘之明德。付俾於四方，用應受天命，敷文在下。我亦維有若文祖周公暨列祖召公，茲申予小子追學於文、武之蔑，周克龕紹成、康之業，以將天命，用夷居之大商之衆。我亦維有若祖祭公之執和周國，保乂王家。"王曰："公稱丕顯之德，以予小子揚文、武大勳，弘成、康、昭考之烈。"王曰："公無困我哉！俾百僚乃心率輔弼予一人。"④

案：前文曰"予小子追學於文、武之蔑，周克龕紹成、康之業"，已然表述承

---

① 《十三經注疏》，第1冊，《尚書注疏》，第228頁上。
② 同上書，第265頁上。
③ 同上注。
④ 黃懷信、張懋鎔、田旭東撰，李學勤審定《逸周書彙校集注》（修訂本），下冊，第927—930頁。

繼文、武、成、康之大業,若王引之說,訓"揚"爲"續","續文、武大勳",顯然與上文重複。"勳"、"烈"對舉,"發揚"義較適切。今考新出土之《清華簡·祭公》篇,問題更形清晰。簡文所記與今本大致相同,其中與今本"以予小子揚文、武大勳,弘成、康、昭考之烈"一語可資對應者,文曰:

  王曰:"公稱丕顯德,以余小子颺(揚)文、武之剌(烈),颺(揚)成、康、昭。主之剌(烈)。"①

"揚烈"兩出,更覺"揚"爲"播揚",而非"繼續"。黃懷信亦訓之作"發揚"②。

  此外,金文常見"揚"字之用,作"對揚王休"者絕多③,亦有與《清華簡·祭公》相類文字,如《𢦏毁》,文曰:

  衣(卒)博(搏),無眈(尤)于𢦏身,乃子𢦏拜頜首,對揚文母福剌(烈),用乍(作)文母日庚寶尊毁,卑(俾)乃子𢦏萬年,用夙夜尊享孝于厥文母,其子子孫孫永寶。④

又見"揚"字之獨用者,如《晉姜鼎》,文曰:

  唯王九月乙亥,晉姜曰:余唯司(嗣)朕先姑君晉邦,余不叚(暇)妄(荒)寧,巠(經)雝明德,宣卲我猷,用召(紹)匹辝(台)辟,每(敏)揚厥光剌(烈),虔不坠(墜),魯覃京師,臂(燮)我萬民。⑤

---

① 清華大學出土文獻研究與保護中心編,李學勤主編《清華大學藏戰國竹簡》(壹),上海:中西書局2010年版,下冊,第174頁。按:《祭公》篇整理者爲沈建華。
② 黃懷信《清華簡〈祭公〉篇校釋》,載於清華大學出土文獻研究與保護中心編《清華簡研究(第一輯)》,上海:中西書局2012年版,第232頁。
③ 《尚書·顧命》曰:"命汝嗣訓,臨君周邦,率循大卞,燮和天下,用答揚文、武之光訓。"其用與金文習見之"對揚王休"、"對揚天子丕顯休"者同,皆答謝頌揚意。見《十三經注疏》,第1冊,《尚書注疏》,第282頁上。
④ 中國社會科學院考古研究所編《殷周金文集成(修訂增補本)》,北京:中華書局2007年版,第4冊,第2698頁,器號04322.1。劉雨釋文。
⑤ 中國社會科學院考古研究所編《殷周金文集成(修訂增補本)》,第2冊,第1496頁,器號02826。張亞初釋文。

用法與簡文同，"揚"皆"頌揚"義，而不爲"續"。

以上所舉簡文與金文之例，正與《尚書》之《雒誥》、《立政》及《逸周書·祭公解》相類，"揚"與"對揚"乃頌揚之成詞，王引之釋作"續"，不可從。

上文述及訓"續"之"揚"，文例極稀，今再檢討《尚書·益稷謨》之例，其文曰：

> 帝庸作歌。曰："敕天之命，惟時惟幾。"乃歌曰："股肱喜哉！元首起哉！百工熙哉！"皋陶拜手稽首，颺言曰："念哉！率作興事，慎乃憲，欽哉！屢省乃成，欽哉！"乃賡載歌曰："元首明哉，股肱良哉，庶事康哉！"又歌曰："元首叢脞哉！股肱惰哉！萬事墮哉！"帝拜曰："俞，往，欽哉！"

僞《孔傳》曰：

> 大言而疾曰颺。①

《史記·夏本紀》記有此文，曰：

> 帝用此作歌曰："陟天之命，維時維幾。"乃歌曰："股肱喜哉，元首起哉，百工熙哉！"皋陶拜手稽首揚言曰："念哉，率爲興事，慎乃憲，敬哉！"乃更爲歌曰："元首明哉，股肱良哉，庶事康哉！"又歌曰："元首叢脞哉，股肱惰哉，萬事墮哉！"帝拜曰："然，往欽哉！"於是天下皆宗禹之明度數聲樂，爲山川神主。②

《史記》更"颺"爲"揚"，邵、郝釋爲繼續言之。王引之不評此說，或以爲兩可。案："揚言"與下文"賡載歌曰"對應，釋者或以此爲《爾雅》所本，然以"大言而疾"釋之亦無不妥③。

---

① 《十三經注疏》，第1册，《尚書注疏》，第74頁上。
② 司馬遷《史記》，第1册，第81—82頁。
③ 按：《説文·手部》曰："揚，飛舉也。从手，昜聲。與章切。敭，古文。"見《説文解字詁林》，第13册，第11854頁下。古有"揚聲"之用，《禮記·曲禮》曰："將上堂，聲必揚。"見《十三經注疏》，第5册，《禮記注疏》，第31頁上。

"發揚"與"承續",於若干語境實非絕不可分,上文《尚書》之《雒誥》、《立政》及《逸周書·祭公解》三例,因有金文與簡文爲證,始可定王說軒輊,否則,"承續"之"揚",不會難於舉證若此。今考劉歆(? —23)《移書讓太常博士》曰:

> 今聖上德通神明,繼統揚業,亦愍此文教錯亂,學士若茲,雖深照其情,猶依違謙讓,樂與士君子同之。①

"繼統揚業","繼"、"揚"對舉,或可作"揚,續也"之證。又左思《吳都賦》曰:

> 於是弭節頓轡,齊鑣駐蹕。徘徊倘佯,寓目幽蔚。覽將帥之拳勇,與士卒之抑揚。②

"抑揚"爲"進退",故"揚"亦有"承續"之意。二例時代較晚,只可作"揚,續也"之旁證。

(作者單位:香港城市大學中文及歷史學系)

---

① 蕭統(501—531)編,李善(? —689)注《文選》,上海:上海古籍出版社1986年版,第5冊,第1955頁。
② 蕭統編,李善注《文選》,第1冊,第225頁。

皮錫瑞《詩》主諷諭説探論

蔡長林

【摘　要】本文旨在探討皮錫瑞之《詩》學主張。文章首先指出《詩經》學中主刺的傳統，不必待新的學術時代之來臨纔黯然失色，其實在以《毛詩》學爲主流的《詩經》論述裏，這樣的諷諭傳統，已被排斥在《詩經》學的解釋序列中，反倒是此一諷諭精神，保留在歷代詩歌著作中。其次，指出皮錫瑞依漢代文獻舉證《毛詩》學系統裏對《周南》、《召南》出以后妃教化之解釋，並非《詩》之本義。尤其從對《關雎》一詩性質的認定上進一步指出漢代官方的今文《詩》學立場對詩歌的性質與功能一直有清楚的認識，就是以《三百篇》當諫書。於《關雎》，則有臣子之主文譎諫，而無后妃之德風天下。再次，皮氏指出後世詩人得風人之遺者，雖托言男女，非實言男女。進而批評朱子的《詩》學態度有失偏頗，於《楚辭》之托男女，近於褻狎而不莊者，未嘗以男女淫邪解之，獨於《風》詩之托男女近於褻狎而不莊者，必盡以男女淫邪解之。最後，指出皮錫瑞認爲《詩》之主刺，並非怨刺之意，而是以溫柔敦厚抒其情，委婉曲折以達之，所謂"托物爲諭，隱約其辭"，"不言理而言情，不務勝人而務感人"者。

【關鍵詞】諷諭　關雎　毛詩　三家詩　皮錫瑞

一、前　言

皮錫瑞著《詩經通論》，旨在藉由討論《詩經》學歷史上遺留下的各種問題，爲自身經學立場張目，同時以其個人見解，評論歷代《詩》説得失，展現其學術理念。綜觀其討論內容,則《詩經》學史上的重要問題,可謂皆已涵蓋其中。基本的議題如孔子是否删《詩》、笙詩六篇是否應列入《詩經》之中、《詩》是否入樂、對四始之説的别擇、對《詩》之六義的去取與對《詩》教的評論等,皆在討論之列。另外,出於今文學立場對三家《詩》的維護而批評《毛詩》、《毛傳》與《小序》,也是題中之義。同時,對代表漢、宋《詩經》學高峰的《鄭箋》、《朱傳》,在肯定中時出微辭,亦是可以類推而得。至於對《詩序》的存廢問題,對《魯》、《商》二頌作者的探討,對正歌與無算樂的分疏,以及對聖人無父感生之説的堅持,都可以從中窺見皮氏的經學立場①。

然通觀《詩經通論》之核心議題,而對吾人治《詩》有所啓發,且有作深入探究之價值者,竊以爲不在校論三家與《毛傳》之是非(雖然皮氏對此著墨甚多),亦不在於對《鄭箋》、《朱傳》之去取,更不在於他對各種今文《詩》説的明顯偏袒,而是在於他對《詩》之諷諭精神的強調。按皮氏在《詩經通論》中,頗爲喜歡使用"諷諭"一詞,來説明三家《詩》主刺之立場。雖然三家今文《詩》學與《毛傳》系統的《小序》及鄭玄都沒有直接使用"諷諭"這一名稱,但其所強調的美刺諷諫原則,和後來文人所謂的"諷諭"之間,其精神實質是一致的。而"諷諭"一詞用於詩歌解釋之中,指的是通過作品反映某些政治社會現象,向上位者進行規諷勸告②。按照四家《詩》學的美刺解釋之説來看,《詩經》風、雅兩部分詩篇,有不少是詩人對當權者規諷的作品,而且我們也很容易從毛氏與三家的詩歌解釋當中,找到這類的例子。但是,詩歌的諷諭精神,在《詩經》學的解釋傳統裏,還是在很大的程度上被稀釋了,反而是後世文人創作的詩歌裏,保留了相當鮮明的諷諭特質③。

---

① 按:有關對皮錫瑞《詩經》學重要内容的介紹,可參胡靜君《皮錫瑞〈詩經通論〉研究》,臺中:私立逢甲大學中國文學研究所1996年碩士論文。
② 蔣伯潛論《詩》之美刺即言:"詩人對當時之社會政治,有所贊美,或有所諷刺,則於抒發情感之外,恒帶有評論事理之性質。三百篇之詩,以東周前後之作品爲中堅;此一時期,周之王室已日漸陵夷,諸侯之紛爭,政治之黑暗,社會之變動,已開春秋戰國之局。故此時期之詩,諷刺之作,多於贊美。"《十三經概論·詩經》,上海:上海古籍出版社1983年版,第227頁。
③ 例如鍾嶸的《詩品》在評論左思的詩歌時,曾言:"文典以怨,頗爲精切,得諷諭之致。"其意在贊美左思《詠史詩》抒發了寒士不得志的憤慨,更抨擊當時不合理的門閥制度。又《詩品》評論應璩的詩歌時,亦言:"指事殷勤,雅意深篤,得詩人激刺之旨。"乃是贊美應璩寫作《百一詩》,向曹魏當權者,大將軍曹爽進行規諷。從這兩個例子可以看出,激刺與諷諭在語意上基本相同,這是現存古代文獻中較早用諷諭一詞稱道詩歌的例子。要言之,自《詩經》以後,諷諫或諷諭的傳統,在歷代文人的詩賦中,隨處可見。戰國時期的屈原、宋玉,兩漢的司馬相如、張衡,魏晉六朝時期的應璩、左思,都是顯例。唐代陳子昂、李白、杜甫、白居易不必論,至於宋代,蘇轍(转下页)

想要説明在《詩經》學的解釋傳統裏,詩歌的諷諭精神被稀釋了的原因,其實並不困難。最主要的原因,個人以爲與學者模糊了教化與美刺之説,有很大的關聯。按《詩大序》提出的教化諷諭二端①,與四家釋《詩》時常用的美刺説之間,其實在概念上是有意義之差別的,却是在《毛詩》美后妃教化之德的解釋裏,屢遭混用,而《毛詩》的解釋系統,又是歷代《詩經》學解釋的主流。許多漢代官方《詩》説主張屬刺之詩(如《關雎》、《鹿鳴》),皆在此教化之説影響下,作成頌美后妃夫人,成就王化之基的解釋。所以,至少在《毛詩》學的解釋系統裏,美刺與教化之間,在概念上會産生模糊與混用的情形。質而言之,教化出於上,諷諭出於下。班固《兩都賦序》言"或以抒下情而通諷諭,或以宣上德而盡忠孝",可以説是《詩大序》教化諷諭之説的翻版。而李善對這兩句話的注解,不論是引《國語》所載泠州鳩"夫律,所以宣布哲人之令德"以釋下句,或是直引《詩大序》"吟詠情性,以諷其上"以釋上句,也同樣是從教化與諷諭兩個角度進行注解的②。然而,美刺從理論上講,都應該是屬於諷諭的範疇而非教化的範疇,是批判意識而不是歌功頌德。所以鄭玄《詩譜序》所言"論功頌德,所以將順其美;刺過譏失,所以匡救其惡"③,雖是把美刺的分別説得更明白,却不見得把美刺的功能詮釋得足夠貼切,至少是未曾在諷諭的前提下,將美刺的作用作内在的聯繫。許多《詩經》解釋的例子表明,"美"其實是一種表達的策略,藉由稱頌或勉懷,爲蕴藏於頌揚文字背後之諷諫(刺)意圖作鋪陳。换言之,《詩》之以美爲諫者,在頌揚的背後,常隱含勸戒之意。此類題材,不獨《詩經》有之④,

---

(**接上頁注**)著名的"緣詩人之義,托事以諷",更是著名的典故了。鍾嶸《詩品》,北京:首都師範大學出版社2007年版,第115、117頁;王運熙《諷諭詩與新樂府的關係和區別》,載於《復旦學報》第六期(1991年),第77—81頁。

① 按:《大序》云:"風,風也,教也。風以動之,教以化之。"又云:"上以風化下,下以風刺上,主文而譎諫,言之者無罪,聞之者足以戒,故曰風。至於王道衰,禮義廢,政教失,國異政,家殊俗,而變風變雅作矣。國史明乎得失之迹,傷人倫之廢,哀刑政之苛,吟詠情性,以風其上,達於事變而懷其舊俗也。故變風發乎情,止乎禮義。發乎情,民之性也;止乎禮義,先王之澤也。"此其言風之義,而有風化與風刺之異。有學者以爲《大序》所言,尚有觀風俗一端,本文暫不討論。孔穎達《毛詩正義》,臺北:藝文印書館影印《十三經注疏》本1989年版,第11—17頁。

② 班固《兩都賦序》,收入蕭統編、李善注《昭明文選》,臺北:文津出版社1987年版,第3頁。

③ 鄭玄《詩譜序》,收入《毛詩正義》,第4頁。

④ 按:《卷阿》就是一個很好的例子。詩中透露出一派雍容祥和的盛世氣象。詩首章曰:"豈弟君子,來游來歌,以矢其音。"《箋》云:"王能待賢者如是,則樂易之君子,來就王游而歌,以陳出其聲音,言其將以樂王也,感王之善心也。"顯示此詩是借君子之遊而獻詩以頌,是臣下向天子獻詩而作,乃是周代獻詩制度的産物。然《詩序》却釋之曰:"《卷阿》,召康公戒成王也。"至少(**转下頁**)

《尚書》亦載其例①,至於漢人大賦鋪張揚厲的文字後面,未嘗不含有勸諫之目的②。換言之,諷諭固然兼包美刺二者,但重點則更在乎刺。詩歌頌聲的背後,其實還隱藏著勸戒的意圖在其中。因此即使對某一首詩歌作出了頌美的判定,在"下以風刺上"的諷諭前提下,其實還隱藏有未發之覆。所以,基於此一意内言外的認識原則,吾人對《詩》之美刺的認定,有時或許並不須以絶對的對立來看待,因爲有時候,美即是刺③。而所謂刺,即是諷諭、諷諫之意。

從另外一方面來看,同一首詩而毛氏言美,三家言刺,也不是彼此《詩》學系統矛盾關鍵之所在。畢竟言《詩》之美刺,《毛詩》有,三家亦有之④,此

(接上頁注)從《小序》作者的角度來看,《卷阿》雖以頌美爲言,借答歌陳詩以祝禱,但更深層的意義還是在於勸諫。只不過它是以一種委婉的、具有言外之意的方式表現出來。《毛詩正義》,第626頁。

① 例如《尚書·皋陶謨》:"帝庸作歌,曰:'敕天之命,惟時惟幾。'乃歌曰:'股肱喜哉,元首起哉,百工熙哉。'皋陶拜手稽首,颺言曰:'念哉!率作興事,慎乃憲,欽哉!屢省乃成,欽哉!'乃賡載歌曰:'元首明哉,股肱良哉,庶事康哉!'又歌曰:'元首叢脞哉,股肱惰哉,萬事墮哉!'帝拜曰:'俞,往,欽哉!'"從皋陶賡續帝歌而頌"元首明"、"股肱良"來看,這是首頌歌。不過皋陶再接續賡歌而曰"元首叢脞哉,股肱惰哉,萬事墮哉",則明顯是有諷諫之意。孔穎達《尚書正義》,臺北:藝文印書館影印《十三經注疏》本1988年版,第73—74頁。按:《正義》本此段文字在《益稷》篇中。

② 例如司馬遷即認爲司馬相如的作品雖是"靡麗多誇,然其指諷諫"。又説他的賦即使是虚辭濫説:"然要其歸,引之節儉,此與《詩》之諷諫何異?"司馬遷《史記·司馬相如列傳》,北京:中華書局1992年版,第3073頁。相關討論,亦可參簡宗梧《漢代賦家與儒家的淵源》(載於《孔孟學報》第三十九期)及《漢賦文學思想源流》(載於《政大學報》第三十七、三十八期)二文;范瑞珠《〈詩經〉與漢賦之關係》,載於《孔孟月刊》第十九卷,第四期。

③ 按:《國風》、《小雅》中以美爲諫的詩作甚多,許多詩從文辭觀之,實爲頌美之辭,然《小序》却以刺釋之。如《君子偕老》,《小序》以爲是"刺衛夫人也"。若參考《左傳》載宣姜與公子頑私通之事,可知《小序》作者之意,以爲詩篇表面雖讚宣姜之美,其言外之意則是諷刺宣姜作爲國君夫人,宜與宣公白頭偕老,不應做出悖禮亂倫之事。所以,頌美宣姜是詩篇表面的、淺層次的含義,刺、諫纔是其深層次的言外之意。另外,見於《小雅》者,如《庭燎》"美宣王也,因以箴之",其義顯白。至如《菁菁者莪》"汎汎楊舟,載沉載浮",《賓之初筵》"飲酒孔嘉,維其令儀"等,則多有微言諷諫之意。相關討論,可參祝秀權《以美爲諫的周代獻詩》,北京《光明日報》,2013年10月22日。

④ 按:三家中,《魯詩》以三百篇爲衰世之造作,如《史記·十二諸侯年表》云:"周道缺,詩人本之袵席,《關雎》作。"《儒林傳叙》曰:"周室衰而《關雎》作。"《十二諸侯年表》又云:"仁義陵遲,《鹿鳴》刺焉。"王符《潛夫論·班禄篇》云:"忽養賢而《鹿鳴》思。"則是以《三百篇》之《風》、《雅》爲刺詩,且無正變之論。而《齊詩》如《羔裘》,《漢書·蓋寬饒傳贊》:"雖詩之所謂國之司直,無以加也。"顏師古注曰:"言其德美,可以主正直之任也。"《韓詩》如《羔羊》,《薛君章句》云:"詩人賢仕爲大夫者,言其德能稱,有絜白之性,屈柔之行,進退有度數也。"(《後漢書·王渙傳》注引)又《秦風·黃鳥》一詩,《毛傳》、《小序》以爲刺穆公以人從死,而王先謙引《史記》、《漢書》、《易林》、曹植《三良詩》,言三家皆謂秦穆邀人從死,穆公既死,三臣自殺以從。按《史記·秦本紀》記三良之從死,"秦人哀之,爲作《黃鳥》之詩"。然《漢書·匡衡傳》疏云:"秦穆貴信,士多從死。"則於三臣之自殺以殉,亦有推許之意。江乾益《陳壽祺父子三家詩遺説研究》,第47頁;王先謙《詩三家義集疏》,臺北:明文書局1988年版,第452—453頁。

乃繼承自先秦儒家《詩》教之傳統，對於同一首詩歌雖有美刺認定之差異，其同爲儒家《詩》教語境下的產物，當無異議。何定生即指出，毛、鄭之學，雖與三家《詩》大有出入，但皆不外以諫書思想爲歸①。另外，誠如劉立志所言："漢儒説《詩》並未擺脱先秦《詩》説的束縛。《詩》之興喻所指已由孔孟確定爲詩意正宗，漢儒是在尊奉繼承先師所論的前提下，從文獻字詞訓詁的角度闡發《詩》旨，他們是戴著脚鐐跳舞。……總之，漢儒並未根據語詞訓詁建構起相應的探求作者詩心的《詩》學闡釋體系。他們没有將先師附著的'大義'從詩意中剥離出來，而是通過語言闡釋極力證成其説，美刺成爲指向《詩》之大義的萬能鑰匙。因此，儘管漢儒在字詞訓釋上出入古今，融會四家，但其説《詩》終究無法擺脱其限定性，漢代《詩》學無法超越其時代局限。"②所以，從價值立場言之，四家之《詩》，在本質上差異不大。

既然美刺同屬於諷諭的範疇，而三家與毛《詩》的主要矛盾也並非建立在美刺之説上，那麼，二者之間最大的衝突何在？答案已不難明白。即是毛《詩》體系繼承與發揮來自《詩大序》稱頌后妃之德的教化説。皮氏之所以屢言《詩》主諷諭者，即是表達對《詩》學理論中的教化説之不滿。如前所言，由《詩大序》與毛《詩》所持的后妃教化之説，是由上而下的"君上風教鼓動萬物，如風之偃草"③，此與由下而上進行勸誡的風人傳統，有本質之異，也是三家與毛《詩》在解釋上無法調合之處。雖然詩者是志之所之，但是在三家的解釋系統裏，看到的是"下以風刺上"的刺過譏失的政治寓意，而不是強調"上以風化下"的止僻防邪的教化功能。

皮氏在《詩經通論》的首章、二章中，一再強調《詩》義之難明，一再強調不因《詩》説越古而《詩》之正義即可求得。如此陳説，不是發明什麼後現代解釋學的《詩》學詮釋，而是意有所指於毛《詩》與《左傳》系統的《詩》説，並不見得比三家高明。如果三家真如班固所言，咸非本義的話④，那麼毛《詩》與《左傳》賦詩斷章的《詩》説，同樣不可據以爲本義。皮錫瑞當然不認爲

---

① 何定生《詩經新論》，臺北：臺灣商務印書館1969年版，第11—12頁。
② 劉立志《漢代詩經學史論》，北京：中華書局2007年版，第106—107頁。相關討論尚可參吴萬鍾《從詩到經——論毛詩解釋的淵源及其特色》，北京：中華書局2001年版，尤其是第一、五、六章部分；譚德興《漢代詩學研究》，貴陽：貴州人民出版社2003年版，尤其是第二章部分。
③《毛詩正義》，第16頁。
④ 班固云："漢興，魯申公爲《詩》訓故，而齊轅固、燕韓生皆爲之傳。或取《春秋》，采雜説，咸非本義。與不得已，魯最爲近之。"見班固《漢書·藝文志》，北京：中華書局1992年版，第1078頁。

《詩》之正義不可得，而是認爲正義、旁義之標準不應是由《毛傳》系統來認定，而是要在詩人所作與孔子所定這兩個層次上見其意義。這當然與他調合《關雎》爲刺詩，同時又認爲《關雎》爲四始之首列於正《風》之矛盾説法密切相關（詳第三節）。但是他對《毛傳》亦非本義的批評，不論從歷史事實抑或是現代解釋學理論的角度來看，並非毫無根據。換言之，《毛詩》系統的教化之説，既不是什麽《詩》之本義正義，也就不必然要據以爲解《詩》之所依了。所以，對於《關雎》、《鹿鳴》等三家以爲刺，而毛《詩》以爲美后妃教化之作的歧見上，皮氏更是著力於分疏三家主刺之説的歷史依據及其解釋之合理性，欲以從中窺見風人之旨。換言之，皮氏是在提醒我們，應該站在什麽樣的立場看待《詩經》，尤其是《風》、《雅》的部分。今文家是以諷諭的心情來看待的，在此諷諭的立場之下，《毛傳》與《小序》固不必論，即《大序》主教化説《詩》這一層，亦遭皮氏剥離，不再成爲皮氏理解《詩經》性質的指導理論。以下謹就皮氏《詩經》論述中之諷諭觀點，進行探討，以見皮氏經學理念之抒發，以論其見解對當代學者治《詩》之意義。

二、《關雎》何妨爲刺詩

太史公嘗言："周道缺，詩人本之衽席，《關雎》作；仁義陵遲，《鹿鳴》刺焉。"① 蓋史公本《魯詩》，以《關雎》、《鹿鳴》爲詩人陳古刺今之作。冠名陶潛所撰的《集聖賢群輔録》云："顔氏傳《詩》爲道，爲諷諫之儒。"② 雖不知此顔氏確指爲誰，然《詩》確有以諷諫爲義者。另外，蘇轍在《亡兄子瞻端明墓誌銘》中言："初，公既補外，見事有不便於民者，不敢言，亦不敢默視也，緣詩人之義，托事以諷，庶幾有補於國。"③ 對於這條記載，我們似不應僅從《詩經》學史的角度看待問題，簡單地將蘇轍的《詩》學立場論述爲反毛，或者列入三家《詩》陣營，而是應該站在一個當代經學家的立場來思考，《詩經》留給治經者最大的遺産，或不在后妃之德、王化之基，也不在依於史實，了解彼時男女傷春悲秋的愛戀情狀，更不在於援引西方社會學知識，對詩歌進

---

① 《史記·十二諸侯年表》，第 509 頁。
② 陶潛《集聖賢群輔録》，收入《箋注陶淵明集》，臺北："中央"圖書館 1991 年版，卷十，第 356 頁。
③ 蘇轍《欒城集》，北京：北京圖書館出版社 2004 年版，卷二十二，第 3 頁。

行古代社會史的研究，當然也不在於精神分析學或者是文化人類學之類的思維下，作爲探索兩性隱喻的研究文本，而是在此延續不絶的風人傳統，即所謂的"緣詩人之義，托事以諷"者。

原因很簡單，經學向來就是政治語言而不是歷史語言或文學語言，更不是現代學科意義下的社會學或文化人類學語言。我們當然尊重以各種學科方法研究經學的可行性，但如果經學研究者可以棄政治語言於不顧，那麼他的身份可以是運用經學文獻的文學家、史學家、語言文獻學專家，或者是社會學專家、文化人類學專家，而不是經學家，因爲他已經放棄了經學的傳統與根本。就算是做經學史的研究，也不能輕易放棄此一經學政治語言對歷史產生的作用。經學，既作用於歷史；歷史，也作用於經學。而其間的作用與反作用，基本上都是由政治語言來叙述。當然，就政治語言來看《詩經》，《毛詩》體系的后妃教化之説也在此一範疇之內。問題是，上以風化下的教化意識，是點綴盛世的化妝師，既不是一種合適於被詩人用以諷諫的《詩》學主張，也與千百年來主諷諭的詩人傳統不能合拍，或許也不是吾人重新審視《周南》、《召南》諸詩篇時，最好的切入角度。換言之，《詩經》留給經學家最佳的遺產，不會因時代變遷而失色的，理當是此一維繫千百年於不墜的風人傳統。或許在表達詩人之志時，文字上有委婉直切之别，形式上有頌美規諷之異，但這種來自於以道自任的自覺所產生的對權勢的疏離與批判精神，永遠不會失去其光芒，也當是身爲經學家或經學研究者，在面對過去、現在與未來時，展現其學術理念的價值基礎與奉行執守的恒久之道。

所以，若欲將此風人傳統之源頭重新做出一番梳理，其關鍵當在於對《毛詩》體系后妃教化之説的揚棄，並且將《詩經》的諷諭精神重新導入對《周南》、《召南》的解釋之中。皮氏《詩經通論》的論述策略，即是依此模式來進行的。這樣的主張，不能簡單視爲是今文家的偏曲之見，而是一個經學家回顧經學歷史與面對經學之運時的嚴肅思考。

且觀《國語·晉語》載晉文子之戒趙文子之言：

> 吾聞古之王者，政德既成，又聽於民，於是乎使工誦諫於朝，在列者獻詩，使勿兜；風聽臚言於市，辨妖祥於謡，考百事於朝，問謗譽於路，有邪而正之，盡戒之術也。①

---

① 韋昭注《國語·晉語下》，臺北：臺灣中華書局1981年版，卷十二，第1頁。

所謂的"政德既成,又聽於民",就是指出任何上位者,不論是出於政治表態抑或真有慕於聖王之治,都會表現出聽言納諫的態度,而不是享受臣下的歌功頌德。《詩》之所以具有諷諫的功能,詩人之所以采取諷諭的立場説詩,其故在此,所謂"盡戒之術也"。再觀《國語·周語》載邵公諫厲王之言:

> 爲川者決之使導,爲民者宣之使言。故天子聽政,使公卿至於列士獻詩,瞽獻曲,史獻書。師箴,瞍賦,矇誦,百工諫,庶人傳語,近臣盡規,親戚補察,瞽史教誨,耆艾修之,而後王斟酌焉,是以事行而不悖。①

戴微以爲,從這裏可以看出,士大夫利用《詩經》對君王進行規諫是確定的,也是春秋戰國時普遍采用的一種諷諫方式②。其心理基礎在於"爲川者決之使導,爲民者宣之使言",能夠讓下情上達,百姓之心聲有上達的渠道,而公卿至於列士的獻詩,則是最重要的渠道。當時的人普遍認爲,《詩經》中的話語能産生使君王"事行而不悖"的功用。所以《尚書·堯典》曰:"詩言志,歌永言,聲依永,律和聲。"③鄭康成以爲《詩》道放於此④,是賦詩以言志,所起遠矣,而詩之始作,即有諷諫之義,且其諷諫傳統,源遠而流長。三百五篇遞傳至漢,諷諫之用未曾中絶,《韓詩》推詩人之意爲内外傳數萬言,乃韓非《説難》、《孤憤》、《内外儲説》之類;《齊詩》四始五際之飾,班氏知其假經立誼之理。而《魯詩》即以三百五篇當諫書,不假辭而飾言⑤。

這種主刺的解《詩》立場,乃是立足於兩漢官學却又淹微已久的今文《詩》學的主流論述,也是對儒家溫柔敦厚的《詩》教立場之高度發揮。(詳第三節)尤其是《關雎》這首毛《詩》一系用以美后妃教化的扛鼎之作,更是漢代今文《詩》學刺詩的代表,然而欲在後世毛《詩》學籠罩的氛圍下重新建構此一風人論述,其實是一項艱難的任務。衆所周知,歐陽修《詩本義》以

---

① 《國語·周語上》,卷一,第5頁。
② 戴微《詩經學史》,長沙:湖南教育出版社2001年版,第15—16頁。
③ 《尚書正義》,第46頁。
④ 鄭玄《詩譜序》,孔穎達《毛詩正義》,第7頁。
⑤ 江乾益《陳壽祺父子三家詩遺説研究》,臺北:臺灣師範大學國文研究所集刊,第三十期(1986年6月),第44—45頁。

攻駁毛、鄭而開宋代《詩經》學之先河①，有關的研究多將這一開創性的貢獻歸功於《詩本義》采用的説《詩》方法，即直據經文，探求本義②。這一方法，上繼中唐捨傳從經之軌則，而下啓朱熹等人涵泳文義之經典閱讀法，表現出不爲舊注成説所囿，直探經文本義的優點③。但是，單從這一方法本身，似乎並不足以完全理解歐陽修與毛、鄭的分歧。《詩本義》對毛、鄭的批駁，在很大程度上是基於與毛、鄭頗爲不同的説《詩》立場。歐陽修極大地淡化了《毛詩》以"風化感動"爲核心的《詩》教追求，强調《詩》觀風知政、美刺時事的諷諭特徵④。顯然，歐陽修雖非立足於三家《詩》學的立場與毛、鄭故意爲異，但他對《詩經》諷諭特色的强調，却是與三家《詩》立場有某種程度的暗合之處。

　　正是出於對《詩》的諷諭作用的認識，皮錫瑞乃意在打破《毛詩》"風化感動"之説對風人之旨的遮蔽。他的論述策略首先在於突出《詩》義之難明，認爲《詩》之本義難求，《詩》之義也比他經尤難明，進而認定不論三家或《毛詩》、《左傳》所引雖是古義，却不見得是《詩》之正義。皮氏云：

　　　　《詩》本諷諭，非同質言，前人既不質言，後人何從推測？就詩而論，有作詩之意，有賦詩之意。鄭君云，賦者或造篇，或述古，故《詩》有正義，有旁義，有斷章取義，以旁義爲正義則誤，以斷章取義爲本義尤誤，是其義雖並出於古，亦宜審擇，難盡遵從，此《詩》之難明者一也。（第1章）

---

① 如皮錫瑞即言："自漢以後，説《詩》皆宗毛、鄭。宋歐陽修《本義》始辨毛、鄭之失，而斷以己意。"又言："歐陽《詩本義》，始不專主毛、鄭。"見氏著《經學歷史》，臺北：藝文印書館1987年版，第264頁；又《經學通論·詩經》，臺北：臺灣商務印書館1989年版，第2頁。

② 如在《本末論》中，歐陽修提出詩人之意與聖人之志的説法，"作此詩，述此事，善則美，惡則刺，所謂詩人之意者，本也"；"察其美刺，知其善惡，以爲勸戒，所謂聖人之志者，本也"；"求詩人之意，達聖人之志者，經師之本也"。皮氏以詩人所作與孔子所纂皆爲正義之説，顯然是脱胎於歐陽修所論。歐陽修《詩本義》，北京：北京大學出版社2008年版，第153頁。

③ 相關討論，可參裴普賢《歐陽修詩本義研究》，臺北：東大圖書公司1981年版；趙明媛《歐陽修詩本義探究》，桃園：中央大學中文研究所1990年碩士論文；車行健《詩本義析論——以歐陽修與龔橙詩義論述爲中心》，臺北：里仁書局2002年版；趙制陽《歐陽修詩本義評介》，收入氏著《詩經名著評介》，臺北：臺灣學生書局1983年版；黄忠慎《歐陽修詩經學評價》，收入《孔孟月刊》二十四卷，第七期（1986年3月）；馬秀娟《歐陽修詩本義與宋代詩經研究》，收入《北京大學百年國學文粹·語言文學卷》，北京：北京大學出版社1998年版。

④ 相關討論，可參劉寧《風化與諷諭——論歐陽修〈詩本義〉與〈毛詩〉説詩立場的分歧》，《思想史研究》第四輯，上海：上海人民出版社2007年版，第148頁。

皮氏此則議論重點有二：其一，認爲《詩》本諷諭，非同質言。即《詩》之本事，很難從詩歌的語言或文字中推測而得。正如吕思勉所言："夫人生在世，孰能無幽約怨悱不能自言之情？而社會之中，束縛重重，豈有言論自由之地？斯義也，穆勒《群己權界論》言之詳矣。故往往公然表白之言，初非其人之真意；而其真意，轉托諸謡詠之間，古代之重詩也以此。夫如是，《詩》安得有質言其事者。而亦安可據字句測度，即自謂能得作詩之義邪？"①其二，認爲詩義多重，既有作詩之義，也有賦詩之義。而賦詩又有造篇、述古之别，於是又有正義與旁義乃至斷章取義之分。若誤植旁義爲正義，錯置斷章取義爲本義，則會造成對詩義的誤解。正是基於詩非質言的諷諭性質易於產生詩義之誤植，所以即使旁義與斷章取義一如正義、本義之並出於古，仍須審擇，難以一律遵從。在此認識前提之下，皮氏進一步檢討三家與《毛詩》之義，而云：

  三家雖所傳近古，而孰爲正義，孰爲旁義，已莫能定。以爲詩人之意如是，亦莫能明。……《史記》載三家，以申培、轅固、韓嬰爲初祖，而三家傳自何人？授受已不能詳，三家所以各成一家，異同亦無可考，況今《魯故》、《齊故》、《韓故》無存於世，存於世者，惟《韓詩外傳》，而《外傳》亦引詩之體，而非作詩之義。《毛傳》晚出，漢人不信，後世以其與《左氏傳》合，信爲古義，豈知毛據《左氏》以斷章爲本義，其可疑者正坐此乎？古義既亡，其僅存於今者，又未必皆《詩》之本義，説《詩》者雖以意逆志，亦苦無徵不信，安能起詩人於千載之上，而自言其義乎？（第2章）

皮氏指出，近古者如三家，其所傳孰爲正義，孰爲旁義，已莫能定。究竟詩人之意是否如此，亦莫能明。更何況三家所傳，不但授受源頭不明，甚且遺佚殆盡，僅剩的《韓詩外傳》也是引詩之體，而非作詩之義。當然，在承認無法辨識三家所傳究竟是正義抑或旁義的同時，皮氏亦不忘指出《毛傳》與《左氏傳》的不可信，乃因毛據《左氏》以斷章爲本義，而其可疑者也正在此。吴萬鍾分析散見於先秦至漢初賦《詩》、引《詩》等相關記載，認爲先秦引《詩》的用詩方式和解説内容對毛氏解《詩》產生直接影響。同時認爲隨著

---

① 吕思勉《經子解題》，臺北：臺灣商務印書館1986年版，第20頁。

《詩三百》句子在先秦、漢典籍裏反覆引用，這些引用本身在儒家傳統裏增强了它們的權威，並且《詩三百》也逐漸具有更高的權威。被引用的詩句不受詩句本義的制約，而引《詩》者從詩句中自由地導出引申義。因而我們可以看到，雖然引用本身具有維持文化連續性的作用，但是其維持文化連續性的作用並沒有限制對引用詩句作出解釋的可能。詩句離開了原詩的環境而置於新的文章脈絡中，其句義發生變化。這種句義的變化不僅由於時間的流逝而產生不同理解，並且更直接地受到不同文章脈絡的影響而產生①。吴萬鍾之説，很好地説明了《毛詩》的淵源以及在流傳過程中，不斷透過引申衍義的產生以加强其權威性的過程。然究其本質，《毛詩》仍不脱離先秦賦《詩》斷章之影響。故皮氏又説：

    若《左傳》、《國語》、《禮記》、《孟子》、《荀子》諸書所引，又在漢初以前，更近古而可信據矣。而《左氏》襄二十八年傳，明載盧蒲癸之言曰"賦詩斷章"，則傳載當時君臣之賦詩，皆是斷章取義，故杜注皆云"取某句"，《左傳》與《毛詩》，同出河間博士，故二書每互相援引。《左傳》如衛人所爲賦《碩人》、許穆夫人賦《載馳》，既有牽引之疑，而《毛傳》解詩，亦多誤執引詩之説，如《卷耳》執《左傳》"周行官人"一語，以爲后妃求賢審官，《四牡》"懷和周諏"誤執《國語》爲説，皆未免於高叟之固，是以經證經雖最古，而其孰爲作詩之義，孰爲引詩之義，已莫能定，以爲詩人之意如是，亦莫能明。（第 2 章）

正如郭晉稀所言："春秋行人賦《詩》，多斷章取義，不過以《詩》爲我注脚，並不是行人爲《詩》作注脚，故彼此矛盾，用意互不相同。歷代學者於孔子最尊敬之。七十子者，孔丘之門弟子，傳孔氏之學，亦信賴之。孟軻荀卿爲儒家鉅子，注《詩》者亦多上考其説。凡此諸人，與作《詩》者時代差爲接近，古書未經秦火，較今差爲完備，其於解釋三百篇或者較之後人爲有依據。然自孔氏至孟、荀引《詩》，猶之春秋行人引《詩》，也不是專爲《詩》作注解，又何嘗不斷章取義？ 行人引《詩》在孔子以前，尚不必盡得《詩》意，必謂孔丘、七十子、孟軻、荀卿引《詩》皆合《詩》旨，非愚則誣也。"②換言之，春秋行

---

① 《從詩到經——論毛詩解釋的淵源及其特色》，第 18—19 頁。
② 郭晉稀《序》，收入陳戍國《詩經芻議》，長沙：岳麓書社 1997 年版，第 1 頁。

人、孔子、七十弟子、孟軻、荀卿之引《詩》尚不必盡得《詩》意，三家與《毛傳》之解《詩》，又何能必其所解能得《詩》旨？何況《左傳》所引賦《詩》，既有牽引之疑；《毛傳》解詩，亦多誤執引《詩》之説。所以，以經證經此一治經之最高原則，並不適宜用在詩人之意的發掘上，因爲孰爲作《詩》之義，孰爲引《詩》之義，皆莫能明。

　　在皮氏的概念中，《詩》有本義、正義、旁義之分。所謂本義，乃指《詩》的最初意義。換言之，《詩》之作義爲本義，釋《詩》能得《詩》之作意者爲正義。另外，詩歌創作之後，在長遠的流傳過程中，經過許多人的研究、運用而使《詩》意有所改變、扭曲者，則爲旁義。然而要斷定哪一家的説法才是《詩》之本義，則是難以稽考。班固習今文《詩》却指三家之説"咸非其本義"；可知三家所傳雖近古，但孰爲正義或旁義，已難確定。而《左傳》、《國語》諸書比《漢書》的年代更早，理應較可信。但事實上，《左傳》賦《詩》多爲斷章取義而非《詩》的本義。所以在皮錫瑞看來，不論三家或《毛傳》，所傳雖近古，究非詩人作《詩》之意，其緣故在於所處時空環境之不同，後人無法理解詩人當時之環境，所以對《詩》旨之掌握就會產生偏差。皮氏云：

　　　　朱子曰："古人之詩，如今之歌曲，雖閭里童稚，皆習聞之而知其説。"蓋古以《詩》、《書》、《禮》、《樂》造士，人人皆能誦習，《詩》與《樂》相比附，人人皆能弦歌。賓客燕享，賦《詩》明志，不自陳説，但取諷諭，此爲春秋最文明之事，亦惟其在《詩》義大明之日，詩人本旨，無不了然於心，故賦《詩》斷章，無不暗解其意，而引《詩》以證義者，無不如自己出，其爲正義，爲旁義，無有淆混而歧誤也。（第2章）

畢竟後人解《詩》，與詩歌初創時間遠隔，當時人人誦習，聞而知其説，即使賦《詩》斷章，但取諷諭，却本旨了然，無不暗解其意，即引《詩》以證義者，亦如《詩》自己出，正義、旁義無有混淆歧異。後世環境已不相同，雖諷諭之旨猶在，然詩人作《詩》之本事已泯。皮錫瑞在此預設的潛臺辭是：既然詩人作《詩》之意難以掌握，則《毛詩》、《左傳》所傳即使義最近古，亦不知其究竟爲正義、爲旁義，以故亦不必優於三家所釋。那麼，後人治《詩》該遵守的就不必然是《毛傳》、《鄭箋》的解釋框架，而應是從古人賦《詩》保留下的諷諭特色這一角度來探索詩人作《詩》之義，而在這方面，皮氏認爲三家是較毛氏爲優長的。

皮氏對《毛詩》系統最大的挑戰在於對《關雎》一詩性質的認定上。按王應麟《詩考》所輯三家《詩》有論《關雎》之言，如《韓詩》論《關雎》云："詩人言雎鳩貞潔慎匹，以聲相求，隱蔽乎無人之處，故人君退朝入於私宮，后妃御見有度，應門擊柝，鼓人上堂，退反燕處，體安志明。今時，大人內傾於色，賢人見其萌，故詠《關雎》，說淑女，正容儀，以刺時。窈窕，貞專貌。淑女，奉順坤德，成其紀綱。"又《魯詩》論《關雎》云："佩玉晏鳴，《關雎》歎之。"至於習《齊詩》之匡衡亦曰："聞之師曰：匹配之際，生民之始，萬福之原，婚姻之禮正，然後品部遂而天命全。孔子論《詩》以《關雎》爲始，言太上者民之父母，后夫人之行不侔乎天地，則無以奉神靈之統，而理萬物之宜。故詩曰：'窈窕淑女，君子好逑。'言能致其貞淑，不貳其操，情欲之感無介乎容儀，宴私之意不形乎動靜，夫然後可以配至尊而爲宗廟主。此綱紀之首，王教之端也。"①三家《詩》一致認爲《關雎》爲刺時之作，具有勸戒意義。三家《詩》前輩或泛言以戒，如言見"大人內傾以色"，而"詠《關雎》，說淑女，正容儀，以刺時"；或具體指刺，如言"后夫人雞鳴佩玉去君所，周康王后不然，故詩人歎而傷之"。或言"康王一朝晏起，關雎見幾而作"②。然而《詩大序》乃言："《關雎》，后妃之德也，風之始也，所以風天下而正夫婦也。故用之鄉人焉，用之邦國焉。風，風也，教也，風以動之，教以化之。"③又曰："《關雎》樂得淑女以配君子，憂在進賢，不淫其色；哀窈窕，思賢才，而無傷善之心焉。是《關雎》之義也。"④表現的是文王后妃大姒之婦德，因此《關雎》是美而非刺，是上以風化下，而非下以風刺上。

按皮氏云："《齊詩》魏代已亡，《魯詩》不過江東，《韓詩》雖在，無傳之者，後卒亡於北宋，僅存《外傳》，亦非完帙。於是三家古義盡失，言《詩》者率以《關雎》刺詩爲三家詬病，謂誤以正詩爲刺詩，違詩人之本旨。（呂祖謙曰：《關雎》，正風之首，三家者乃以爲刺。）其意蓋以《關雎》爲正風之首，不得以刺詩當之也。"（第4章）蓋謂後世有人認爲刺時非三家本義，而推崇《大序》之言，故皮氏《詩經通論》第三章特標"論《關雎》爲刺康王詩，齊、魯、韓三家同"爲題，徵引自《史記·十二諸侯年表》、《淮南子·氾論訓》至

---

① 王應麟《詩考》，收入文淵閣《四庫全書》，臺北：臺灣商務印書館1982年版，第75冊，第599、611、613頁。
② 其詳可參《詩三家義集疏》，第4—8頁。
③ 《毛詩正義》，第12頁。
④ 同上書，第19頁。

歐陽修《詩本義》、晁說之《詩說》計十八條文獻以證齊、魯、韓三家以《關雎》爲衰世之詩，康王時作。其中，引《魯詩》說者如王充《論衡·謝短》云："《詩》家曰：周衰而《詩》作，蓋康王時也。康王德缺於房，大臣刺宴，故《詩》作。"袁宏《後漢紀》楊賜上書曰："昔周康王承文王之盛，一朝晏起，夫人不鳴璜，宮門不擊柝，《關雎》之人，見幾而作。"引《韓詩》說者，如《後漢書·明帝紀》曰："應門失守，《關雎》刺世。"注引薛君《韓詩章句》："詩人言雎鳩貞潔慎匹，以聲相求，必於河之洲隱蔽無人之外。故人君退朝，入於私宮，后妃御見，去留有度。應門擊柝，鼓人上堂，退反宴處，體安志明。今時大人內傾於色，賢人見其萌，故詠《關雎》，說淑女，正容儀以刺時。"至於《齊詩》，如稍前王應麟所引匡衡之說外，皮氏又補充緯書所言一條。《春秋緯·說題辭》曰："人主不正，應門失守，故歌《關雎》以感之。"宋均曰："應門，聽政之處也。言不以政事爲務，則有宣淫之心。《關雎》樂而不淫，思得賢人與之共化，修應門之政者也。"以緯證經，正與《魯》、《韓》說合，《齊詩》既多同緯說，其不得有異義可知。最後，引歐陽修之說言："《齊》、《魯》、《韓》三家皆以爲康王政衰之詩。"又引晁說之《詩說》，總結以《齊》、《魯》、《韓》三家以《關雎》皆爲康王詩，其說不誤。（第3章）

對於皮氏的舉證，我們當然可以如蔣伯潛所言，謂《關雎》爲后妃之德，爲樂得淑女以配君子，與《魯詩》、《韓詩》之以《關雎》爲刺詩者異，此蓋今古文說之不同耳①。也就是把《毛詩》的美后妃之德與三家視《關雎》爲刺詩之異，局限在經學派別之見的視野中。我們也可以進一步如劉立志所論，認爲三家與政治結合密切而《毛詩》稍迂遠的說法，並非確切之論。因爲四家對《詩》旨理解的偏差均屬於政治教化規範下的細節出入，都服務於政治教化的實用目的，難分軒輊，貼合政治意味未必有遠近之別②。正如同筆者稍前所論，不管《毛詩》抑或三家，他們對《詩》旨的理解，都是一種政治語言，所差別者在於，這種政治語言是以何種角度爲出發點而已。只是當我們揆諸歷史文獻時，爲何有如此多的例證說明漢人視《關雎》爲刺詩，豈非漢代主流之《詩》學觀點正是準確地抓住了"下以風刺上"此一風人之旨，而爲今文家的經說所承載？王先謙批評《毛傳》之解釋云："《毛傳》匿刺揚

---

① 《十三經概論·詩經》，第190頁。
② 劉立志《詩經研究》，北京：中華書局2011年版，第121頁。

美，蓋以爲陳賢聖之化，則不當有諷諫之詞，得粗而遺其精，斯巨失矣。"①蓋亦以《毛傳》之巨失爲隱匿了詩人的諷諭精神。從這個角度來看司馬遷所云"《詩》三百篇，大抵聖賢發憤之所由作"②，倒也不僅只是借此發抒身世之感懷而已，也可謂是漢代官方意識形態看待《詩經》性質與功能的共識。換言之，官方的今文《詩》學立場對詩歌的性質與功能一直有清楚的認識，就是以三百篇當諫書。於《關雎》，則有臣子之主文譎諫，而無后妃之德風天下。

三、温柔敦厚長於諷諭

仔細分析皮氏所引以爲《關雎》爲刺康王之詩諸説，則《史記》並未言刺康王，《淮南子》亦僅言"周道缺而作"，至劉向《列女傳》始言刺康王，張超又加上畢公所詠，可見《關雎》刺康王之説，愈後愈詳。故趙制陽以爲："如以歷史的眼光看，這些人事的編叙，顯然出於後人的附益，不足采信。"③至於匡衡所言，乃歌頌后妃夫人之德，實遠三家④；而歐陽修雖有以《關雎》爲思古刺今之詩⑤，却又以爲《二南》作於紂之時⑥，是其説亦前後不同，而皮氏掩之。另外，朱子在《詩集傳·序》中言曰："凡詩之所謂風者，多出於里巷歌謡之作，所謂男女相與詠歌，各言其情者也。"⑦依此原則，則《關雎》顯係男子追求女子的戀愛詩，既非《毛詩》美后妃之風化，也非三家之刺康王晏起，當代以文學視角言《詩》者，亦多主張爲男女愛戀之詩。

換言之，以諷諭論《關雎》，頗不符合現代人對《詩經》的品味。但這並無妨於皮氏依其理念建構其《詩》學藍圖，而皮氏之説能否成立，其關鍵也在於研究者采取什麽樣的立場來看待其《詩》學意圖。這不止是方法學或學術門徑的問題，更是學術價值觀的問題。這一點對皮氏而言如此，對研

---

① 《詩三家義集疏》，第 7 頁。
② 司馬遷《報任安書》，收入班固《漢書·司馬遷傳》，第 2735 頁。
③ 趙制陽《皮錫瑞〈詩經通論〉評介》(下)，《中華文化復興月刊》第十四卷，第十一期(1981 年 11 月)，第 70 頁。
④ 《漢書·匡張孔馬傳》，第 3340 頁。
⑤ 《詩本義》，第 10 頁。
⑥ 同上書，第 152 頁。
⑦ 朱熹《詩經集注》，臺北：群玉堂出版公司 1991 年版，第 1 頁。

究經典的當代學者而言,亦是如此。對皮氏而言,諷諭是《詩》教的完美展現,是其論《詩》除孔子刪《詩》之說外,最重要的《詩》學主張。在他的認知裏,《關雎》既非停留在里巷歌謠的層次,他對刺詩的理解,也與朱子所言怨刺之詩,輕躁而險薄,有害於溫柔敦厚者,明顯不同①。

皮氏有"論《詩》教溫柔敦厚在婉曲不直言,《楚辭》、唐詩、宋詞猶得其旨"一章,詳細討論溫柔敦厚與諷諭精神的內在關係。其言曰:

> 言"《詩》三百,一言以蔽之,曰思無邪"。《詩》本托諷,聖人恐人誤會,故以無邪正之。毛、鄭解《詩》,於此義已不盡合,朱子以鄭、衛詩爲淫人自言,王柏乃議刪鄭、衛矣。惟言"小子何莫學夫《詩》"一章,興觀群怨,事父事君,多識鳥獸草木之名,本末兼該,鉅細畢舉,得《詩》教之全,而人亦易解,其大者尤在溫柔敦厚,長於風諭。(第33章)

按《禮記・經解》云:"其爲人也,溫柔敦厚,《詩》教也。"孔穎達解釋爲:"《詩》依違諷諫,不指切事情,故云溫柔敦厚,是《詩》教也。"②溫柔敦厚,既可以從道德涵養言之,也可以是情感表達的方式。雖然《詩》本托諷,本事難以指實,但在情感的表現上,卻是溫柔敦厚,故孔子以無邪正其名義。皮氏對毛、鄭、朱子乃至王柏之解《詩》,殊無好評;惟獨對朱子解《論語》"小子何莫學夫《詩》"一章,以爲"本末兼該,鉅細畢舉,得《詩》教之全"。而最稱許之處,就在於朱子用"溫柔敦厚,長於風諭"來爲《詩》教作定義。換言之,皮錫瑞所謂之刺詩,並非怨刺之詩,而是秉持溫柔敦厚之教所進行之諷諭。關於這一點,清中葉的詩人王芑孫,亦有深入之剖析。如云:"有言之所及,有言之所不及。言之所及而有其所不言者存焉,言之所不及而有其所欲言者出焉。《詩》之教固

---

① 按:朱子必欲排除《論語》所云"《詩》三百,一言以蔽之,曰思無邪"的印象,認爲《國風》中一些談情說愛的詩不符合禮義,乃將這部分的詩定爲淫奔之詩,主張刪除。其言云:"又其爲說,必使《詩》無一篇不爲美刺時君國政而作,固已不切於情性之自然。……是使讀者疑於當時之人絕無善則稱君、過則稱己之意。而一不得志,則扼腕而切齒,嘻笑冷語以懟其上者,所在而成群。是其輕躁險薄,尤有害於溫柔敦厚之教,故予不可以不辨。"見朱熹《朱子全書》,上海:上海古籍出版社2002年版,第1冊,第361頁。
② 孔穎達《禮記正義》,臺北:臺灣商務印書館1989年版,第843頁。

如是，其温柔敦厚也。顧有謂發憤所作。發憤者，温柔敦厚之作而極其致者也。"①王氏此處指出的言之所及與言之所不及的所存所出，其中正隱藏著作者的諷諭之意。而發憤者是温柔敦厚之作所極其致者，同樣也不是以怨刺來理解刺詩之意。正如同《詩含神霧》所言："詩者，持也。在於敦厚之教，自持其心。諷刺之道，可以扶持邦家者也。"②其意蓋謂以敦厚之教自持其心的諷刺之道，是扶持邦家的重要手段。那麼，温柔敦厚的諷刺之道，豈非即朱子所言的温柔敦厚，長於風諭？

又皮氏在此章詳引焦循對《詩》"温柔敦厚"的理解，以爲所言最有見地。按焦循《毛詩補疏序》曰："夫《詩》，温柔敦厚者也，不質直言之，而比興言之，不言理而言情，不務勝人，而務感人。"③此說出彩之處，在於將比興手法與温柔敦厚作有機連結，使得温柔敦厚不只是停留在《詩》教的原則或宗旨層次上，也是一種表達諷諭的態度或手段。接著他進一步陳述温柔敦厚與《詩》之言刺的對應關係：

> 循按《蒹葭》、《考槃》，皆遯世高隱之辭，而《序》則云《考槃》刺莊公，《蒹葭》刺襄公，此說者所以疑《序》也。嘗觀《序》之言刺，如《氓》、《靜女》刺時，《簡兮》刺不用賢，《芄蘭》刺惠公，《匏有苦葉》、《雄雉》刺衛宣公，《君子于役》刺平王，《叔于田》、《大叔于田》刺莊公……《抑》衛武公刺厲王，求之詩文，不見刺意，惟其爲刺詩，而詩中不見有刺意，此《三百篇》所以温柔敦厚，可以興，可以觀，可以群，可以怨也。④

據焦循之說，《詩》之温柔敦厚體現在不直言，而以比興言之，不言理而言情，不務勝人而務感人，故《詩序》有怨刺之說，但《詩》並無怨刺之言，所謂："學《詩》三百，於《序》既知其爲刺某某之詩矣，而諷味其詩文，則婉曲而不直言，寄托而多隱語，故其言足以感人，而不以自禍。"⑤焦氏之說，可謂對朱

---

① 王芑孫《青芝山館詩集序》，《楊甫未定稿》，上海：上海古籍出版社 2010 年版，《清代詩文集彙編》，第 442 册，影印嘉慶八年刻本，卷三，第 24 頁。
② 安居香山、中村璋八輯《緯書集成》，上海：上海古籍出版社 1994 年版，第 101—102 頁。
③ 焦循《序》，《毛詩補疏》，《續修四庫全書》，上海：上海古籍出版社 1995 年版，第 65 册，第 395 頁。
④ 《毛詩補疏》，卷三，第 421 頁。
⑤ 同上注。按：焦循又批評宋、明之人不知《詩》教温柔敦厚之義，士大夫以理自持，以倖直抵觸其君，以自鳴其直，相習成風，性情全失，皆由相率疑《小序》之故。

熹言怨刺之詩,輕躁而險薄之説,作有力之反駁。故對於焦循之説,皮氏評而論之曰:"《詩》婉曲不直言,故能感人。焦氏所言,甚得其旨。"(第33章)也就是説,所謂的刺,所謂的諷諭,並非諷刺之意,而是以比興之法,不言理而言情,務在感人而不務勝人。這就讓我們想起了《戰國策》裏有名的《觸龍説趙太后》,雖非言《詩》之作,其動之以情的比興手法,務在感人而不務勝人的諷諫原則,正是與此温柔敦厚的諷諭精神相近似。至於經學立場近於今文學的蔣伯潛,對於《詩》之諷諭,亦有類似的看法,其言云:

> 温柔敦厚《詩》之抒情,多委婉曲折以達之。即如《鴟鴞》、《黍離》,對於新國故都,有極熱烈的憂憤悲苦之情,而前者托物爲諭,後者隱約其辭,以抒其誠摯之心情,故《詩》教以温柔敦厚見長。所謂温柔者,非專指男女之情而言也。吾人讀《詩》,如能注意其抒情之温柔敦厚,不但有裨於文學,亦可以陶冶吾人之性情也。治狂狷之病者,更需體此温柔敦厚之教。①

觀乎此,則知皮氏所謂諷諭者,即是以温柔敦厚抒其情,委婉曲折以達之,所謂"托物爲諭,隱約其辭"者。另外,温柔者,亦非專指男女之情而言,而是指抒情之態度言。皮氏接著發論説:

> 《三百篇》後得《風》、《雅》之旨者,惟屈子《楚辭》。太史公云:"《國風》好色而不淫,《小雅》怨誹而不亂,若《離騷》者,可謂兼之。"……《楚辭》……實兼有《國風》、《小雅》之遺,其後唐之詩人,猶通比興,至宋乃漸失其旨,然失之於詩,而得之於詞,猶《詩》教之遺也。(第33章)

按張惠言的《詞選序》一向是常州詞派重要的理論綱領,張氏以比興解詞,所謂"意内而言外謂之詞",而張氏所謂的"意",其實是基於儒家的《詩》教觀,即《詞選序》中説的"《詩》之比興,變風之義,騷人之歌",而所以"道賢人君子幽約怨誹不能自言之情"②者,此亦稍前引焦循論《詩》所言寄托而

---

① 《十三經概論·詩經》,第226頁。
② 張惠言《詞選序》,《茗柯文編》,臺北:世界書局1964年版,第26頁。

多隱語之意,而馬端臨更直言"風之爲體,比興之辭多於叙述,諷諭之意浮於指斥"①。諸家所論,皆有一共同的原則,即此儒家《詩》教是恒定在"下以風刺上"的風人之旨的意義底下。是皮氏論《詩》主諷諭,亦有傳統文學源自經典的《詩》教觀此一堅實的理論爲之鋪墊,而不必僅視爲今文經學的門戶之見。只是此一變風之義、騷人之歌的《詩》教觀,在《詩經》的詮釋史中,因爲對《周南》、《召南》出以教化之理解而失色不少。

所以,在"論風人多托意男女不可以文害辭"中,皮氏以子之矛攻子之盾,批評朱子對《楚辭》與《詩經》在風人托意男女上不能同等對待。其言:

> 朱子《楚辭集注》曰:"楚人之詞,其寓情草木,托意男女,以極遊觀之適者,變《風》之流也。其叙事陳情,感今懷古,以不忘乎君臣之義者,變《雅》之類也。其語祀神歌舞之盛,則幾乎《頌》。而其變也,又有甚焉。其爲賦,則如《騷經》首章之云也。比則香草惡物之類也,興則托物興詞,初不取義,如《九歌》沅芷澧蘭,以興思公子,而未敢之方屬也。"朱子以《詩》之六義説《楚辭》,以托意男女爲變《風》之流,沅芷澧蘭思公子而未敢言爲興,其於《楚辭》之托男女,近於褻狎而不莊者,未嘗以男女淫邪解之,何獨於《風》詩之托男女近於褻狎而不莊者,必盡以男女淫邪解之乎?(第35章)

按皮錫瑞根據《漢書·食貨志》"男女有不得其所者,因相與歌詠,各言其傷"②,以及何休《公羊解詁》"男女有所怨恨,相從而歌"③之記載,承認《風》詩實有民間男女之作。然皮氏以爲,作者雖爲民間男女,而其怨刺者,不必皆男女淫邪之事。換言之,皮氏並不停留在里巷歌謠的層次看待《風》詩。然而朱子却以詞意不莊,近於褻狎者,皆爲淫詩,且爲淫人所自作,故而批評陳傅良之解《詩》,凡詩中所説男女事,不是説男女,皆是説君臣之見解爲偏見④。然如皮氏以上所論,朱子論《楚辭》亦有托意男女的情況,奈何

---

① 馬端臨《文獻通考·經籍考五》,臺北:新興書局1965年版,第1537頁。
② 《漢書·食貨志》,第1121頁。
③ 何休《公羊解詁》,臺北:藝文印書館1989年版,第208頁。
④ 按:朱鑑《詩傳遺説》卷一載朱熹論陳傅良"解《詩》……凡《詩》中説男女之事皆是説君臣",謂"未可如此一律"。朱鑑《詩傳遺説》,收入《四庫全書薈要》,臺北:世界書局1986年版,第27册,第16頁。

責《詩》之嚴而待《楚辭》以寬？故爲皮氏所批評。皮氏更進一步舉後世托意男女之詩爲證，以明詩中所說男女事，不是說男女之諷諭手法。其言云：

> 後世詩人得風人之遺者，非止《楚辭》，漢唐諸家近於比興者，陳沆《詩比興箋》已發明之。初唐四子托於男女者，何景明《明月篇序》已顯白之。古詩如傅毅《孤竹》、張衡《同聲》、繁欽《定情》、曹植《美女》，雖未知其於君臣朋友何所寄托，要之必非實言男女。唐詩如張籍"君知妾有夫"一篇，乃在幕中却李師道聘作，托於節婦而非節婦；朱慶餘"洞房昨夜停紅燭"一篇，乃登第後謝薦舉作，托於新嫁娘而非新嫁娘，皆不待箋釋而明者。即如李商隱之《無題》，韓偓之《香奩》，解者亦以爲感慨身世，非言閨房，以及唐宋詩餘，溫飛卿之《菩薩蠻》，感士不遇；韋莊之《菩薩蠻》，留蜀思唐；馮延巳之《蝶戀花》，忠愛纏綿；歐陽修之《蝶戀花》，爲韓、范作，張惠言《詞選》，已明釋之。此皆詞近閨房，實非男女，言在此而意在彼，可謂之接跡風人者，不疑此而反疑風人，豈非不知類乎？孟子曰："故説《詩》者不以文害辭，不以辭害志，以意逆志，是爲得之。"以托意男女而據爲實言，正以文害辭，以辭害志，而不知以意逆志者也。（第35章）

皮氏在此列舉後世托意男女之作，説明風人托意的諷諭手法，已經得到良好的繼承與發揮，不論是漢之樂府、古詩，抑或唐人詩歌、宋人之詞，皆有接跡風人之作，而這可以視爲漢人以刺解《詩》傳統的延續，皮氏所謂唐詩、宋詞猶《詩》教之遺的説法，也應由此觀之。而其關鍵，在於不可以文害辭，以辭害志，而不知以意逆志者。所謂"言在此而意在彼"、"不可以文害辭"，其實就指出了意義超脫表面文詞的現象。所以，諷諭之義，確切言之，即是以比興手法，寓其意内言外之意。

基於此一以《詩》爲刺的諷諭觀點，皮氏進一步批評《詩序》、《鄭箋》、朱子諸家不得《論語》言《關雎》"樂而不淫，哀而不傷"一語之正解，反致轇轕。皮氏云："《論語》言'六經'，惟《詩》最詳，可見聖人删《詩》之旨，而不得其解，則反致轇轕。如言'《關雎》樂而不淫，哀而不傷'，《毛序》已糾纏不清，《鄭箋》改'哀'爲'衷'，朱注《論語》又以'憂'易'哀'，後人更各爲臆説矣。"（第33章）又言："子曰：'《關雎》樂而不淫，哀而不傷。'稱《關雎》以'哀'、'樂'並言，自來莫得其解。《毛序》衍其説曰：'是以《關雎》樂得淑女,以配君子,憂在進賢,不淫其色。哀窈窕,思賢才,而無傷善之心焉。'其解'樂'、'哀'二字,殊非孔子之旨,自宋程大昌以後多疑之,謂與夫子之語全不相似,當爲衛宏所續,不出毛公。《鄭箋》知其不可通也,乃云:'"哀"當爲"衷"字之誤也。'然'衷窈窕'仍不可通,且孔子明言'哀'而改爲'衷',與孔子言'哀'不合。朱注《論語》:'求之未得,則宜其有寤寐反側之憂;求而得之,則宜其有琴瑟鐘鼓之樂。'孔子言'哀',不言'憂'。朱以'哀'字太重而改爲'憂',亦與孔子言'哀'不合。"(第6章)在皮氏看來,《毛序》以"樂得淑女,以配君子,憂在進賢,不淫其色。哀窈窕,思賢才,而無傷善之心"解"哀"、"樂"二字,是糾纏不清,殊非孔子之旨。自程大昌以下,儒者多疑之,以爲與夫子之語全不相似,亦不出於毛公,當爲衛宏所續。至於《鄭箋》云"哀"爲"衷"字之誤,以及朱子以"哀"字太重而改"憂"之説,皆非確解。皮氏從字詞的訓釋上批評他們不但犯了擅改經字的毛病,且於"《關雎》樂而不淫,哀而不傷"之義,亦未能説得通透①。

故皮氏又有"論班固云《關雎》哀周道而不傷爲哀而不傷之確解"一章,詳論樂而不淫、哀而不傷之義。其言云:

竊嘗以意解之,《關雎》一詩,實爲陳古刺今。樂而不淫,屬陳古言。《韓詩外傳》云:"人君退朝,入於私宫,后妃御見,去留有度。"此之謂樂而不淫。哀而不傷,屬刺今言。班固《離騷序》"《關雎》哀周道而不傷",馮衍《顯志賦》"美《關雎》之識微兮,愍王道之將崩",哀即哀周道、潛王道之義。不傷謂婉而多諷,不傷激切,此之謂哀而不傷。班氏於哀而不傷中加"周道"二字,義極明晰。樂而不淫,《關雎》詩之義也,可見人君遠色之正;哀而不傷,作《關雎》詩之義也,可見大臣托諷之深。(第6章)

皮氏依據班固《關雎》哀周道而不傷之説爲之引申,提出《關雎》爲陳古刺今

---

① 按:皮氏對《詩序》以下歷代《詩》説,多有否定之語,於朱子亦然。唯否定中仍有肯定之意,以爲朱子雖然"以理解《詩》"不得詩人之旨,但却能間用三家之説。乃引王應麟《詩考序》證之:"今唯《毛傳鄭箋》孤行……獨朱文公《集傳》閎意眇指,卓然千載之上。言《關雎》則取匡衡;《柏舟》婦人之詩則取劉向;笙詩有聲無辭則取《儀禮》;'上天甚神'則取《戰國策》;……'賓之初筵',飲酒悔過,則取《韓詩序》;'不可休思','是用不就','彼岨者岐',皆從《韓詩》;'禹敷下土方',又證諸《楚辭》,一洗末師專己守殘之陋。"此朱《傳》兼用三家之證也。原皮氏之意,以爲朱子《集傳》雖未盡完善,但其間用三家《詩》義,實仍有勝於毛、鄭處,此蓋本其今文立場之論。

之詩的觀點，將樂而不淫、哀而不傷分解成對過往的緬懷與對現實的感歎，其思維之順序亦不難理解，即是面對現實的感傷而陳説古道以爲諷諫。他認爲樂而不淫，是《關雎》詩之義；哀而不傷，是作《關雎》詩之義，是對前者的興義之感觸，二義之間本無内在聯繫。後人却是併爲一談，又以"寤寐反側"屬之文王，以爲文王求太姒，至於寤寐反側。如此，則《關雎》與《月出》、《株林》相去無幾，正是樂而淫、哀而傷，與孔子稱其不淫、不傷，取之以冠篇首之意相違背（第12章）。换言之，後世遵《毛詩》體系的學者以文王求太姒，至於寤寐反側來解釋《關雎》"樂而不淫、哀而不傷"，既非詩之本義，也與哀而不傷之托諷精神背道而馳。在另一章節裏，皮氏亦有類似之論。其言曰：

  歐陽修曰："《關雎》，周衰之作也。"太史公曰："周道缺而《關雎》作。"蓋思古以刺今之詩也。謂此淑女配於君子，不淫其色，而能與其左右勤其職事，則可以琴瑟、鐘鼓友樂之爾，皆所以刺時之不然。先勤其職而後樂，故曰《關雎》"樂而不淫"；其思古以刺今，而言不迫切，故曰"哀而不傷"。（第7章）

當然，皮氏如此分疏，同時也面臨了《關雎》究爲正詩抑或爲刺詩的問題。按吕祖謙曰："《關雎》正風之首，三家者乃以爲刺。"① 蓋以《關雎》爲正風之首，不得以刺詩當之。然而極端遵從《毛序》的范處義，竟有如下之言："《關雎》詠太姒之德，爲文王風化之始。而韓、齊、魯三家皆以爲康王政衰之詩，故司馬遷、劉向、揚雄、范蔚宗並祖其説。近世説《詩》者以《關雎》爲畢公作，謂得之張超，或謂得之蔡邕。畢公爲康王大臣，册命尊爲父師，盡規固其職也，而張超、蔡邕皆漢儒，多見古書，必有所據。然則《關雎》雖作於康王之時，乃畢公追詠文王太姒之事，以爲規諫，故孔子定爲一經之首。"② 皮氏認爲范氏此説極通，爲千古特識，爲之申其義曰："蓋作詩以陳古刺今者

---

① 吕祖謙《吕氏家塾讀詩記》，收入文津閣《四庫全書》，北京：商務印書館2005年版，第25册，第113頁。
② 范處義《逸齋詩補傳》，收入《通志堂經解》，臺北：漢京文化事業有限公司1971年版，第17册，第10166頁。按：范氏《詩經》學之特色與價值之相關討論，可參黃忠慎《范處義〈詩補傳〉的解經特質及其在〈詩經〉學史上的存在意義》，《逢甲人文社會學報》第十六期（2008年6月），第22—52頁。

畢公,删詩而定爲經首者孔子,在畢公視之爲刺詩,在孔子視之爲正詩,如此解乃無疑於刺詩之不可爲正詩矣。"(第7章)皮氏又云:

> 言《詩》者率以《關雎》刺詩爲三家詬病,謂誤以正詩爲刺詩,違詩人之本旨。其意蓋以《關雎》爲正風之首,不得以刺詩當之也。錫瑞案:以漢人之説考之,三家並非不知《關雎》爲正風之首者。……詩有本義,有旁義。……然則以爲正風之始,又以爲刺康王晏朝,二者必皆是正義而非旁義,刺康王晏朝,詩人作詩之義也;爲正風之始,孔子定詩之義也,安見既爲刺詩,遂不可以爲正風而冠全詩乎?(第4章)

事實上,《關雎》爲正風之首,魯(太史公、劉向)、齊(匡衡、荀爽)、韓(《韓詩外傳》)諸家皆有相應之記載。然而三家爲何仍以《關雎》爲刺詩?皮仍用正義旁義之説爲論,以爲既以爲正風之始又以爲刺詩者,皆正義而非旁義。刺晏起者,作詩之義;以爲正詩者,孔子定詩之義。故云:"安見既爲刺詩,遂不可以爲正《風》而冠全詩乎?"皮氏以爲張超所言"防微消漸,諷諭君父",是作詩之義;"孔氏大之,取冠篇首",則爲定《詩》之義。據漢人之遺説,不難一以貫之。後人疑其所不當疑,開章第一義已不能通,又何足與言《詩》?(第4章)所以,視《關雎》爲正風之始,與三家主《關雎》爲刺詩,在解釋上雖有矛盾,然三家爲作詩之義,孔子爲定詩之義,皮氏以二者皆正詩解之。如此,亦可解皮氏主《關雎》列諸正風之首,四始之説爲孔子所定,必不可不遵之立場。

雖然皮氏在許多地方都主張《關雎》居四始之首,爲正風之始(第4、5、7、12章),但亦無妨於他主張《關雎》爲刺詩。然其以《關雎》爲正風之始之説,實多此一舉。因爲司馬遷只説"《關雎》之亂以爲風始,《鹿鳴》爲《小雅》始,《文王》爲《大雅》始,《清廟》爲頌始"[①],並没有説《關雎》爲正風之始。蓋正風、變風之説,始於《毛序》,皮氏既取三家説《關雎》以刺康王,則不必囿於《毛詩》正變説詩之例,亦不必將陳古刺今兩分以釋"樂而不淫,哀而不傷"矣。

又皮氏曾言,後世説經有二弊,一以世俗之見,測古聖賢,一以民間之

[①]《史記·孔子世家》,第1936頁。

事律古天子諸侯，各經皆有，然而《詩》爲尤甚。除了對《關雎》、《卷耳》，以文王求太姒、后妃登山望夫酌酒銷愁的解釋大表不滿之外。又有：

> 如疑詩人不應多諷刺，是不知古者"師箴、瞍賦、矇誦、百工諫"之義也。疑淫詩不當入國史，是不知古者"男女歌詠，各言其傷"，行人獻之太師之義也。疑陳古刺今不可信，是不知"主文譎諫，言之者無罪，聞之者足戒"之義也。疑作《詩》不當始衰世，是不知"王道缺而《詩》作，周室壞而《春秋》作"，皆衰世所造之義也。疑康王不應有刺詩，是不知"頌聲作乎下，《關雎》作乎上，習治則傷始亂"之義也。後儒不知詩人作詩之意、聖人編《詩》之旨，每以世俗委巷之見，推測古事，妄議古人。故於近人情而實非者，誤信所不當信；不近人情而實是者，誤疑所不當疑。見毛、鄭之説，已覺齟齬不安，見三家之説，尤爲枘鑿不入，曲彌高而和彌寡矣。（第 12 章）

這是皮氏個人對《詩》義之執著，其是非此處不予深論。重點在於此則論述中，皮氏所列諸項，都是對《詩經》性質的擬定，而其重點，一爲衰世所造，一爲陳古刺今，而絕無美后妃教化之意。觀其所維護者，皆詩人諷諭勸戒之事，而後知以諷諭言《詩》，乃皮氏《詩經》學論述之關鍵。

四、結　　語

三家與毛、鄭説《詩》，不論美刺，多引申義，正如《説文》所釋，亦多引申而以爲本義，然若不執著於本義、正義、旁義，又何妨於所講非本義，只要立場擺明，即可言《詩》。尤其對《詩經》應該站在什麼樣的立場看待，應該給予充分的尊重，不能執一以概其餘。今文家是以諷諭的心情來對待，所謂緣詩人之義者，正是如此。既然連當代的許多小説研究都會援引薩依德的後殖民東方主義作政治論述，一定要賦予某種意涵在其論述之內，那麼漢人談《詩》，以托諷見其微言大義又何足怪？此一綿延已久的《詩經》學傳統，又何必無意義？否定諷諭美刺之説者，不見得能體認到自己所立足的，已不是經學家之經學史立場。或許研究者應有自己先是經學家，然後有經學史視野的意識，才能作平情之論述。討論皮錫瑞的《詩》説，就應該立足於這樣的角度,並且應從其整體今文經學立場討論之,以見其依據自身理念以建構經學藍圖的企圖心。否則只摘取其部分言論,只能見其牽強武斷,而疏忽了皮氏首先是個具有獨特史觀的經學家,其論述之目的在於今文學理論的建構,故不可執一端以害之,而應就全體以觀之。

(作者單位:中研院中國文哲研究所)

唐文治先生《論語大義》義理體統探要

鄧國光

【摘　要】唐文治先生(1865—1954),是近代中國的經學大師與教育家,提出"讀經救國",身體力行,信守不渝,其編纂的《十三經大義》,是經典教育的典範。自從退任上海交通大學校長,主持無錫國專之後,親自講授《論語大義》,三易其稿而成定本。其中發揮"救民命、正人心"的兩大主題,以義理貫通全書,反本開新,意義無比重大,爲向來注家所未有。對於深入研究與理解《論語》與孔門義理,實在能夠起極爲重要的推動作用。遺憾的是,這部極爲重要的20世紀《論語》學著作,連同唐先生其他著作,俱面臨同樣的冷遇,至今綿綿若存,行將湮滅! 令人痛心。繼絕起廢,乃學術的神聖責任。本文介紹及探討的《論語大義》,屬於唐先生具備真實見地與承先啟後的重要成果,却長期未得應有的重視,這一現象透露了當代經學盲點之巨大。因此儘量徵引文本,期望有裨於唐先生著述的流傳與經學的開拓。

【關鍵詞】唐文治　《論語大義》　仁義　教化　王道

前　言

(一) 唐先生行誼要述

唐文治先生(1865—1954)[①],字穎侯,號蔚芝,別號茹經,生於江蘇太倉

[①] 唐文治行實依據唐文治《茹經先生自訂年譜》,載《茹經堂文集》,臺北:中國文獻出版社影印本1970年版,及王桐蓀等選注《唐文治文選》,上海:上海交通大學出版社2005年版等可靠文獻歸納而出。

市的瀏河。其父唐受祺,其母胡氏,通經史,母教甚嚴。自幼發奮向學,十四歲讀完《五經》,十六歲中秀才,十八歲(1882年)省試中舉。於十七歲受業於太倉儒者王祖畬,習理學。王氏以理學治《春秋》①,長於制義,對唐文治先生日後的學術發展深具影響。二十一歲入江陰南菁書院,受業於經師黄以周與王先謙,協助王先謙校訂《續皇清經解》。1894年甲午之戰,上書軍機大臣翁同龢獻策。1898至1899年間,任戶部雲南司正主稿。1900年庚子義和團亂作,親歷極慘痛的屠殺場面。1901年9月,隨同戶部侍郎那桐赴日本道歉,代那桐撰寫《奉使日本國紀》。1902年5月隨專使載振外訪歐、美。此行環地球一周。爲大臣載振代筆撰寫《英軺日記》,強調美國國父華盛頓大公無私之情。1906年以農工商部左侍郎並署理尚書,上書請各省鐵路整頓借公謀私之風,與直隸總督袁世凱不合。此後絶意仕途。

1906年冬丁憂離京,守制南歸。全力辦學,以"救民命、正人心",弘揚氣節,尋求恢復民族尊嚴之途。唐文治先生從政之時,目睹時艱,深刻體會士風頽敗、民心散涣、氣節淪喪諸種痛疾。1906年8月唐文治先生任郵傳部上海高等實業學堂總監督,辛亥革命後改號南洋大學。於1913年改稱交通部上海工業專門學校,1921年正式定名爲交通大學。在這十四年間,唐文治先生提升工業專科學校的性質,辦成中國第一所完整的理工科大學。堅持道德意志主導行爲的信念,不廢德育、體育、國文和外語;每週爲學生親授國文,勵淬學生的意志。唐文治先生治事極勤,凡事親力親爲。然不善護目,早年攻讀《萬國公法》而視力耗損,至此日甚。1920年,唐文治先生五十六歲,幾近失明,爲此而辭去交大校長的職務,休養於無錫。

無錫富商施肇曾(1867—1945)議設"國學專修館",力邀唐文治先生主持。1927年改名"國學專門學校",1928年定名"無錫國學專修學校",簡稱"國專"。"國專"特重經學,唐文治先生親自編訂《十三經讀本》,及撰寫各經的"大義",以作門徑。唐文治先生具豐富的管理現代工程學科學府的經驗,深刻體會大學和書院的差異,運用兩種不同的育才機制,相輔相成,以培養振興國家的人才。

綜觀唐文治先生一生行實,親歷清、中華民國而至中華人民共和國,不

---

① 翁同龢著,陳義杰整理《翁同龢日記》,北京:中華書局1993年版,第5册,第2549頁,光緒十八年壬辰(1892)載:"王子祥(祖畬,散館改縣。)來見。此人理學有《左傳質疑》、《春秋……》三十卷,尤長於制義。張季述推爲江南第一也。"

論從政與辦學，俱以復興民族文化爲意。一生光明磊落，是經師而兼人師。傳統學術的經世精神，得唐文治先生而傳揚，在 20 世紀 30 年代，唐先生乃倡導讀經的大旗手。

"讀經"是民國時期爭論不休的問題，唐文治先生是積極的支持者，鼓吹"讀經救國"，不遺餘力，以肩負道統爲己任，道德感於是極其強烈，強調"興教"的效用，集中於"氣節"的自覺；以此自覺糾正"人心"，而其途徑，則以"讀經"入手。此唐文治先生的"讀經救國"論：

> 鄙人以爲方今最要者"氣節"二字，近撰聯語云"人生惟有廉節重，世界須憑氣骨撐"，若氣骨不應，如洪爐之溶化，非我徒也。然氣節要有本源，在拔本清源，非"讀經"不足以救國。要知經典所載，不外興養、興教兩大端。興養者何？"救民命"是也。興教者何？"正人心"是也。鄙人常兢兢以此六字爲教育宗旨。①

唐文治先生提點"經典"的兩大價值指向：興養與興教。不論治統或道統，都需要從經典之中厚培"興"的精神力量，各自在政經、文教兩方面重新樹立清晰的道德觀，本此建設經濟與重建道德。經濟建設在於"救民命"，道德重建意在"正人心"，其精神資源俱源自經典。唐文治先生強調：

> 切望以"讀經救國"一言，廣播而推衍之，則拯民命、正人心之道在是矣。或有笑我爲迂者，可置之不理。②

"讀經救國"論是唐文治先生貫徹終始的主張，通過辦學與講學的長期奮鬥，潛移默化，發揮積極的教化作用，進而影響政治的決策者。1935 年上海商務印書館印行的《教育雜誌》第 25 期，專題是"讀經問題專號"。唐文治先生便是"絕對贊成者"之首列。唐文治先生堅守"正人心，救民命"的經學宗旨。處於民族存亡的時刻，強烈表現於辦學、講學、撰述，用志之堅與毅力之強，高風亮節，人格與學術到了無可挑剔的地步。論唐文治先生之經學，此爲第一義；充滿憂患意識的"讀經救國"論是其終生奮鬥的目標。

---

① 《唐文治文選》，第 512 頁。
② 同上書，第 511 頁。

唐文治先生從政期間已經極注意西學,與康有爲等維新學人相呼應;任職總理各國事務衙門,精讀《萬國公法》,以處理涉外事宜;創辦商部,大力推動金融改革;奉使考察西方,周遊全球;辛亥革命,舉疏清廷讓位。主持理工科大學,提倡西方科技;於西學西法的認識和體會,非尋常可比。因此,其提倡"讀經"的殷切,實乃是在通透天下形勢和深切了解世情之下的紓難對策,不能視之爲思想落伍的復古守舊。

(二) 唐先生《論語大義》的編纂

唐文治先生於經典教育身體力行,貫徹始終。前揭 1935 年《教育雜誌》的"讀經問題專號",唐文治先生認真地推介其編寫的《論語大義》,以開啓青少年的德性:

> 《論語》以朱子《集注》爲主,鄙人所編《論語大義》,貫串義理,亦可作課本。或疑《大學》、《論語》皆政、教合一之書,初學讀之,似嫌躐等。此説誠然。但須知童年知識初開,正當以此等格言,俾之印入腦經,養成德性。若教慮其沉悶,可略舉史事以證之,自能引起趣味矣。①

指出應以《論語》、《大學》爲初學入德之門,目的明確,在培養青少年的德性。至於施教的方式,則靈活運用,通過具體的歷史事例爲佐證,總能引起學子的學習興趣,不必過慮義理艱深的問題。

事實上,唐文治先生一直堅持親授《論語大義》。根據湯志鈞的回憶,20 世紀三四十年代之際,在上海租界復校的國專,唐先生上課時的情景如此:

> 《論語大義》則由唐文治先生校長親授,唐老先生雙目早盲,上課時由陸修祜教授朗誦疏解,唐先生隨時指授。②

《論語大義》凡二十卷,是唐文治先生甚爲在意之作。唐文治先生在

---

① 商務印書館編《教育雜誌》上海:商務印書館 1935 年版,第 25 期 5 號,"全國專家對於讀經問題的意見",第 5—6 頁。
② 湯志鈞《湯志鈞自傳》,載《中國當代社會科學家》第九輯,北京:書目文獻出版社 1986 年版。

《論語大義定本》的跋中自陳：

> 十數年前友人來告謂："近今學校，罷去讀經，如嚮者户誦之《論語》，亦無人復讀，而朱注尤苦其精深。盍加節錄，以便初學乎？"文治漫應之，繼思茲事，雖屬拿陋，究勝於廢而不讀，迺謹取朱注節之，并附拙著《大義》二十篇於後，門人沈君炳熹爲排印於長沙，此第一本也。
>
> 庚申（1920）冬，錢塘施君肇曾創設國學專修館於無錫，延文治主講，即以是本課甲乙班諸生，深病其略，爰復下己意加以潤色，是爲第二本。
>
> 癸亥（1923）冬，將課丙班諸生，重繹舊稿，覺朱注與諸家説參雜，猶有未安。迺復取汪武曹《四書大全》，陸清獻《松陽講義》，李文貞《論語劄記》，黄薇香先生《論語後案》，劉楚楨先生《論語正義》諸書，精以採之，簡以達之，鄙意所及，加"愚案"以申明之，至是乃覺稍稍完備，名曰《定本》。然猶未足爲定也。（此本與拙著《論語提綱》所述，略有未符，因《提綱》成書在先也。）會施君刻《十三經》於滬上，因附刻此書於後，記其梗概如此。
>
> 夫注釋《論語》者，其大旨約有數端：明義理，一也；通訓詁，二也；闡聖門之家法，别授受之源流，三也；窮天德聖功之奧，脩己治人之原，四也。是四者，文治竊嘗有志焉，而未敢謂有所得也。
>
> 昔朱子殫畢生之精力以爲《集注》，且復涵養德性，閲歷人情，體之於身，驗之於心，夫然後發之於言，故其爲書也，如日月之經天，江河之行地，後世學者，其奚容復綴一辭！雖然，朱子距今七百餘年，元、明以來，治《論語》者，純儒碩學，項背相望，豈無人焉，能補朱子所未備，而擴朱子所未發哉？矧邇者風俗人心，益不可問；先進禮樂，渺焉無存。而邪説之横恣，四海之困窮，且未知所終極，俛仰世變，非讀《論語》，曷能救諸？則夫綴而述之，或亦先聖先賢之所許乎！
>
> 甲子（1924）夏六月唐文治謹跋。①

唐文治先生編纂《論語大義》，是在教授的過程中，不斷完善，斟酌了康熙名士汪份（1655—1721）的《四書大全》、康熙朝儒者陸隴其（1630—1692）

---

① 唐文治《論語大義定本》，無錫：施氏醒園刊本1925年版，跋，第1—2頁。

講論《四書》的《松陽講義》、康熙名臣李光地(1642—1718)的《讀論語劄記》、貢生黃式三(1789—1862)撰的《論語後案》、名儒劉寶楠(1791—1855)父子草成的《論語正義》等五種重要注釋或解義，一方面具有集大成的意義，再附以己意加以判別，書凡三次修訂而成。這是一部極有參考價值的重要入門書。無錫國專學生回憶時，經常提及此書。但非常遺憾的是這二十卷《論語大義》定本，自從第一版之後，再沒有出版，至今依然寂寞無聞。如果再不加正視，這部重要的《論語》注釋本，便有可能永遠失落。

本論：唐文治先生《論語大義》的義理體統

唐文治先生注解《論語》二十篇全文，每一篇後附大義一篇，每一篇的大義層層叠進，展示經學義理的進路。今謹恭錄其菁華，舉一反三，以見宗旨。

(一)

第一篇的《學而篇大義》提綱挈領，揭示整部《論語》的精神與入門要義，云：

> 《論語》開宗明義曰"學"，"學"字古文从爻从子，即古"孝"字。學者何？孝弟而已矣。仁者人心之德，所以爲人之本也，爲仁之本自孝弟始，失仁之端自巧言令色始。自古聖賢豪傑，孰不從家庭愛敬中來？天下穿窬盜賊，孰不從逢迎諂媚中來？養正之功，端在於是，此貫串之義，讀《論語》者入門法也。
>
> 曰"不亦説乎，不亦樂乎"，明爲學當求説與樂也。《易‧乾卦》之初爻曰"潛"，潛者，聖人之至德。《學而》首章曰"人不知而不愠"，其末章曰"不患人之不己知"，《堯曰》之末章曰"不知命，無以爲君子"，皆潛德也。學問淺露，動輒表暴於人，浸至馳逐於名利之場，隳其品行，皆"求知"之一念爲之，此聖人所深痛，而學者之大戒，是《論語》二十篇徹始徹終之要旨也。
>
> "曾子三省章"以下，大抵皆爲初學而言。曾子非於三省之外，別無所事，曰"忠信"，曰"傳習"，教學者以簡易之目也。湯之《盤銘》曰

"苟日新,日日新,又日新",能行三省之法,吾德庶幾其日新乎。凡人每日沐時,至少凡三,有能行三省之法,去其面之垢,即以去其心之垢者乎。道千乘之國,政治學之初基也,"弟子入則孝"章,古時小學之教也。"賢賢易色",事親竭力,事君致身,交友有信,性情品行之本原也。"不重則不威"章皆教初學以篤實之旨,蓋不實則浮,浮則囂,囂則誕,學問終身無成矣,故學者以"重"爲尤要,能"敬"其庶幾"重"乎!

聖門立教,首重人倫,而"孝弟",人倫之本也;"慎終追遠",孝之本也,甚哉!有子、曾子之言似夫子也!蓋天下固有不治父母之喪者矣;有春露秋霜,歲時伏臘,不祀其先人者矣,民德之薄如此,孰使之然,亦可痛矣哉!"温、良、恭、儉、讓",聖人處世之道,即學者學聖人之階梯也。三年無改於父之道,尤爲教孝之義,曷爲限以三年?曰:三年,概以終身可也,如有非道者,改之可也。《易傳》曰"履和而至",又曰"履以和行,謙以制禮"。"禮之用和爲貴",初學應世之方也;"小大由之",貫始終一也。"信近於義",言始可復;"恭近於禮",始遠恥辱;"因不失其親",始可宗。初學苟非辨之於早,有終身之失足者矣。

《論語》二十篇,時時教人以"好學",而惟"食無求飽"數言,尤爲淺近而篤實;"貧而無諂,富而無驕",學者之行,宜由淺以及深,學《詩》之義,亦宜由淺以入深。"告諸往而知來者",治經之法也,所謂"舉一隅以三隅反"者也。"不患人之不己知",與"不知不愠"義相應。

凡讀《論語》之法,有苦思力索而始得之者,有淺近而易曉者,至於平易近人,親切有味,則《學而》一篇,尤宜三復也。而文治則更有進者,聖人教人最要之宗旨,讀書與立品,宜合爲一,故先儒謂讀《論語》,每讀一篇,人品宜高一格,若書自書,我自我,終其身與書隔閡,猶之不讀書矣。今學者玩時習之教,其亦知反諸於身而體諸於心乎!①

唐文治先生明確指出"學"的起點與關懷在人倫,是謂家庭倫理,乃"學"與學問的根本。家庭倫理的核心是孝道,仁義本之而生。孝道屬於本然的道德自覺與意志,不是他律性的外在規範。從人倫而來的禮義,一以貫之,立身成德。此唐文治先生有見於學術與道義斷裂而導致政治社會與生活種種令人不堪的流弊,痛定思痛,指出學者但爲"求知"而失心的弊端,

---

① 唐文治《論語大義定本》,卷一,第8—11頁。

則學習必須具備明確的方向,學習"聖人",以聖人爲榜樣。於是殷勤愷切,提點以出於良知良能的孝道爲切入《論語》的根本大義,以孝道進入聖德聖境。

唐文治先生認爲"學"有不同的境界,在《學而篇》中各章,隨注釋指出。在"弟子入則孝"章注云:

> 四教章爲大成之學,故先文後行。此章爲小成之學,故先行後文。①

"小成之學"是入德的基礎,所以"先行後文",孝道的實踐最爲關鍵,而重點不在文字解説與學理。"文、行、忠、信"是謂四教,屬於"大成之學",目的在治國安民。這關乎天下蒼生的福祉,所以必須要具備全盤的認識,則"先文後行",理所當然。這是折中程、朱與陸、王的一種有效詮釋。而近源則在孫中山先生對於"知"、"行"觀念的新演繹。

"君子不重則不威"章,唐文治先生注云:

> 重威,定命之學也。②

這是取《左傳》"有動作禮義威儀之則,以定命也"立意,指讀書人應該注意莊重的儀態。則"定命之學"也通於禮儀之學,屬於外。

又注云:

> 忠信,存誠之學也,本乎内者也。③

則"存誠之學"與"定命之學",内外互攝。

"子貢曰貧而無諂"章,唐文治先生注云:

> 此章言學問之無窮也。"樂",樂道也。"無諂無驕",猶未忘乎貧

---

① 唐文治《論語大義定本》,卷一,第3頁。
② 同上書,第4頁。
③ 同上注。

富也。樂與好禮,則超乎貧富之外,素位而行,非因貧而後樂道,因富而後好禮也,乃進於樂天知命之學矣。子路終身誦"不忮不求"之詩,夫子戒以"何足以臧",亦此意也。①

"樂天知命之學"是聖人的境界,這是自足的愉悅境界,不受貧、富等外在環境的支配與影響。自足性的愉悅來自對"道"的親切體認,所以説"超乎貧富之外,素位而行",因爲樂天知命乃是出於自生自發的生活情趣。

於是,在《學而篇》的注釋中,唐文治先生具體展示"學"的不同境界,從"小成之學"到"大成之學",屬於學習的進路。從"存誠之學"到"定命之學",屬成德之教。"樂天知命之學"是體道的精義。但人必須生活於社群之中,除了知命,還須"知人",否則"大成之學"難以實現。在"子曰:不患人之己,知患不知人也"章,唐文治先生注云:

> 此章與首章末節及《堯曰篇》末章末節均相應,意尤重在末句。蓋知人爲窮理之學,若爲政而不知人,則無以辨善惡邪正之分,而好惡流於乖僻,是政治中之患。若爲學而不知人,則無以辨詖淫邪遁之失,而趨向入於歧途,是學術中之患,故知人之學,爲聖門先務之急。②

從自知至知人,都是"爲學"的具體内容。

(二)

第二篇《爲政篇大義》,點出在"聖人之學"基礎上,"天德、王道、聖功"乃"爲政"的要目,而"禮教"是關鍵所在。唐文治先生説:

> 《春秋左氏傳》載鄭子產曰:"吾聞學而後入政,未聞以政學者也。"故有學問而後有政治,若不學而從政,譬猶未能操刀而使割,其自傷以傷民也多矣。是故《學而》之後,次以《爲政》。
>
> 爲政之以德,尚已!所務者至寡,而能服衆,何其神也!"思無邪"一言,溫柔敦厚之本原也。世之治民者,將束民於法律乎?抑先教化

---

① 唐文治《論語大義定本》,卷一,第7—8頁。
② 同上書,第8頁。

其性情也？道德齊禮，道政齊刑，本末輕重不可倒置明矣。聖人之志學，修齊治平之學，非無用之學也，耳順從心，天德、王道、聖功，相輔而行也。

自古有家庭之教化，而後有社會之教化，有社會之教化，而後有國家之教化。晚近以來，家庭善良之教，廢弛殆盡，而徒欲以教育之法，行於學校之中，此雖聖人亦不能革其心而易其骨。孟懿子、武伯、子游、子夏問孝諸章，皆家庭中之教化也。入以事其父兄，而後出以事其長上也。"吾與回言終日，不違如愚"，為治不在多言，顧力行何如耳，顏子所以為王佐才也。

"視其所以"，觀人之法也。"温故知新"，新民之師範也。"君子不器"，不可小知而可大受也。"先行其言而後從之"，天下患無實行之人，而尤患多議論之士，《禮記》曰"天下有道，則行有枝葉；天下無道，則辭有枝葉。"空言多而實事少，國其可危也。"周而不比"，戒政黨也，為政黨者，先政而後黨，猶不免朋黨之禍，若知有黨而不知有政，其為私也大矣，吁！可懼哉！可懼哉！

罔與殆，學術之偏也。異端蠭起，"生於其心，害於其政"，此有國者之大憂也。"知之為知之，不知為不知"，知類之學也，窮理而後能明決，學與政一以貫之者也。《易》曰"鳴鶴在陰，其子和之，我有好爵，我與爾靡之。"（靡與縻同，係戀也。）夫子贊之曰："君子居其室，出其言善，則千里之外應之，況其邇者乎。"夫儒者之言行，與好爵何與？而夫子以為樞機之發，榮辱之主，蓋即"言寡尤，行寡悔，祿在其中"之義也。

哀公、季康子之問，皆政治之大綱。曰"舉枉錯諸直，則民不服"，民心難得而易失，民情至愚而難欺也，尤可畏也。"孝友而施於有政"，亦因家庭之政，推而為國家之政也。國於天地，必有與立，民信而已。圯上老人之訓張良，司馬穰苴之斬莊賈，皆以大信所在。"人而無信，不知其可"，若詐偽之言，欺罔之行，滿於天下，國其不國矣。

"殷因於夏禮，所損益可知也；周因於殷禮，所損益可知也"，禮教為政治之本，"雖百世可知也"。為政之道，盡於是矣。

乃又特記孔子之言曰"非其鬼而祭之，諂也"，"見義不為，無勇也"，蓋福田利益之説，不可信也。迷信而民愚，愚民之術，不可為也。"斯民也，三代之所以直道而行也"，民氣不可抑遏也，民志不可摧傷也。己而不義，是無勇也。道民於無勇，尤不可為也。墨氏之教主明鬼,其實諂而已;楊氏之教主爲我,其實無勇而已。春秋之世,楊氏、墨氏之學説,已潛滋而暗長。夫子燭於幾先,特闢異端之害,以清政治之原,《爲政篇》所以以此終也。①

唐文治先生根據《左傳》,首先説明"爲政"必須要以學問爲基本條件。這實際上透露了20世紀前半葉軍人主宰政治的集體憂慮。再指出"德教"的重要意義,在推行教化,培養人民天德的善良本性,而不在利用苛刻的"法"來束縛百姓。此中關鍵,不在政治上的專制,而須網羅與選拔有德之士以輔政。這是針對晚清以來初生的政黨政治而發,深戒政黨擺脱己黨利害至上的思想執著,而必須以全民福祉爲施政的出發點。選用人才,必須慎擇平正端直之人,不取奇詭,方能取信百姓而令天下心服。爲治之道,便是開導百姓充分發揮自己的天德,從家庭倫理的完善而至於社會秩序與政治倫理的高度實現,"信"是此中道義紐帶。"爲政以德"體現在一個互信的禮治社會中。一切異端邪説,都不能在這禮治的社會施展其負面影響。唐文治先生明確宣示,爲政者若能直養民氣、順理民志,便能深得民情的擁戴,而無須處處提防。倘必務鉗口,無異本末倒置。這些都是屬於"爲政"的基本要義。

唐文治先生解釋此篇首章"爲政以德"句,云:

> 蓋政治之統一,不徒統一乎土地,要在統一乎人心。德者,統一人心之具也。②

這是天下歸心的理想狀態。如此強調,無疑是政局與政情混亂的反應。統一民心,不能依靠武力,道義相感,方纔有如此效果。則禮治絶非無爲,需要清醒的認識與實在的貢獻,能夠做到"道之以德,齊之以禮,有恥且格",唐文治先生説:"此王道也。"理想的政治,便是"王道"。王道政治之下,土地統一,民心同歸。

在"王道"視野之中,唐文治先生解釋"温故而知新",便突出制度的重要性,云:

---

① 唐文治《論語大義定本》,卷二,第11—14頁。
② 同上書,卷二,第1頁。

> "溫故",謂考前代之典章。"知新",謂識今時之制度。溫故而不知新者,迂拘之士,知新而不溫故者,淺俗之徒。①

"迂拘之士"與"淺俗之徒"這兩種類型的人物,在當時的政治環境中,是可以對號入座的。

(三)

第三篇《八佾篇大義》闡發"禮樂"與"人心"的內在關係,這是實踐"王道"所必須理解的原則,唐文治先生説:

> 禮樂與人心相爲維繫者也。人心作禮樂,禮樂感人心。人心正而禮樂興,人心變而禮樂壞。至禮樂壞而世道不可復問矣,悲夫!
> 吾夫子欲以木鐸之聲,宏宣當世,而天下之聰,皆塞而不聞。於是孔子特因季氏之舞《八佾》,誅其本心之明。曰:"是可忍也,孰不可忍也。"蓋禮樂者,不忍之心之精微也。忍字從刃從心,如常以刃加於心,天下萬事孰不可忍乎!"三家以《雍》徹",而孔子婉諷之,繼之曰"人而不仁如禮何"……蓋爲仁之道,起於君臣父子兄弟相愛之閒,若併天性之愛情而澌滅之,其尚能用禮樂乎哉?
> "大哉林放之問"也,與奢寧儉,與易寧戚,禮之本,本心之發也。夷狄諸夏,以禮義教化而分,不當以區域論。乃即以區域言之,夷狄且有禮義教化,不如諸夏反無上下之分,痛哉其言之也!"曾謂泰山不如林放","不仁者可與言哉"!"揖讓而升,下而飲",謂之無爭可也,世有以好爭爲能自强者,謬也!好爭不讓,適足以亂國而已矣!"繪事後素",可以喻禮。素者,禮也。《易》曰:"白賁无咎。"禮之文也……優優大哉!禮儀三百,威儀三千,周公所手定也。
> "夏禮不足徵"、"殷禮不足徵",志在於"從周"也。周之盛也,禮樂之興自魯始。周之衰也,禮樂之廢亦自魯始,夫子深有感焉。不欲觀"禘之既灌"、"不知禘之説"、"不與祭,如不祭",皆傷魯也。
> "媚奧不如媚竈",鄙夫之醉,然人必存一"獲罪於天無所禱"之心,而後可以行禮,以其本心猶未泯也。"郁郁乎文",比隆唐虞之世,世有

---

① 唐文治《論語大義定本》,卷二,第6頁。

興禮樂者,"吾其爲東周乎"!

"每事問"之是禮,至《關雎》數章,皆發明禮樂之本。而《哀公問社》一章,尤有深意。管仲,霸者之佐耳,不能正其君,以納民於軌物,遑論興禮樂乎。語魯大師樂律,所謂"始條理,終條理者"是也,秩序紊而世益亂。

儀封人曰"天將以夫子爲木鐸",其弗信矣乎! 茫茫九州,栖栖車馬,誰與知孔子者? "樂則《韶舞》",其徒托空言矣乎! 而記者於末章,復誌"居上不寬,爲禮不敬,臨喪不哀",三致意焉,何哉?

《孝經》曰:"禮者,敬而已矣。"《禮記·曲禮》首言"毋不敬",鄭君注曰:"禮主於敬。蓋仁者,禮樂之本原也;敬者,禮之所以行也。"不仁而不可行禮樂也,不敬而不可行禮也,不寬、不敬、不哀,皆末流之怠慢,禮之所由廢也。

閒嘗登泰岱,遊鄒嶧,溯周公之盛治,觀孔子之遺風,慨然有感於鼉鼓辟雍,西京已渺,鷟旅泮水,東魯寖衰。迨至女樂之歸,三日不朝,龜山作操,斧柯莫假,而木鐸之宏音,且終不得聞矣。述《八佾》一篇,蓋傷之也。①

唐文治先生通進《論語》文本,領悟文辭所寄托的悲傷情愫,整篇大義如泣如訴,都是表明孔子痛心周代禮樂的興廢,皆取決於魯國禮樂之能否堅持。魯國禮樂敗壞,則周代禮樂便失去護持,而土崩瓦解。禮崩樂壞,皆因人心潰敗。此人心的壞,具體表現於爲政者的不仁、不敬、不寬、不哀等四種負面的心術。唐文治先生強調統治者的心術是支配的根本力量,這是熟識傳統政治運作機制下的思路。換言之,只有在統治意志的心術端莊爲大前提的情況下,主敬的禮樂方才有興盛的條件。

唐文治先生在此篇"子曰:君子無所爭,必也射乎! 揖讓而升,下而飲,其爭也君子"章,根據孔子時代的背景,闡釋其中的深意云:

春秋時天下動以智力相爭,夫子欲以禮讓化爭,故此章重在揖讓二字。《禮記·樂記篇》曰:"揖讓而治天下者,禮樂之謂也。"又《射義篇》曰:"射者進退周旋必中禮。內志正,外體直,然後持弓矢審固。持

---

① 唐文治《論語大義定本》,卷三,第11—14頁。

弓矢審固，然後可以言中，此可以觀德行矣。"有禮義範其德行，則恭敬退讓之意，油然自生，人心風俗，豈有復出於爭者哉！不爭而天下平矣。鄭君讀"揖讓而升下"句，"而飲"句，蓋因升堂、下堂皆有揖讓，而飲則在堂上也。似較近讀爲長。①

唐文治先生據此章所涉及六藝中的射禮，具體闡釋心術與禮儀之間的內在關係，引用《禮記·射義》的"內志正，外體直"爲典據，說明孔子主張禮治的本意，乃針對整個時代爲私利相爭鬥的心態，在當時通行的集體比射以較勝的活動，注入"揖讓"意義的禮儀，期望以此開啓參與者互讓的心術，以達到化解爭端的神聖用心。

"子曰：禘自既灌而往者，吾不欲觀之矣"章，唐文治先生解說：

"禘"有二，一爲祭天之禘，一爲祭廟之禘。此章指魯禘，蓋謂廟禘也。"灌"者，方祭之始，王以酒獻尸，尸灌於地以求神也。初獻以往，誠意已散，則其倦怠失禮可知矣。或謂魯祭亂昭穆，故夫子不欲觀，與本經語意未合。②

於"誠"字立義。誠意是主祭的人君心術，有誠意必然尊重其事。若外在的行徑表現出"倦怠失禮"，則誠意無存。沒有心靈尊重的禮儀，則一切活動變成敷衍。這就是人心壞而致禮樂廢的具體案例。

"定公問：君使臣，臣事君"章，唐文治先生解說孔子"君使臣以禮，臣事君以忠"的答辭，云：

"禮"者節制，不敢惡慢，不敢驕溢也。"忠"者實心，忠於一國，即忠於一人也。二者有明良交泰之思，有上下交責之意。後世廢禮而諱言忠，秩序日亂，國事日隳矣。聖人之言，萬世之法戒也。③

這是以禮義治理國家的心術表現。事實上，就任何文明的獨立的群體

---

① 唐文治《論語大義定本》，卷三，第3頁。
② 同上書，第4—5頁。
③ 同上書，第8頁。

組織而言,這種互相尊重的心態,是維持良好而有效運作的保證,所以唐文治先生斷定是萬世的法戒。

"子曰:居上不寬,爲禮不敬,臨喪不哀,吾何以觀之哉"章,唐文治先生解説:

> 《易傳》曰:"寬以居之。"本經"寬則得衆",是居上以寬爲本也。《孝經》曰:"禮者,敬而已矣。"《曲禮》首言"毋不敬",是爲禮以敬爲本也。《禮記·檀弓篇》曰:"喪禮與其哀不足而禮有餘也,不若禮不足而哀有餘也。"是臨喪以哀爲本也。《禮記·樂記篇》曰:"因感起而物動,然後心術形焉。"曰居、曰爲、曰臨,皆所感之時與地也,乃心術若斯,何以觀其品行哉!
> 此與首四章相應,益見禮之根於人心。①

魯國君臣刻薄怠慢驕溢,這是比誠意不足更壞的情況,孔子責以無足觀。唐文治先生引用《禮記·樂記》,概括爲"心術"所形,則孔子之痛心於時代,便是整個統治階層的集體心靈墮落,禮崩樂壞則是墮落的表象。

(四)

第四篇《里仁篇大義》,唐文治先生説:

> 先儒謂:"《里仁》後半篇,爲曾子弟子所記。"文治竊謂不獨後半篇爲然,要皆出於曾子弟子之手。細玩全篇,鞭策身心,至嚴至密,無過於是。
> 前半篇爲求仁之要,後半篇爲學道之基。開篇曰:"里仁爲美,擇不處仁,焉得知。"其論境耶!其言心耶!其驗之於力行耶!蓋全篇之例,起於此矣。下言惟仁者而可處約、樂,惟仁者而後能好惡,重言仁者,令人向往不置矣。下言"志仁"、"不違仁"、"好仁惡不仁"、"觀過知仁",皆爲仁之實功,而必以志仁爲首務。
> 仁即道也,孟子曰:"仁也者,人也,合而言之,道也。"蓋仁者,爲人之道也。就其具於心者而言,謂之仁;就其著於事物之當然者而言,謂

---

① 唐文治《論語大義定本》,卷三,第11頁。

之道,故下又特標"聞道"。聞道必先志道,志道必比義"懷德"、"懷刑",去利心、爭心、名位心,故自"士志於道"以下,皆詳言聞道之功,而必以志道爲首務。

道一而已矣。一則純乎天理而爲仁,存於中爲忠,推於人爲恕。若稍有恥惡衣食心、適莫心、懷土懷惠心、放利心、不能以禮讓心、患無位莫己知心,是二也。二則雜。雜則存於中者不能忠,施於人者不能恕。故又特標"吾道,一以貫之"爲綱領,而下以喻義、喻利爲分途,此學者求仁之大界也。

陸子靜先生曰:"喻義、喻利,視其所志。志乎義則喻義矣,志乎利則喻利矣,學者可不先辨之哉!"見賢以下,皆道之見於倫常言行者,見賢、事父母、事君、交友、言行之間,無一不合道,而後謂之聞道,而後謂之仁。於此可見,曰仁曰道,有彌綸萬物之功。求仁求道,皆切近真實之詣。(以上采方氏宗誠説)故曰鞭策身心,至嚴至密,無過於是。後世求心理學者,讀此篇足矣。

而文治謂皆曾子弟子所傳,則更有説。蓋"惟仁者能好人,能惡人",即《大學》所謂"放流迸逐",惟仁人爲能愛人能惡人也。"朝聞夕死",即曾子所謂"而今而後吾知免夫"之義也。"懷德懷土",即《大學》所謂"君子先慎乎德,有德此有人,有人此有土,有土此有財"是也,此一證也。"禮讓爲國",一國興讓之旨。"忠恕之道",即絜矩之道,"所惡於上,毋以使下;所惡於前,無以先後",由己而推之於人,所謂人己一貫者也,此皆曾子所傳之説也,是二證也。

《大戴禮記》中《曾子》十篇,最爲粹美。而《曾子疾病》一篇,尤爲精要。其言曰:"君子苟毋以利害義,則辱何由至哉!"此即《傳》喻義、喻利之説也。至此篇"事父母"數章,當爲曾子終身所服膺者。《疾病篇》曰:"人生百年之中,有疾病焉,有老幼焉,君子思其不可復者而先施焉。親戚即殁,(親戚謂父母也。)雖欲孝,誰爲孝乎?故孝有不及,此之謂與!蓋往而不反者,年也;逝而不可追者,親也。"此即《傳》"一則以喜,一則以懼"之説也,是三證也。

唐柳宗元謂:"《論語》二十篇,仲尼弟子嘗雜記其言,而卒成其書者,曾氏之徒也。"其言信矣。[1]

---

[1] 唐文治《論語大義定本》,卷四,第9—12頁。

此大義全篇在"心"上立義,此"心"義唐文治先生於《論語大義》全書,乃歸入"心理"一詞。所謂"心理",不是指心理學的心理,而是概括朱子解釋"仁"爲"心之德、性之理"。説"心理"即是説"仁"。這是理解唐文治先生《論語》學的一大關鍵。

唐文治先生就"心理"的向度,闡明"心術"的機制。但凡根源於私心的偏好與行徑,則落而爲小人。出於仁義的意志與作爲,則進爲君子。此兩大心術的分野,表現於價值的選擇,小人以利害得失爲權衡,君子以道義美善爲出發。小人獲得的是眼前的利益,却把文明陷落於野蠻爲代價。君子的義行從長遠考慮,轉化時代的危機。分水嶺非常明確,其根本在道義與利害之辨,所謂"心術",其中自存在選擇的機制。爲善之心源出孝德,唐文治先生舉出三項義理的證明,支持柳宗元《論語》出於曾子門人的主張。

此篇首章"里仁爲美。擇不處仁,焉得知",唐文治先生解説:

> "里仁",有出於本然之美,有出於師儒講學提倡之功。"美"者,質樸敦厚之風是也。"擇不處仁",有因天資昏昧者,有因習俗浮薄者。孟子曰:"仁,天之尊爵也,人之安宅也。"不處仁,則其人賤且危矣。"焉得知",亦有二義,迷謬而不知所擇,是因不知而不仁也;不處仁而失其是非之本心,是因不仁而不知也。此篇概言心學,常兼處境而言,而首章尤爲人心風俗之本。①

承前篇《八佾篇大義》所概括的"心術"論。"心學"必講"仁",是爲"仁學",這是唐文治先生的體悟。

此篇第二章"不仁者不可以久處約,不可以長處樂。仁者安仁,知者利仁",唐文治先生解釋説:

> 此亦以心與境對言也。"不仁者",失其本心,故一處夫約,其心則不勝其屈,而況久處乎!一處夫樂,其心即不勝其侈,而況長處乎!"仁者安仁",安而行之也,居之如廣居也;"知者利仁",利而行之也,利用即以安身也。學者能葆其本心,斯能勝物而不爲物所勝,所謂内重而外輕也。②

---

① 唐文治《論語大義定本》,卷四,第1頁。
② 同上書,第1頁。

唐文治先生強調的是學者能夠自持其本心，不爲任何外來的原因影響，顯示一種剛强的意志。

此篇第三章"唯仁者能好人，能惡人"，唐文治先生解釋說：

> 以下四章，皆言誠意之學。"好惡"者，人道之大原也，然唯仁者能好惡，何也？以其無私心而當於理也。無私則好惡一出於大公，當理則所好所惡處之，悉得其平。蓋義與智兼該焉，故《易傳》曰："體仁足以長人。"①

此本心良知所出，大公至正，所以好惡原心而出，唯當於理，是至誠的自發表現，而非矯情。

第四章"苟志於仁矣，無惡也"，唐文治先生解釋說：

> "志"者，心之所之，學問已在其中，故自然無惡。苟其志至誠不息，則所行皆善，不僅無惡而已。字義"仁"者，相人偶也。蓋存諸心者，不至有己而無人，則發諸行者，自不至有爲惡之事。故心體無惡，而後事爲無惡。②

心術的大原是爲"心體"，本然便是良知，自然不存在爲惡的因子。循此純粹的心體而行，自然不會出現惡劣的行事。

第五章"富與貴是人之所欲也"，唐文治先生解釋說：

> 此亦以心與境對言也。"不以其道得之"，謂不當得而得之也。下句得之，亦指富貴而言，謂人當貧賤之時，苟不以其道而得富貴，則不當去貧賤而就富貴也。蓋人之處境，以道爲衡，則能近仁矣。③

唐文治先生強調仁便是道。本仁道生活，自然知所審擇，不會爲了外在的財富名譽而犧牲本心。這便是仁者的智慧。

---

① 唐文治《論語大義定本》，卷四，第1—2頁。
② 同上書，第2頁。
③ 同上注。

第七章"君子無終食之閒違仁,造次必於是,顛沛必於是",唐文治先生解釋説:

"無終食之閒違仁"者,念念在於仁,至於造次顛沛而不離焉,則漸造於安仁之域,功夫爲更進矣。顏子之三月不違仁,其庶幾乎! 能循是以終身,則其心與仁爲一矣。此章朱注以上二節作取舍之分明,下一節作存養之功密。真氏又以末節終食不違仁,作存養細密功夫;造次顛沛必於是,作存養至細密功夫。然若無初始根基,豈能造於細密,故必以審富貴、安貧賤爲本,蓋惟取舍之分,精明堅確,是以造次顛沛,貞固不摇,此用功之序也。①

唐文治先生指出貞固之德,乃因"其心與仁爲一",並舉出顏淵爲證,則念念在於仁,絶非空談。此解釋顯示唐文治先生從踐履説仁,所強調的"心理",乃建基於德性的自守,實在可行。其道在平日存養的工夫,在面對突發的危難之際,便不會失去所守。如此理解,是發揮朱子解釋仁爲"心之德、愛之理"的義藴。唐文治先生在"見賢思齊焉,見不賢而内自省也"章便聯繫"心理"與踐履的内在關係,説:

"思"與"省",皆原於心理,而其端萌於所見。見者,知覺之微也。知覺不明,則有以賢爲不賢,以不賢爲賢者矣。"賢"字兼古今人言。今人或出於修飾,而古人則史册昭然,辨之較易。故必先讀書,而後閲世,則所見愈精。然"思"又非徒思,"省"又非徒省也,必考之於"踐履",此則因心理而驗諸力行也。②

"力行"一詞概括了"心理"的踐履功夫,仁德體現於其中。

(五)

第四篇《里仁篇大義》總説"心理",至第五篇《公冶長篇大義》則指出具體的人物品鑒,義理互見。唐文治先生説:

---

① 唐文治《論語大義定本》,卷四,第2—3頁。
② 同上書,第7頁。

列傳之體,昉自龍門。其傳贊則恒以數言論斷其人之生平,或善或否,或賢或不肖,後世如見其人。文學家宗之,以爲千古之絶調。至班固氏,遂撰《古今人表》,品題羣倫,分判高下,論者以爲創作,而不知其例皆本於《論語》。《公冶長》一篇,皆傳贊之體例,而即《古今人表》之權輿也。

讀公冶長南容之贊語,處末流之世,謹慎當何如矣。文治嘗謂《論語》中文法,以《公冶長篇》"子謂子賤"、《先進篇》"孝哉閔子騫"兩章爲特奇。"孝哉閔子騫",父母之贊閔子在是言,昆弟之贊閔子在是言,人之贊閔子亦在是言,而孔子之贊閔子即在是言。"子謂子賤",子賤之爲君子在於斯,魯之多君子在於斯,子賤取魯之君子在於斯,而孔子贊子賤之爲君子,與其善取君子,即在於斯。各於兩言之中,括無窮之意義,文法之妙,無過是已。

賜之爲"瑚璉"也,雍之"仁而不佞"也,開之"未敢自信"也,由之"無所取材"也,由、求、赤之"不知其仁"也,賜之"何敢望回"也,宰予之"言不副行"也,申棖之"未得爲剛"也,皆門弟子之贊語也。

凡人有血氣心知之性,其大患在有己而無人,私心勝而公理滅,故聖門論克己之學,曰仁曰恕。仁从二人,恕者如心之謂。一人之心,千萬人之心也。"我不欲人之加諸我,吾亦欲無加諸人",蓋一言而終身行之不能盡矣。

"性與天道不可得聞",贊聖人盡性立命之學也。"未之能行,唯恐有聞",贊子路兼人之勇也。自此以下,則爲列國卿大夫與古今賢哲之論贊。若孔文子,若子產,若晏平仲,若臧文仲,皆不過贊以數言,而其人之生平已畢見。

孔子不輕以仁許人,子文、文子之未得爲仁,猶由、求、赤之不知其仁也。"三思後行",其美文子乎? 則謂其審慎也;其貶文子乎? 則謂其遲疑也。雖然,《易》言"由豫大有得",《中庸》言"道前定則不窮",古聖賢作事謀始,蓋慎之又慎矣。"邦有道則知,邦無道則愚",武子洵千古忠臣哉! 天下惟至愚之人,能濟艱難險阻之功,而成忠孝非常之詣。然而上下古今,如武子之愚者,何其少也!

惜哉"吾黨之小子不知所裁"也,其志嘐嘐然,曰"古之人古之人",是必折衷於聖人,而後可傳於後世也。夷齊之"不念舊惡",其仁乃真仁。微生之"乞諸其鄰",其直乃僞直。同心者,左丘明也。尚氣節,不匿怨,君子之所養,其可知矣。

　　人而無志,不可立於天地之間。天地之德,在萬物各得其所。"車馬輕裘",敝之無憾,祛爾我之見,公之至也;"無伐善,無施勞",勞而不伐,有功而不德,厚之至也。而孔子之志,則老安友信少懷,蓋欲使萬物各得其所,天地之德也。反覆此章,豈特知聖賢分量之不同,蓋修身進德之次第,備於此矣。

　　顧炎武氏謂:"此篇多論古今人物,而終之曰'已矣乎,吾未見能見其過而内自訟者也',又曰'十室之邑,必有忠信如丘者焉,不如丘之好學也'。是則論人物者,所以爲内自訟之地,而非好學之深,則不能見己之過,雖欲改不善以遷於善,而其道無從也。記此二章於末,其用意當亦有在。"善哉言乎!蓋古之君子,其律己也必嚴,其論人也必恕。律己而不嚴,則其品行之卑下可知也。論人而不恕,則其心術之刻薄可知也。世之好議論人者,其亦内自訟而無自息其好學之志哉！①

　　唐文治先生注意到《論語》本篇論人的筆墨,開啓後來《史記》的叙述文體。《史記·列傳》開卷是伯夷、叔齊。本篇便有孔子對伯夷、叔齊之評論。在"伯夷、叔齊不念舊惡,怨是用希"章,唐文治先生解釋説:

　　朱注:"伯夷、叔齊,孤竹君之二子,孟子稱其'不立於惡人之朝,不與惡人言',其介如此,宜若無所容矣。然其所惡之人,能改即止,故人亦不甚怨之也。"愚案:柳下惠不以三公易其介,和而能介,所以爲和者之德;夷、齊不念舊惡,清而能和,所以爲清者之量。或解作不念舊時相惡之人;又謂即指武王而言;又謂"怨是用希",是夷、齊之困以寡怨,俱非。○又案:此章論夷、齊,蓋指"心理"而言。②

　　唐文治先生這裏所説的"心理",是指其仁者之德。孔子之贊美伯夷、叔齊,乃是贊揚其仁德,司馬遷於《史記·列傳》序揭伯夷、叔齊的仁德,實繼承孔門仁義之道。

　　而論衡人物,總不離"恕"道,這是唐文治先生致意處。恕是如我之心

---

① 唐文治《論語大義定本》,卷五,第13—16頁。
② 同上書,第11頁。

之謂。則孔子如何對待人我，是重要的關節。本篇末章"十室之邑，必有忠信如丘者焉，不如丘之好學也"，唐文治先生解釋：

> 朱注："言美質易得，至道難聞。學之至，則可以爲聖人。不學，則不免爲鄉人而已。"語意極摯。愚案：《釋文》引衛瓘説，"焉"讀於虔反，屬下句，與"焉知來者不如今也"句例同。"焉"猶安也，言有忠信如丘者，焉有不如丘之好學也。此見聖人不自矜而望人好學之切，義更周匝。〇又案，此章兼學行而言。①

唐文治先生並列先唐的注解與朱子注，不否定朱子的解讀，但同時提出自己的見解：從恕道的立場，根據魏晉時人衛瓘的説法，認爲這句是對鄉人的期望，而非鄙夷鄉人不學。唐文治先生的解釋，通貫全書的義理。

（六）

第六篇《雍也篇大義》，唐文治先生從行"道"的角度概括全篇，行道的宗旨則落實於"救世"，"救世"的具體作爲是在"博施濟衆"：

> 空山鼓琴，《先進》之文也。雲水蒼茫，《微子》之文也。桃源縹遠，聖哲離憂，《雍也》之文也，承《公冶長》一篇，故又歷記諸弟子之事。有弟子三千人，鴻才碩德，不能見用於世，徒抱博施濟衆之願以終，何哉？"不有祝鮀之佞，而有宋朝之美，難乎免於今之世矣"，此吾黨所爲往復神傷而不自已也。
>
> 周公曰："平易近民，民必歸之。""雍也可使南面"，以其能"居敬而行簡"，未有不居敬行簡而能臨民者。《易傳》曰："易簡而天下之理得矣。"顔子獨非南面才乎？不幸短命死矣。子華、原思之辨取與也，仲弓之當見用也，回之"三月不違仁"也，由、賜、求之果、達、藝也，閔子騫之不爲費宰也，伯牛之不幸而有疾也，皆不世出之才也。"回也不改其樂"，何樂也？樂道也。鄉鄰有鬭者，閉户可也。
>
> 嗚呼！道也道也！亦足悲也。冉求聞夫子之教，終當説子之道也。子夏以文學之選而爲君子儒也，子游以文學之選而崇尚氣節之士

---

① 唐文治《論語大義定本》，卷五，第13頁。

也,孟之反之不伐,與顏子無伐善相近,其亦嘗奉教於聖門乎! 昔在我周文王,文明宣化,樂育羣才,鳳凰鳴於朝陽,菁莪盈於中沚。迨其衰也,後先疏附奔走禦侮之彥,遂集於孔氏之門。然而奇才異能,率擯不用,蓋祝鮀、宋朝盈天下,而賢者且求免於今之世,豈不悲哉!

嗚呼! 道之不行也,世網之周密也,人心之險巇也,然而救世之心,愈不容已也。何莫由斯道也,孔子所以三歎言之。文質彬彬,"得見君子斯可矣"。人之生也直,直道而行也;罔而免,終身不知道也。知之、好之、樂之,道有淺深也;語上語下,道有高下也。知之與仁,雖行事性質不同,而其歸於道則一也。

嗚呼! 道也道也! 天運有剥復也,世道有循環也。斧柯之假,當在齊、魯之間,而聖人救世之心,愈不容已也。齊一變可至於魯,魯一變可致於道也! 觚哉觚哉! 破以爲圓,失其方正之道也。君子可逝也不可陷也,可欺也不可罔也,難罔以非其道也。大聲疾呼以告吾黨,從井救人之事不可爲也! 亦惟有博文約禮,終身弗畔於道而已矣。西狩獲麟,孔子曰"吾道窮矣"。子見南子,子路不説,曰"吾道窮矣",夫子矢之曰"天厭之天厭之",不肯終枉其道,至是而聖人之心乃愈傷矣。

嗚呼! 道之不行也,吾知之矣。道之不明也,吾知之矣。中庸之爲德也,民鮮久矣,然而聖人救世之心愈不容已也。故《雍也》一篇,特以"博施濟衆"終。蓋"博施濟衆",聖人之行其道也。立人達人,賢者之行其道也。仁者相人偶也,(見《説文》,言二人相偶,推己以及人也。)能近取譬,即强恕而行也。爲仁之方,即爲仁之道也。仁非迂遠而難行,道非空虛而無際也,然而南面之權不得,則博施濟衆立人達人之道,終不可得而行也。君子不能行其道,而小人乃得行其道也;孔子不得行博施濟衆之道,而人乃借博施濟衆之説以行其道也。

嗚呼! 道也道也! 既難免於今之世,乃獨慕乎古之人,讀《雍也》一篇,而徒傷心於道也道也,何傳道之竟鮮其人,何莫由斯道也!①

全文六筆感歎,表達孔子"救世之心"無由實現的傷痛。而孔子門人堪受此"救世"大任的,相繼凋零,則救世之道注定不能實現,而更悲傷的,是救世之道不能宣明,則博施濟衆的理想永遠落空,天下所受的痛苦,綿延至

---

① 唐文治《論語大義定本》,卷六,第12—15頁。

於今日。而更痛心的是後來無恥之徒每借博施濟衆的仁道爲營私的口實。道不行於當時,亦復不能傳明於後。一篇《雍也》,彷彿一篇《離騷》。唐文治先生之傷孔子,亦復自傷。

孔子與其門人的種種不幸,從際遇而言,則是與世不諧而至不能容於世,以《離騷》的話説,便是"何方圓之能周兮,夫孰異道而相安"。唐文治先生便是以這層意義解讀這篇的"觚不觚,觚哉!觚哉"章:

> "觚",酒器有稜者。"不觚"者,破以爲圓而不爲稜也。皇疏引褚氏曰:"作觚而不用觚法,觚終不成,猶爲政而不用政法,豈成哉!"程子曰:"觚而失其形制,則非觚也。舉一器而天下之物,莫不皆然,故君而失其君之道,則爲不君,臣而失其臣之道,則爲虛位。"二説均見其大。然要之喜圓而惡方,則人心從可知矣。①

破方爲圓,反映了世俗的集體墮落,這是孔子所以哀歎的緣由。指出這一點,則可以説明孔子的"救世",必定落在拯救墮落的人心。唐文治先生在這一層面補足前人的解釋,便意義具足了。

本篇終章"博施濟衆"云:

> 子貢曰:"如有博施於民,而能濟衆,何如?可謂仁乎?"子曰:"何事於仁,必也聖乎!堯、舜其猶病諸!夫仁者,己欲立而立人,己欲達而達人。能近取譬,可謂仁之方也已。"②

唐文治先生解釋:

> "博施濟衆",愛之道,仁之用也。自其用而充之,則雖天地之大,人猶有所憾,故曰"何事於仁,必也聖乎"。"何事",猶言何止,病心有所不足,此與言脩己以安百姓例同,見堯、舜之心,歉然常有所不足,非之病堯、舜也。
>
> "立",自立。"達",通達。仁者欲己之自立,亦欲人之自立,欲己

---

① 唐文治《論語大義定本》,卷六,第 10 頁。
② 同上書,第 12 頁。

之通達,亦欲人之通達。朱注謂:"狀仁之體,莫切於此。"蓋仁者以萬物爲一體,不過去人己之閒隔而已。

"近",謂切近。"譬",謂以己譬人,而去人己之閒隔也。

"爲仁之方",猶言爲仁之道。《大學》所謂"絜矩",《孟子》所謂"強恕",皆是道也。

此章先儒以爲闢兼愛之説,未是。兼愛者,愛無差等,非博施濟衆之謂。夫子之意,蓋謂仁之用充周而不可窮,學者求仁之體,必先行恕,他日告子貢終身行之,即此義也。①

此注解極在意辨別"博施濟衆"與"兼愛"的差異,其中提及的先儒,綜考現存文獻,可以明確是指韓愈與朱熹。韓愈《讀〈墨子〉》云:

孔子泛愛親仁,以博施濟衆爲聖,不兼愛哉?②

這是通過反問,説明孔子説堯、舜"博施濟衆"與墨家兼愛之旨意不異。《朱子語類》卷第三十三《論語》十五《雍也篇》四載朱熹説:

這個是兼愛而言,如"博施"、"濟衆",及後面説手足貫通處。③

但朱子《論語集注》没有收入這一解釋,顯然是經過深思熟慮的取捨。唐文治先生指出"未是"的先儒便是韓愈。《朱子語類》記載了朱熹曾經接受韓愈的説法。則對入門的學子而言,更難以辨別而強爲異同。《雍也篇》説的"博施濟衆"是聖王救世之道,仁道歸宿於此,意義極爲重要。唐文治先生嚴格説明其含義,是必要的詮釋策略。

(七)

第七篇《述而篇大義》,唐文治先生從學術精神與聖人儀表兩方面加以概括,學術精神謂之"學派",聖人儀表謂之"師表",説:

---

① 唐文治《論語大義定本》,卷六,第12頁。
② 馬其昶《韓昌黎文集校注》,上海:上海古籍出版社1986年版,卷一,第40頁。
③ 朱熹《朱子語類》,載《朱子全書》,上海:上海古籍出版社、合肥:安徽教育出版社2002年版,卷三十三,第1191頁。

古之經師，最重學派；古之人師，最重師表。有學派而後師表尊，有師表而後學派盛。讀《述而》一篇，可以知聖門之學派，可以知聖人之師表。

學派惟何？曰"述而不作，信而好古"，曰"志道，據德，依仁，游藝"，曰"用之則行，舍之則藏"，曰"《詩》、《書》、執禮"，"文、行、忠、信"，曰"多聞擇其善者而從之，多見而識之"，曰"躬行君子"，以上數端，聖人之學派，表裏、精粗、出處、體用、本末，具於是矣。

而記者又以聖人之威儀動作，雜記其間，以明師表，如"默而識之"、"脩德講學"，承《述而章》，皆言學也。而記者即記之曰"申申如"、"夭夭如"，是威儀中之師表也。

"不復夢周公"，示人以政治學之要。"自行束脩"、"不憤不啟"，皆所以激勵學者，而記者即記之曰"子食於有喪者之側，未嘗飽"，是性情中之師表也。"富而可求"，承"舍之則藏"言，戒學者之心，勿爲境遷，而記者即記之曰"子之所慎，齊、戰、疾"，亦性情中之師表也。

"在齊聞《韶》"、"學而不厭"、"求仁得仁"、"信而好古"、"富貴浮雲"，終不可求。"五十學《易》"，所以知天命。"發憤忘食"、"好古敏求"，皆以輔雅言之教，而記者即記之曰"子不語怪、力、亂、神"，是實事求是之師表。

教學者務民之義也。擇善而從，能自得師。"天生德於予"，斯文在茲，無行不與，言語動作，皆師表也。有恒之詣，承忠信而言，而記者即記之曰"子釣而不綱，弋不射宿"，是慈惠有餘之師表。

教學者愛物之仁也。"互鄉童子"、"魯昭公"兩章，皆不絕人以已甚，所以然者，仁在方寸之間，各有其本心之明也，而記者即記之曰"子與人歌而善，必使反之，而後和之"，是亦性情中之師表。

教學者與人爲善之誠也。聖門之學，要在知行合一。後世尚空言而不務躬行，學派紛歧，遂永無入道之日。爲之不厭，誨人不倦，皆躬行之實事也。創鬼神宗教之說，開人迷信之門，非日用倫常之正，故曰"丘之禱久矣"。與其不孫寧固，居心坦然蕩蕩，皆以躬行也，而記者即記之曰"子溫而厲，威而不猛，恭而安"，是威儀兼性情中之師表也。

綜聖人之學派，凡七章，而記者記聖人之師表，亦分爲七章。若於各章之後，均爲一結，錯綜參互，文法特奇。先儒謂《史記》文綫索難尋，文治謂《論語》文綫索更爲難尋，若求而得之，則怡然理順矣。

《禮記》曰"師嚴然後道尊",周子曰"師道立則善人多"。師道之不明於天下久矣!後之爲人師者,其學派果可以信從乎?其師表果足爲矜式乎?其可不慎乎!其可不兢兢乎!①

"學派"爲學術精神所在,體現於聖人的儀表,謂之"師表"。强調因内而符外,自然落在"知行合一"的思路上。講"師表"則必容攝精神性的"學派",因此精神特質是關鍵所在,而落實於師道之中。師道結穴本篇大義。

本篇"自行束脩以上,吾未嘗無誨焉"章,唐文治先生解釋:

"束脩",束身脩行也。"束脩以上",言束身脩行以上之士,猶言中人以上也。"誨"者,教之尤切而細。鄭君注謂:"年十五以上,能行束帶脩飾之禮。"朱注謂:"十脡爲束,古者相見,執贄爲禮。"二說於"自行"二字及"誨"字,似均未洽。②

這是非常精到的辨析,顯示唐文治先生在儒家師道的問題上,自有一套完整的觀點,而非遊弋於漢、宋之間。

"子所雅言,《詩》、《書》、執禮,皆雅言也"章,唐文治先生解釋:

雅,常也。《詩》以養性情,而歸本於端風化;《書》以道政事,而歸本於敬天命;禮言執者,所以範圍視聽言動,而歸本於"尊德性、道問學"。此聖門之家法,由博反約,實基於此。或曰:"雅,正也。讀先王典法,必正言其音,然後義全。"此說不合。蓋誦《詩》讀《書》,猶可云正讀其音;若執禮,則道在力行,何所謂正讀乎?③

此"或曰"指的是鄭玄的注解。談及"聖門家法",涉及師道的方向問題,務必貫通全書義脈,而不能斤斤於字詞的表層碎義。

"子不語怪力亂神"章,唐文治先生解釋:

---

① 唐文治《論語大義定本》,卷七,第16—18頁。
② 同上書,第4頁。
③ 同上書,第8頁。

> 或疑怪異勇力四事，《左氏傳》備載之，而此經言不語者何？案："語"字有二義。答述曰語，論難亦曰語。此不語，謂不與人辨詰也。《左傳》所載，蓋所以垂警戒，義當分別觀之。①

從"辨詰"一義解讀本章的"子不語"，表明孔子不是否定怪力亂神，而是不作無謂的質詢與問難，所謂存而不論，展示寬容的氣象。這種氣象，是聖人儀表的特徵。

（八）

第八篇《泰伯篇大義》，唐文治先生以"篤實"概括：

> 人心衰，世風薄，聖人則以忠厚篤實之道教人，並以篤實之學教人。三代之時，人心無私而無所詐偽，無欺而無所計較，渾渾穆穆，何其盛也，吾讀《泰伯》一篇而深有味焉！
>
> 子曰："泰伯其可謂至德也已矣，三以天下讓。"朱子云："三讓，固遜也，德厚之至也。"君子篤於親，則民興於仁。故舊不遺，則民不偷。君子之德風也，小人之德草也。上下之交相厚也。曾子之學於聖門中最為篤實，"啟予足，啟予手"，與《大戴記》中《疾病篇》語絕相類。動容貌三者，行誼篤實之至也。"以能問於不能"，交友忠厚之義也。"可以託六尺之孤"，事君忠厚之義也。"任重而道遠"，為學之篤實者。皆當守此以為宗旨也。
>
> 詩、禮、樂三者，漸民於厚也。可使由之，導民於厚也。不疾人已甚，使人亦返於厚也。不驕不吝，己德益歸於厚也。三年學不至於穀，篤信好學，為學之篤實如此，無以復加矣。守死善道者何也？即曾子啟手足之言也。任重道遠，死而後已也，尤聖門篤實之真傳也。孟子曰"大匠不為拙工改廢繩墨"，欲人之篤信好學也；又曰"天下有道，以道殉身，天下無道，以身殉道"，欲人之守死善道也。亦聖門篤實之真傳也。
>
> 不在其位而謀其政，天下多出位之事，天下皆虛憍之徒也。有《關雎》之意，而後可以行《周官》之政，忠厚之至也。洋洋盈耳，民俗歸於

---

① 唐文治《論語大義定本》，卷七，第9頁。

厚矣。士氣浮而囂，士志誕而無實，聖人日以爲大憂，故曰"狂而不直，侗而不愿，悾悾而不信，吾不知之矣"，又曰"學如不及，猶恐失之"，教學者之力求篤實也。

夫子叙《書》至舜、禹相讓之際，蓋未嘗不太息也。曰"嗟乎！爲天下得人者謂之仁"，如"舜、禹之有天下而不與"。堯之則天，其德可謂至厚矣。積德愈厚則人才愈多，繼起者其周文王乎！蓋民無能名，應乎名無得而稱也。周之德其謂至德，應乎泰伯可謂至德也，明周家之忠厚開基也！

記者至此，可以終篇矣。乃又曰"禹，吾無間然"者，自古制行之篤實，無過於禹。天下惟大拙之人，乃能爲大巧之事。禹之所以能治水者，以其治事無不篤實也。吾嘗謂治中國者，必不在空言之士，宜廣求力行之人，自古力行家能勤能苦，其必以夏王爲法乎！其端於菲飲食致孝乎鬼神三者見之，《傳》曰"美哉！禹功！明德遠矣"。明德即至德也，故《泰伯篇》以"禹，吾無間然"終，猶《八佾篇》言禮樂以"木鐸《韶》舞"終，而復發"禮主於敬"之義，教學者以宗旨之所在也，此皆孔思之精微也。

嗚呼！人心衰，世風薄，令人益神遊於中天之世。耕田鑿井之風，既渺不可追矣。惟望後來者上而君相，下而儒生，皆無忘忠厚篤實之至意，其猶可挽回世運哉！其猶可挽回世運哉！①

"篤實"從三方面説，第一在爲人，第二在爲學，第三在爲政，俱本以忠厚禮敬的態度從事而力行，體現聖人知行合一的宗旨，以救治大言空論、欺世盜名的時代風氣，實現救世的偉大目標。

本篇"曾子言曰：鳥之將死，其鳴也哀；人之將死，其言也善。君子所貴乎道者三：動容貌，斯遠暴慢矣；正顔色，斯近信矣；出辭氣，斯遠鄙倍矣。籩豆之事，則有司存"章，唐文治先生闡釋説：

鄭君注："此道謂禮也。"《禮記·表記篇》："君子貌足畏也，色足憚也，言足信也。"《冠義篇》："禮義之始，在於正容體、齊顔色、順辭令。"本經"子夏曰：望之儼然，即之也温，聽其言也厲。"皆指此三者而

---

① 唐文治《論語大義定本》，卷八，第13—15頁。

言。以《玉藻》"九容"言之,"動容貌":足容重,手容恭,目容端,頭容直,立容德是也;"正顔色",色容莊是也;"出辭氣",口容止,氣容肅,聲容静是也。"所貴乎道",言平日涵養之功。曰"動"、曰"正"、曰"出",言臨時持守之力。"遠暴慢、近信、遠鄙倍",鄭君指他人言,朱子指本身言。竊謂主本心言,較爲切實。末世士大夫,於考核器數,炫博矜奇,而脩身立品之大原,轉置不講,故曾子揭言之。以爲此(指籩豆之事)乃府史胥徒之職,君子所不必究心也。①

強調涵養持守的修養工夫以培養本心之德,這是唐文治先生拳拳致意之處。在篤實忠厚的心術觀爲大前提下,因爲關涉世道人心,所以不事漢、宋之間的調停或折衷,而直接指出鄭玄與朱熹解釋之未到位處。位之所在,存乎心術。唐文治先生支持柳宗元《論語》是曾子門人編集的主張,所以對曾子的話語也特別注意,並以《禮記》互證,顯示"孔門家法"一以貫之的禮儀以爲紀的大原則。

本篇"子曰:民可使由之,不可使知之"章,唐文治先生解釋説:

"可",能也。"不可",不能也。此猶"中人以上可以語上,中人以下不可以語上"之例。春秋時民智淺,但能使由之,不能使知之。夫子所深惜,非有所秘也。程子曰:"聖人設教,非不欲家喻而户曉也,然不能使之知,但能使之由之爾。若曰聖人不能使民知,則是後世朝三暮四之術也,豈聖人之心乎!"李氏曰:"服教而明其意者,惟士爲能,百姓則日用而不知。然性者人所固有,故王道之行,使之由於斯道之中,可以移風易俗,而德歸厚。若愚者不安於愚,而曰予智,則王澤之竭,衰世之事也。民字重讀,其義自見。"愚案:二説俱精,惟所謂"由之"、"知之"者何?"使由之"、"使知之者"何?所以"可使由"、"不可使知之"者何?蓋由之、知之者,道也。使由之、使知之者,上也。所以不可使知之者,非特道也,即事理之始終本末,苟知其偏而不知其全,則徒滋議論,而政治爲之掣肘矣。《書·盤庚篇》曰"不匿厥指",《詩·節南山篇》曰"俾民不迷",聖人豈不欲使民知哉!其不能使知之者,理

---

① 唐文治《論語大義定本》,卷八,第 3 頁。

也、勢也。後人有深詆夫子之言以爲愚民之策者，謬之又謬矣！①

爲聖人辯白，用心良苦。指出"不可使知"的具體内涵，乃是指統治意志的理與勢。在"民智"未甚開啓的時候，全體參與反而導致紛擾不安而適得其反，尤其是統治意志失德無義的時代更甚。這透露孔子對當時統治意志的不滿，而非爲虎作倀，深存開放政治參與的期望。這指出了孔子以篤實的態度闡釋這種重大的議題。

本篇"子曰：篤信好學，守死善道。危邦不入，亂邦不居。天下有道則見，無道則隱。邦有道，貧且賤焉，恥也；邦無道，富且貴焉，恥也"章，唐文治先生解釋：

> 篤信而不好學，恐或流於異説，或墮於空虛。好學而不篤信，恐不得師承，不明宗旨。守死而不能善道，是謂"徒死"。故善道者貴有守死不渝之節，而後吾道可傳諸永久，此聖門八字箴。②

"民可使由之，不可使知之"，便是面對百姓"徒死"的悲慘現實。君子護持死守的是"道"，而不是"亂命"。危邦、亂邦的君命，若百姓通知之，結果便是慘受殘害。

本篇"子曰：禹，吾無間然矣。菲飲食，而致孝乎鬼神；惡衣服，而致美乎黻冕；卑宮室，而盡力乎溝洫。禹，吾無間然矣"章，唐文治先生解釋：

> "菲飲食"三者，克儉也。"致孝鬼神"三者，克勤也。……後世帝王，德行不修，無一善之足述，尚不可謂之有閒，而況無閒乎？讀此章急宜猛省也。③

指出孔子稱頌古來聖王，無他，乃蒿目生民、親睹時艱而發。"世運"之回歸正道，關鍵在統治者的心術。這是唐文治先生經説提點治統的苦心。

---

① 唐文治《論語大義定本》，卷八，第6—7頁。
② 同上書，第8頁。
③ 同上書，第12頁。

（九）

第九篇《子罕篇大義》，唐文治先生從施教的角度解釋説：

> 物之不齊，物之情也；人之不齊，人之性也，質也。言教育而欲齊生徒，不問程度之高下，概以語之，或失之過淺，或失之過深，豈不妄哉！《述而》、《子罕》兩篇，同言師範，同言教育，然《述而篇》重在明學派，自脩之意多；《子罕篇》重在施教術，督責之意多。
>
> 《述而篇》大抵爲中人以上言，《子罕篇》大抵爲中人以下言。讀首章而即知之。孔子未嘗不言利與命，至答門弟子問仁尤多，而云罕言者，蓋末學之士，語以利則志昏，命則迷信，仁則廣大而不知所歸宿也。
>
> 執御、執射，務實之至也。從衆、從下，毋意、毋必，聖人之師範也。不曰"道不在兹"，而曰"文不在兹"，文實而道虛也，文所以載道也，教初學之士先以文也。少賤多能，兩端必竭，所以教中材以下者至矣。嗚呼！聖人之道德，不獲施於天下，而徒以杏壇設教終，此聖人所深惜也。"鳳鳥不至，河不出圖"，所爲三歎也。
>
> "子見齊衰"章，師範也。仰高鑽堅，見道之無窮盡、無方體，然博文約禮，則歸於實矣，求道者不可迷於所嚮也。"無寧死於二三子之手"，見師弟之情至親也。美玉待賈，師範當自尊也。"欲居九夷"，教育無聞於種族也。《雅》、《頌》得所，國樂既正，教育之入人者深也。出入哀樂，教育在家庭社會之間。日往則月來，寒往則暑來，天地之所以常存，人心之所以不死者，道在不息而已矣。
>
> "吾未見好德如好色"以下，所以督責末學者尤至。惰也不惰也，進也止也，皆吾自爲之也。論顏淵，所以策學者也。苗而不秀，秀而不實，四十五十而無聞，老冉冉其將至，没世而名不稱，可懼也哉！此大禹惜寸陰，吾輩所以當惜分陰也。
>
> 然而君子之施教也，用何術乎？必也先定其語乎？法語之言，能無從乎？巽與之言，能無説乎？説而不繹，從而不改，雖聖人亦無如之何。人生天地間，同是耳目，同是心思，何爲無志而至於此極乎？"匹夫不可奪志"，軍國民之教育也，何足以臧？學者進德，不宜自畫。歲寒松柏，不惑不憂不懼，皆以堅學者求道之心。"可與共學，未可與適道"，則又明論學者程度之高下，欲令施教術者定其淺深之法。
>
> 君子之道，不可誣也。《學記》曰："道而弗牽，强而弗抑，開而弗

達。"此三者皆所以教學者之思,蓋天下之學者,其大患恒在於不思。能教育者,要在善導學者之思。孔子曰:"未之思也,夫何遠之有?"不思,雖聖人無如之何也。能思,而後能由淺以入深,由近以及遠也。故讀《子罕篇》,又有倒讀之法。能思,而後能聽法語,而後不至於無聞,不至於秀而不實,不至於功虧一簣。能思,而後能得博文約禮之教,而後能多才多藝,而後能保斯文之在茲。萬能之事,貫以一思。

是故文治謂《論語·子罕》一篇,所以明師範教育之原理。《禮記·學記》一篇,所以示師範教育之入門。①

唐文治先生強調孔門教育的精神,實在具有崇高的理想。仁政是道統的核心精神,於此理想,一直信守不渝。施行教化,必先啓發學者的思想,能夠思想,民智方開。孔子懷才而未能施用,退而施教,是開創太平仁政的長遠考慮。

本篇末章"'唐棣之華,偏其反而。豈不爾思?室是遠而。'子曰:未之思也,夫何遠之有",唐文治先生解釋:

《爾雅》"唐棣栘"郭注:"今白桵,似白楊,生江南山谷中。"偏,華搖動貌。凡華皆先合後開,唐棣則先開後合,故曰"反"。此以華之偏反有情,興起一人之有思也。後儒以偏反爲反經之證,謂若非與上章相合,則引此二語爲無謂,不知《大學》言"宜其家人",亦先引"桃夭"二句以起興,豈別有取義乎!穿鑿之說,不足信。

蓋夫子刪此詩而復論之也。《竹竿》之詩曰"豈不爾思,遠莫致之",詞意與此詩相類。而夫子存之者,蓋女子思歸而不可得,其詞誠;朋友懷人而不相訪,其詞僞。聖人尚誠而去僞也。誠者天道,思誠者人道,不思,又焉能誠?周子曰"思者,聖功之本,故思爲聖學入門之要。"②

這是孔子教導門人學習與思考的具體例子。唐文治先生認爲孔子刪掉此詩,是因詩人的用心不誠,虛情假意,皆在詩句中透露出來。

---

① 唐文治《論語大義定本》,卷九,第15—17頁。
② 同上書,第14—15頁。

顏淵是孔子最期待與欣賞的門人，顏淵自述學思的歷程，具體表明了孔子施教的精彩。在此篇"顏淵喟然歎曰：仰之彌高，鑽之彌堅；瞻之在前，忽焉在後。夫子循循然善誘人，博我以文，約我以禮。欲罷不能，既竭吾才，如有所立卓爾。雖欲從之，末由也已"章，唐文治先生解釋：

> "仰彌高"，言道難及。"鑽彌堅"，言道難入。"在前在後"，言難以依據。或讀下八字爲句，以"瞻之"讀，亦可。蓋道不過中庸而已，顏子初學時，覺中庸之道難能，致知力行，總覺未能適合，故有此歎，非恍惚之象也。李氏曰："仰之彌高四句，乃顏子造聖根基，如周公之不合仰思，夫子之發憤忘食，皆此意也。"
>
> "循循"，有次序貌。"誘"，通作牖，言引導也。顏子初苦道難幾及，而夫子則謂學必有積累，並無頓悟之法，惟有從事於文、禮二者，以由淺而入深。"博文"，格致之學也。"約禮"，克復之功也。至是而顏子之學，殆將由博反約，而進於一貫矣。
>
> 此顏子從事於博文約禮，不能罷而竭盡其才也，至是乃大進矣。惟孟子言"中道而立，能者從之"，而顏子則言"欲從末由"者，蓋孟子以道爲繩墨穀率，有形迹之可求，猶其粗焉者也。顏子則力守中庸之道，拳拳服膺，大而未能化，故曰欲從末由。此蓋極至精至細之學，非謂聖道終不可幾及也。①

博文約禮的工夫，必須終身堅持，不斷精進。唐文治先生強調學思的工夫必須層累而進，不能躐等，自然不接受頓悟的路數。

（十）

第十篇《鄉黨篇大義》，唐文治先生發掘其中深意，闡發聖人韜光養晦的處事智慧，説：

> 嘻吁！世皆機也。機，殺多而生少也。物，就生以避殺，而人常就殺以避生者。物能見有形之網，而人不能見無形之網也。子曰"鳳鳥不至"，有子曰"鳳凰之於飛鳥"，接輿歌曰"鳳兮鳳兮"；孔子，鳳也。

---

① 唐文治《論語大義定本》，卷九，第6—7頁。

何爲乎言雉哉？"我知之矣"。《衛風》之詩曰"雄雉于飛，泄泄其羽"，《王風》之詩曰"有兔爰爰，雉離于羅"，雉易入網羅者也。而"山梁之雌雉"，能不陷於殺機，何也？審於機而善自藏也。孔子贊之曰："時哉時哉！"此非孔子自贊，記者更無庸贊一辭也！而不得謂非贊辭也！

　　《鄉黨篇》記孔子之居鄉居朝、爲擯出使、衣服飲食，以逮辭受取與、居常處變、造次顛沛，無一不合於中道。而不入春秋時之網羅者，聖人之善韜晦也。故不言鳳而言雉，不獨言雉而言雌雉。且不獨言雌雉，而先引起之曰"色斯舉矣，翔而後集"，喻聖人之審於機也。老子曰："知其雄，守其雌，爲天下谿。"忍而默之，露斯爲滅矣！

　　噫吁！德輝莫下，吾安適矣！羽毛既豐，行自惜矣！鳳兮鳳兮，不可諫而猶可追矣！雉兮雉兮，吾見其舉而不見其集矣！①

孔子雖然不能諧合於其時，但仍然能夠全身以壽終，避免身死人手的禍害，這便顯示一種處世的智慧，化解了無處不在的殺機。唐文治先生覺察出孔子有歎於雌雉，深深契合老子的忍受哲學。否則但知進取，結果落得"徒死"！如此細緻的體會，透露了道統人物參與政治的深層焦慮與無奈。

本篇"迅雷風烈，必變"章，唐文治先生解釋説：

　　鄭君注："敬天之怒。"愚案：《禮記·玉藻篇》曰："若有疾風迅雷甚雨，則必變。雖夜必興，衣服冠而坐。"蓋聖人戒慎恐懼之學，無乎不在，而於此又加敬焉者，《易》所謂"茂對時"是也。②

這種反應充分顯示了深層的恐懼，表現於日常生活，便顯得非常謹慎。本篇"食不厭精，膾不厭細"章，唐文治先生解釋：

　　孔子食必有節，不因精細而求饜足。與下文"不多食"相應，衛生之道也。③

---

① 唐文治《論語大義定本》，卷十，第15—16頁。
② 同上書，第14頁。
③ 同上書，第8頁。

若理解孔子對殺機的警惕,則知孔子對於生活細節的注意,實在與其慎於出處進退的精神相貫通。唐文治先生從這一層面解讀,便把種種生活細節,納入其統一的精神世界之中,而避免了瑣碎的細部陳述的偏弊,如此便與上一篇所強調的修養工夫互足意義,把孔子的智慧飽滿地呈現出來。

(十一)

第十一篇《先進篇大義》從孔子救世精神加以概括解讀,説:

> 悲哉聖人用世之心也。子曰:"甚矣!吾衰也。久矣!吾不復夢見周公。"《先進》首章曰"如用之,則吾從先進",從周公之禮樂也,懷周公也。吾夫子欲以興魯者興天下,非一日矣。四科之選,皆王佐之才,乃不見用於世,而困阨於陳、蔡間,絕糧興歎。夫子思之,所爲黯然而神傷者也。顏子、閔子又特加以贊語,南容三復白圭,邦有道不廢者也。康子問弟子,孔子獨薦顏淵爲好學,而顏子卒早夭,子哭之慟。嗚呼!"子在回何敢死",其言猶在耳也。天阨聖人,而俾無助我之人,天意蓋可知也。
>
> 政治之學,不貴以神道設教,曾於《爲政篇》末發明之。而《雍也篇》又曰:"務民之義,敬鬼神而遠之。"此亦政治之綱要。兩答子路之問,亦此義也,務實之道也。閔子侍側誾誾如,子路行行如,冉有、子貢侃侃如,"子樂者",樂其皆用世之才也。善爲政者,不務更張其名,而在力行實事,"仍舊貫何必改作",閔子真治世才也,其不就費宰宜哉!由之瑟不協於中和,賜與商過猶不及,治世之才,不宜有所偏也。理財之本,端在生財,國雖貧弱,決不可爲搜括聚斂之事,"求非吾徒也",不僅爲吾黨戒也,爲今之從政者戒也。柴也、參也、師也、由也、回也、賜也,其材質行事不同,其歸於有用一也。"不踐迹亦不入於室",當引而進之。"論篤而色莊",當斥而遠之,此不獨設科教人之法,亦用人之方也。"求也退故進之","由也兼人故退之",陶鑄人才之道,在於無形之中,至矣盡矣。中庸至德,民鮮久矣,推而教之,意在斯乎?其即虞舜執兩用中之道乎?
>
> 匡之役,猶陳蔡之役也。踽踽涼涼者,獨悲顏子一人而已。季子然何如人也,"不可與言而與之言",則曰由、求具臣而已,此爲二子韜晦之詞也。鄭子產之言曰:"學而後入政,未聞以政學者也。"此政治家

之名言。民人社稷,非嘗試之具,未能操刀而使割,傷己以傷人,聖門之所大戒也。記者因孔子之從先進,而序弟子之列傳,以記人才之盛,意固昭然。

吾讀"四子侍坐章"而益有感焉,居則曰:"不我知也,如或知爾,則何以哉!"聖人用世之心,縈於夢寐之間,溢於語言之表。而三子之對,則皆用世之事也。乃世不吾用,至於莫春成服,"浴乎沂,風乎舞雩",而猥與童冠之徒,詠歌自適以終其身也。夫子喟然歎曰:"吾與點也"。蓋大道之行,與三代之英,所以有志而未逮也。唯求則非邦也與?唯赤則非邦也與?回環往復,而益足徵聖人用世之心也。蓋至是而夫子從先進之志,沈然其無聞也!至是而夫子夢周公之志,渺乎其不復也!洙泗之人才,皆風流而雲散也。嗚呼!其可悲也!伊可痛也!①

唐文治先生强調爲政者應該具備足夠的學識,不能夠隨便犧牲百姓利益而任由庸官敗壞政治。本篇"子路使子羔爲費宰。子曰:賊夫人之子"章,唐文治先生説:

《史記·弟子列傳》:"高柴,字子羔,少孔子三十歲。"子路年長,故舉之爲宰,實出於愛才之意。

"賊",害也。《左氏襄三十一年傳》:子皮欲使尹何爲邑,子產曰:"人之愛人,求利之也,今吾子愛人則以政,猶未能操刀而使割也,其傷實多。"又云:"僑聞學而後入政,未聞以政學者也。"亦此節之意。後世年少者多求仕以爲榮,害人而實以自害。夫子此語,可作千古官箴。②

如此解釋,一片苦口婆心,都是切戒年輕冒進的惡果。

唐文治先生指出孔子栽培的人才,見記於《論語》中的高材,都是不可多得的安邦治國的王佐之才。又強調孔門的教育,更多是爲了天下的整體幸福。這種學問,唐文治先生概括爲"政治學"。孔子所以感慨的是這批具備實行的高才不能盡其用,更致慨當時的執政才德學識無一可取。在"以吾一日長乎爾"章,孔子説"吾與點也"句,唐文治先生説明其義藴:

---

① 唐文治《論語大義定本》,卷十一,第16—19頁。
② 同上書,第12頁。

>　　"吾與點"者，傷世不吾用，雖有三代之英，而將隱居以老也。先儒以爲聖人與點之意，以其胸次悠然，上下與天地同流，不若三子規規於事爲之末。愚謂聖人用世之志，因曾皙之言而興感，故與之。①

　　唐文治先生補足朱子的解釋，認爲孔子對曾皙的述志表現認同的姿態，並非否定子路、冉有、公西華的偉大願望，而是曾皙引出孔子自己的心志，所以不期然出現認同的回應。如此解釋，便超越了朱子以高下對照的詮釋思路，更能有助凸現孔門的"氣象"。可惜的是後世熱腸於官宦之途的人，欠缺的是孔門政事之學的氣質與氣象。

（十二）

　　第十二篇《顔淵篇大義》展示深層的義理關係，强調仁、義、禮、智、信此五德全體具備於此篇之中，而五德構成倫理世界的有機整體。唐文治先生説：

>　　仁義禮智信爲五德，何始乎？或曰始自孟子，非也。蓋實始於《論語·顔淵》一篇。《顔淵篇》以仁爲主。仁者，愛敬之原也，必以禮義智信爲輔。故曰"徙義"，曰"質直而好義"，曰"復禮"，曰"與人恭而有禮"，曰"約之以禮"。問智則曰"知人"，又曰"民無信不立"，曰"主忠信"，蓋五德之信，猶五行之土，寄王於四時。信爲仁之榦，非信則仁無以行也。
>
>　　顔淵問仁，夫子告以"克己復禮"，又示以目曰："非禮勿視，非禮勿聽，非禮勿言，非禮勿動。"蓋禮者天則也。吾之耳目，自有天則，何爲而有非禮之視，非禮之聽？吾之口，吾之身，自有天則，何爲而有非禮之言、非禮之動？制於外所以養其内，節乎人所以合乎天，程子《四箴》宜日三復也。
>
>　　"出門如見大賓"云云者，敬以致中，愛以致和也。"其言也訒"，敬之至也。"不憂不懼"，仁者之事也。"君子敬而無失"，"與人恭而有禮"，愛敬之心，推諸四海而皆準也。末世風俗僞而人心詐，愛人者易受人愚，明也遠也，仁中之智也。

---

① 唐文治《論語大義定本》，卷十一，第15頁。

中國數千年來天下所以難治者,在於民不知有信。"自古皆有死,民無信不立",聖人之言,和易以緩,未有若斯之斬截者也。於字義,人言爲信。無信而無以爲言,無信而無以爲人也。"民無信不立",無信而不能立國,無信而不能立於天地之閒也。

文質相宜,禮之宜也。無本不立,無文不行也。盍徹之對,愛民之至也。"百姓足君孰與不足",仁人之言藹如也。"主忠信徙義",皆所以輔仁也,因愛惡之偏,而顛倒其死生之念,是昧於智而失其仁也。仁義之道起於君臣父子相愛之閒,而禮法政治之原,出於君臣上下相敬之際,相愛則有所不忍,相敬則有所不敢。不忍與不敢之心合,而後聖人之道得行乎其中。此天地之常經,古今之通義也。若"君不君"則犯,"臣不臣"則誅,"父不父"則無道,"子不子"則不孝,"雖有粟吾得而食諸",其言亦可痛矣哉!孟子曰:"天子不仁,不保四海;諸侯不仁,不保社稷;卿大夫不仁,不保宗廟;士庶人不仁,不保四體。"此之謂也。然則,救之者其惟孝乎!其惟孝而後可推其仁於天下乎!

"片言折獄","無宿諾",智也,信也。"聽訟,吾猶人",智也。"使無訟",仁也。"居之無倦",禮也。"行之以忠",仁也。"博文約禮",復於禮,所以進於仁也。"君子成人之美",厚之至,仁之德也,"未有小人而仁者也"。帥民以正而不欲,義也,亦仁也。風行草偃,仁義之道,庶幾其相感而化乎!"質直好義,寬以下人",義也,亦禮也。"色取仁而行違",不仁也。"居之不疑",不信也。達者無不聞也。求人之聞,可恥也。"先事後得",即所謂"先難後獲",仁者之事也。"無攻人之惡",仁中之義也。不遷"一朝之忿",仁中之智也。"舉直錯諸枉,能使枉者直",仁中之智,即智中之仁也。忠告善道,盡己之仁。"以友輔仁",取人之仁,然"不可則止"。"以文會友",則義與禮兼賅焉。

凡仁義禮智信五德參互錯綜於一篇之中,仁爲之主,義禮智信爲輔,其義理若不相蒙,而實相貫也;其文法若不相聯,而實相閒也。嗚呼!聖人之言,廣矣!大矣!聖門之文,奧矣!妙矣!非夫探賾索隱,鉤深致遠,其孰能知之!①

五德之中,信的意義爲誠信,唐文治先生認爲是一切德行的基礎,地位

---

① 唐文治《論語大義定本》,卷十二,第16—19頁。

猶如五行中的土,承載萬有,然而中國自古欠缺信義,所以天下爲難治。這是深思熟慮的心得。

本篇首章"顏淵問仁。子曰:克己復禮爲仁。一日克己復禮,天下歸仁焉。爲仁由己,而由人乎哉。顏淵曰:請問其目。子曰:非禮勿視,非禮勿聽,非禮勿言,非禮勿動。顏淵曰:回雖不敏,請事斯語矣",意義重大,唐文治先生解説:

> 此節義極精微。一當知顏子已有格致之功,於理欲之界,剖析已精,故直以克己復禮告之。二當知克己"己"字,與下文"己"字不同。克己者,克有我之私。或解作責己,未合。三當知"禮"字是渾言之禮,與孟子偏言"恭儉辭讓"不同,蓋本於天叙天秩,如《詩》所謂"物則"是也。四當知天下歸仁,仍言其功,非言其效,謂天下之仁皆歸之也。朱注以爲天下皆與其仁,似未明顯。五當知末二句非贊歎,亦非勉勵。蓋天下歸仁,如張子所謂天下之罷癃殘疾,皆吾兄弟之顛連而無告,若是者,所以全吾之性、完吾之體,故曰由己不由人也。意義本屬一貫,先儒解作三層,未是。李氏以義勝欲敬勝怠爲説,亦屬枝節。①

仁是一切道德修養的歸宿。天下歸仁,便是整體邁向文明,而其原動力來自自發的道德意志。因此克己是基礎,復禮是努力的向度,這也是後來《大學》所概括的格、致、誠、正、修、齊、治、平的努力方向。

(十三)

第十三篇《子路篇大義》聯繫前後篇章,讀出"辭氣"的分別,與説話内容相關。此篇内容多涉時政,與百姓的幸福息息相關,語詞亦自然表現得較爲緊張。從"辭氣"進入聖人的語境,這是經過長時間閲讀的深切體會,不是表面的文字解釋工夫。唐文治先生解釋:

> 《子路篇》論政治,與《爲政篇》不同。蓋《爲政篇》重在推原德化,本學術以爲治術,而《子路篇》則多敷陳時政,意在補救當時之失。故《爲政篇》辭多緩和,而《子路篇》則辭多迫切。

---

① 唐文治《論語大義定本》,卷十二,第1頁。

"先之勞之",爲政者之模範也。不先不勞,未有能率人者也。"舉賢才",政本也。賢才屈於下,國未有能治者也。以衛輒之昏庸,而夫子猶以正名爲先,推言之曰"禮樂不興,刑罰不中,則民無所措手足"。甚矣,吾民無所控訴之苦也!禮、義、信三者,大人之事。"勞心者治人,勞力者治於人",天下之通義也。"誦《詩》三百",通經貴乎致用,苟無所用,"亦奚以爲"?"其身正,不令而行",與論魯、衛之政,皆慨時政之失也!……

富、教者,千古政治之綱領也。先富而後教,民救死而恐不贍,奚暇治禮義也? 期月已可,三年有成。如何而可有成? 爲邦百年,如何而勝殘去殺? 王者必世,如何而仁? 皆聖人之大經濟也。學者不徒知其效,當實求其治法之所在也。"苟正其身,從政乎何有"與"其身正,不令而行"章相應。政與事之辨,見國之賢士君子,宜與聞乎大政也。"爲君難",即興邦之一言也;唯其言而莫予違,即喪邦之一言也,聖人對君之辭,何其委婉而詳盡也。近説遠來,告時人者宜示以爲政之效也。"無欲速,無見小利",告吾黨者宜示以爲政之不求速效也。……

《子路篇》以子路問始,以子路問終,可矣! 乃又記"教民即戎"兩章,觀聖人之辭,體聖人之意,特鄭重出之者,何哉? 蓋爲政之先務,不過外交、軍事兩端,《子路篇》一則曰"使於四方,不能專對",再則曰"使於四方,不辱君命",其於外交,可謂重矣。

然而處危難之世,則軍事爲尤急,蓋強者國之所以存也,弱者國之所以亡也。小役大,弱役強,天也,實人爲之也。浸假而弱之極焉,不獨役之已也,且將吞而滅之也。虎豹居於山,而人莫之敢犯,牛羊陳於肆,而人得割之食之者,非牛羊之生命,不如虎豹之屬也,一強一弱之異也。人爲刀俎,我爲魚肉,可危也,是以夫子鄭重言之曰:善人教民七年,亦可以即戎矣。又曰:"以不教民戰,是謂棄之。"……皆編爲兵籍之制,俾之嫺習軍事,而又愛我民,親我民,不輕視蔑視我民,如是而後可以即戎! 如是而後可使之戰! 如是而乃爲政治中之善人也! 是故有教而民皆可爲兵,無教而民皆被戕於兵。自殘自殺,其禍胡所底止? 有聖人作,教其民,先教其兵,而後天下可得而治。①

---

① 唐文治《論語大義定本》,卷十三,第15—19頁。

以上都是有感於時世的肺腑之言。仁義之道,本非等閒議論。

唐文治先生解讀"子路問曰：何如斯可謂之士矣？子曰：切切偲偲,怡怡如也,可謂士矣。朋友切切偲偲,兄弟怡怡"章,説:

> 子路才力過人,此章"何如斯可爲士"一問,已有進矣。夫子特以其所不足者告之,曰：切切、偲偲、怡怡。蓋以士之"氣象"而言。《論語》凡言如者,皆謂"氣象",如申申、夭夭之例。夫子蓋矯子路行行之弊,因以三者進之,俾之涵泳於《詩》、《書》,磨礱其德性,自能有此"氣象",所謂"高明柔克"也。①

提出辨别"辭氣"的提示,從"辭氣"中體會"氣象"。

本篇"子貢問曰：何如斯可謂之士矣？子曰：行己有恥,使於四方,不辱君命,可謂士矣"章,唐文治先生解説:

> "行己有恥",志有所不爲,體也。"不辱君命",材足以有爲,用也。體用全,乃可謂之士。恥與辱相因而致,惟有恥而後能不辱,未有無恥而不辱者也。《禮記·哀公問篇》曰："物恥足以振之,國恥足以興之。"蓋其氣節懍然,所行之不辱,決可知矣。②

"體用全"便是從精神的根本處顯示"氣象",這是孔門對士的精神境界的期盼。

(十四)

第十四篇《憲問篇大義》進而談到《論語》的文義表達技巧,唐文治先生稱之爲"文法"。孔子文法之精妙,具體見載於對政治領域的關鍵人物的評價上,是爲《春秋》筆法,這是演繹的焦點:

> 《論語》文法,至《憲問》而一變,其迹似錯雜,而其義實渾淪,謹就鄙見,詮大義如左。

---

① 唐文治《論語大義定本》,卷十三,第14頁。
② 同上書,第10頁。

自《憲問》以下三章，皆原思所自記也。首章稱名，次章不言問，可證也。原思，狷者也，夫子因其質而教之，故此三章，皆激厲心學之辭也。

自"邦有道"以下四章，論言行與德與仁，而南宮适之問爲尤重。"君子哉若人，尚德哉若人"，嘉其不問天下之有道無道，而尚德之心不少懈也。"君子而不仁者有矣夫"？君子處無道之邦，則德行日退也；"未有小人而仁者"，亦指邦無道時而言也，風俗之陶冶可懼也。

自"愛之能勿勞乎"以下至"子路問事君"十六章，綜論事君之大義與春秋時之人才。曷謂忠？惟其能誨也。春秋時有能誨君於正者乎？鄭子產其事上也敬，猶病未能也，惠人而已。管仲以下，殆等之自鄶之無譏。"貧而無怨難"，承伯氏之無怨而言。"孟公綽爲趙魏老"耳，未足道也。"臧武仲之知，公綽之不欲，卞莊子之勇，冉求之藝"，成材之難如此。委質事君者，"見利思義，見危授命"，斯可矣。公叔文子，鄉黨自好之士。武仲要君，雖智奚益？"齊桓公正而不譎"，賴有管仲以輔之，然而豎刁、易牙、開方之徒，不旋踵而起，仲其能始終誨君於正乎？猶病未能也。然則夫子曷爲正桓公、仁管仲？曰："皆善善從長之義也。"其許公叔文子，與夫仲叔圉、祝鮀、王孫賈，亦此義也。大臣之義，進思盡忠，退思補過，誨君之道，在我必有真實之學問，與夫真實之治術，而後可見諸施行。若其言不怍，是謂之欺。欺者，人臣之大戒也。司馬遷曰："田常殺簡公，而相齊國，諸侯晏然弗討，海內爭於戰攻矣。"故特大書之，以見君臣禍變之極，世風升降之原，而並記子路之問事君，以爲萬世忠君誨君者法。

自"君子上達"以下七章，皆進德修業之本。上達者，爲己而志嚮於上也；下達者，爲人而志趣於下也。修身寡過，伯玉可謂君子矣。位者，人之所當守也，守其位，而後能安其分。《大易》之訓，凡居非其位者，皆凶、皆悔、皆吝，而其幾皆自"思出其位"始。吾黨之士，慎之慎之，"恥其言過其行"。不憂、不惑、不懼，又皆聖門之心學也。處世之道，貴精明而渾厚。

自"子貢方人"以下六章，皆觀人處世之法也。曰"夫我則不暇"，曰"患其不能"，皆求諸己也。然而"不知人"，則易爲人所愚，故特補之曰："抑亦先覺者，是賢乎？"疾固者，朱子注："固，執一而不通也。"執一而不通，其敗事與詐不信者等，故其可惡，亦與詐不信者等。"不稱其力而稱其德",論驥而實論人。至於"以直報怨",則又處世之方也。傷哉! 聖人之欲辟世而不忍終辟也!

自"莫我知"以下六章,皆傷不見用也。"知我者其天乎?" "公伯寮其如命何?"聖人之言,何其抑鬱而無聊也!"腸一日而九迴","何不改乎此度?"聖人時時懷辟世之志,而卒不忍舍此世也。而尤恐作者之多,而助我之無人也,故特記晨門之言曰"知其不可而爲之者與",見其心未嘗一日忘天下也。又因荷蕢之諷而歎之曰:"果哉! 末之難矣!"聖人之言,何其抑鬱而無聊也。傷哉! 莫我知也夫! 道其終不行矣夫!

聖人用世,禮教爲先。自"高宗諒陰"以下五章,皆言禮也。"何必高宗",昔者成王幼,周公攝政行禮,亦如是也。說築傅巖,山野閒尚有其人乎?"上好禮則民易使",周禮之廢久矣,聖人之志莫遂也。"脩己以敬",敬禮之文也;"脩己以安百姓",聖人之志莫遂也。"原壤夷俟",闕黨童子居於位,與先生並行,皆壞禮者也。壞禮者,禮教之罪人,一則將爲賊民,一則將爲無知之下士,皆聖人所閔焉,而思救之者也。

綜而論之,存於己者曰有恥,行於人者曰有禮。有恥與禮,而後能觀人以處世,如是而尚德以終身,雖不見知而不悔也。子曰:"知我者其天乎!"文治嘗思之,重思之,且詠歎之。古者禹奠九州,明德最遠,當其世而有天下。后稷教民稼穡,樹藝五穀,當其世不有天下,歷十餘世而生文王、武王、周公,蓋稷始創養民之道者也。養民者,天終知之而不負之也。契爲舜司徒,敬敷五教,教在人倫,當其世不有天下,歷五百年而生湯與伊尹,歷再五百年而生孔子,蓋契始創教民之道者也。教民者,天終知之而不負之也。尼山木鐸,爲生民未有之奇,弦歌千秋,俎豆萬世。"尚德者若人乎?" "知我者其天乎?"天亦豈終負之乎? 然則吾夫子欲辟世而終不忍辟,與夫"知其不可而爲之"之心,其亦可自慰矣乎? 後世學者,其果能尚德乎? 其何患無知我者乎?[1]

《春秋》筆法,必須知天、知人、知己,這是護持正道、維繫正義的批判筆墨,透露出對於時代集體生存狀態與未來幸福的深切關懷,絕非月旦人物

---

[1] 唐文治《論語大義定本》,卷十四,第22—27頁。

的意氣語言。在意義深刻的評論中,唐文治先生讀出孔子空懷救世之志的痛苦,連用兩筆突出孔子的"抑鬱而無聊",這是極深刻的精神契合。

唐文治先生強調孔子理想的實在可行性,反復說明孔子所稱頌的政治人物與具備治理天下能力的門人,都是實德實行,但却不能稍展長才。進一步指出向來空言誤國,比比皆是。這都是有感而發的痛苦文字。實德實行,盡意於"養民"與"教民"。治統的人物專責"養民",管理現實的種種問題。而"教民"則是道統的分内事。孔子開啓道統的教化精神,大明仁義,方向有定,功德之偉,永存青史。

但道統人物若參與政治管理而行其養民之道,便須堅持一種切身的道德感,這便是"羞恥心"。本篇首章"憲問恥。子曰:邦有道,穀。邦無道,穀,恥也",唐文治先生解釋:

"穀",禄也。邦有道之時,宜辦天下之大事,乃僅食禄焉,則其短於才德可知也,可恥也。邦無道之時,宜隱居以求其志,乃亦食禄焉,則其從俗浮沈,或曲學阿世可知也,尤可恥也。朱注:"憲之狷介,其於邦無道穀之可恥,固知之矣。至於邦有道穀之可恥,則未必知也。故夫子因其問而并言之,以廣其志,使知所以自勉,而進於有爲。"最合經意。或謂:"受禄不誣,何恥之有?"不知夫子所謂"邦有道穀",乃指素餐而言。"恥"者,正所以求其不誣也。①

唐文治先生與之商略的或人,指的是黄式三。黄式三在《論語後案》中便提出原憲受孔子鼓勵而出仕,認爲原憲"受禄不誣,無可恥也",認爲朱子注不公。唐文治先生則指出如果僅爲俸禄,不理會政情的善惡,是無才德的表現。心無道術仁義之念而出仕,是稱爲羞恥。孔子提點這種"素餐"行徑的卑下,並非責備原憲可恥。黄式三實在是誤讀而翻無謂的案。究其實,孔子意在提醒門人:行道爲先務。這是《春秋》原心的一種表達方式。

本篇"子曰:士而懷居,不足以爲士矣"章,唐文治先生說:

懷者,每念不舍之義。懷居,謂如求田問舍,所謂小人懷土是也,

---

① 唐文治《論語大義定本》,卷十四,第1頁。

其志卑而品下矣,豈足以爲士乎?此與"恥惡衣惡食章"義相發明。①

這也是告誡門人放下唯利是圖的貪念,君子憂道不憂貧,反之則屬於羞恥。有道是出仕的基本方向,則士只懷抱"道"之爲行義。

(十五)

第十五篇《衛靈公篇大義》承道統的信念堅持,唐文治先生精闢指出全篇皆是"道",亦即標準:

> 登泰山而小天下,始知其峰之崔巍也。涉東海而觀其瀾,始知其源之浩渺也。立竿而見景,爰名之曰標。測水而望平,始定之曰準。夫聖人萬世之標準也,言有道,行有道,爲學有道,治心有道,處世有道,以及觀人接物,洪纖巨細,莫不有道。道者,標準也。讀《衛靈公》一篇,如遊森林,衆榦畢露;如泛巨舟於海,可用以作指南。吁!奇矣哉!
>
> 不對軍陳之問、在陳絕糧,君子立氣節之標準也。多識一貫,此一貫,指致知而言,由博求約之標準也。知德者鮮,承君子固窮而言,無爲而治,論治道得人之標準。言忠信,行篤敬,行州里行蠻貊之標準。邦有道無道如矢,直者之標準。可仕可懷,君子之標準。不失人不失言,與人出言之標準。無求生以害仁,有殺身以成仁,志士仁人之標準。事賢友仁,居邦之標準。行夏之時數事,爲邦之大標準,心術安危之幾也。人無遠慮,必有近憂,好德如好色,居心之標準。臧文仲竊位,爲居高位者戒,在位者反觀之標準。古之君子,其責己也重以周,其待人也輕以約,甚矣當世責人之多,而怨氣爲之充盈也!躬自厚而薄責於人,平心之標準,進德之標準,尤爲處亂世之標準。不曰如之何,言不及義,處事求學者反觀之標準。義以爲質數者,君子制行之標準。老冉冉其將至,恐脩名之不立,己則無能,而求諸人,至於没世而名不稱,悔何及也。君子所求者,非一時之名,乃千秋萬世之名,是爲君子立名之標準。矜而不爭,不以言舉人,君子處社會在朝廷之標準。強恕而行,求仁之標準。直道而行,史闕文,馬借人,論人論世之標準。

---

① 唐文治《論語大義定本》,卷十四,第2頁。

巧言亂德，小不忍，言語心術之標準。好惡必察，觀人之標準。弘道改過，脩己之標準。正學以實不以虛，爲學而墮於玄虛，則明心見性之説得以乘之，不可也。思不如學，爲學之標準，不入於歧途也。學問當時存不足之志，境遇當時存知足之心。求道而憂貧，則委瑣齷齪之見得以乘之，尤不可也。謀道不謀食，憂道不憂貧，處境之標準，無慕乎外誘也。知及仁守莊涖，又必動之以禮，而後可成唐虞三代之治，是論治之大標準也。君子不可小知而可大受，小人不可大受而可小知，用人之大標準也。聖人在位，士無棄材也。民之於仁，甚於水火，教民之大標準也。堯、舜之世，比户可封也，當仁不讓，體仁之標準。貞而不諒，幹事之標準。敬事後食，事上之標準。有教無類，立教之標準。道不同不相爲謀，衛道之標準。達而已矣，脩辭之標準。及階言階，及席言席，及坐告某在斯，相師之標準。曰"固相師之道也"，而全篇之義始明。

　　道者，標準也。全篇皆道，全篇皆標準也，萬事皆道，萬事皆標準也。凡學者學聖人之道，必先立一標準，勉勉焉以望之，孳孳焉以赴之，而後可以幾於聖人。夫求標準者，讀《論語》而已矣，讀《衛靈公篇》而已矣。先儒嘗謂："人之初生，知有父母而已。及其少長，徵逐忘返，遂與父母漸疏。終身慕父母者，虞舜一人而已。人之初學，知有《論語》而已，及其既長，博習忘返，遂與《論語》日疏。終身讀《論語》者，朱子一人而已。"反復此言，何其親切，誠摯若此也。然而學者苟浮慕焉，雖明明標準在前，無益也。①

唐文治先生引用黃宗羲的名言，説明"標準"意義的道術日漸式微的心理因素，期盼讀者重新覓回這明明白白的大道理，修己以安天下，一切道術都在這篇中覓得端倪。

道術謂仁，是士的追求所在。本篇"子曰：君子謀道不謀食。耕也，餒在其中矣；學也，禄在其中矣。君子憂道不憂貧"章，唐文治先生解釋：

　　耕所以謀食。而凶荒時至，未必得食。學所以謀道。而名實相孚，樂在其中。然其學也，有不得乎道而已，非爲憂貧之故，而欲爲仕

―――――
① 唐文治《論語大義定本》，卷十五，第16—19頁。

以得禄也。故再以"憂道不憂貧"申言之。此一折語意極重。……或曰:"治生爲急,亦謀食之義。"不知治生乃道中之事,此"謀食"蓋指干禄而言。其立心行事,迥不同也。①

指出元代儒者許衡"治生爲急"之疑。唐文治先生分辨"治生"與"干禄"兩者的不同,指出孔子並非否定門人"治生",而是批評"干禄"爲可恥。如果以一詞概括唐文治先生的解釋,這便是"士節"。

(十六)

第十六篇《季氏篇大義》突出文辭的深層意義,唐文治先生稱之爲辭外之意,寄寓《春秋》大義:

> 或問曰:"子言《論語》每篇章次皆有意義,如貫索然。今如《季氏篇》諸章多不倫,則又何説?"應之曰:司馬遷作《六國表》,言:"陪臣執政,大夫世禄,六卿擅晉權,及田常弑簡公而相齊國,諸侯晏然弗討,海内爭於戰攻,三國終之卒分晉,田和滅齊而有之。六國之盛自此始。"是故春秋之變爲戰國,陪臣執政者階之屬也。《季氏》一篇,痛魯之所以弱也,記者之意蓋深遠矣!
>
> 孔子發明"有國有家者,不患寡而患不均,不患貧而患不安",終之曰"季孫之憂,不在顓臾,而在蕭牆之内",痛乎其言之也。"陪臣執國命",三桓之子孫微,明指魯言,然不僅爲魯言也。"益者三友三樂,損者三友三樂",用意淺而垂戒深,爲魯之世家子弟發也。"侍於君子有三愆",聖賢之士,豈爲此揣摩之術哉!蓋當時應對進退少儀廢矣,賤犯貴,幼陵長,夫子深明《曲禮》之制,亦有慨歎之意焉。君子有三戒三畏,皆禮也。
>
> 禮緣於"夙夜基命",《左氏傳》曰:"動作禮義威儀之則,以定命也。"敬畏之至也。世禄之家,困而不學,聖人之所深痛,曰"民斯爲下",見高位之未可恃,而民之貴與下,乃判乎學與不學也。視聽色貌諸端,一無所思,動輒得咎,此猶曾子告孟敬子之意,終之曰"見得思義",高明之家,苟無以利害義,何至不保其宗廟祭祀乎?

---

① 唐文治《論語大義定本》,卷十五,第12頁。

"見善如不及"與"齊景公"二章,當據古本合而爲一。"如不及"者,謙遜惟恐不及;"如探湯者",喜其溫漸染而進;"吾見其人",齊景公是也。"隱居以求其志,行義以達其道",吾聞其語,民到于今稱之者,伯夷、叔齊是也。特引齊景公者,"齊一變至於魯",下而況之,魯將變爲齊也。齊、魯之間,其有忠臣志士隱居者乎!

然則"陳亢問伯魚"章何居? 曰:《論語》中孔子詔伯魚者凡二,一爲學《詩》、學禮;一爲《周南》、《召南》。然若以《周南》、《召南》厠於此,則爲不類。蓋《周南》、《召南》專係人心風俗之旨,而《詩》、禮之教,雖孔子之家訓,亦隱爲卿大夫家而發。蓋搢紳子弟,不學《詩》無以言,而鄙陋空疏之習生矣;不學禮無以立,而傲慢僿野之習生矣。是故《詩》與禮二者,萬世之搢紳士之家教也。

然則"邦君之妻"章又何居? 曰:《易傳》有言"女正位乎内,男正位乎外",君夫人者,内政之主也。春秋之世,彝倫瀆亂,不獨晉驪姬、衛南子之屬,爲國之玷,即如魯之文姜、穆姜,實皆爲敗家弱國之基。曰夫人,曰君夫人,尊之之辭也;曰小童,曰寡小君,自謙之辭也。陽爲大而陰爲小,正其名,所以定其分也。夫婦爲人倫之始,内政廢而家國衰矣! 悲夫孔子贊《易》曰:"聖人之情見乎辭。"文治贊《論語》則曰:"聖人之意,常在乎辭之外也!"

抑又考之《論語》通例,凡對於君大夫之辭,皆稱孔子,而兹篇因對於魯事,故亦皆稱孔子。魯,秉禮之國也,昭、定以還,倫常日益廢矣。"伐顓臾"三章,所以明君臣兄弟之義,三桓皆兄弟之禍也。"益者三友"章,所以明朋友之義。"陳亢"章所以明父子之義。"邦君之妻"章,所以明夫婦之義。夷齊者,亂臣賊子之所懼。而齊景公者,則君不君、臣不臣、父不父、子不子之炯戒也。寥寥數章,而倫常大義炳焉。吳季子見《魯春秋》曰:"《周禮》盡在魯矣!"夫《春秋》者,禮義大宗也,然則《春秋》之微意,蓋寓於《季氏》一篇矣!

《洪範》爲書,上下左右中及斜交,數皆十五,三友、三益、三愆、三戒、三畏,合十五之數。九思者,九疇之象。學者,所以學五倫,學九疇也。是此篇之義,又與《洪範》相通也。①

---

① 唐文治《論語大義定本》,卷十六,第10—14頁。

唐文治先生指出其中的深意,與《尚書·洪範》相通,所以拳拳致意於孔子所處時代的道德淪亡。點出孔子的傷魯,因時代而生。《春秋》筆法所隱藏的深意,便是出自孔子對時代的悲憫與關懷。箕子傷殷之亡天下而向周武王説《洪範》,孔子憂懼周禮之廢絶而痛悲,精神一脈相承。唐文治先生讀出五倫與九疇相通,精警透闢。

本篇"孔子曰:禄之去公室,五世矣;政逮於大夫,四世矣,故夫三桓之子孫微矣"章,唐文治先生解釋:

> "禄去公室"謂爵禄之柄不從君出也。魯自文公薨,宣公立,而君失其政,歷成、襄、昭、定凡五世,自季武子始專國政。歷悼、平、桓子凡四世,而爲家臣陽虎所執。"三桓",桓公之子莊公之弟公子慶父,公子牙,公子友也。仲孫,慶父之後,又稱孟氏;叔孫,公子牙之後;季孫,公子友之後也。"微",衰微。蓋竊政柄者,上陵其君,下奪其民,其子孫必至於式微也。連讀三"矣"字,聖人傷魯之心甚矣。①

孔子痛心之極的情意,是從歷史與現實交織的集體墮落中激發出來的,不是對自己個人遭遇的慨歎。

(十七)

第十七篇《陽貨篇大義》指出本篇記孔子哀風俗之衰,皆與生活息息相關。唐文治先生解釋:

> 《陽貨》一篇,痛人心風俗之遷流也。世路艱難,人心日險,君子欲無忤於小人,而又不失爲君子,惟有以渾然漠然不知不識者處之,而後能免於禍。孔子之待陽貨,可爲萬世法者也。
>
> "性相近,習相遠",上智下愚不移,此爲治人心風俗者,善審其幾之根本。絃歌之聲,何爲乎來?來自武城。子游文學,教化彬彬,夫子莞爾,喜其移風易俗者深也。公山弗擾佛肸,何如人乎?召而欲往,悲乎哉!夫子之遇也。吾其爲東周,吾豈匏瓜?聖人之情見乎辭矣。
>
> 中雜子張之問,何也?曰:恭、寬、信、敏、惠,聖門政治學之綱領

---

① 唐文治《論語大義定本》,卷十六,第5頁。

也,即爲東周之實政也。六言六蔽,性情之患,風俗之憂也。興觀群怨,所以養性情也。《周南》、《召南》所以醇風俗也。人心衰而禮樂廢,玉帛鐘鼓,皆爲虛設,惜哉惜哉! 鳳鳥不至,鴟鴞乃來;嘉禾不生,荆棘滿地,孰者爲穿窬? 孰者爲鄉原? 孰者爲德之棄? 孰者爲事君之鄙夫? 欺詐萌生,盈天下皆穿窬害人之事,士君子無駐足之地矣!

苟患失之,無所不至,孰尸其禍? 痛哉言乎! 民有三疾,或是之亡,風俗不知幾變矣。孔子曰"惡似而非者",紫奪朱,鄭亂雅,利口覆邦家,皆似是而非者,尤可畏也。"予欲無言",性、天道之教,爲不知者言,徒取侮慢而已。聖道猶天,居覆幬之下者,孰能察之?《易傳》曰:"君子遠小人,不惡而嚴。"此孔子待陽貨之法也。孟子曰:"不屑之教誨,是亦教誨之。"此孔子待孺悲之法也,不相謀而相感者也。

三年之喪,或以爲久,宰我述之以問,此爲人心風俗之尤澆薄者。子曰"於女安乎",又曰"有三年之愛於其父母乎",將以發其本心之良,即以發天下人心之良也。《禮記·三年問篇》曰:"邪淫之人,其親朝死而夕忘之,則是曾鳥獸之不若也。"悲哉言乎! 後世有創非孝之説者,獨不憶三年在父母之懷乎?

學者之患,莫患乎游蕩。游蕩則生事,生事而天下亂矣。無所用心也,亂也盜也,皆君子所深惡而痛絶者也。女子、小人之性情,近之不可,遠之不可。有人心風俗之責者,知人固未易也。世衰道微,人皆失學,至於年四十而見惡焉,其終也已。舉國之民皆如此,國可知矣。

有天地以來,廣谷大川異制,民生其閒者異俗。然綜性相近之義,不外剛柔兩端。脩其教不易其俗,齊其政不易其宜,惟在善持於人心剛柔之際。剛者則以柔化之,柔者則以剛矯之。柔惡者則以剛善克之,剛惡者則以柔善平之。篇中如六蔽、三疾,有偏於剛過者,有偏於柔過者。

然周末文勝,末流之禍,尤在乎柔惡。柔惡則反激而成剛,於是天下遂多勇而無義者;多稱人之惡,居下流而訕上者;多勇而無禮,果敢而窒者;多傲以爲知,不孫以爲勇,訐以爲直者。迨當事者有鑒於剛惡之過,更欲矯之以柔,而不知軌之於正,於是色厲内荏,而女子、小人又接踵而至,縱橫雜糅,浸以釀成戰國之禍。記者編《陽貨》一篇,知人心風俗之必至於此矣。①

---

① 唐文治《論語大義定本》,卷十七,第14—17頁。

性情是本篇的關鍵,風俗的厚薄決定於性情端正與否,這便需要因材施教的教化。在失教的現實環境中,即使女子、小人等易於施教的平凡人物,也變得輕佻,難得莊重。這種從整體語境出發的解讀,是唐文治先生識見過人之處。

(十八)

第十八篇《微子篇大義》指出本篇直接透露孔子的心願意志,猶如一篇自叙傳,比研讀《史記·孔子世家》更能體會孔子精神的本質。唐文治先生解釋:

> 嗚呼!士大夫生當世,何爲降其志而辱其身乎?言中倫、行中慮、養我氣以全我節,猶之可也。若夫言不中倫、行不中慮,斯已而已矣,豈不悲哉!孔子生周季,皇皇栖栖,轍環天下,卒老於行。後人考《史記》,讀其"世家"而悲之。吾謂:《論語·微子》一篇,即吾夫子生平不遇之"列傳"也。司馬子長之贊,更不若吾夫子之自贊也。
>
> 《微子篇》曷爲首三仁與柳下季?天下之亡,先亡於無人心。人心之亡,先亡於無是非。是非喪矣,直道不行矣,不爲三仁之忠,即爲柳下之和。是兩端者,孰吉孰凶,何去何從,不有孔子,孰折厥中?孔子厄於齊,見誚於楚狂,舍沮、溺其誰與?
>
> 訪丈人而無從,"鳳兮鳳兮,何德之衰",孔子其鳳乎?其猶龍乎?其逸民乎?其夷、齊之同心乎?其柳下惠、少連、虞仲之等朋乎?《易》曰:"不事王侯,高尚其事。"古之逸民,蓋有之矣。而孔子獨曰:"我則異於是,無可無不可。"其自命何其高也!其自贊何其深且遠也!
>
> 天風浪浪,海山蒼蒼,獨不得與太師、少師、擊磬諸人,鼓琴於高山流水別有天地之閒,其知音益復寡矣!回憶周家初造,忠厚開基,人才鱗萃,菁莪造士,四方爲綱。嗚乎!何其盛也!
>
> 昔者孔子與於蜡賓,出游於觀之上,喟然歎曰:"大道之行也,與三代之英,丘未之逮也,而有志焉。"孔子之歎,蓋歎魯也。乃歎魯而不能興魯,思周公而不能興周公之禮樂,神游於唐虞之朝,夢見乎大同之治,獨抱無可無不可之志以終。
>
> 後之人讀其書,悲其世。"及行迷之未遠","獨窮困乎此時",以爲天下皆濁,何必與之清;衆人皆醉,何必與之醒。吾學孔子而不可得,

乃所願如古之柳下惠,殆可取則焉。君子曰:"惜哉! 降其志,辱其身矣! 言中倫,行中慮,其斯而已矣!"①

前一篇的關鍵詞是"性情",這一篇的關鍵字是"志"。"性情"屬於天賦,"志"屬於自主的自覺意向。唐文治先生從"志"的方向貫通全篇義脈,顯示的是孔子一生的自覺追求。

本篇"長沮桀溺耦而耕"章,其末段"子路行以告,夫子憮然曰:鳥獸不可與同羣,吾非斯人之徒與而誰與? 天下有道,丘不與易也",唐文治先生解釋:

"憮然",猶悵然,失意貌。"鳥獸同羣",深爲隱者惜也。言吾若非沮溺之徒,將誰與之共濟時艱? 天下若已有道,則吾無用變易之。正爲天下無道,故欲以道易之也。或曰:"鳥獸句,言不可避世。吾非斯人句,言吾非避人。天下有道二句,對滔滔者二句而言。"分析亦精。蓋接輿、沮溺皆有招隱之情,而夫子則有招隱者與共出之志。皆語重心長,千載下如聞歎息之聲矣。②

孔子語義渾厚,後世讀者理解多歧,自是正常。唐文治先生雖然推尊鄭玄與朱熹,但未曾執一而廢百,每每拈出不同的解釋,以顯示語義的豐厚。但同時點出讀書思考的新體會,學品之優,足爲榜樣。此章唐文治先生認爲接輿、沮溺與孔子各有出處的志向選擇,但互相欣賞的情懷則一。語重心長,顯示了兩種出類拔萃的人物處於極度不堪的時代的集體悲哀。這是通過細讀,深入文辭之中獲得的真摯體會。唐文治先生一向主張精讀文本,身體力行,此篇的體會便是自證。

(十九)

第十九篇《子張篇大義》揭示孔門氣象,以突顯孔子及其門人終生不懈的努力與追求,與《述而篇大義》概括聖門學術精神謂之"學派",聖人儀表謂之"師表"前後相應而更具體,所以唐文治先生運用《莊子·天下篇》的叙

---

① 唐文治《論語大義定本》,卷十八,第8—10頁。
② 同上書,第4頁。

述道術的表達方式，把孔門"學派"的精神與其流弊加以揭示：

> 文治讀《論語》至"聖賢相與授受"之際，蓋未嘗不太息也。嗟乎！古之親師、尊師、敬師，崇師法也亦已至矣。孔子之道，大而能博，門弟子不能徧觀而盡識也，故學焉而皆得其性之所近。孔子既殁，諸弟子相與進德脩業，傳道不倦，門人裒録其語，得五人焉。曰子張，曰子夏，曰子游，曰曾子，曰子貢，此即後世學案之屬也。至於述之者或離其宗，或且詆毀其道，謬矣！
>
> 寬而博，弘而篤，容衆以爲天下谷，斯子張氏之學派也。後世聞其風而學之，其得之者，懷含宏之雅度，致明遠之極功；而其弊也，或流於騖外。
>
> 博學而篤志，切問而近思，譬草木之區別，咸有卒而有始，斯子夏氏之學派也。後世聞其風而學之，其得之者，篤信謹守，喻傳經之家法；而其弊也，或失之拘墟。
>
> 子游氏，文學家也，而是篇所記三章，皆切實務本之語，後世沈溺華藻之士，其亦廢然返乎！
>
> 體天地之性，戰戰兢兢，孝以立身，忠恕以及人，斯曾子之學派也。是篇所記四章，以友輔仁，自致惟親，論孝難能，又推而及於哀矜下民，蓋仁人之於孝，猶手足之有腹心，孝弟之至，光於四海，通於神明。曾子而見用也，吾民之流離蕩析奔走無門者鮮矣。
>
> 辨而通，億而屢中，等百世之王，而獨折厥衷，斯子貢氏之學派也。是篇所記六章，二章與人爲善改過，四章則皆贊孔子之辭，蓋諸賢皆奉孔子爲依歸者也。而子貢之智，尤足以知聖者也。門牆之高峻，日月之昭明，無可疑而無可訾也，是故七十子之服孔子，若江、漢之朝宗也。
>
> 孔子往矣，而諸賢追思孔子之深情，又昭然其若揭也。而子貢善爲論贊之辭，則尤千古所獨絶也。嗚呼！立斯立，道斯行，綏斯來，動斯和，生榮死哀，吾夫子之功績，既不獲稍見於世，則用行之志，不能無望於門弟子也。然而諸賢者，亦相與沈淪下位，負才以終。何哉？
>
> 或曰："伊尹負鼎而勉湯以王，百里奚飯牛車下，而繆公用霸，諸賢當時盍亦稍貶其節乎？"孟子曰："未聞以道殉乎人者也。"孔子惟不屑自貶其道，是以卒老於洙、泗；諸賢不忍違背師法，亦不肯以師道殉人，故寧雲散風流，没世牖下而不自悔。

嗚呼！悲矣！不百年後，如儀、秦，如悝、武，如鞅、斯，皆用揣摩苟合，取將相之尊，而以其學亂天下，而如諸賢者，方且於闃寂無聞之中，出其學派，傳嬗四方，淑世淑人，功德不可以勝紀。然則聖賢之徒，亦何負於世哉！有用人之權者，可以鑒矣！

然而後之讀是篇者，感師生之沉淪，慨大道之終湮，則往往欷歔不置云。①

唐文治先生慷慨於孔門學統的式微，致使蠅營狗苟之徒，借公共政治體以營一己的私利，置天下百姓的生存與福祉於不顧，曾經盛極的三代文明與禮樂，從此成爲任由侮辱與作賤的芻狗。一方面人主既不足爲天下的榜樣，而另一方面所謂道統中人的人物，也不外是爲虎作倀的爪牙，面對孔子門下諸賢的心志與氣象，豈能不赧然羞愧！唐文治先生爲孔門的失意而痛心，也爲了後世治統與道統的失心敗德、鮮廉寡恥而導致生民的騷困而悲憤。唐文治先生悲孔子、哀生民，憂歎欷歔，時至今天，猶然回蕩！然而宣示宗法孔子，則大道依然有歸，生生不息，以待來日！

本篇卒章"陳子禽謂子貢曰：子爲恭也，仲尼豈賢於子乎？子貢曰：君子一言以爲知，一言以爲不知，言不可不慎也！夫子之不可及也，猶天之不可階而升也。夫子之得邦家者，所謂立之斯立，道之斯行，綏之斯來，動之斯和。其生也榮，其死也哀。如之何其可及也"，唐文治先生點出：

"得邦家"，謂夫子得位乘時也。……愚案：《易傳》言"乾道變化，各正性命，保合大和，乃利貞"，《孟子》言"所過者化，所存者神"，蓋至誠盡性之學如此，此以聖功推王道也。②

孔子之功爲聖功，不徒見效於一時；其道爲"王道"，因聖德而推行，實事求是，不必空談。

（二十）

第二十篇《堯曰篇大義》高懸終極的"王道"大義，這是孔門義理的歸

---

① 唐文治《論語大義定本》，卷十九，第10—13頁。
② 同上書，第10頁。

宿，唐文治解釋：

> 唐柳宗元謂："《論語》之大，莫大乎《堯曰》一篇，是乃孔子常常諷道之辭。孔子者，覆生人之器也。上焉堯、舜之不遭，而禪不及己；下之無湯、武之勢，而己不得爲天吏。生人無以澤其德，日視聞其勞死怨呼，而己之德涸焉無所依而施，故於常常諷道云爾而止也。此聖人之大志也！弟子或知之，或疑之不能明，相與傳之，故於其爲書也，卒篇之首，嚴而立之。"文治謹案：柳氏之說是也。

> 蓋治統者原於道統，堯以是傳之舜，舜以是傳之禹，禹以是傳之湯，湯以是傳之文、武、周公，文、武、周公傳之孔子。《堯曰》一篇，以孔子之道統，繼堯、舜、禹、湯、文、武、周公之治統也。

> 文治恒即其文而尋繹之。曰："允執厥中，四海困窮，天祿永終"，蓋所謂執其兩端，用其中於民也。乃後儒高談允執厥中之理，而置四海困窮於不問，咨可歎也！"朕躬有罪，無以萬方；萬方有罪，罪在朕躬"，湯之言何其仁也！"周有大賚"至"所重民食喪祭"，皆周公經綸天下之大經也。"謹權量，審法度，脩廢官"，今有能行之者乎？"興滅國，繼絕世，舉逸民"，今有能行之者乎？"寬則得眾，信則民任焉，敏則有功，公則説"，此即以孔子之道統，繼堯、舜、禹、湯、文、武、周公之治統也。乃《春秋》筆削，徒以"素王"終，咨可歎也！"尊五美，屏四惡"，所以輔寬、信、敏、公之不足，因民之所利而利之，千古理財之要旨也。後世人士不知理財，而但求生財。更不知生財之道，而惟務斂財，浸至剝膚椎髓，掃地赤立，百姓愁怨，四海困窮，而上不得聞，咨可歎也！"出納之吝，謂之有司"，有司者，後世吏胥是也，其流毒至數千年，根株深固，綿綿延延而不可拔，無非吮生民之膏血以自肥，閭閻之痛苦乃益甚。咨可歎也！至"知命"、"知禮"、"知言"三者，乃又示萬世學者繼續道統之全功。然而"不知命"，無以知禪讓與繼世之正也；"不知禮"，無以立國也；"不知言"，無以興賢才而遠邪慝也。

> 是道統也，亦治統也。綜全篇數百言中，天下萬世之學術、治術，包括而無不盡。嗚呼！神乎微乎！聖人之志，其隱而可見乎！聖人之統，其絕而復續乎！然則二千數百年之後，有王者起，其必來取法乎！①

---

① 唐文治《論語大義定本》，卷二十，第6—8頁。

至此而歸於聖人之志與聖人之統,而期盼王者的復現。

卒章"子曰:不知命,無以爲君子也。不知禮,無以立也。不知言,無以知人也",唐文治先生説:

> 知命之學,由淺而及深者也。始焉安分素位而已。進而上之,則窮理盡性,以至於命,如顔子之不改其樂,孔子之知天命,疏水曲肱,樂在其中是已。樂則行之,憂則違之。此《易》潛龍之德,君子所性,分定故也。
>
> 知禮之學,亦由淺而及深者也。始焉品節詳明,不越秩序而已。進而上之,則非禮勿視、聽、言、動,而動作威儀之則,皆爲定命之符矣。此尊德性而道問學,由知天、事天而能立命者也。
>
> 知言之學,亦由淺而及深者也。始焉辨善惡邪正而已。進而上之,則不特知今人之言,且有以知古人之言;不特知諸子百家之言,且有以知聖經賢傳之言矣。以辭危而使知平,以辭易而使知傾,以慚枝多游而知叛、疑、躁、誣,孔子之知言也。以詖、淫、邪、遁而知其蔽、陷、離、窮,知其生心害政,發政害事,孟子之知言也。窮理之學,莫精於此。
>
> 此章三"不"字,三"無以"字,本爲淺者而言。然深味之,則精微廣大、天德、王道、聖功,無所不該。然後知聖人之言,義蘊閎深,挹之不盡,《論語》所以此章作結也。①

最後一章三談"知",與《論語》第一篇第一章的"學",互相呼應,則孔門義理,下學上達,一以貫之,儒學之道,至此圓融。

結　論

孔子義理是經學的核心,《論語》是理解孔子義理的關鍵。正視經學,必須正視《論語》。古今注解《論語》的著述,表面看來數量甚富,但具體考察,若論真知灼見,其實非常有限。

---

① 唐文治《論語大義定本》,卷二十,第5—6頁。

唐文治先生《論語大義》在"讀經救國"的前提下，表現極深沉的對歷史和未來的真誠關懷。二十篇大義融攝清儒所强調的經濟、義理、考據、辭章等四大學術面向，超越所有歪曲、割裂與支離，涵蓋了經學義理的整體脈絡與内容。

　　從"學"開始，展示天德、王道、聖功，把《尚書》以至《大學》的修、齊、治、平的經世理想，全體收納，歸於學者因"學"而"知"的自覺，發揚經學的體統，重建華夏學術的殿堂。經過唐文治先生的重新收拾，通過體、用的觀念，並發揮良知的意志論和孔門"一以貫之"的道義，指引時代人心向上的路徑。一部《論語大義》猶如一部儒家經學義理的專著，充分體現了體、用兼該的學術精神與宏偉氣象。

　　通過以上論述，本文試圖揭示《論語大義》對孔子義理進行的闡釋與重構，可以看出唐先生的學理水準與識見，遠遠超越枝節性的學究式考釋，《論語大義》可視爲彰顯經學建構方式與學術關懷的典範。正視並繼承唐先生《論語大義》海涵地負的氣魄，對於當代經學重新接續傳統經世之學的氣脈，從而繼往開來，爲中國經學的重生提供切實的啓示與榜樣，具有重大意義。

（作者單位：澳門大學中文系）

香港大學"《春秋》、《左傳》學"研究述要補

單周堯

【摘　要】筆者由20世紀70年代開始,即於香港大學講授《春秋》、《左傳》。1998年6月,筆者應中研院中國文哲研究所之邀,以"香港大學《左傳》學研究述要"爲題,作一演講,講稿其後刊於《中國文哲研究通訊》①。本文爲其續篇,内容包括(一) 論章炳麟《春秋左傳讀》時或求諸過深、(二)《春秋左傳讀叙錄》之評價問題、(三) 錢鍾書《管錐編》杜預《春秋序》札記管窺、(四) 杜預《春秋經傳集解序》"五情"説補識、(五) 論《春秋》"五情"——兼論"五情"與詩學之關係。

【關鍵詞】《春秋》　《左傳》　《春秋序》　《春秋左傳讀》《春秋左傳讀叙錄》　五情

筆者由20世紀70年代開始,即於香港大學講授《春秋》、《左傳》。1998年6月,筆者應中研院中國文哲研究所之邀,以"香港大學《左傳》學研究述要"爲題,作一演講,講稿其後刊於《中國文哲研究通訊》。本文爲其續篇。

一、論章炳麟《春秋左傳讀》時或求諸過深

1996年9月,筆者以"論章炳麟《春秋左傳讀》時或求諸過深"爲題,撰

---

① 載《中國文哲研究通訊》第八卷,第四期,臺北:中研院中國文哲研究所1998年版,第145—184頁。

寫論文,參加於淄博舉行之"《春秋》三傳國際學術研討會",該文發表於《管子學刊》1998年增刊(春秋經傳國際學術討論會專刊),其後又刊載於拙著《左傳學論集》①。現述其要如下:

　　章炳麟(1869—1936,號太炎)②《春秋左傳讀》,成書於光緒二十二年(1896),時章氏二十九歲。其書洽觀強識,旁稽遠紹,唯時或鈎索過深,易生穿鑿。如《春秋經》始於隱公,隱元年《經》曰:"夏,五月,鄭伯克段于鄢。"章氏竟謂:

　　　　烏乎!吾觀《春秋》首書此事於開端建始之時,而知公羊家爲漢制法之說非無據也。夫京之耦國,猶漢初之莫大諸侯也。段之爲母弟,猶漢初之淮南、厲王也。③

強藩耦國,代或有之,章氏竟謂"《春秋》開端書此,爲漢初垂戒也",豈非穿鑿!

　　又如隱、莊、閔、僖四公元年《春秋經》"元年春王正月"下,皆無"公即位"三字,隱公元年《左傳》釋其故曰:"不書即位,攝也",莊公元年《左傳》曰:"不稱即位,文姜出故也",閔公元年《左傳》曰:"不書即位,亂故也",僖公元年《左傳》曰:"不稱即位,公出故也",是隱、閔元年《左傳》作"不書即位",莊、僖元年《左傳》作"不稱即位",章氏曰:

　　　　劉子駿注:"恩深不忍,則《傳》言'不稱';恩淺可忍,則《傳》言'不書'。"賈侍中同。……《賈子·道德說》云:"書者,箸德之理於竹帛而陳之,令人觀焉。以著所從事,故曰:書者,此之箸者也。"《孝經援神契》云:"書,如也。"《說文·序》云:"箸於竹帛謂之書。書者,如也。"稱字,據《說文》,借爲偁。《釋言》云:"偁,舉也。"《釋訓》云:"偁偁、格格,舉也。"《說文》云:"偁,揚也。""揚,飛舉也。"《晉語》:"舉而從

---

① 載《管子學刊》1998年增刊,淄博:春秋經傳國際學術討論會專刊1998年版,第55—59頁,及拙著《左傳學論集》,臺北:文史哲出版社2000年版,第111—130頁。
② 案《章太炎先生家書》(上海:上海古籍出版社1986年版)叙言附注云:"據《太炎先生自定年譜》,先生生於清同治七年十一月三十日,合陽曆爲1869年1月12日。此書用公元紀年,故作1869年。"
③ 詳參《章太炎全集(二)》,上海:上海人民出版社1982年版,第66頁。

之。"注:"舉,起也。"《齊策》:"三十日而舉燕國。"注:"舉,拔也。"《淮南·道應》:"舉白而進之。"注:"進酒也。"是書者,實箸此事,文與事相如也。偶者,飛舉此事,舉有拔起之訓,則是文過於其事也。隱以子少攝位無論矣,閔以子弒代立,言"恩淺可忍"云何? 曰:較之莊、僖,則閔子弒,而莊君弒也;閔繼一弒,而僖繼二弒也。故隱、閔"恩淺可忍",莊、僖"恩深不忍"。可忍者,《春秋》許其即位,但不如其事以著之;不忍者,并罪其即位。雖立,未討賊,猶不立也。不立而言即位,是謂文過其事,故不稱即位也。《傳》文義訓如此,杜預妄以爲一,不知文有散言、析言之異。散言則偶亦書也,故《墨子·經》云:"舉,擬實也。"襄二十七年《傳》云:"仲尼使舉,是禮也。"此皆與"書者,如也"同。至析言則異矣。①

案:魯隱公之父惠公,元妃孟子②。孟子卒,繼室以聲子,生隱公。惠公又娶仲子於宋,生桓公。仲子生而有文在其手,曰爲魯夫人,惠公愛之,有以仲子爲夫人之意。故惠公薨,隱公追成父志,以位讓桓;但桓年少,隱且攝君位,待其年長,故於歲首不即君位③。此章氏所謂"隱以子少攝位"也。"閔以子弒代立"者,子謂子般,莊公子。莊公薨,子般即位。莊公之長弟慶父使圉人犖弒子般,其三弟季友奔陳,立莊公庶子閔公爲君,國亂,不得行即位之禮,故《春秋》不書即位④。至於章氏謂"莊君弒"者,蓋指魯莊公之父桓公遇害於齊也。初,魯桓公會齊襄公於濼,後相隨至齊,桓公夫人淫於襄公,桓公謫之,夫人告襄公。襄公遂設宴享桓公,宴畢,使公子彭生助桓公登車,搚其軀幹而殺之。及魯莊公立,以父弒母出,遂不忍行即位之禮,故《左傳》曰:"不稱即位,文姜出故也。"⑤章氏謂"閔繼一弒,僖繼二弒"者,指慶父弒子般而閔公繼位,慶父再弒閔公而僖公繼位也。慶父既弒閔公,季友以僖公適邾,故僖元年《左傳》曰:"不稱即位,公出故也。"⑥章氏曰:

---

① 《章太炎全集(二)》,第71—72頁。爲配合《嶺南學報》之撰稿格式及使全文格式統一,本論文之引文,所用書名號及篇名號與原書不盡相同。
② 楊伯峻《春秋左傳注》(修訂本)(北京:中華書局1990年版,第2頁)釋"孟子"曰:"孟是排行,即老大……子則母家姓。宋國姓子,則孟子乃宋國女。"
③ 參隱公元年《左傳》及注、疏。
④ 參楊伯峻《春秋左傳注》,第254、256頁。
⑤ 參桓公十八年及莊公元年《左傳》及注、疏。
⑥ 參閔公二年及僖公元年《左傳》及注、疏。

"隱、閔'恩淺可忍',莊、僖'恩深不忍'。可忍者,《春秋》許其即位,但不如其事以著之;不忍者,并罪其即位。雖立,未討賊,猶不立也。不立而言即位,是謂文過其事,故不稱即位也。"考子般遭弑而閔公立,慶父猶在,未嘗討賊也;及閔公遭弑,慶父奔莒,季友立僖公,以賂求慶父於莒,莒人歸慶父於魯,及密,未獲赦,慶父乃自縊,是終討賊也。章氏反謂僖"恩深不忍",又謂"雖立,未討賊,猶不立也",所言適與事實相反,至可異也!"稱"本訓"銓",借爲"偁",遂有"偁揚"之意,又引申爲"述説"、"記載"。不稱即位者,猶不載即位,與不書即位固無異也,孔疏引《左傳》內證,辨之甚詳,其言曰:

> 《傳》於隱、閔云"不書即位",於莊、僖云"不稱即位"者,《釋例》曰:"丘明於四公發傳,以'不書'、'不稱'起文,其義一也。"劉、賈、穎爲《傳》文生例云:"恩深不忍,則《傳》言'不稱';恩淺可忍,則《傳》言'不書'。"博據《傳》辭,殊多不通。案:殺欒盈則云"不言大夫",殺良霄則云"不稱大夫",君氏卒則云"不曰薨"、"不言葬"、"不書姓",鄭伯克段則云"稱鄭伯",此皆同意而別文之驗也。《傳》本意在解《經》,非曲文以生例,是言"不書"、"不稱"義同之意也。①

章氏求諸過深,反生穿鑿。

章氏年四十時,於《國粹學報》發表《與人論國粹學書》,其第二書云:"左氏故言,近欲次錄,昔時爲此,亦幾得五六歲,今仍有不愜意者,要當精心汰淅,始可以質君子,行篋中亦有札記數册,往者少年氣盛,立説好異前人,由今觀之,多穿鑿失本意,大氐十得其五耳。"②其自定年譜於《春秋左傳讀》亦云:"……書成,然尚多凌雜,中歲以還,悉删不用,獨以'叙錄'一卷、'劉子政左氏説'一卷行世。"③今觀《春秋左傳讀》一書,雖多凌雜,然闡微窮賾,廓拘啓窒之處,亦自不少④,悉删不用,未免可惜。惟用此書者,於其求諸過深、穿鑿附會之處,亦不可不慎焉。

---

① 此爲隱公元年《左傳》"不書即位,攝也"下之孔疏。
② 見《國粹學報》第 37 期社説第 2b 頁。
③ 《太炎先生自定年譜》,香港:龍門書店 1965 年版,第 5 頁。
④ 如上文所引宣十二年《左傳》:"百官象物而動",章氏謂"百官統指在軍有職者",楊伯峻《春秋左傳注》即云:"按之上下文俱言軍事,有理。"(第 724 頁)

沈玉成先生（1932—1995）《春秋左傳學史稿》，於章氏之"左傳學"，僅論及《春秋左傳讀叙錄》與《春秋左氏疑義答問》，於《春秋左傳讀》則無一語及焉。惟《春秋左傳讀》一書，於《左傳》之古字古詞、典章名物、微言大義，靡不殫心竭慮，索隱鈎沈①，雖或鑿空駕遠，紊實瀆真，然破聚訟未決之疑，發千古不傳之秘者，自亦不尠，研治"春秋左傳學史"者，自當揚其清芬，辨其舛謬，評定其功過得失。以專文討論《春秋左傳讀》者，似始自筆者《論章炳麟〈春秋左傳讀〉時或求諸過深》一文。

二、《春秋左傳讀叙錄》之評價問題

筆者嘗撰一文，討論《春秋左傳讀叙錄》之評價問題②，於北京語言大學中華文化研究所 2009 年 8 月 15 至 18 日舉行之"春秋三傳與經學文化國際學術討論會"上宣讀。

章門弟子諸祖耿（1899—1989）《記本師章公自述治學之功夫及志向》一文，嘗談及《春秋左傳讀叙錄》之評價問題。諸氏述章太炎之言曰：

> 既治《春秋左氏傳》，爲《叙錄》，駁常州劉氏。書成，呈曲園先生，先生搖首曰："雖新奇，未免穿鑿，後必悔之。"③

據諸氏所述，"穿鑿"似爲俞樾（1821—1906）對《春秋左傳讀叙錄》之主要評價。惟筆者嘗讀《春秋左傳讀叙錄》一書，深覺以"穿鑿"評之，似非公允。茲舉例說明如下：

（1）劉逢禄（1776—1829）曰："夫子《春秋》，七十子之徒口受其傳指，今所傳者，惟公羊氏而已。"章太炎駁之曰："左氏、公羊氏皆不在七十子中。

---

① 《春秋左傳讀·校點説明》亦云："《春秋左傳讀》，撰於 1891—1896 年。作者承襲乾、嘉漢學傳統，熟練地運用前人文字音韻學成果，廣泛地對《左傳》和周、秦、兩漢典籍進行比較研究，在考訂詮釋《春秋左氏傳》古字古詞、典章名物、微言大義方面，提出了不少精到的見解。"見《章太炎全集（二）》第 1 頁。
② 《〈春秋左傳讀叙錄〉的評價問題》，載於《中國文化研究》第 4 期（總第 66 期）（2009 年 11 月），第 23—30 頁；又載於《〈春秋〉三傳與經學文化》，長春：長春出版社 2009 年版，第 340—359 頁。
③ 諸祖耿《記本師章公自述治學之功夫及志向》，載於《制言》第 25 期（1936 年 9 月）。

而左氏親見素王,則七十子之綱紀。《公羊》末師非其比也。"①筆者案:《春秋左傳正義·序》孔穎達(574—648)疏引沈文阿②(503—563)曰:"《嚴氏春秋》引《觀周篇》云:'孔子將脩《春秋》,與左丘明乘,如周,觀書於周史,歸而脩《春秋》之《經》,丘明爲之《傳》,共爲表裏。'"③司馬遷(前145—前86)《史記·十二諸侯年表》曰:"七十子之徒,口受其傳指,爲有所刺譏褒諱挹損之文辭,不可以書見也。魯君子左丘明,懼弟子人人異端,各安其意,失其真,故因孔子史記,具論其語,成《左氏春秋》。"④《漢書·藝文志》春秋家小序曰:"……仲尼思存前聖之業……以魯周公之國,禮文備物,史官有法,故與左丘明觀其史記,據行事,仍人道,因興以立功,就敗以成罰,假日月以定曆數,藉朝聘以正禮樂。有所褒諱貶損,不可書見,口授弟子,弟子退而異言。丘明恐弟子各安其意,以失其真,故論本事而作《傳》,明夫子不以空言說《經》也。"⑤杜預《春秋左氏經傳集解·序》曰:"左丘明受《經》於仲尼。"⑥趙生群先生《春秋經傳研究》,亦認爲《春秋》、《左傳》二書作者當爲關係非常密切之同時人,蓋《春秋》"不書"之例,内容廣泛,情況複雜,且古今懸隔多時,《左傳》作者能逐一揭示《春秋》"不書"之故,其手中必握有孔子作《春秋》之藍本,了解《春秋》史料之取捨範圍,而且對《春秋》之體例,了如指掌。此外,《左傳》提及孔子50次,其中約30次引用孔子所言以釋經,其所引皆不見於《公羊》、《穀梁》,爲《左傳》所獨有⑦。是章太炎謂左氏親見孔子,非《公羊》末師可比,非虚語也。

(2)《史記·十二諸侯年表》曰:"魯君子左丘明,懼弟子人人異端,各安其意,失其真,故因孔子史記,具論其語,成《左氏春秋》。"⑧劉逢禄曰:"夫子之經,書於竹帛,微言大義不可以書見,則游、夏之徒傳之。丘明蓋生魯悼後,徒見夫子之經及史記、《晉乘》之類,而未聞口受微恉。當時口説多

---

① 參《章太炎全集(二)》第810頁。
② 《春秋左傳正義·序》作"沈文何"(見《十三經注疏》本《春秋左傳正義》,臺北:臺北藝文印書館景印清嘉慶二十年南昌府學重刊本,總頁第4頁),《隋書·經籍志》作"沈文阿"(見《隋書》北京:中華書局1973年版,第930頁),今從《隋書·經籍志》。
③ 《春秋左傳正義》,總頁第11頁。
④ 《史記》,北京:中華書局1972年版,第509—510頁。
⑤ 《漢書》,北京:中華書局1975年版,第1715頁。
⑥ 《春秋左傳正義》,總頁第11頁。
⑦ 參趙生群《春秋經傳研究》,上海:上海古籍出版社2000年版,第75—77頁。
⑧ 《史記》,第509—510頁。

異，因具論其事實，不具者闕之。曰'魯君子'，則非弟子也；曰《左氏春秋》，與《鐸氏》、《虞氏》、《吕氏》並列，則非傳《春秋》也。故曰《左氏春秋》，舊名也；曰《春秋左氏傳》，則劉歆所改也。"章太炎駁之曰："名者，實之賓。《左氏》自釋《春秋》，不在其名'傳'與否也。正如《論語》命名，亦非孔子及七十子所定。《論衡·正說篇》云：'初，孔子孫孔安國以教魯人扶卿，官至荆州刺史，始曰《論語》。'是《論語》乃扶卿所名。然則其先雖不曰《論語》，無害其爲孔子之語也。正使子駿以前，《左氏》未稱爲傳，亦何害其爲傳經乎？若《左氏》自爲一書，何用比附孔子之《春秋》，而同其年月爲？尋太史公言：'因孔子史記，具論其語，成《左氏春秋》。'因之云者，舊有所仍，而敷暢其恉也。且曰：'懼弟子人人異端，各安其意，失其真。'此謂口授多譌，故作書以爲簡別，固明《春秋》之義，非專塗附其事矣。……至孔子言'與左同恥'，則是朋友而非弟子，易明也。何見必後孔子者乃稱'魯君子'乎？謂生魯悼後者，以《傳》有'悼之四年'，據《魯世家》言，悼公在位三十七年，去獲麟已五十年耳，然使左氏與曾子年齒相若，則終悼世尚未及八十也。"①筆者案：章太炎謂"名者，實之賓。《左氏》自釋《春秋》，不在其名《傳》與否也"，其說甚是。《左氏春秋》與《春秋左氏傳》名稱之不同，猶《史記·儒林傳》稱《穀梁春秋》②及《漢書·儒林傳》稱《公羊春秋》、《穀梁春秋》③，而《漢書·藝文志》則稱《公羊傳》、《穀梁傳》也④。若據《史》、《漢》之《儒林傳》所稱，則《公》、《穀》亦不傳《春秋》矣⑤。故《左氏》自傳《春秋》，不在其名"傳"與否也。至於劉逢禄謂"丘明蓋生魯悼後"，章太炎曰："謂生魯悼後者，以《傳》有悼之四年。"筆者案：哀公二十七年《左傳》末段云："悼之四年，晉荀瑤帥師圍鄭。……"⑥胡念貽（1924—1982）《左傳的真僞和寫作時代問題考辨》⑦一文，認爲此段文字蓋後人所加⑧。章太炎則曰："使左氏與曾子年齒相若，則終悼世尚未及八十也。"綜觀章氏所言，並非穿鑿。

---

① 《章太炎全集（二）》，第810—812頁。
② 參《史記》，第3129頁。
③ 參《漢書》，第3607、3617頁。
④ 同上書，第1713頁。
⑤ 參張高評《左傳導讀》，臺北：文史哲出版社1987年版，第106頁。
⑥ 《春秋左傳正義》，總頁第1054頁。
⑦ 原載《文史》第十一輯，第1—33頁，後收入胡氏所著《中國古代文學論稿》，上海：上海古籍出版社1987年版，第21—76頁。
⑧ 參《中國古代文學論稿》，第50—51頁。

（3）《漢書·藝文志》著録《左氏傳》三十卷①。劉逢祿曰："太史公時名《左氏春秋》，蓋與《晏子》、《鐸氏》、《虞氏》、《吕氏》之書同名，非傳之體也。《左氏傳》之名，蓋始於劉歆《七略》。"章氏駁之曰："所謂傳體者如何？惟《穀梁傳》、《禮喪服傳》、《夏小正傳》與《公羊》同體耳。毛公作《詩傳》，則訓故多而説義少，體稍殊矣；伏生作《尚書大傳》，則敘事八而説義二，體更殊矣；《左氏》之爲傳，正與伏生同體。然諸家説義雖少，而宏遠精括，實經所由明，豈必專尚裁辯乃得稱傳乎？孔子作《十翼》，皆《易》之傳也，而《彖》、《象》、《文言》、《繫辭》、《説卦》、《序卦》、《襍卦》，其體亦各不同。一人所述，尚有異端，況《左氏》與《公羊》，寧能同體？"又曰："且言傳者，有傳記，有傳注，其字皆當作專。《論語》：'傳不習乎？'魯讀傳爲專。《説文》：'專，六寸簿也。'（此本手版，引申爲簿籍。漢時已有簿責之語。）鄭君《論語序》云：'《春秋》，二尺四寸書之；《孝經》，一尺二寸書之（此孔氏《左傳正義》所引，與賈氏《儀禮疏》所引不同，此爲是）；《論語》，八寸。'案：《春秋》二尺四寸，六經同之。《孝經》、《論語》，愈謙愈短。然則釋經之書，宜更短於《論語》八寸。若四寸，則不容書，故降八寸，則不得不爲六寸。鄭注《尚書》，謂三十字一簡；服注《左氏》，謂古文篆書一簡八字。蓋《尚書》長二尺四寸，《左氏傳》六寸，正得四分之一。三十字四分之，則爲七字半，半字不可書，故稍促爲八字。此傳當稱專可知。"又曰："《左傳》之爲左專，猶鄭氏説《詩》稱《鄭箋》。箋者，表識書也。同此，傳名得兼傳記、傳注二用，亦猶裴松之注《三國志》……撰集事實，以見同異，間有論事情之得失，訂舊史之譌非，無過百分之一，而解詁文義，千無二三。今因《左氏》多舉事實，謂之非傳，然則裴松之於《三國志》，亦不得稱注邪？且《左氏》釋經之文，科條數百，固非專務事實者。而云非傳之體，則《尚書大傳》又將何説？"②筆者案：張高評先生《左傳導讀》曰："蓋傳體之不一，因書而異，豈可強同？傳之爲字，蓋'專'文之假借，《説文》所謂'六寸簿'者是也。《左氏春秋》既以六寸簡寫成，自可稱《左專》，亦即《左傳》。凡書之名'專'（'傳'）者，以'六寸簿'得名；或論義理、或言訓詁、或叙事實，皆傳之一體也，無所謂非傳也。章氏之説，得其觚理，不易之論也。"③其説是也。

---

① 《漢書》，第1713頁。
② 《章太炎全集（二）》，第821—822頁。
③ 張高評《左傳導讀》，第107頁。

由此可見，《春秋左傳讀叙録》所言，大抵合情合理，並非"穿鑿"。竊疑俞樾以爲"未免穿鑿"者，當爲《春秋左傳讀》，而非《春秋左傳讀叙録》。

熊月之所著《章太炎》一書，即誤以《春秋左傳讀》爲《春秋左傳讀叙録》，熊書云：

> 在詁經精舍裏，章太炎還寫成了《春秋左傳讀》一書，五十多萬字。他站在古文經學的立場上，專門駁斥常州今文經學派劉逢禄等人。書成之後，呈送俞樾過目。老先生閱後，連連摇頭，説是"雖新奇，未免穿鑿，後必悔之"。這説明章太炎這時的學問還不那麽成熟。這本書也没有立即刊印。①

筆者案：專門撰述以駁劉逢禄者，當爲《春秋左傳讀叙録》，而非《春秋左傳讀》。《章太炎全集(二)·春秋左傳讀校點説明》云：

> 《春秋左傳讀叙録》，原名《後證砭》，爲反駁劉逢禄《左氏春秋考證》卷二《後證》而作，論證《左氏春秋》"稱傳之有據，授受之不妄"。②

又云：

> 《春秋左傳讀》，撰於 1891—1896 年。作者承襲乾、嘉漢學傳統，熟練地運用前人文字音韻學成果，廣泛地對《左傳》和周、秦、兩漢典籍進行比較研究，在考訂詮釋《春秋左氏傳》古字古詞、典章名物、微言大義方面，提出了不少精到的見解。③

兩書分别甚明。固然，《春秋左傳讀》亦有駁劉逢禄者，《春秋左傳讀叙録·序》云：

> 懿《左氏》、《公羊》之蠹，起於邵公。其作《膏肓》，猶以發露短長

---

① 熊月之《章太炎》，上海：上海人民出版社 1982 年版，第 9 頁。
② 《章太炎全集(二)》，第 2 頁。
③ 同上書，第 1 頁。

爲趣。及劉逢禄，本《左氏》不傳《春秋》之説，謂條例皆子駿所竄入，授受皆子駿所構造，著《左氏春秋考證》及《箴膏肓評》，自申其説。彼其摘發同異，盜憎主人。諸所駁難，散在《讀》中。①

章氏《春秋左傳讀》駁斥劉逢禄之説，黃翠芬於《章太炎春秋左傳學研究》，嘗加羅列，並云：

縱觀《左傳讀》散見章氏駁劉氏之説，針對公羊家言僅能零散論議，反駁相當有限。真正深切完整的駁辯，有待專篇的《春秋左傳讀叙録》。因此，完成專文駁劉逢禄之説，還是以《叙録》爲主。②

黃氏所言甚明。至於俞樾搖首一事，諸祖耿《記本師章公自述治學之功夫及志向》一文，述章太炎之言曰：

既治《春秋左氏傳》，爲《叙録》，駁常州劉氏。書成，呈曲園先生，先生搖首曰："雖新奇，未免穿鑿，後必悔之。"③

竊疑章太炎當時與諸祖耿諸人提及其著《春秋左傳讀叙録》以駁劉逢禄，同時又提及其《春秋左傳讀》書成，呈交俞樾，俞樾搖首曰："雖新奇，未免穿鑿，後必悔之。"而諸祖耿則將二事混爲一談。章太炎爲浙江餘杭人，諸祖耿爲江蘇無錫人，二人溝通起來可能有所阻隔，而諸祖耿對《左傳》又無專門研究，遂混二書爲一。《記本師章公自述治學之功夫及志向》一文，發表於 1936 年 9 月 16 日出版之《制言》第 25 期太炎先生紀念專號，發表時章氏已逝世，發表前有無經章氏過目，則無從得知④。

章太炎生前，《春秋左傳讀》從未正式梓行。章氏多次談及此書，均表

---

① 《章太炎全集(二)》，第 808—809 頁。
② 黃翠芬《章太炎春秋左傳學研究》，臺北：文津出版社 2006 年版，第 148 頁。
③ 諸祖耿《記本師章公自述治學之功夫及志向》，載於《制言》第 25 期(1936 年 9 月)。
④ 《記本師章公自述治學之功夫及志向》一文開端曰："民國二十二年四月十八日，本師章公寓蘇州十全街曲石精廬，爲乘六、澋秋、伸犖、希泌諸兄道此，祖耿得從旁記之。二十二年八月十二日識。"此文大概於 1933 年 8 月 12 日寫成，《制言》第 25 期於 1936 年 9 月 16 日出版，中間相隔約三年，但發表前有沒有經章太炎過目，則無從得知。

示不甚滿意。於 1907 年出版之《國粹學報》中,章氏發表《與人論國粹學書》,其第二書云:"左氏故言,近欲次録,昔時爲此,亦幾得五六歲,今仍有不愜意者,要當精心汰淅,始可以質君子,行篋中亦有札記數册,往者少年氣盛,立説好異前人,由今觀之,多穿鑿失本意,大氐十可得五耳。"①其自定年譜於《左傳讀》亦云:"……書成,然尚多凌雜,中歲以還,悉删不用,獨以《叙録》一卷、《劉子政左氏説》一卷行世。"②章氏謂《春秋左傳讀》"多穿鑿失本意",其自我評價,即可能受其師俞樾昔日評語之影響。由於"尚多凌雜","中歲以還,悉删不用",而以《叙録》行世,是章氏認爲《春秋左傳讀叙録》可用也。《章太炎全集(二)·春秋左傳讀校點説明》云:

  《春秋左傳讀叙録》……1907 年發表於《國粹學報》。上海右文社《章氏叢書》初集、浙江圖書館《章氏叢書》、上海古書流通處《章太炎先生所著書》俱收録此書的增訂本。③

筆者案:上海右文社《章氏叢書》初集出版於 1916 年④,《章氏叢書》浙江圖書館刻本出版於 1917—1919 年⑤,《章太炎先生所著書》上海古書流通處印本出版於 1924 年⑥。如章太炎認爲《春秋左傳讀叙録》穿鑿,決不可能一再出版。

  沈玉成先生《春秋左傳學史稿》謂章太炎《春秋左傳讀叙録》駁斥僞作説,其下列意見,均甚有價值:(一)《韓詩外傳》引《左傳》所記,稱《春秋之志》,是《左傳》於先秦已有《春秋》之名,與《虞氏春秋》、《吕氏春秋》非同類著作。(二)對劉歆附益之説,章氏認爲:(1)"處者爲劉累"乃媚漢之辭,若劉歆附新亡漢,不當附益若此。(2)所謂君子所論乖異,章氏認爲:"孔子之意,本待傳見,未嘗自言,何以知其乖異?……是乖異於《公羊》也。"(3)所謂凡例釋《經》出劉歆僞作,章氏認爲:"《傳》之凡例,始由子駿發揮,

---

① 載於《國粹學報》第 37 期社説第 2b 頁。
② 《太炎先生自定年譜》,第 5 頁。
③ 《章太炎全集(二)》,第 2 頁。
④ 參湯志鈞編《章太炎年譜長編》,北京:中華書局 1979 年版,上册,第 513 頁。
⑤ 參汪榮祖《章太炎研究》,臺北:李敖出版社 1991 年版,第 327 頁。
⑥ 參湯志鈞編《章太炎年譜長編》,下册,第 788 頁。案:《章太炎先生所著書》,湯書作《章氏叢書》。

非謂自有所造。且杜預《釋例》所載子駿説經大義尚數十條,此固出自胸臆,亦或旁采《公羊》,而與《傳》例不合。若《傳》例爲子駿所造,何不並此數十條入之傳文,顧留此以遺後人指摘乎?"(4)劉歆與尹咸共校圖書,安敢私有增損?(5)自北平獻書,共王破壁,以至子駿,百有餘年,墨漆新故,勢有不符。(6)劉逢禄以劉歆借助翟方進之名,而章氏認爲:"以《左》諂王莽,而王莽甚惡方進,且移讓書中不舉方進之名,在漢時未假以爲重,莽時又不能借以爲重。"沈氏認爲其所駁論,均頗能言之成理,其後錢穆作《劉向、歆父子年表》,其議論也多由此引發①。是沈玉成先生亦認爲《春秋左傳讀叙録》爲一有價值之書。

綜上所論,筆者遂疑諸祖耿混《春秋左傳讀》及《春秋左傳讀叙録》二書爲一,草成《〈春秋左傳讀叙録〉的評價問題》一文,於"春秋三傳與經學文化國際學術討論會"宣讀,其後在《中國文化研究》第66期發表②,又刊載於《〈春秋〉三傳與經學文化》一書③。

三、錢鍾書《管錐編》杜預《春秋序》札記管窺

1999年5月,筆者於臺灣大學舉辦之"《周易》與《左傳》學術研討會"中,宣讀《錢鍾書〈管錐編〉杜預〈春秋序〉札記管窺》一文。

杜預《春秋經傳集解·序》(簡稱《春秋序》)④云:

爲例之情有五:一曰微而顯,文見於此,而起義在彼,稱族尊君命、

---

① 參沈玉成《春秋左傳學史稿》,南京:江蘇古籍出版社1992年版,第352—353頁。
② 載於《中國文化研究》第4期(總第66期)(2009年11月),第23—30頁。
③ 載於《〈春秋〉三傳與經學文化》,長春:長春出版社2009年版,第340—359頁。
④ 孔疏曰:"此序題目文多不同,或云《春秋序》,或云《左氏傳·序》,或云《春秋經傳集解·序》,或云《春秋左氏傳·序》,案晉古本及今定本並云《春秋左氏傳·序》,今依用之。南人多云:'此本《釋例》序,後人移之於此',且有題曰《春秋釋例·序》,置之《釋例》之端,今所不用;晉大尉劉寔,與杜同時人也,宋大學博士賀道養,去杜亦近,俱爲此序作注,題並不言《釋例·序》,明非《釋例》序也。又晉宋古本序在《集解》之端,徐邈以晉世言'五經'音訓,爲此序作音,且此序稱分年相附,隨而解之,名曰《經傳集解》,是言爲《集解》作序也,又別集諸例,從而釋之,名曰《釋例》,異同之說,《釋例》詳之,是其據《集解》而指《釋例》,安得爲《釋例》序也。"(《春秋左傳正義》,卷一,第1a頁,總頁第6頁。)筆者案:據序文,則此序當名《春秋經傳集解·序》,今見《十三經注疏》本則作《春秋序》。

舍族尊夫人、梁亡、城緣陵之類是也；二曰志而晦，約言示制，推以知例，參會不地、與謀曰及之類是也；三曰婉而成章，曲從義訓，以示大順，諸所諱辟、璧假許田之類是也；四曰盡而不汙，直書其事，具文見意，丹楹刻桷、天王求車、齊侯獻捷之類是也；五曰懲惡而勸善，求名而亡，欲蓋而章，書齊豹盜、三叛人名之類是也。①

錢鍾書先生（1910—1998）《管錐編》曰：

> 竊謂五者乃古人作史時心嚮神往之楷模，殫精竭力，以求或合者也，雖以之品目《春秋》，而《春秋》實不足語於此。②

案：所謂五情者，"微而顯"云云，蓋出自成公十四年九月《左傳》：

> 故君子曰："《春秋》之稱，微而顯，志而晦，婉而成章，盡而不汙，懲惡而勸善，非聖人誰能脩之！"③

是君子所讚譽《春秋》者，錢先生則認爲"《春秋》實不足語於此"，蓋君子之"微而顯，志而晦，婉而成章，盡而不汙，懲惡而勸善"，非徒錢先生所謂"古人作史時心嚮神往之楷模"也。錢先生似未得君子本意，亦未得杜預《春秋序》之本意。蓋若衡之以史學，則僖公十九年《春秋經》"梁亡"④一語，何止爲"斷爛朝報"⑤，實有誤導讀者之弊。杜預《春秋序》所以稱之者，乃因其"文見於此，而起義在彼"，能"發大義"，"指行事以正褒貶"⑥；《春秋序》總

---

① 《春秋左傳正義》，卷一，第12b—17b頁，總頁第11—14頁。
② 《管錐編》，北京：中華書局1979年版，第161頁。
③ 《春秋左傳正義》，卷二十七，第19b頁，總頁第465頁。
④ 僖公十九年《春秋經》曰："梁亡。"《左傳》曰："梁亡，不書其主，自取之也。初，梁伯好土功，亟城而弗處。民罷而弗堪，則曰：'某寇將至'，乃溝公宮。曰：'秦將襲我'，民懼而潰，秦遂取梁。"（見《春秋左傳正義》，卷十四，第21b頁，總頁第239頁。）杜注釋《左傳》"不書其主"曰："不書取梁者主名。"（見《春秋左傳正義》，卷十四，第23b頁，總頁第240頁。）僖公十九年孔疏曰："不書所取之國，以爲梁國自亡，非復取者之罪，所以深惡梁耳，非言秦得滅人國也。"（見《春秋左傳正義》，卷十四，第21b頁，總頁第239頁。）又《春秋序》孔疏曰："秦人滅梁，而曰'梁亡'，文見於此。梁亡，見取者之無罪。"（見《春秋左傳正義》卷一，第16b頁，總頁第13頁。）
⑤ 錢氏《管錐編》第161頁即引此語議《春秋》載事不如《左傳》。
⑥ 皆《春秋序》語。

結"微而顯"等五情曰:"推此五體,以尋《經》、《傳》,觸類而長之,附於二百四十二年行事,王道之正、人倫之紀備矣。"①即本此意。君子亦因此而盛推《春秋》曰:"非聖人誰能脩之!"錢先生以純史學觀點評論《春秋》,似失《左傳》與杜預《春秋序》之旨。

《管錐編》又云:

> 就史書之撰作而言,"五例"之一、二、三、四示載筆之體,而其五示載筆之用。②

錢先生以爲"微而顯"、"志而晦"、"婉而成章"、"盡而不汙"四者示載筆之體,"懲惡而勸善"示載筆之用,其説與竹添光鴻(1842—1917)略同。竹添氏説"懲惡而勸善"曰:

> 此總上四者言之。杜《序》以爲五體,非矣。上四者此所以懲惡而勸善也。……《春秋》外上四者,而別有勸懲之書法乎?③

筆者認爲竹添光鴻與錢先生之説,似尚可細析。"微而顯"等五者似可分三層看,"微而顯、志而晦",主要謂字面之效果;"婉而成章、盡而不汙",主要謂書寫之態度;"懲惡而勸善",主要謂其對社會之影響,三者不必互相排斥,如僖公二十八年《經》:"天王狩于河陽。"④《傳》曰:"是會也,晉侯召王,以諸侯見,且使王狩。仲尼曰'以臣召君,不可以訓',故書曰:'天王狩于河陽。''天王狩于河陽。'言非其地也,且明德也。"⑤杜注:"晉侯大合諸侯,而欲尊事天子以爲名義,自嫌强大,不敢朝周。喻王出狩,因得盡群臣之禮,皆譎而不正之事。"⑥又曰:"隱其召君之闕,欲以明晉之功德。"⑦孔疏曰:"聖人作法,所以貽訓後世,以臣召君,不可以爲教訓,故改正舊史。舊史當

---

① 《春秋左傳正義》,卷一,第18a頁,總頁第14頁。
② 《管錐編》,第162頁。
③ 《左氏會箋》,臺北:古亭書屋1969年版,卷十三,第23頁。
④ 《春秋左傳正義》,卷十六,第16b頁,總頁第269頁。
⑤ 同上書,第30a—31a頁。
⑥ 同上書,第30a頁。
⑦ 同上書,第31a頁。

依實而書,言'晉侯召王,且使王狩'。仲尼書曰:'天王狩于河陽。'言天王自來狩獵于河陽之地,使若獵失其地,故書之以譏王。"①此條似可歸"志而晦"(此處"志而晦"用竹添光鴻説②),亦可歸"婉而成章"及"懲惡而勸善"。

錢先生《管錐編》又云:

> "微"之與"顯","志"之與"晦","婉"之與"成章",均相反以相成,不同而能和。"汙",杜注:"曲也,謂直言其事,盡其事實,而不汙曲。"杜序又解爲"直書其事"。則齊此語於"盡而直",頗嫌一意重申,駢枝疊架,與前三語不倫。且也,"直"不必"盡"(the truth but not the whole truth),未有"盡"而不"直"者也。《孟子・公孫丑》章:"汙不至阿其所好",焦循《正義》:"'汙'本作'洿',蓋用爲'夸'字之假借,夸者大也";《荀子・大略》篇稱《小雅》"不以於汙上",亦即此"汙"字。言而求"盡",每有過甚之弊,《莊子・人間世》所謂"溢言"。不隱不諱而如實得當,周詳而無加飾,斯所謂"盡而不汙"(the whole truth, and nothing but the truth)耳。③

筆者認爲:"微"與"顯","志"與"晦",謂之相反尚可;"婉"與"成章",則非相反。杜注釋"婉而成章"曰:"婉,曲也。謂屈曲其辭,有所辟諱,以示大順,而成篇章。"④是"婉"謂如何"成章"也。既可言"婉而成章",亦可言"直而成章"。"直"與"成章",固非相反;"婉"與"成章",亦非相反。錢先生但注重同句中字義之關係,而忽略上下句之關係。"微而顯"與"志而晦",句意相反;"婉而成章"與"盡而不汙",句意亦相反。故杜預以"曲"訓"汙",蓋以"汙"爲"紆"之假借。言"盡而不汙",主要爲照顧句式,使之與"婉而成章"相若。"盡"與"不汙",意雖相關,但尚不至於"駢枝疊架"。錢先生以"汙"爲"夸"之假借,謂"不隱不諱而如實得當,周詳而無加飾,斯所謂

---

① 《春秋左傳正義》,卷十六,第30b頁。
② 竹添光鴻釋"志而晦"曰:"志者,微之反,具其辭也。晦者,顯之反,言義不可以辭而已矣,如'鄭伯克段于鄢'、'會于稷以成宋亂'、'晉趙盾弒其君夷皋'之類是也,'梁亡'、'城緣陵',亦當是例。見《左氏會箋》,卷十三,第22—23頁。
③ 《管錐編》,第162—163頁。
④ 《春秋左傳正義》,卷二十七,第19b頁,總頁第465頁。

'盡而不汙'"。其所言固史家之懸鵠,惟《春秋》重於褒貶,不重於如實。如桓公元年《經》曰:"三月,公會鄭伯於垂,鄭伯以璧假許田。"①鄭伯,蓋指鄭莊公。《左傳》曰:"三月,鄭伯以璧假許田,爲周公、祊故也。"②杜注:"魯不宜聽鄭祀周公,又不宜易取祊田,犯二不宜以動,故隱其實。不言祊,稱璧假,言若進璧以假田,非久易也。"③孔疏:"周公非鄭之祖,魯不宜聽鄭祀周公。天子賜魯以許田,義當傳之後世,不宜易取祊田。於此一事,犯二不宜以動,故史官諱其實。不言以祊易許,乃稱以璧假田,言若進璧於魯以權借許田,非久易然,所以諱國惡也。不言祊假而言以璧假者,此璧實入於魯,但諸侯相交,有執圭璧致信命之理,今言以璧假,似若進璧以致辭然,故璧猶可言,祊則不可言也。何則?祊、許俱地,以地易地,易理已章,非復得爲隱諱故也。"④又《春秋序》孔疏曰:"諸侯有大功者,於京師受邑,爲將朝而宿焉,謂之朝宿之邑。方岳之下,亦受田邑,爲從巡守備湯水以共沐浴焉,謂之湯沐之邑。魯以周公之故,受朝宿之邑於京師,許田是也。鄭以武公之故,受湯沐之邑於泰山,祊田是也。隱桓之世,周德既衰,魯不朝周,王不巡守,二邑皆無所用,因地勢之便,欲相與易。祊薄不足當許,鄭人加璧以易許田。諸侯不得專易天子之田,文諱其事。桓元年《經》書'鄭伯以璧假許田',言若進璧假田,非久易也。"⑤祊、許二地相易,而謂"以璧假許田",何如實之有!?又如隱公三年《經》:"三月庚戌,天王崩。"⑥《左傳》曰:"三月壬戌,平王崩,赴以庚戌,故書之。"⑦杜注:"實以壬戌崩,欲諸侯之速至,故遠日以赴。《春秋》不書實崩日,而書遠日者,即傳其僞,以懲臣子之過。"⑧孔疏:"仲尼脩經,當改正真僞,以爲褒貶。周人赴不以實,孔子從僞而書者,周人欲令諸侯速至,故遠其崩日以赴也。不書其實,而從其僞,言人知其僞,則過足章矣。故即傳其僞,以懲創臣子之過。"⑨案,隱公三年三月庚戌爲三月十二日,三月壬戌爲三月二十四日,赴日較實崩日早十二

---

① 《春秋左傳正義》,卷五,第1b頁,總頁第88頁。
② 同上書,卷四,第2a頁。
③ 同上書,卷四。
④ 同上書,第2a—2b頁。
⑤ 同上書,卷一,第17a—17b頁,總頁第14頁。
⑥ 《春秋左傳注疏》,卷三,第2a頁,總頁第49頁。
⑦ 同上書,卷二,第4a頁。
⑧ 同上書,第2a頁。
⑨ 同上書,第2b頁。

日。爲懲臣子之過，天子駕崩日期，尚且不如實記載。錢先生以一般史學觀點論之，似未得《春秋》要旨。

四、杜預《春秋經傳集解·序》五情説補識

2008年5月，筆者應中研院中國文哲研究所之邀，以"杜預《春秋經傳集解·序》五情説補識"爲題，作一演講，講稿其後刊於《中國文哲研究通訊》第20卷第4期①。於此之前，筆者嘗撰《杜預〈春秋經傳集解·序〉五情説補識》一文，刊於《燕京學報》新2期②。該文先引述杜預、孔穎達之説，然後加以討論。於《杜預〈春秋經傳集解·序〉五情説補識》中，筆者廣綜舊帙，薈萃群言，甄其同異，歸於一是，以補前文之闕。

杜預《春秋序》云：

> 爲例之情有五：一曰微而顯，文見於此，而起義在彼，稱族尊君命、舍族尊夫人、梁亡、城緣陵之類是也；二曰志而晦，約言示制，推以知例，參會不地、與謀曰及之類是也；三曰婉而成章，曲從義訓，以示大順，諸所諱辟、璧假許田之類是也；四曰盡而不汙，直書其事，具文見意，丹楹刻桷、天王求車、齊侯獻捷之類是也；五曰懲惡而勸善，求名而亡，欲蓋而章，書齊豹盜、三叛人名之類是也。③

（一）微而顯

五情之首爲"微而顯"，杜注釋之云："辭微而義顯。"④昭公三十一年孔疏曰："微而顯者，據文雖微隱，而義理顯著。"⑤

唯竹添光鴻則以"文字希少"釋"微"⑥，高本漢（1889—1978）、楊伯峻

---

① 載於《中國文哲研究通訊》第20卷，第4期，臺北：中研院中國文哲研究所2010年12月版，第79—119頁。
② 參《燕京學報》新2期，北京：北京大學出版社1996年8月版，第91—104頁；後收入拙著《左傳學論集》，第73—95頁。
③ 《春秋左傳正義》，卷一，第16—17頁。
④ 同上書，卷二十七，第19頁。
⑤ 同上書，卷五十三，第20頁。
⑥ 《左氏會箋》，卷十三，第22頁。

(1909—1992)説與竹添氏略同。高本漢釋"微而顯"曰："（微＝微小＝）簡潔但是却明白。"①楊伯峻曰："言辭不多而意義顯豁。"②案：三家之説，似有可商。《説文·彳部》："微，隱行也。"③雷浚(1814—1893)《説文引經例釋》於"隱行也"下曰："引伸爲凡隱匿之稱。"④又《説文·人部》有"散"字，段玉裁(1735—1815)《説文解字注》曰："散，眇也。"又云："眇，各本作妙。……凡古言散眇者，即今之微妙字。眇者，小也。引伸爲凡細之偁。"⑤細小，故微隱，其義相因。上引昭公三十一年孔疏以"微隱"釋"微"，可謂得之。董仲舒(前176—前104)《春秋繁露》云："《春秋》記天下之得失，而見所以然之故，甚幽而明。"⑥"幽而明"，殆即"微而顯"之意。"幽"、"微"未必與"文字希少"、"言辭不多"、"簡潔"全同也。

（1）稱族尊君命，舍族尊夫人

杜預所舉"微而顯"之首例爲"稱族尊君命，舍族尊夫人"。案成公十四年《春秋》曰："秋，叔孫僑如如齊逆女。"⑦又曰："九月，僑如以夫人婦姜氏至自齊。"⑧《左傳》曰："秋，宣伯如齊逆女，稱族，尊君命也。"⑨又曰："九月，僑如以夫人婦姜氏至自齊，舍族，尊夫人也。"⑩杜注曰："舍族，謂不稱叔孫。"⑪《春秋序》孔疏曰：

> 叔孫，是其族也。褒賞稱其族，貶責去其氏。銜君命出使，稱其族，所以爲榮；與夫人俱還，去其氏，所以爲辱。出稱叔孫，寧其榮名，所以尊君命也；入舍叔孫，替其尊稱，所以尊夫人也。族自卿家之族，稱舍別有所尊，是文見於此，而起義在彼。⑫

---

① 高本漢《高本漢左傳注釋》，臺北：中華叢書編審委員會1972年版，第340頁。
② 楊伯峻《春秋左傳注》（修訂本）（以下簡稱楊《注》），第870頁。
③ 見《説文解字詁林》，臺北：商務印書館1970年版，第816a頁。
④ 《説文解字詁林》，第816b頁。
⑤ 同上書，第3548b頁。
⑥ 董仲舒《春秋繁露》，臺北：商務印書館景印文淵閣《四庫全書》1983年版，第181册，卷二，第5頁。
⑦ 《春秋左傳正義》，卷二十七，第17頁。
⑧ 同上書，第18頁。
⑨ 同上書，第19頁。
⑩ 同上注。
⑪ 同上注。
⑫ 同上書，卷一，第16頁。

《左傳》以"稱族,尊君命"及"舍族,尊夫人"釋《春秋》,杜注、孔疏爲之疏解,篤信不疑。後儒紹其説者,有魏了翁(1178—1237)①、徐問(生卒年不詳,1502 進士)②等。

惟先儒亦有以《左傳》之説爲非者,如鄭玄(127—200)《箴膏肓》引何休(129—182)語曰:

> 《左氏》以叔孫僑如舍族爲尊夫人,按襄二十七年豹及諸侯之大夫盟,復何所尊而亦舍族?《春秋》之例,一事再見者,亦以省文耳。③

筆者案:襄公二十七年《春秋》曰:"夏,叔孫豹會晉趙武、楚屈建、蔡公孫歸生、衛石惡、陳孔奂、鄭良霄、許人、曹人于宋。……秋,七月,辛巳,豹及諸侯之大夫盟于宋。"④何休謂《左氏》以叔孫僑如舍族爲尊夫人,叔孫豹及諸侯之大夫盟,則無所尊,何以亦復舍族? 故以爲此乃一事再見省文之例。

案:襄公二十五年《左傳》曰:"季武子使謂叔孫以公命曰:'視邾、滕。'既而齊人請邾,宋人請滕,皆不與盟。叔孫曰:'邾、滕,人之私也;我,列國也,何故視之? 宋、衛,吾匹也。'乃盟。故不書其族,言違命也。"⑤視邾、滕者,以魯國比於邾、滕也。蓋邾、滕皆小國,其賦輕,季孫恐既屬晉又屬楚,貢獻於兩國,非國力所勝,故使謂叔孫豹以魯襄公之命曰:"以魯國比於小國邾、滕。"既而齊以邾爲其屬國,宋以滕爲其屬國。屬國皆不參與盟會。叔孫曰:"邾、滕皆他國之私屬,我則爲獨立國,何故自比於邾、滕? 宋、衛,則可與我魯國相等。"乃盟。《左傳》以爲《春秋》但書"豹"而不書其族者,蓋當時魯國君弱臣強,政令出於季氏,臣之小者,季氏以己意命之,皆不敢不從也。叔孫豹秉心強直,季氏所憚,恐不從己意,故假以公命命之。叔孫知非公命,故不肯從之。其實叔孫違命,止違季孫意耳。然若叔孫豹恭敬從命,則國內義士,仰以取法,知公之所命,悉不可違。尊君卑臣,在此一舉。惟叔孫乃較計是非,不肯同於小國。以其忘大順之道,違君之命,故

---

① 魏了翁《春秋左傳要義》,《四庫全書》,第153册,卷二十二,第4—5頁。
② 徐問《讀書劄記》,《四庫全書》,第714册,卷八,第4頁。
③ 鄭玄《箴膏肓》,《四庫全書》,第145册,第4頁。
④ 《春秋左傳正義》,卷三十八,第1—2頁。
⑤ 同上書,第9—10頁。

《春秋》貶之，不書其族，但書"豹"①。是《春秋》載"豹及諸侯之大夫盟"，雖無所尊，却有所貶。據《左傳》說，則非何休所謂一事再見省文之例。

宣公元年《春秋》曰："公子遂如齊逆女。三月，遂以夫人婦姜至自齊。"②《左傳》曰："春，王正月，公子遂如齊逆女，尊君命也。三月，遂以夫人婦姜至自齊，尊夫人也。"③此與"叔孫僑如如齊逆女"、"僑如以夫人婦姜氏至自齊"同例，孔疏"公子亦是寵號，其事與族相似"④，是也。《公羊傳》及何休亦以此爲省文，《公羊傳》曰："遂以夫人婦姜至自齊，遂何以不稱公子？一事而再見者，卒名也。"⑤何休注云："卒，竟也；竟但舉名者，省文。"⑥後世學者，贊同《公羊傳》而懷疑《左傳》說者甚夥，如劉敞（1019—1068）《春秋權衡》云：

> 十四年，叔孫僑如如齊逆女，九月，僑如以夫人婦姜氏至自齊。《左氏》曰："稱族，尊君命也"；"舍族，尊夫人也。"非也，一事而再見者，卒名之，此《春秋》之常耳，非爲尊君命，故舉氏，尊夫人，故舍族也。⑦

胡安國（1074—1138）⑧、葉夢得（1077—1148）⑨、戴溪（1141？—1215）⑩、馬永卿（1109年進士）⑪、張洽（1161—1237）⑫、黄仲炎（宋人，生卒年不詳，《春秋通說》成於紹定三年〔1230〕）⑬、黄震（1213—1280）⑭、趙鵬飛（宋人，生卒年不詳，其所著《經筌》刊於度宗咸淳八年壬申〔1272〕）⑮、吕大圭

---

① 參楊《注》，第1132頁；《春秋左傳正義》，卷三十八，第2頁及第10頁孔疏。
② 《春秋左傳正義》，卷二十一，第1頁。
③ 同上書，第3頁。
④ 同上書，第3頁。
⑤ 《春秋公羊傳正義》，卷十五，第1頁。
⑥ 《春秋左傳正義》，卷十五，第1頁。
⑦ 劉敞《春秋權衡》，《四庫全書》，第147册，卷六，第1頁。
⑧ 胡安國《胡氏春秋傳》，《四庫全書》，第151册，卷二十，第10頁。
⑨ 葉夢得《葉氏春秋傳》，《四庫全書》，第149册，卷十四，第20頁。
⑩ 戴溪《春秋講義》，《四庫全書》，第155册，卷三上，第57頁。
⑪ 馬永卿《嬾真子》，《四庫全書》，第863册，卷四，第10頁。
⑫ 張洽《張氏春秋集注》，《四庫全書》，第156册，卷七，第20頁。
⑬ 黄仲炎《春秋通說》，《四庫全書》，第156册，卷九，第15頁。
⑭ 黄震《黄氏日抄》，《四庫全書》，第707—708册，卷十一，第26頁。
⑮ 趙鵬飛《春秋經筌》，《四庫全書》，第157册，卷十，第65頁。

(1227—1275)①、俞皋（南宋進士，入元不仕，生卒年不詳）②、吴澄（1249—1333）③、程端學（1278—1334）④、陳深（1293—1362）⑤、汪克寬（1304—1372）⑥、熊過（明世宗嘉靖〔1522—1566〕時人，生卒年不詳）⑦、高攀龍（1562—1626）⑧、卓爾康（1570—1644）⑨、顧炎武（1613—1682）⑩、張尚瑗（1688年進士）⑪、何焯（1661—1722）⑫、嚴啓隆（清人，生卒年不詳）⑬、傅恒（？—1770）⑭、劉文淇（1789—1854）⑮等，亦贊同何休、劉敞之説。陳澧（1810—1882）更謂："此乃文法必當如此耳，左氏豈不知文法者乎！"⑯陳槃（1905—1999）《左氏春秋義例辨》於此有詳細辨析，可參⑰。是《左傳》"稱族，尊君命"，"舍族，尊夫人"云云，未必即書《經》之意。

除此之外，更有以爲"微而顯，志而晦，婉而成章，盡而不汙，懲惡而勸善"，俱爲僑如逆魯成公夫人一事而發。蓋杜預五情説，乃出自成公十四年《左傳》，傳文云：

> 秋，宣伯如齊逆女。稱族，尊君命也。……九月，僑如以夫人婦姜氏至自齊。舍族，尊夫人也。故君子曰："《春秋》之稱，微而顯，志而晦，婉而成章，盡而不汙，懲惡而勸善，非聖人誰能脩之！"⑱

---

① 吕大圭《吕氏春秋或問》，《四庫全書》，第157册，卷十六，第14頁。
② 俞皋《春秋集傳釋義大成》，《四庫全書》，第159册，卷八，第33頁。
③ 吴澄《春秋纂言》，《四庫全書》，第159册，卷八，第36頁。
④ 程端學《三傳辨疑》，《四庫全書》，第161册，卷十四，第12頁。
⑤ 陳深《讀春秋編》，《四庫全書》，第158册，卷八，第20頁。
⑥ 汪克寬《春秋胡傳附錄纂疏》，《四庫全書》，第165册，卷二十，第31—32頁。
⑦ 熊過《春秋明志錄》，《四庫全書》，第168册，卷八，第37頁。
⑧ 高攀龍《春秋孔義》，《四庫全書》，第170册，卷八，第18頁。
⑨ 卓爾康《春秋辯義》，《四庫全書》，第170册，卷十九，第12頁。
⑩ 顧炎武《日知錄》，《四庫全書》，第858册，卷四，第31頁。
⑪ 張尚瑗《三傳折諸》，《四庫全書》，第177册，卷十三，第10頁。
⑫ 何焯《義門讀書記》，《四庫全書》，第860册，卷十，第3頁。
⑬ 嚴啓隆《春秋傳注》，《續修四庫全書》，上海：上海古籍出版社1995年版，第138册，卷二十，第14—17頁。
⑭ 傅恒《御纂春秋直解》，《四庫全書》，第174册，卷八，第30頁。
⑮ 劉文淇《春秋左氏傳舊注疏證》，香港：太平書局1966年版，第903頁。
⑯ 陳澧《東塾讀書記》，上海：世界書局1936年版，第109頁。
⑰ 參陳槃《左氏春秋義例辨》，上海：商務印書館1947年版，卷一，第30—34頁，及《綱要》第61—62頁。
⑱ 《春秋左傳正義》，卷二十七，第17—19頁。

傅遜(明人,生卒年不詳)《春秋左傳屬事》曰:

> 爲君逆,故稱叔孫,舍族,爲不稱叔孫,因謂《春秋》之稱善也。或其詞微以隱矣,而其義則明以顯;惟因事以誌其事,而以義則深以晦;或婉曲以示順,而尤秩乎其成章;或盡其事而詳書之,而實粹乎其無汙;凡善者以襃,惡者以貶,而勸懲之訓著,故唯聖能之。①

傅氏以爲"微而顯,志而晦,婉而成章,盡而不汙,懲惡而勸善"等,盡爲僑如逆女一事而發,恐未必然。傅氏釋"盡而不汙"曰:"盡其事而詳書之,而實粹乎其無汙",似屬強解。且"如齊逆女"一事,有何惡可貶?是傅氏之言,不可盡信。杜預《春秋序》則以爲"稱族尊君命,舍族尊夫人",僅爲"微而顯"之例,君子以此興起讚歎《春秋》之情,於是並及"志而晦"、"婉而成章"、"盡而不汙"、"懲惡而勸善"四者,非謂"如齊逆女"一事,足以盡此五情也。相較之下,杜説爲長。

(2) 梁亡

杜預《春秋序》"微而顯"之次例爲"梁亡"。案僖公十九年《春秋》載:"梁亡。"《左傳》云:

> 梁亡,不書其主,自取之也。初,梁伯好土功,亟城而弗處。民罷而弗堪,則曰:"某寇將至。"乃溝公宫,曰:"秦將襲我。"民懼而潰,秦遂取梁。②

杜注釋"不書其主"曰:"不書取梁者主名。"③僖公十九年孔疏曰:"不書所取之國,以爲梁國自亡,非復取者之罪,所以深惡梁耳,非言秦得滅人國也。"④

又《公羊傳》云:

> 此未有伐者,其言梁亡何?自亡也。其自亡奈何?魚爛而亡也。⑤

《穀梁傳》曰:

---

① 傅遜《春秋左傳屬事》,《四庫全書》,第169册,卷八,第24頁。
② 《春秋左傳正義》,卷十四,第23頁。
③ 同上注。
④ 同上書,第21頁。
⑤ 《春秋公羊傳正義》,卷十一,第19頁。

  自亡也。湎於酒,淫於色,心昏,耳目塞。上無正長之治,大臣背叛,民爲寇盜。梁亡,自亡也。如加力役焉,湎不足道也。梁亡,鄭棄其師,我無加損焉,正名而已矣。梁亡,出惡正也。鄭棄其師,惡其長也。①

是三《傳》皆云梁自取滅亡,故不言秦人滅梁,而以自亡爲文。自漢以來,以此爲説者,有董仲舒②、杜預③、孔穎達④、陸淳(?—805)⑤、孫復(992—1057)⑥、劉敞⑦、孫覺(1028—1090)⑧、蘇轍(1039—1112)⑨、崔子方(宋人,生卒年不詳)⑩、胡安國⑪、葉夢得⑫、高閌(宋人,生卒年不詳)⑬、吕祖謙(1137—1181)⑭、魏了翁⑮、程公説(1164—1207)⑯、謝湜(宋人,生卒年不詳)⑰、張洽⑱、李琪(宋人,生卒年不詳,寧宗慶元二年〔1196〕進士)⑲、黄震⑳、黄仲炎(宋人,生卒年不詳)㉑、趙鵬飛㉒、家鉉翁(1213—1297)㉓、吴

---

① 見《十三經注疏》本《春秋穀梁傳注疏》,臺北:臺北藝文印書館景印清嘉慶二十年南昌府學重刊本,卷九,第1—2頁。
② 《春秋繁露》,卷四,第9頁。
③ 《春秋左傳正義》,卷一,第16頁。
④ 同上注。
⑤ 陸淳《春秋集傳纂例》,《四庫全書》,第146册,卷五,第45頁。又《春秋集傳微旨》,《四庫全書》,第146册,卷中,第17頁。
⑥ 孫復《春秋尊王發微》,《四庫全書》,第147册,卷五,第19頁。
⑦ 劉敞《劉氏春秋傳》,《四庫全書》,第147册,卷六,第6頁。
⑧ 孫覺《孫氏春秋經解》,《四庫全書》,第148册,卷六,第45頁。
⑨ 蘇轍《蘇氏春秋集解》,《四庫全書》,第148册,卷五,第18頁。
⑩ 崔子方《崔氏春秋經解》,《四庫全書》,第148册,卷五,第23頁。
⑪ 《胡氏春秋傳》,卷十二,第11—12頁。
⑫ 《葉氏春秋傳》卷九,第21—22頁。
⑬ 高閌《高氏春秋集注》,《四庫全書》,第151册,卷十一,第8頁。
⑭ 吕祖謙《左氏博議》,《四庫全書》,第152册,卷十一,第23頁。
⑮ 《春秋左傳要義》,卷十六,第4頁。
⑯ 程公説《春秋分記》,《四庫全書》,第154册,卷八十二,第14頁。
⑰ 謝湜説,見李明復《春秋集義》,《四庫全書》,第155册,卷二十二,第11頁。
⑱ 《張氏春秋集注》,卷四,第21頁。
⑲ 李琪《春秋王霸列國世紀編》,《四庫全書》,第156册,卷三,第36頁。
⑳ 《黄氏日抄》,卷九,第38頁。
㉑ 《春秋通説》,卷六,第10—11頁。
㉒ 《春秋經筌》,卷七,第16—17頁。
㉓ 家鉉翁《春秋集傳詳説》,《四庫全書》,第158册,卷十一,第5—6頁。

澄①、程端學②、陳深③、鄭玉（1298—1358）④、趙汸（1319—1369）⑤、湛若水（1466—1560）⑥、季本（1485—1563）⑦、熊過⑧、傅遜⑨、高攀龍⑩、郝敬（1558—1639）⑪、賀仲軾（1580—1644）⑫、朱朝瑛（1605—1670）⑬、俞汝言（1614—1679）⑭、毛奇齡（1623—1716）⑮、李光地（1642—1718）⑯、李塨（1659—1733）⑰、焦袁熹（1660—1725）⑱、惠士奇（1671—1741）⑲、庫勒納（1677—1700）⑳、葉酉（1739年進士）㉑、牛運震（1706—1758）㉒、傅恒㉓、劉文淇㉔等。

《春秋序》孔疏曰："秦人滅梁，而曰'梁亡'，文見於此。梁亡，見取者之無罪。"㉕汪克寬《春秋胡傳附錄纂疏》云：

愚按漢帝禪末年，委權閹寺，國無政令，玩戎黷武，民勞卒敝，鄧艾兵至，皇子諶謂當父子君臣，背城一戰，同死社稷。而帝不聽，率群臣

---

① 《春秋纂言》，卷五，第46頁。
② 程端學《春秋本義》，《四庫全書》，第160冊，卷七，第20頁。
③ 《讀春秋編》，卷五，第23頁。
④ 鄭玉《春秋闕疑》，《四庫全書》，第163冊，卷三十八，第6頁。
⑤ 趙汸《春秋集傳》，《四庫全書》，第164冊，卷六，第3頁。
⑥ 湛若水《春秋正傳》，《四庫全書》，第167冊，卷十四，第16頁。
⑦ 季本《春秋私考》，《續修四庫全書》，第134冊，卷十三，第15頁。
⑧ 《春秋明志錄》，卷五，第53頁。
⑨ 《春秋左傳屬事》，卷十七，第1頁。
⑩ 《春秋孔義》，卷五，第20頁。
⑪ 郝敬《春秋直解》，《續修四庫全書》，第136冊，卷五，第19頁。
⑫ 賀仲軾撰，范驤刪訂：《春秋歸義》，《續修四庫全書》，第136冊，卷五，第50頁。
⑬ 朱朝瑛《讀春秋略記》，《四庫全書》，第171冊，卷五，第37頁。
⑭ 俞汝言《春秋平義》，《四庫全書》，第174冊，卷五，第27頁。
⑮ 毛奇齡《春秋毛氏傳》，《四庫全書》，第176冊，卷十五，第19—20頁。
⑯ 同上書，第19—20頁。
⑰ 李塨《春秋傳注》，《續修四庫全書》，第139冊，卷二，第25頁。
⑱ 焦袁熹《春秋闕如編》，《四庫全書》，第177冊，卷五，第12—13頁。
⑲ 惠士奇《惠氏春秋說》，《四庫全書》，第178冊，卷十一，第10頁。
⑳ 庫勒納、李光地《日講春秋解義》，《四庫全書》，第172冊，卷十八，第17—18頁。
㉑ 葉酉《春秋究遺》，《四庫全書》，第181冊，卷七，第7頁。
㉒ 牛運震《春秋傳》，《續修四庫全書》，第140冊，卷五，第22頁。
㉓ 《御纂春秋直解》，卷五下，第8頁。
㉔ 《春秋左氏傳舊注疏證》，第342頁。
㉕ 《春秋左傳正義》，卷一，第16頁。

面縛以降,朱子於《綱目》特書"漢亡",亦《春秋》之意。①

朱子於《綱目》書"漢亡",猶《春秋》書"梁亡"也。
然亦有謂史失梁所以亡之故者,張自超(1654—1718)《春秋宗朱辨義》云:

> 于歲終而紀梁亡,是史失其所以亡之故,而時與月皆不可紀也。②

案:梁亡之故,《左傳》記載甚詳,張説似不可取。
(3) 城緣陵
杜預《春秋序》"微而顯"之第三例爲"諸侯城緣陵"。案僖公十四年《春秋》曰:"諸侯城緣陵。"③《左傳》曰:"春,諸侯城緣陵而遷杞焉。不書其人,有闕也。"④杜注:"緣陵、杞邑。辟淮夷,遷都於緣陵。"⑤又曰:"闕,謂器用不具,城池未固而去,爲惠不終也。"⑥案僖公元年《春秋》曰:"齊師、宋師、曹師城邢。"⑦僖公十四年孔疏曰:

> 元年:"齊師、宋師、曹師城邢",《傳》稱"具邢器用而遷之,師無私焉",是器用具而城池固,故具列三國之師,詳其文以美之也。今此總云"諸侯城緣陵",不言某侯、某侯,與"城邢"文異;不具書其所城之人,爲其有闕也。⑧

《春秋序》孔疏曰:

> 齊桓城杞,而書"諸侯城緣陵",文見於此。城緣陵,見諸侯之有

---

① 《春秋胡傳附錄纂疏》,卷十二,第36頁。
② 張自超:《春秋宗朱辨義》,《四庫全書》,第178册,卷五,第40頁。
③ 《春秋左傳正義》,卷十三,第21頁。
④ 同上注。
⑤ 同上注。
⑥ 同上注。
⑦ 同上書,卷十二,第1頁。
⑧ 同上書,卷十三,第22頁。

闕,亦是文見於此,而起義在彼。皆是辭微而義顯。①

《公羊傳》則云:

> 孰城之? 城杞也。曷爲城杞? 滅也。孰滅之? 蓋徐、莒脅之。曷爲不言徐、莒脅之? 爲桓公諱也。曷爲爲桓公諱? 上無天子,下無方伯,天下諸侯有相滅亡者,桓公不能救,則桓公恥之也。然則孰城之? 桓公城之。曷爲不言桓公城之? 不與諸侯專封也。曷爲不與? 實與而文不與。文曷爲不與? 諸侯之義,不得專封也。諸侯之義不得專封,則其曰實與之何? 上無天子,下無方伯,天下諸侯有相滅亡者,力能救之,則救之可也。②

《穀梁傳》另有説云:

> 其曰諸侯,散辭也。聚而曰散,何也? 諸侯城,有散辭也,桓德衰矣。③

是《公羊》、《穀梁》之説,不同於《左傳》。

後儒有以三傳之説皆非者。如陸淳《春秋集傳辨疑》云:

> 僖十四年諸侯城緣陵(十三年會于鹹諸侯也——陸氏原注)。《左氏》曰:"不書其人,有闕也。"按此傳不知有前目後凡之義,故妄爲此説。《公羊》曰:"曷爲城杞? 滅也。孰滅之? 蓋徐、莒脅之。"按杞自懼楚而遷,何關徐、莒事乎? 又明年楚自伐徐,益知其謬也。《穀梁》曰:"其曰諸侯,散辭也。桓德衰矣。"按此稱諸侯,即上會於鹹之國爾,不列序者,前目後凡之例爾。④

案僖公五年《公羊傳》曰:"公及齊侯、宋公、陳侯、衛侯、鄭伯、許男、曹伯會王世子于首戴……秋八月,諸侯盟于首戴。諸侯何以不序? 一事而再見

---

① 《春秋左傳正義》,卷一,第16頁。
② 《春秋公羊傳注疏》,卷十一,第9頁。
③ 《春秋穀梁傳正義》,卷八,第10頁。
④ 陸淳《春秋集傳辨疑》,《四庫全書》,第146册,卷五,第14頁。

者,前目而後凡也。"①陸淳所纂啖助、趙匡之説,即本此意。蓋僖公十三年《春秋》載:"公會齊侯、宋公、陳侯、衛侯、鄭伯、許男、曹伯于鹹。"僖公十四年春,會於鹹之諸侯,復合而城緣陵,《春秋》遂總言諸侯,不再逐一序列。孫覺《孫氏春秋經解》亦云:

> 緣陵之地,《經》不言杞者,杞未遷也。不叙諸侯而凡言之者,會鹹之諸侯,於是復合而城之,前目後凡,《春秋》之簡辭也。去年之冬,《經》書公子友如齊,則是公子友受命於魯公而聘齊侯也,公子友受命而聘,則齊魯之君皆嘗反其國矣。然《經》不再叙之者,以去年定其謀,今年終其役,事無殊,異國無增損,可以簡言之矣。《春秋》城杞、城邢,斥言其國緣陵、虎牢,但書其地,蓋遷國者書國,未遷者書地,《春秋》之法。然也會盟戰敵,不書其地之國名,可推而知者也。《左氏》曰不書其人,有闕也。按前目後凡,何所闕乎?《公羊》曰:徐、莒脅之,案徐、莒亦小國爾,何能脅杞使遷乎?且《經》無其事,未可據也。《穀梁》曰:諸侯散辭也。按會鹹之諸侯,歸而復合,前目後凡爾,何散乎?三傳之説皆非。②

陸、孫二氏之外,持前目後凡説者,有胡安國③、葉夢得④、高閌⑤、陳傅良(1137—1203)⑥、俞皋⑦、程端學⑧、陳深⑨、鄭玉⑩、石光霽(明洪武十三年〔1380〕舉明經)⑪、胡廣(1370—1418)⑫、熊過⑬、王樵(1521—1599)⑭、卓爾

---

① 《春秋左傳正義》,卷十,第17—18頁。
② 《孫氏春秋經解》,卷六,第28—29頁。
③ 《胡氏春秋傳》,卷十二,第2—3頁。
④ 《葉氏春秋傳》,卷九,第12頁。
⑤ 《高氏春秋集注》,卷十六,第4頁。
⑥ 陳傅良《陳氏春秋後傳》,《四庫全書》,第151册,卷五,第13頁。
⑦ 《春秋集傳釋義大成》,卷五,第29頁。
⑧ 《春秋本義》,卷十一,第17頁;又《程氏春秋或問》,《四庫全書》,第160册,卷四,第1頁;又《三傳辨疑》,卷八,第55—57頁。
⑨ 《讀春秋編》,卷五,第15—16頁。
⑩ 《春秋闕疑》,卷十五,第3頁。
⑪ 石光霽《春秋書法鈎玄》,《四庫全書》,第165册,卷三,第35頁。
⑫ 胡廣《春秋大全》,《四庫全書》,第166册,卷十三,第37頁。
⑬ 《春秋明志録》,卷五,第35頁。
⑭ 王樵《春秋輯傳》,《四庫全書》,第168册,卷五,第63頁。

康①、張自超②、方苞(1668—1749)③、葉酉④、傅恒⑤、傅隸樸⑥等,其説頗爲有理。《左傳》不書其人,以示有闕之説,恐非《春秋》原意,故杜預以"城緣陵"爲"微而顯"之例,未必是也。

(二) 志而晦

五情之二爲"志而晦",杜注釋之云:"志,記也。晦,亦微也。謂約言以記事,事叙而文微。"⑦惟竹添光鴻曰:"志者,微之反,具其辭也。"⑧案:竹添氏以"文字希少"釋"微",則"微之反",殆謂文字不尠也。惟"志"但當訓"記",文字不必多也。姚文田(1758—1827)、嚴可均(1762—1843)所著《説文校議》曰:"志,大徐新修十九文也。《周禮·保章氏》:'以志星晨。'鄭云:'志,古文識。識,記也。'"⑨杜注訓"志"爲"記",甚是。

(1) 參會不地

杜預所舉"志而晦"之首例爲"參會不地"。案桓公二年《春秋》曰:"公及戎盟於唐。冬,公至自唐。"⑩《左傳》曰:"特相會,往來稱地,讓事也。自參以上,則往稱地,來稱會,成事也。"⑪杜注云:

> 特相會,公與一國會也。會必有主,二人獨會,則莫肯爲主,兩讓,會事不成,故但書地。⑫

《春秋序》孔疏曰:

> 其意言會必有主,二人共會,則莫肯爲主,兩相推讓,會事不成,故

---

① 《春秋辯義》,卷十,第15頁。
② 《春秋宗朱辨義》,卷五,第27頁。
③ 方苞《春秋直解》,《續修四庫全書》,第140册,卷五,第23頁。
④ 《春秋究遺》,卷六,第28頁。
⑤ 《御纂春秋直解》,卷五上,第27頁。
⑥ 傅隸樸《春秋三傳比義》,臺北:商務印書館2006年版,上册,第448—449頁。
⑦ 《春秋左傳正義》,卷二十七,第19頁。
⑧ 《左氏會箋》,卷十三,第22—23頁。
⑨ 《説文解字詁林》,第4652b頁。
⑩ 《春秋左傳正義》,卷五,第5頁。
⑪ 同上書,第18頁。
⑫ 同上注。

以地致。三國以上，則一人爲主，二人聽命，會事有成，故以會致。①

歷來言《春秋》所記魯桓公與戎盟事，專論稱地、不地者尠。《左傳》之説，陸淳引趙匡之言非之，其《春秋集傳辨疑》云：

> 趙子曰：按成會而歸，即非止於讓；以會告廟，有何不可？此不達內外異辭之例，妄爲異説爾。且諸書至自會者，所會悉非魯地，故知四處至稱地，皆魯地故也。②

呂本中（1084—1145）《呂氏春秋集解》亦引孫覺之言補充曰：

> 高郵孫氏曰：《春秋》書至者，皆志其所出之事，以地至者四而已，此年公至自唐，文十七年公至自穀，定八年公至自瓦，十年夏公至自夾谷，四處爾。趙子以爲魯地，則至自地，此説是也。③

家鉉翁④、王樵⑤亦贊同是説。至於《左傳》謂"特相會，往來稱地，讓事也"，則贊同者寡，似爲非是。

（2）與謀曰及

杜預所舉"志而晦"之次例爲"與謀曰及"。案宣公七年《春秋》曰："夏，公會齊侯伐萊。"⑥《左傳》曰："夏，公會齊侯伐萊，不與謀也。凡師出，與謀曰'及'，不與謀曰'會'。"⑦杜注云：

> 與謀者，謂同志之國，相與講議利害，計成而行之，故以相連及爲文。若不獲已，應命而出，則以外合爲文。⑧

---

① 《春秋左傳正義》，卷一，第17頁。
② 《春秋集傳辨疑》，卷二，第5頁。
③ 呂本中《呂氏春秋集解》，《四庫全書》，第150冊，卷三，第19—20頁。案：孫覺所論，未見所著《孫氏春秋經解》，呂氏所引，未知所本。
④ 《春秋集傳詳説》，卷三，第15頁。
⑤ 《春秋輯傳》，卷二，第14頁。
⑥ 《春秋左傳正義》，卷二十二，第4頁。
⑦ 同上注。
⑧ 同上注。

《春秋序》孔疏曰：

> 此二事者，義之所異，在於一字。約少其言，以示法制；推尋其事，以知其例。是所記事有叙，而其文晦微也。①

惟《左傳》之説，前人頗有疑之者，如王晢（宋人，生卒年不詳）《春秋皇綱論》云：

> 《左氏》曰：凡師出，與謀曰及，不與謀曰會。而桓十六年，春，魯、宋、蔡、衛會於曹；夏，伐鄭，言會不言及，杜氏遂以爲諱，納不正故，從不與之例。又見伯主侵伐，亦有與謀而書會者，遂以爲盟主之命，則上行乎下，雖或先謀，皆從不與之例，此蓋傳會《傳》文，實非通論。案《經》稱"會"、"及"，則其與謀也，從可知矣，豈有不與乎？果若本非期約，則當書曰：某侯来會公，如定十四年，邾子来會公，此例是也。《公羊》曰：會，猶聚也；及，我欲之也。又曰：汲汲也。《穀梁》曰：會者，外爲主；及者，内爲主也。二傳文雖不同，義亦相近。案：僖四年，及江人、黄人伐陳，是時齊桓帥諸侯伐楚，執袁濤塗，遂命魯伐陳，豈是我欲之乎？又桓十七年，公與邾儀父盟，至秋，及宋人、衛人伐邾，此乃宋志，豈是内爲乎？莊八年，夏，師及齊師圍郕，郕降於齊師，又豈是内爲主，而我欲之乎？由是觀之，則三傳之説，俱不通矣。杜氏又曰：《傳》唯以師出爲例，而劉、賈、許、潁濫以《經》諸"及"字爲義，欲以强合，所以多錯亂也。愚案：《經》凡盟會戰伐俱言"會"、"及"，而《左氏》唯以師爲義，則仲尼何故於盟會亦分"會"、"及"乎？諸儒自不通《春秋》制文之體，遂紛亂爾。謹詳此"會"、"及"之例，凡盟與伐並皆通用。蓋"及"者，魯先至；"會"者，彼先至，而魯往會爾。何者？若首止之會，公已先至，諸侯在後，即不可以言公會諸侯，故以公及之。若諸侯有一人先至，即公在後，不可言公及諸侯，故以公會之。又以公之寡，則公先至者少，故書及者少也。以諸侯之衆，則公後至者多，故書會者多也。義既當然，仍有明據，若雉門及兩觀災，亦以先後而言，與此同也。況凡及盟、及伐之類，諸侯一心，善惡同之，故止以先後爲義，唯戰及則異

---

① 《春秋左傳正義》，卷一，第17頁。

於是，以兩相仇敵，須分曲直輕重，故變其例，以直及不直，以罪輕及罪重，若以先及後，則當以客及主，蓋不可通之於《經》，況此義亦有據焉，若宋督弑其君與夷及其大夫孔父，是以尊及卑也，尊卑曲直之義，亦相類也。其有已書會例於上，下欲明魯與諸侯盟，則但書"及"，以我及外且不嫌也，若定四年，公會諸侯於召陵，書公及諸侯盟於皋鼬，襄三年，公會諸侯同盟於雞澤，書叔孫豹及諸侯之大夫及陳袁僑盟是也，義例昭然，無足疑矣。①

劉敞《春秋權衡》亦云：

> 七年，公會齊侯伐萊，《左氏》曰：凡師出與謀曰及，不與謀曰會，非也。古者行師，非無奇術秘策以紿人者也，諸侯相率而討罪伐畔，則是與謀已，焉有連兵合衆，人君親將，而曰不與謀者哉？且用《左氏》考之，凡先謀而後伐者，稱會多矣，不必云及也，此其自相反者，吾既言之矣。②

又葉夢得《春秋三傳讞·春秋左傳讞》云：

> 霸主徵兵於諸侯，而相與應命，不過曰：以某事討某人，此即謀也，何"與"、"不與"之有？使不與謀，則何名爲會乎？凡言會者，以會禮合諸侯也，此蓋與會盟、及盟同義。《左氏》既不得於盟，故併伐失之，而妄爲此義。③

郝敬《春秋非左》曰：

> 《經》書"會"多矣，同伐、同盟皆稱"會"。是役也，公夏往秋歸，焉得不與謀！凡《傳》例之無端，類此。④

---

① 王晳《春秋皇綱論》，《四庫全書》，第147册，卷四，第3—5頁。
② 《春秋權衡》，卷五，第14頁。
③ 葉夢得《春秋三傳讞·春秋左傳讞》，《四庫全書》，第149册，卷四，第5頁。
④ 郝敬《春秋非左》，光緒辛卯（1891）三餘艸堂藏板，第28—29頁。

徐庭垣(清人,生卒年不詳)《春秋管窺》曰:

> 愚謂師出,必先要約,而後舉兵會之,安有不與謀者! 非主兵,而又分與謀、不與謀,書法不已瑣乎! 按桓十七年,《經》書及宋人、衛人伐邾。《傳》曰:宋志也。既曰宋志,明非魯謀矣,何以書"及"? 哀十一年,《經》書公會吳子伐齊,明魯志也。既爲魯志,豈不與謀乎? 何以書"會"?《左氏》不且自爲矛盾乎? 歷觀《春秋》,師出,書"會",必稱公與大夫;書"及",皆不言公與大夫。是"會"與"及",乃公與大夫書不書之分,非與謀不與謀之謂也。①

是諸家皆以《左傳》"與謀曰及"之説爲非矣。

(三) 婉而成章

五情之三爲"婉而成章",杜注釋之曰:"婉,曲也。謂屈曲其辭,有所辟諱,以示大順,而成篇章。"②

(1) 諸所諱辟

杜預所舉"婉而成章"之首例爲"諸所諱辟",孔疏曰:

> 言"諸所諱辟"者,其事非一,故言"諸"以總之也。若僖十六年,公會諸侯于淮,未歸,而取項。齊人以爲討而止公。十七年九月,得釋始歸,諱執止之恥,辟而不言,《經》乃書"至自會"。諸如此類,是諱辟之事也。③

案僖公十六年《春秋》曰:"冬,十有二月,公會齊侯、宋公、陳侯、衛侯、鄭伯、許男、邢侯、曹伯于淮。"④又僖公十七年《春秋》:"九月,公至自會。"⑤僖公十七年《左傳》曰:"九月,公至。書曰'至自會',猶有諸侯之事焉,且諱之也。"⑥

---

① 徐庭垣《春秋管窺》,《四庫全書》,第176册,卷七,第7頁。
②《春秋左傳正義》,卷二十七,第19頁。
③ 同上書,卷一,第17頁。
④ 同上書,卷十四,第14頁。
⑤ 同上書,第17頁。
⑥ 同上書,第18頁。

杜注："公既見執于齊，猶以會致者，諱之。"①又曰："恥見執，故托會以告廟。"②後儒引《左》、杜爲説者，有蘇轍③、胡安國④、張洽⑤、陳深⑥、俞皋⑦等。

惟孫覺則以爲非，其《孫氏春秋經解》云：

> 考之於《經》，無魯侯見執之迹。《春秋》雖爲内諱，亦不全没其事，則異其文爾。如公弑，書薨而不地；殺大夫，書刺；奔走，變爲孫，不全没其事也。若齊侯實嘗執公，亦當異辭以見之，《經》無其辭，則《左氏》未可據也。⑧

徐學謨(1522—1593)《春秋億》亦云：

> 九月，公至自會，師出而飲，至常事也。杜氏以《左氏傳》諱止爲至，無可徵也。⑨

案：魯僖公見執於齊，《春秋序》孔疏言之甚明，未爲無徵，孫、徐二氏所言，僅可備爲一説，未足以否定《左傳》及杜、孔説也。

（2）璧假許田

杜預所舉"婉而成章"之次例爲"璧假許田"。案桓公元年《春秋》曰："三月，公會鄭伯於垂，鄭伯以璧假許田。"⑩鄭伯，鄭莊公也。《左傳》曰："三月，鄭伯以璧假許田，爲周公、祊故也。"⑪杜注云：

> 魯不宜聽鄭祀周公，又不宜易取祊田，犯二不宜以動，故隱其實。

---

① 《春秋左傳正義》，卷十四，第17頁。
② 同上書，第18頁。
③ 《蘇氏春秋集解》，卷五，第16頁。
④ 《胡氏春秋傳》，卷十二，第8頁。
⑤ 《張氏春秋集注》，卷四，第18頁。
⑥ 《讀春秋編》，卷五，第20頁。
⑦ 《春秋集傳釋義大成》，卷五，第37頁。
⑧ 《孫氏春秋經解》，卷六，第38頁。
⑨ 徐學謨《春秋億》，《四庫全書》，第169册，卷三，第12頁。
⑩ 《春秋左傳正義》，卷五，第1頁。
⑪ 同上書，第2頁。

不言祊,稱璧假,言若進璧以假田,非久易也。①

孔疏曰:

> 周公非鄭之祖,魯不宜聽鄭祀周公。天子賜魯以許田,義當傳之後世,不宜易取祊田。於此一事,犯二不宜以動,故史官諱其實。不言以祊易許,乃稱以璧假田,言若進璧於魯以權借許田,非久易然,所以諱國惡也。不言以祊假而言以璧假者,此璧實入於魯,但諸侯相交,有執圭璧致信命之理,今言以璧假,似若進璧以致醉然,故璧猶可言,祊則不可言也。何則?祊、許俱地,以地易地,易理已章,非復得爲隱諱故也。②

《春秋序》孔疏曰:

> 諸侯有大功者,於京師受邑,爲將朝而宿焉,謂之朝宿之邑。方岳之下,亦受田邑,爲從巡守備湯水以共沐浴焉,謂之湯沐之邑。魯以周公之故,受朝宿之邑於京師,許田是也。鄭以武公之故,受湯沐之邑於泰山,祊田是也。隱桓之世,周德既衰,魯不朝周,王不巡守,二邑皆無所用,因地勢之便,欲相與易。祊薄不足以當許,鄭人加璧以易許田。諸侯不得專易天子之田,文諱其事。桓元年《經》書"鄭伯以璧假許田",言若進璧以假田,非久易也。③

綜觀《左傳》、杜注、孔疏之言,知鄭以祊田易魯許田,唯諸侯不得私易天子所賜之地,史官遂諱易地之實,而言"鄭伯以璧假許田",若鄭進璧於魯以權借許田,而非久易。《公羊傳》曰:

> 其言以璧假之何?易之也。易之則其言假之何?爲恭也。曷爲爲恭?有天子存,則諸侯不得專地也。許田者何?魯朝宿之邑也。諸

---

① 《春秋左傳正義》,卷五,第2頁。
② 同上注。
③ 同上書,卷一,第17頁。

侯時朝乎天子，天子之郊，諸侯皆有朝宿之邑焉。此魯朝宿之邑也，則曷爲謂之許田？諱取周田也。諱取周田，則曷爲謂之許田？繫之許也。曷爲繫之許？近許也。此邑也，其稱田何？田多邑少稱田，邑多田少稱邑。①

又《穀梁傳》曰：

假不言以，言以非假也。非假而曰假，諱易地也。禮：天子在上，諸侯不得以地相與也。無田，則無許可知矣。不言許，不與許也。許田者，魯朝宿之邑也。邴者，鄭伯之所受命而祭泰山之邑也。用見魯之不朝於周，而鄭之不祭泰山也。②

案：《公羊傳》、《穀梁傳》之説，與《左傳》大致相同，要皆屈曲其辭，從其義訓，以示大順之道，其辭婉曲而成其篇章也。後儒蘇轍③、胡安國④、張洽⑤、家鉉翁⑥、吳澄⑦、李埴⑧等皆從之。

惟杜預謂"璧假許田"，蓋爲魯桓公諱；劉敞則不以爲然，其《春秋權衡》曰：

元年"鄭伯以璧假許田"，《左氏》曰："爲周公、祊故也。"非也，祊自祊田，許自許田，以祊易許，改云以璧易許，乃是爲鄭伯諱，不爲魯公諱也。且入祊久矣，《經》有明文，何故至此，乃卒易祊田乎？若實以祊易許，則隱八年"我入祊"，爲《春秋》增誣，其君若實以祊易許，強諱云璧假，是又《春秋》諱鄭不諱魯。實説祊者，鄭所以平怨於魯也。許者，鄭見桓篡位，利得其地，以璧易之，桓既不肖，貪嗜寶貨，又逼初立，欲得鄭歡，故聽其易也。許則《詩》所謂"居常與許"，蓋周公受封之地，非謂近許也。《傳》本誤，謂許田者，近許之田，又見鄭、許鄰國，數相侵

---

① 《春秋公羊傳注疏》，卷四，第1—2頁。
② 《春秋穀梁傳注疏》，卷三，第2頁。
③ 《蘇氏春秋集解》，卷二，第1頁。
④ 《胡氏春秋傳》，卷四，第4頁。
⑤ 《張氏春秋集注》，卷二，第1頁。
⑥ 《春秋集傳詳説》，卷三，第5頁。
⑦ 《春秋纂言》，卷二，第1—2頁。
⑧ 《春秋傳注》，卷一，第26頁。

伐，疑鄭欲求近許之田，又見鄭前入祊，遂牽引傳（引者案：疑"傳"下缺一"會"字），致成此説爾！不然，無爲倍《經》害義也，故學者莫若信《經》，莫若信義。①

劉氏之意，謂"璧假許田"，實爲鄭莊公諱。高閌《高氏春秋集注》云：

> 先言會於垂，而繼言假許田，見鄭伯貪利忘義之甚也。夫璧者，饑不可食，寒不可衣，非若土地人民之重，而魯亦何用璧爲哉？特以桓既弒立，懼諸侯之討己，鄭伯得其情，姑以璧藉口而實欲得許田耳！聖人若書魯以許田賂鄭，則無以顯鄭伯之罪，故書鄭伯以璧假許田，而魯之罪自見矣。……鄭雖利其與己接境，而欲得之，勢不可也。今度許已歸服，必不復興，又乘桓公弒立，恐懼不自安之時，自可必得之，而無以爲辭，故特爲垂之會，欲以璧假之，假之爲言，婉其辭以示不強取，而於魯亦無嫌也。②

又陳傅良《陳氏春秋後傳》曰：

> 取許田，則曷爲謂之以璧假？鄭伯之辭也。公羊氏曰：爲恭也，《春秋》之初，諸侯之爲惡必有辭焉以自文，鄭伯以璧假許田，齊侯、鄭伯如紀，單伯送王姬，築王姬之館於外，皆善辭也。夫子傷周之敝，曰：利而巧文而不慚，於《春秋》著其事，所以見王化衰，風俗日趨於變，且以發明鄭莊之欺也。③

高、陳二氏所言，考之當時情實，亦頗符合。惟《春秋》以"假"爲言，固爲婉曲其辭而成其篇章也。

（四）盡而不汙

五情之四爲"盡而不汙"，杜注釋之曰："謂直言其事，盡其事實，無所汙曲。"④惟竹添光鴻云："汙，穢也。洒濯其事，無所隱諱，故曰不汙。……杜

---

① 《春秋權衡》，卷二，第9—10頁。
② 《高氏春秋集注》，卷四，第2—3頁。
③ 《陳氏春秋後傳》，卷二，第1—2頁。
④ 《春秋左傳正義》，卷二十七，第19頁。

以曲解汙,則讀汙爲迂,恐非。"①案:杜以曲解汙,謂其讀汙爲迂,或讀汙爲紆,均可。《説文》:"迂,避也。"②段注:"迂曲、回避,其義一也。"③又"紆"字,《説文》云:"紆,詘也。"④段注:"詘者,詰詘也。今人同屈曲字,古人用詰詘,亦單用詘字。……亦或叚汙爲之,《左傳》曰:'盡而不汙。'"⑤竹添氏之意,殆以"汙"爲"污穢"字。"汙",今或書作"污"。竹添氏蓋謂洒濯其事,使之不污穢也。高本漢説與竹添氏略同,高本漢曰:

　　杜預是把"汙"字講成"汙曲"。好像他把"汙"看作"迂"(或"紆")(＊.iwo)的假借字。……顧偉 Couvreur 以爲,杜注説:"謂直言其事,盡其事實,無所汙曲。"那麽杜氏的意思是要把這句話講成:"它是詳盡不遺的(説出了所有的事實),是没有(偏差的＝)遁辭的(謂没有委婉曲折的説法)。"但是,這種理論絶無成立之可能,因爲如果這樣講,在"盡"與"不汙"之間就必須要形成意義上的對比才可以(就像"微而顯、志而晦"那句話裏"微"與"顯";"志"與"晦"之間的那種關係)。……其實"汙"字並不需要用假借來講。"汙"字另外有一個讀法作"ㄨ"(＊.Wo)。這一讀的基本意思是"不純"、"骯髒"、"污穢",如:宣公十五年《左傳》云:"川澤納汙。"也時常與其他的字構成複詞,如:"汙瀎"(見《韓非子》),"汙垢"(見《儀禮》);又可以當動詞來用,如:《荀子·儒效篇》云:"行不免於汙漫。"所以,這句話就是説:"它是詳盡的(記載了所有的細節),但是却不(玷污＝)毁損(人的名譽)。"⑥

錢鍾書先生論"微"與"顯"、"志"與"晦"之關係,意見與高本漢略同,惟以"汙"爲"夸"之假借,錢先生《管錐編》曰:

　　"微"之與"顯","志"之與"晦","婉"之與"成章",均相反以相成,

---

① 《左氏會箋》,卷十三,第 23 頁。
② 《説文解字詁林》,第 797b 頁。
③ 同上注。
④ 《説文解字詁林》,第 5812a 頁。
⑤ 同上注。
⑥ 《高本漢左傳注釋》,第 341 頁。

不同而能和。"汙",杜注:"曲也,謂直言其事,盡其事實,而不汙曲。"杜序又解爲"直書其事"。則齊此語於"盡而直",頗嫌一意重申,駢枝疊架,與前三語不倫。且也,"直"不必"盡"(the truth but not the whole truth),未有"盡"而不"直"者也。《孟子·公孫丑》章:"汙不至阿其所好。"焦循《正義》:"'汙'本作'洿',蓋用爲'夸'字之假借,夸者大也。"《荀子·大略》篇稱《小雅》"不以於汙上",亦即此"汙"字。言而求"盡",每有過甚之弊,《莊子·人間世》所謂"溢言"。不隱不諱而如實得當,周詳而無加飾,斯所謂"盡而不汙"(the whole truth, and nothing but the truth)耳。①

案:"微"與"顯","志"與"晦",謂之相反尚可;"婉"與"成章",則非相反。杜注釋"婉而成章"曰:"婉,曲也。謂屈曲其辭,有所辟諱,以示大順,而成篇章。"②是"婉"謂如何"成章"也。既可言"婉而成章",亦可言"直而成章"。"直"與"成章",固非相反;"婉"與"成章",亦非相反也。錢先生但注重同句中字義之關係,而忽略上下句之關係。"微而顯"與"志而晦",句意相反;"婉而成章"與"盡而不汙",句意亦相反。故杜預以"曲"訓"汙",蓋以"汙"爲"紆"或"迂"之假借。言"盡而不汙",主要爲照顧句式,使之與"婉而成章"相若。("盡而不曲",句意與"曲而成章"正好相反。竹添光鴻與高本漢以"汙"爲"污穢"字,殆非。)"盡"與"不汙"(不紆、不迂),意雖相關,但尚不至於"駢枝疊架"。錢先生以"汙"爲"夸"之假借,謂"不隱不諱而如實得當,周詳而無加飾,斯所謂'盡而不汙'"。其所言固史家之懸鵠,惟《春秋》重於褒貶,不重於如實。如隱公三年《經》:"三月庚戌,天王崩。"③《左傳》曰:"三月壬戌,平王崩,赴以庚戌,故書之。"④杜注:"實以壬戌崩,欲諸侯之速至,故遠日以赴。《春秋》不書實崩日,而書遠日者,即傳其僞,以懲臣子之過也。"⑤隱公三年三月庚戌爲三月十二日,三月壬戌爲三月二十四日,赴日較實崩日早十二日。爲懲臣子之過,天子駕崩日期,尚且不如實記載。錢先生以一般史學觀點論之,似未得《春秋》要旨。⑥ 皮錫瑞

---

① 《管錐編》,第162—163頁。
② 《春秋左傳正義》,卷二十七,第19頁。
③ 同上書,卷三,第2頁。
④ 同上書,第4頁。
⑤ 同上書,第2頁。
⑥ 參拙著《錢鍾書〈管錐編〉杜預〈春秋序〉札記管窺》,《左傳學論集》,第96—110頁。

(1850—1908)《經學通論》云:"經史分別甚明,讀經者不得以史法繩《春秋》,修史者亦不當以《春秋》書法爲史法。"①是也。

(1) 丹楹刻桷

杜預所舉"盡而不汙"之首例爲"丹楹刻桷"。案莊公二十三年《春秋》曰:"秋,丹桓宮楹。"②杜注:"桓公廟也。楹,柱也。"③又莊公二十四年《春秋》曰:"春,王三月,刻桓宮桷。"④杜注:"刻,鏤也。桷,椽也。"⑤莊公二十三年《左傳》:"秋,丹桓宮之楹。"⑥又莊公二十四年《左傳》曰:"春,刻其桷。皆非禮也。"⑦杜注:"并非丹楹,故言皆。"⑧《春秋序》孔疏曰:"禮制:宮廟之飾,楹不丹、桷不刻。"⑨又莊公二十四年孔疏云:

> 《穀梁傳》曰:"禮:楹,天子、諸侯黝堊,大夫蒼,士黈。丹楹,非禮也。"注云:"黝堊,黑色;黈,黄色。"又曰:"禮:天子之桷,斲之礱之,加密石焉;諸侯之桷,斲之礱之;大夫斲之;士斲本。刻桷,非正也。""加密石"注云:"以細石磨之。"《晉語》云:"天子之室,斲其椽而礱之,加密石焉;諸侯礱之;大夫斲之;士首之。"言雖小異,要知正禮楹不丹、桷不刻,故云:"皆非禮也"。⑩

案:莊公二十三年《公羊傳》云:"何以書?譏。何譏爾?丹桓宮楹,非禮也。"⑪又莊公二十四年《公羊傳》云:"何以書?譏。何譏爾?刻桓宮桷,非禮也。"⑫莊公二十三年《穀梁傳》云:"禮,天子、諸侯黝堊,大夫倉,士黈。丹楹,非禮也。"⑬又莊公二十四年《穀梁傳》云:"禮,天子之桷,斲之礱之,加密石焉;諸侯之桷,斲之礱之;大夫斲之;士斲本。刻桷,非正也。夫人所

---

① 皮錫瑞《經學通論》,臺北:河洛圖書出版社1974年版,卷四,第77頁。
② 《春秋左傳正義》,卷十,第2頁。
③ 同上注。
④ 同上書,第3頁。
⑤ 同上注。
⑥ 同上書,第2頁。
⑦ 同上書,第4頁。
⑧ 同上注。
⑨ 同上書,卷一,第17頁。
⑩ 同上書,卷十,第4頁。
⑪ 《春秋公羊傳注疏》,卷八,第8頁。
⑫ 同上書,第9頁。
⑬ 《春秋穀梁傳注疏》,卷六,第5頁。

以崇宗廟也,取非禮與非正,而加之於宗廟,以飾夫人,非正也。"①范注釋"非禮"與"非正"曰:"非禮,謂娶讎女。非正,謂刻桷丹楹也。"②《穀梁傳》又云:"刻桓宮桷,丹桓宮楹,斥言桓宮,以惡莊也。"③范注云:"不言新宮,而謂之桓宮,以桓見殺於齊,而飾其宗廟,以榮讎國之女,惡莊不子。"④是三《傳》皆惡莊公不遵禮制,而《穀梁傳》復惡莊公娶讎國之女也。

高閌《高氏春秋集注》曰:

> 莊公不能爲桓復讎,而反娶其女,以奉宗祀,其無父之心,夫人皆知之。而莊公惡人之議己⑤也,故丹楹刻桷以示孝心之不忘。甚矣!莊公之無父。甚矣!莊公之行詐也。夫宗廟之飾,國有彝典,而妄肆奢麗,加於禰宮,亂王制,瀆先君,不恭莫大焉。聖人直書其事,具文見意。⑥

案:魯莊公既不能爲桓公復讎,而反娶讎國之女,無父甚矣!又不遵禮制,丹楹刻桷,妄肆奢麗,加於禰宮,其不恭莫大焉。高氏所言,是爲得之。

(2) 天王求車

杜預所舉"盡而不汙"之次例爲"天王求車"。案桓公十五年《春秋》曰:"春,二月,天王使家父來求車。"⑦《左傳》曰:"春,天王使家父來求車,非禮也。諸侯不貢車服,天子不私求財。"⑧《公羊傳》曰:"何以書?譏。何譏爾?王者無求,求車,非禮也。"⑨《穀梁傳》曰:"古者諸侯時獻于天子,以其國之所有,故有辭讓而無徵求。求車,非禮也。"⑩是三《傳》皆以"天王求車"爲非禮。《左傳》杜注云:"車服,上之所以賜下。"⑪又曰:"諸侯有常職貢。"⑫此即《穀梁傳》所謂"諸侯時獻于天子"也。諸侯於天子既有常職貢,

---

① 《春秋穀梁傳注疏》,卷六,第6頁。
② 同上注。
③ 同上注。
④ 同上注。
⑤ 案:"議己",原文作"議巳",疑誤。
⑥ 《高氏春秋集注》,卷十一,第3—4頁。
⑦ 《春秋左傳正義》,卷七,第18頁。
⑧ 同上書,第20頁。
⑨ 《春秋公羊傳注疏》,卷五,第14頁。
⑩ 《春秋穀梁傳注疏》,卷四,第10頁。
⑪ 《春秋左傳正義》,卷六,第20頁。
⑫ 同上注。

則天子不當私求財。

張洽《張氏春秋集注》曰：

> 古者諸侯有功，則車服以庸。蓋王之五路，自同姓以下，其用之皆有等差，非諸侯所得而私爲，況可以天子之尊而下求於列國乎？天子之畿内方千里，租賦所入，足以待諸侯；諸侯之九貢，亦無有以車供王室之用者。上越禮以求之，下違法而供之，則示貪風於天下，開賄道於邦國。其失自上，非小故也，故特書"天王使家父來求車"，則周室微弱，號令不行，所求無藝，以取輕於諸侯。家父爲大夫，而無所正救，奉使侯國，自取辱命之罪具見矣。①

張氏所言甚是。

（3）齊侯獻捷

杜預所舉"盡而不汙"之第三例爲"齊侯獻捷"。案莊公三十一年《春秋》曰："六月，齊侯來獻戎捷。"②《左傳》曰：

> 夏，六月，齊侯來獻戎捷，非禮也。凡諸侯有四夷之功，則獻於王，王以警於夷；中國則否。諸侯不相遺俘。③

孔疏云：

> 捷，勝也，戰勝而有獲，獻其獲，故以捷爲獲也。……獻者，自下奉上之稱；遺者，敵體相與之辭。《傳》曰："諸侯不相遺俘。"齊侯、楚人（案：僖公二十一年《春秋》："楚人使宜申來獻捷。"——引者）失辭稱獻，失禮遺俘，故因其來辭，見自卑也。以其大卑，故書以示過。此《經》言獻捷，《傳》言遺俘，則是獻捷、獻囚俘也。④

---

① 《張氏春秋集注》，卷二，第15頁。
② 《春秋左傳正義》，卷十，第19頁。
③ 同上注。
④ 同上注。

後儒同意《左傳》說者，有劉敞①、孫復②、蘇轍③、陳深④、湛若水⑤、傅遜⑥、季本⑦、李光地⑧、庫勒納⑨、葉酉⑩、劉文淇⑪等。有進而謂《春秋》以齊桓矜功而抑之者，如孫覺《孫氏春秋經解》云：

> 《春秋》齊侯用兵，皆貶稱人，於此獻捷，顯言齊侯者，蓋齊大魯小，齊於魯無所畏憚，若言齊人，則是微者無疑也，特書其爵，以見齊威之罪。齊威，伯者不務德以綏諸侯，而專恃兵革，遠以伐戎，已有過矣。又因過魯，以其伐戎之所得，誇示諸侯，以自矜大，因使之威服焉。《春秋》誅齊威矜功威魯之罪，故特書之曰"齊侯來獻戎捷"也。⑫

持類似言論者亦夥，計有崔子方⑬、胡安國⑭、葉夢得⑮、高閌⑯、洪咨夔（？—1236）⑰、黃仲炎⑱、趙鵬飛⑲、家鉉翁⑳、鄭玉㉑、熊過㉒、朱朝瑛㉓、焦袁熹㉔、張自超㉕等。

---

① 《劉氏春秋傳》，卷四，第 11 頁。
② 《春秋尊王發微》，卷三，第 29 頁。
③ 《蘇氏春秋集解》，卷三，第 22 頁。
④ 《讀春秋編》，卷三，第 31 頁。
⑤ 《春秋正傳》，卷十，第 23—24 頁。
⑥ 《春秋左傳屬事》，卷二，第 5 頁。
⑦ 《春秋私考》，卷九，第 23 頁。
⑧ 《日講春秋解義》，卷十三，第 20 頁。
⑨ 同上注。
⑩ 《春秋究遺》，卷四，第 28 頁。
⑪ 《春秋左氏傳舊注疏證》，第 212 頁。
⑫ 《孫氏春秋經解》，卷四，第 53 頁。
⑬ 崔子方《春秋本例》，《四庫全書》，第 148 册，卷十一，第 8 頁。
⑭ 《胡氏春秋傳》，卷九，第 16—17 頁。
⑮ 《春秋三傳讞·春秋穀梁傳讞》，卷三，第 33—34 頁。
⑯ 《高氏春秋集注》，卷十二，第 11 頁。
⑰ 洪咨夔《洪氏春秋說》，《四庫全書》，第 156 册，卷八，第 10 頁。
⑱ 《春秋通說》，卷三，第 41 頁。
⑲ 《春秋經筌》，卷四，第 39 頁。
⑳ 《春秋集傳詳說》，卷七，第 27 頁。
㉑ 《春秋闕疑》，卷十一，第 12 頁。
㉒ 《春秋明志錄》，卷三，第 60 頁。
㉓ 《讀春秋略記》，卷三，第 40 頁。
㉔ 《春秋闕如編》，卷三，第 29—30 頁。
㉕ 《春秋宗朱辨義》，卷三，第 54 頁。

沈棐（宋人，生卒年不詳）則謂《春秋》所書，旨在"愧魯"，沈氏《春秋比事》云：

> 書齊侯來獻戎捷者，所以愧魯也。嗚呼！魯以周公之後，守天子之東藩，土地之廣，人民之衆，非不可以致伐也。而莊公疲弊，國政不能成功，反借力於人以禦國難，其不同邢、衛之滅亡，幸矣。①

亦有謂齊與魯皆失之，故授受均有罪，持此説者有黃震②、戴溪③、張洽④、傅恒⑤等。

亦有謂《春秋》非譏齊桓非禮，如張大亨（1085 年進士）《春秋通訓》云：

> 春秋之世，諸侯小朝大，大未有朝小者，小獻大，大未有獻小者，況霸者哉！齊桓之霸也，以德不以力，以功不以勢，會則親接四國之微者，伐則請師於天子，會王世子則不敢主其會，尊王世子則不敢與之盟，可謂知禮矣。今也朝魯，而獻戎捷。以爲讓，則奸先王之典；以爲惠，則屈方伯之威。而《春秋》不譏其非禮，何也？齊桓之伐山戎，蓋以衛中國也，齊桓之獻戎捷，蓋以撫諸侯也。伐戎，小事也；衛中國，大功也。獻捷，小失也；撫諸侯，大德也。《書》曰："大邦畏其力，小邦懷其德"，文王之所以爲西伯也。《詩》曰："不大聲以色，不長夏以革"，文王之所以造區夏也。宋襄一會而虐鄫、滕之君，晉文一戰而分曹、衛之地，君子比其德而計其功，則齊桓之禮，可以無愧矣。⑥

卓爾康則謂此爲《春秋》之特筆，其《春秋辯義》曰：

> 三十一年"齊侯來獻戎捷"，蓋《春秋》予齊桓攘夷狄匡天下之特筆

---

① 沈棐《春秋比事》，《四庫全書》，第 153 册，卷三，第 13 頁。
② 《黄氏日抄》，卷八，第 38 頁。
③ 《春秋講義》，卷一下，第 38 頁。
④ 《張氏春秋集注》，卷三，第 28 頁。
⑤ 《御纂春秋直解》，卷三下，第 24 頁。
⑥ 張大亨《春秋通訓》，《四庫全書》，第 148 册，卷三，第 30 頁。

焉。《左氏》憒不曉事,漫以諸侯不相遺俘常理斷之。此時二伯未起,天下尚不知尊周,安能責其獻王,即使獻王,不告於魯,魯安從書之。觀宣公十六年晉使趙同獻狄俘于周,此最當書,亦以不告不書,可見矣。且《春秋》固魯史也,夫子借魯表一王之法,繫天下之事,深幸其有此一獻,以著尊攘之業,何不可也?①

惠士奇則謂:"獻者,上下同名,雖君賜臣爵,亦曰獻。"又謂:"《春秋》貴賤不嫌同號,孰謂諸侯不相獻哉?"其《惠氏春秋説》云:

齊侯來獻戎捷,禮歟?曰:禮也。《左氏》曷爲謂之非禮?《左氏》以爲非禮者,言當獻於王,不當獻於魯。獻於王不書,獻於魯則書之曰"來獻"者,尊宗國也。古者致物於人,通行曰饋,尊之則曰獻。《周官·玉府》:"凡王之獻,金玉、兵器、文織、良貨賄之物,受而藏之。"鄭康成謂百工所作,可以獻遺諸侯者。《内府》則"凡四方之幣獻之金玉、齒革、兵器,凡良貨賄,入焉。"幣獻者,諸侯朝聘所獻國珍,故言四方以别之,然則獻者,上下同名,雖君賜臣爵,亦曰獻。《祭統》:"君洗玉爵獻卿","以瑶爵獻大夫","以散爵獻士",爵不同而獻則同等,夷相饋亦曰獻。《曲禮》:"獻車馬者,執策綏;獻甲者,執冑;獻杖者,執末","獻粟者,執右契;獻米者,操量鼓",推而至於獻鳥、獻魚,皆謂之獻。祭禮"獻尸"、"獻賓"、"獻祝"、"獻佐食",上自尸,下至佐食,皆曰獻,故《春秋》貴賤不嫌同號,孰謂諸侯不相獻哉?②

案:《左傳》云:"諸侯不相遺俘。"遍觀諸家之言,似無以此爲非者,則《左傳》以"齊侯來獻戎捷"爲"非禮"之説,未可廢也。

《春秋序》孔疏總結"丹楹刻桷"、"天王求車"、"齊侯獻捷"三事曰:"三者皆非禮而動,直書其事,不爲之隱,具爲其文,以見譏意,是其事實盡而不有汙曲也。"③

---

① 《春秋辯義》,卷首七,第6頁。
② 《惠氏春秋説》,卷五,第24—25頁。
③ 《春秋左傳正義》,卷一,第17頁。

（五）懲惡而勸善

五情之末爲"懲惡而勸善"，杜注釋之曰："善名必書，惡名不滅，所以爲懲勸。"①

（1）書齊豹盜

杜預所舉"懲惡而勸善"之首例爲"書齊豹盜"。案《左傳》所載昭公二十年《春秋》曰："秋，盜殺衛侯之兄縶。"②《左傳》曰：

> 衛公孟縶狎齊豹③，奪之司寇與鄄④。有役則反之⑤，無則取之。公孟惡北宮喜、褚師圃，欲去之。公子朝通于襄夫人宣姜，懼，而欲以作亂。故齊豹、北宮喜、褚師圃、公子朝作亂。初，齊豹見⑥宗魯於公孟，爲驂乘焉⑦。將作亂，而謂之曰："公孟之不善，子所知也，勿與乘，吾將殺之。"對曰："吾由子事公孟，子假吾名焉，故不吾遠也⑧。雖其不善，吾亦知之；抑以利故⑨，不能去，是吾過也。今聞難而逃，是僭子也⑩。子行事乎，吾將死之，以周事子⑪；而歸死於公孟，其可也。"丙辰，衛侯在平壽。公孟有事於蓋獲之門外⑫，齊子氏帷於門外，而伏甲焉。使祝鼃寘戈於車薪以當門，使一乘從公孟以出，使華齊御公孟，宗魯驂乘⑬。及閎中⑭，齊氏用戈擊公孟，宗魯以背蔽之，斷肱，以中公孟

---

① 《春秋左傳正義》，卷一，第17—18頁。
② 同上書，卷四十九，第1頁。
③ 杜注："公孟，靈公兄也。齊豹，齊惡之子，爲衛司寇。狎，輕也。"
④ 杜注："鄄，豹邑。"
⑤ 杜注："縶足不良，故有役則以官邑還豹使行。"
⑥ 楊注："見音現，推薦也，介紹也。"
⑦ 楊注："杜注：'爲公孟驂乘。'馬宗璉《補注》：'《月令》鄭注："人君之車必使勇士衣甲居右而參乘，備非常也。"宗魯爲公孟驂乘，亦是取其有勇力。'"
⑧ 楊注："假吾名猶言借我以善名譽，即爲我宣揚。不吾遠，不遠吾，即公孟親近我。"
⑨ 楊注："抑猶但也。"
⑩ 杜注："使子言不信也。"
⑪ 杜注："周猶終竟也。"孔疏："杜意終不泄子言，是終事子，即謂殺公孟之言。"楊注："俞樾《平議》引《說文》，解'周'爲密，不泄言，亦通。"
⑫ 杜注："有事，祭也。蓋獲，衛郭門。"
⑬ 孔疏："諸本皆'華'上有'使'字，計華齊是公孟之臣，自爲公孟之御，非齊氏所當使，必不得有使字。學者以上文有'使祝鼃'、'使一乘'，下有'使華寅乘貳車'、使華寅執蓋，以此妄加'使'字。今定本有'使'，非也。"
⑭ 楊注："杜注謂'閎，曲門中'。蓋祝鼃以薪車當門，故從曲門出。"

之肩。皆殺之。公聞亂,乘驅自閱門入①。慶比御公,公南楚驂乘。使華寅乘貳車②。及公宮,鴻駵魋駟乘于公③。公載寶以出。褚師子申遇公于馬路之衢,遂從。過齊氏,使華寅肉袒,執蓋以當其闕④,齊氏射公,中南楚之背,公遂出。寅閉郭門,踰而從公⑤。公如死鳥⑥。析朱鉏宵從竇出,徒行從公。齊侯使公孫青聘於衛。既出,聞衛亂,使請所聘。公曰:"猶在竟內,則衛君也。"乃將事焉,遂從諸死鳥。請將事。辭曰:"亡人不佞,失守社稷,越在草莽,吾子無所辱君命。"賓曰:"寡君命下臣於朝曰:'阿下執事。'⑦臣不敢貳。"主人曰:"君若惠顧先君之好,照臨敝邑,鎮撫其社稷,則有宗祧在⑧。"乃止⑨。衛侯固請見之⑩。不獲命,以其良馬見⑪,爲未致使故也⑫。衛侯以爲乘馬⑬,賓將摰⑭,主人辭曰:"亡人之憂,不可以及吾子;草莽之中,不足以辱從者⑮。敢辭。"賓曰:"寡君之下臣,君之牧圉也。若不獲扞外役,是不有寡君也。臣懼不免於戾,請以除死。"親執鐸⑯,終夕與於燎⑰。齊氏之宰渠子召北宮子⑱。北宮氏之宰不與聞,謀殺渠子,遂伐齊氏,滅之。丁巳晦,公

---

① 孔疏:"乘驅者,乘車而疾驅也。閱門者,衛城門,蓋偏側之門,其路遠齊氏。"
② 杜注:"公副車。"
③ 杜注:"鴻駵魋復就公乘,一車四人。"
④ 杜注:"肉袒,示不敢與齊氏爭。執蓋,蔽公而去。闕,空也。以蓋當侍從空闕之處。"楊注:"杜預謂'肉袒示不敢與齊氏爭',顧炎武《補正》則謂'肉袒示必死',後説較長。蓋,形似今之傘,本以遮日光或雨,此以擋兵器。闕,空闕處。"
⑤ 杜注:"逾郭出。"
⑥ 杜注:"死鳥,衛地。"楊注:"顧棟高云:'死鳥當是郭門外東向適齊之地也。'"
⑦ 杜注:"阿,比也。命己使比衛臣下。"楊注:"顧炎武《補正》引傅遜云:'阿下,親附而卑之。'執事指衛侯,説詳于鬯《校書》。"
⑧ 杜注:"言受聘當在宗廟也。"
⑨ 杜注:"止,不行聘事。"
⑩ 楊注:"欲見公孫青。"
⑪ 楊注:"公孫青不得已,以己之良馬爲見衛侯之禮。"
⑫ 楊注:"杜注:'未致使,故不敢以客禮見。'未致使即未行聘禮,致使命。"孔疏:"客禮見者,若已致君命,則享有庭實,復有私覿私面之禮。今爲未致使,故但以良馬見也。"
⑬ 楊注:"杜注:'喜其敬己,故貴其物。'乘馬,駕乘之馬。"
⑭ 楊注:"《説文》:'摰,夜戒有所擊也。'"
⑮ 楊注:"從者即指公孫青,猶言執事,客套語。"
⑯ 楊注:"《説文》:'鐸,大鈴也。'"
⑰ 楊注:"杜注:'設火燎以備守。'章炳麟讀燎爲僚,謂與于衛侯之巡夜者。"
⑱ 杜注:"北宮喜也。"

入,與北宮喜盟于彭水之上①。秋七月戊午朔,遂盟國人。八月辛亥,公子朝、褚師圃、子玉霄、子高魴②出奔晉。閏月戊辰,殺宣姜③。衛侯賜北宮喜諡曰貞子,賜析朱鉏諡曰成子,而以齊氏之墓予之④。衛侯告寧于齊,且言子石⑤。齊侯將飲酒,徧賜大夫曰:"二三子之教也。"⑥苑何忌辭⑦,曰:"與於青之賞,必及于其罰⑧。在《康誥》曰,父子兄弟,罪不相及,況在群臣?臣敢貪君賜以干先王?"⑨琴張⑩聞宗魯死,將往弔之。仲尼曰:"齊豹之盜,而孟縶之賊,女何弔焉?⑪君子不食姦⑫,不受亂⑬,不爲利疚於回⑭,不以回待人⑮,不蓋不義⑯,不犯非禮⑰。"⑱

此述公孟縶被殺始末及衛侯失守社稷與復入之經過,然《春秋》經文何以書

---

① 楊注:"杜注:'喜本與齊氏同謀,故公先與喜盟。'彭水當近衛都,今無存。"
② 杜注:"皆齊氏黨。"
③ 杜注:"與公子朝通謀故。"
④ 楊注:"杜謂皆死而賜諡及墓田。然證以洹子孟姜壺銘,郭沫若謂陳無宇生時即稱洹子,諡可以生時即有,詳《積微居金文說・洹子孟姜壺跋》。"
⑤ 杜注:"子石,公孫青,言其有禮。"
⑥ 杜注:"喜青敬衛侯。"
⑦ 楊注:"不受賜酒。"
⑧ 杜注:"何忌,齊大夫。言青若有罪,亦當并受其罰。"
⑨ 楊注:"杜注:'言受賜則犯《康誥》之義。'先王指成王,成王封康叔爲衛之始封君,《康誥》乃爲此作。"
⑩ 杜注:"琴張,孔子弟子,字子開,名牢。"孔疏:"《家語》云:'孔子弟子琴張與宗魯友'。《七十子篇》云:'琴牢衛人,字子開,一字張。'則以字配姓爲琴張,即牢曰子云是也。賈逵、鄭衆皆以爲子張即顓孫師。服虔云:案《七十子傳》云,子張少孔子四十餘歲,孔子是年四十一,未有子張。鄭、賈之説,不知所出。"楊注:"此琴張非孔丘弟子,此時孔丘年三十一,據《史記・仲尼弟子列傳》,子張少孔丘四十餘歲,則此時猶未生。"
⑪ 楊注:"杜注:'言齊豹所以爲盜,孟縶所以見賊,皆由宗魯。'據孔丘止琴張之弔宗魯,或友朋相規勸。章炳麟《讀》引《莊子・大宗師篇》以證琴張即子張,然《莊子》不足據也。"
⑫ 杜注:"如公孟不善而受其禄,是食姦也。"
⑬ 杜注:"許豹行事,是受亂也。"
⑭ 杜注:"疚,病;回,邪也。以利故不能去,是病身於邪。"
⑮ 楊注:"陶鴻慶《別疏》云:'宗魯知死公孟,而不能諫阻齊豹使不爲難;以公孟之不善爲可殺,是以邪待公孟也。知齊豹將殺公孟而聽之,是以邪待齊豹也。皆所謂以回待人。'"
⑯ 楊注:"蓋即掩蓋,齊豹殺公孟,不義也。而宗魯不洩其謀,蓋不義也。或曰:'《廣雅・釋言》:"蓋,黨也。"言宗魯與齊豹爲黨也。'説本朱彬《攷證》及章炳麟《左傳讀》。雖可通,不如取掩蓋義。"
⑰ 杜注:"以二心事縶,是非禮。"
⑱ 《春秋左傳正義》,卷四十九,第5—9頁。

"盜",《左傳》於此未有言及。其後於魯昭公三十一年冬,《春秋》載"黑肱以濫來奔"①,《左傳》始追釋曰:

> 齊豹爲衛司寇,守嗣大夫,作而不義,其書爲"盜"。②

先儒承《左傳》以"盜"爲齊豹者,有杜預③、孔穎達④、劉敞⑤、蘇轍⑥、葉夢得⑦、高閌⑧、陳傅良⑨、黃震⑩、吳澄⑪、陳深⑫、趙汸⑬、袁仁(1479—1546)⑭、楊于庭(1580 年進士)⑮、王道焜(1621 年舉人)⑯、趙如源(明人,生卒年不詳)⑰、俞汝言⑱、王夫之(1619—1692)⑲、毛奇齡⑳、徐廷垣(清人,生卒年不詳)㉑、葉酉㉒、傅恒㉓、羅典(1719—1808)㉔、竹添光鴻㉕等。

宋儒胡安國則另有說,其《胡氏春秋傳》云:

> 竊以爲仲尼書斷此獄,罪在宗魯。宗魯,孟縶之驂乘也。於法應書曰

---

① 《春秋左傳正義》,卷五十三,第 17 頁。
② 同上書,第 19 頁。
③ 同上書,卷四十九,第 1 頁。
④ 同上注。
⑤ 《春秋權衡》,卷七,第 5 頁。
⑥ 《蘇氏春秋集解》,卷十,第 14 頁。
⑦ 《春秋三傳讞·春秋左傳讞》,卷八,第 12 頁。
⑧ 《高氏春秋集注》,卷三十三,第 15 頁。
⑨ 《陳氏春秋後傳》,卷十,第 17 頁。
⑩ 《黃氏日抄》,卷十二,第 33 頁。
⑪ 《春秋纂言》,《總例》,卷二,第 34 頁。
⑫ 《讀春秋編》,卷十,第 26 頁。
⑬ 《春秋集傳》,卷十三,第 4 頁。
⑭ 袁仁《春秋胡傳考誤》,《四庫全書》,第 169 册,第 21 頁。
⑮ 楊于庭《春秋質疑》,《四庫全書》,第 169 册,卷十,第 5 頁。
⑯ 王道焜、趙如源《左傳杜林合注》,《四庫全書》,第 171 册,卷四十,第 5 頁。
⑰ 同上注。
⑱ 俞汝言《春秋四傳糾正》,《四庫全書》,第 174 册,第 15—16 頁;又《春秋平義》,卷十,第 25 頁。
⑲ 王夫之《春秋稗疏》,《船山全書》,長沙:岳麓書社 1993 年版,第 5 册,卷下,第 83—84 頁。
⑳ 《春秋毛氏傳》,卷三十一,第 5—6 頁。
㉑ 《春秋管窺》,卷十,第 21—22 頁。
㉒ 《春秋究遺》,卷十四,第 6 頁。
㉓ 《御纂春秋直解》,卷十下,第 6 頁。
㉔ 羅典《讀春秋管見》,《續修四庫全書》,第 141 册,卷十二,第 21 頁。
㉕ 《左氏會箋》,卷二十六,第 44 頁。

"盜",非求名而不得者也。天下豈有欲求險危大人之惡名,而聖人又靳此名而不與者哉!然則齊豹首謀作亂,宗魯雖與聞行事,又以身死之矣,今乃釋豹不誅,而歸獄於宗魯,不亦頗乎?曰:豹之不義,夫人皆知之也;若宗魯欲事豹而死於公孟,蓋未有知其罪者,故琴張聞其死,將往弔之,仲尼曰:"齊豹之盜,孟縶之賊,汝何弔焉?"非聖人發其食姦、受亂、蓋不義、犯非禮之罪,書於《春秋》,則齊豹所畜養之盜,孟縶所見殺之賊,其大惡隱矣!①

胡氏謂"盜"爲宗魯,後儒持其説者,有戴溪②、家鉉翁③、陸粲(1494—1551)④等。王夫之論胡説曰:

  乃胡氏謂齊豹爲司寇,例得書名。不知唯天子之司寇爲卿,侯國之司寇亦下大夫耳。孔子爲魯司寇,且不得與三桓等,況豹仕於縶而又見奪乎!胡氏據《檀弓》之文,歸罪於宗魯,不知孔子之告琴張,乃君子慎擇交遊之精義,非《春秋》討賊之大法。責宗魯可也,釋齊豹之首惡其可乎?齊豹非卿而書"盜",又何疑焉!⑤

王氏謂唯天子之司寇爲卿,齊豹爲小國司寇,故非卿而書"盜",其説雖以"盜"爲齊豹,惟與《左傳》有所不同。《春秋序》孔疏釋《左傳》之説曰:"齊豹,衛國之卿。《春秋》之例,卿皆書其名氏。齊豹忿衛侯之兄,起而殺之,欲求不畏彊禦之名。《春秋》抑之,書曰'盜'。盜者,賤人有罪之稱也。"⑥

(2) 三叛人名

杜預所舉"懲惡而勸善"之次例爲"三叛人名"。案襄公二十一年《春秋》曰:"邾庶其以漆閭丘來奔。"⑦《左傳》曰:"庶其非卿也,以地來,雖賤必書,重地也。"⑧杜注:"庶其,邾大夫。"⑨又曰:"重地,故書其人。其人書,則

---

① 《胡氏春秋傳》,卷二十五,第14—15頁。
② 《春秋講義》,卷四上,第26—27頁。
③ 《春秋集傳詳説》,卷二十五,第10—11頁。
④ 陸粲《春秋胡氏傳辨疑》,《四庫全書》,第167册,卷下,第15頁。
⑤ 《春秋稗疏》,卷下,第84頁。
⑥ 《春秋左傳正義》,卷一,第18頁。
⑦ 同上書,卷三十四,第11頁。
⑧ 同上書,第14頁。
⑨ 同上書,第12頁。

惡名彰,以懲不義。"①

又昭公五年《春秋》曰:"夏,莒牟夷以牟婁及防茲來奔。"②《左傳》曰:"牟夷非卿而書,尊地也。"③杜注:"尊,重也。重地,故書以名,其人終爲不義。"④

又昭公三十一年《春秋》曰:"冬,黑肱以濫來奔。"⑤《左傳》曰:"冬,邾黑肱以濫來奔,賤而書名,重地故也。"⑥杜注:"黑肱非命卿,故曰賤。"⑦

案:《公羊傳》襄公二十一年及昭公五年,與《穀梁傳》昭公五年,亦有"重地"之説。⑧ 昭公三十一年《左傳》曰:

> 以地叛,雖賤,必書地以名,其人終爲不義,弗可滅已。是故君子動則思禮,行則思義,不爲利回,不爲義疚。或求名而不得,或欲蓋而名章,懲不義也。齊豹爲衛司寇、守嗣大夫,作而不義,其書爲盜。邾庶其、莒牟夷、邾黑肱以土地出,求食而已,不求其名,賤而必書。此二物者,所以懲肆而去貪也。若艱難其身,以險危大人,而有名章徹,攻難之士,將奔走之。若竊邑叛君,以徼大利而無名,貪冒之民,將寘力焉。是以《春秋》書齊豹曰"盜"、三叛人名,以懲不義,數惡無禮,其善志也。故曰:《春秋》之稱,微而顯,婉而辨。上之人能使昭明,善人勸焉,淫人懼焉,是以君子貴之。⑨

《春秋序》孔疏曰:

> 邾庶其、黑肱、莒牟夷三人,皆小國之臣,並非命卿,其名於例不合見《經》。竊地出奔,求食而已,不欲求其名聞,《春秋》故書其名,使惡

---

① 《春秋左傳正義》,卷三十四,第14頁。
② 同上書,卷四十三,第1頁。
③ 同上書,卷三十四,第13頁。
④ 同上注。
⑤ 同上書,卷五十三,第17頁。
⑥ 同上書,第19頁。
⑦ 同上注。
⑧ 參《春秋公羊傳正義》,卷二十,第13頁;卷二十二,第10頁;《春秋穀梁傳注疏》,卷十七,第4頁。
⑨ 《春秋左傳正義》,卷五十三,第19—20頁。

名不滅。若其爲惡求名，而有名章徹，則作難之士，誰或不爲？若竊邑求利而名不聞，則貪冒之人，誰不盜竊？故書齊豹曰"盜"、三叛人名，使其求名而名亡，欲蓋而名章，所以懲創惡人，勸獎善人……盜與三叛，俱是惡人，書此二事，唯得懲惡耳，而言"勸善"者，惡懲則善勸，故連言之。①

後儒意見同於杜、孔，謂《春秋》書三叛人名以懲不義者，有蘇轍②、呂大圭③、陳傅良④、家鉉翁⑤、李廉⑥、李光地⑦、庫勒納⑧等。

然亦有謂《春秋》所懲者爲魯，而非邾庶其、黑肱、莒牟夷三人，如孫覺《孫氏春秋經解》云：

《春秋》小國大夫奔叛，類皆書名在氏，《公羊》以爲重地。案：魯受叛人，其罪大矣，何謂重地而名之乎？⑨

亦有謂叛人與魯同罪者，如黃仲炎《春秋通說》云：

《左氏》謂邾庶其、莒牟夷、邾黑肱皆以地來奔，求食而已，不求其名，故《春秋》皆名之，以章其惡焉。説者多從之，而不知非聖人意也。夫庶其、牟夷、黑肱竊邑叛君，爲盜賊穿窬之事，彼何暇以書名史册爲愧哉？而盜賊穿窬之輩，亦何足以重辱君子之譏哉？然《春秋》所以書者，正以見魯之罪焉耳！當叛人竊邑奔竄，使天下諸侯皆莫之容，則盜賊穿窬之事當不禁而自絶，今乃利其略邑而招聚之，則世之叛竊者復何所憚哉？魯以周公伯禽之國而爲盜賊穿窬之淵藪，盜所隱匿，與盜同罪，是以聖人惡而書之，非徒以責叛人也。庶其、牟夷、黑肱者，邾、

---

① 《春秋左傳正義》，卷一，第18頁。
② 《蘇氏春秋集解》，卷九，第16—17頁。
③ 《呂氏春秋或問》，卷十七，第7頁。
④ 《陳氏春秋後傳》，卷九，第16頁。
⑤ 《春秋集傳詳説》，卷二十一，第11—12頁。
⑥ 李廉《春秋會通》，《四庫全書》，第162册，卷十九，第2頁。
⑦ 《日講春秋解義》，卷五十六，第17頁。
⑧ 同上注。
⑨ 《孫氏春秋經解》，卷十，第21頁。

莒之大夫也，惟大夫得食采邑，故以邑奔，非大夫不得以邑奔矣。《左氏》以爲庶其非卿，以地來，雖賤必書，尤妄也。《春秋》非大夫不名。①

孫覺、黄仲炎之説，雖與《左傳》稍有不同，要皆"懲惡勸善"之意也。

（六）五情綜論——兼論五情主要爲經學而非史學觀念

杜預《春秋序》於闡釋"五情"後曰："推此五體，以尋《經》、《傳》，觸類而長之，附于二百四十二年行事，王道之正、人倫之紀備矣。"②孔疏曰：

> 上云情有五，此言五體者，言其意謂之情，指其狀謂之體，體、情一也，故互見之。"一曰微而顯"者，是夫子脩改舊文以成新意，所修《春秋》以新意爲主，故爲五例之首。"二曰志而晦"者，是周公舊凡、經國常制。"三曰婉而成章"者，夫子因舊史大順，義存君親，揚善掩惡，夫子因而不改。"四曰盡而不汙"者，夫子亦因舊史有正直之士，直言極諫，不掩君惡，欲成其美，夫子因而用之。此婉而成章、盡而不汙，雖因舊史，夫子即以爲義。總而言之。亦是新意之限，故《傳》或言"書曰"，或言"不書"。"五曰懲惡而勸善"者，與上"微而顯"不異。但勸戒緩者，在"微而顯"之條；貶責切者，在"懲惡勸善"之例。故"微而顯"居五例之首，"懲惡勸善"在五例之末。③

此論"五情"之次第及其與新意、舊凡之關係也。案杜、孔之説，可注意者，有下列數點④：

（一）《左傳》所釋《春秋》書法，未必即爲《春秋》本意。如成公十四年《春秋》曰："秋，叔孫僑如如齊逆女。"又曰："九月，僑如以夫人婦姜氏至自齊。"《左傳》曰："秋，宣伯如齊逆女，稱族，尊君命也。"又曰："九月，僑如以夫人婦姜氏至自齊，舍族，尊夫人也。"前人懷疑《左傳》之説，認爲此乃一事再見省文之例者甚夥⑤。

---

① 《春秋通説》，卷十，第21—22頁。
② 《春秋左傳正義》，卷一，第18頁。
③ 同上注。
④ 此數點，余於《讀杜預〈春秋經傳集解序〉五情説小識》一文，亦嘗論之。
⑤ 詳見本文"四.（一）.（1）稱族尊君命，舍族尊夫人"一節。

又僖公十四年《春秋》曰："諸侯城緣陵。"《左傳》云："不書其人，有闕也。"《左傳》之説，前人亦多有疑之者，如陸淳、孫覺等，皆以爲前目後凡，蓋《春秋》之簡辭①。

又桓公二年《春秋》曰："公及戎盟于唐。冬，公至自唐。"《左傳》曰："特相會，往來稱地，讓事也；自參以上，則往稱地，來稱會，成事也。"趙匡即以爲此乃《左傳》不達內外異辭之例，妄爲異説②。

又宣公七年《春秋》曰："夏，公會齊侯伐萊。秋，公至自伐萊。"《左傳》曰："夏，公會齊侯伐萊，不與謀也。凡出師與謀曰及，不與謀曰會。"《左傳》之説，王晢、劉敞、葉夢得、郝敬、徐庭垣皆以爲非③。

（二）《春秋序》孔疏謂"微而顯"乃孔子脩改舊文以成新意。考《春秋序》所舉"微而顯"三例爲：一、稱族尊君命，舍族尊夫人；二、梁亡；三、城緣陵。"梁亡"一例，尚可謂舊文本作"秦人滅梁"，孔子改爲"梁亡"；惟"稱族尊君命，舍族尊夫人"及"諸侯城緣陵"二例，舊史遺文與孔子修改後之《春秋》有何不同？其作"叔孫僑如以夫人婦姜氏至自齊"、"公及齊侯、宋公、陳侯、衛侯、鄭伯、許男、曹伯城緣陵"邪？舊史豈不識文法，不知一事再見省文及前目後凡之例邪？

（三）杜預《春秋序》將"微而顯"、"志而晦"、"婉而成章"、"盡而不汙"、"懲惡而勸善"等平列爲五項，似有可商。竹添光鴻説"懲惡而勸善"曰："此總上四者言之。杜《序》以爲五體，非矣。上四者此所以懲惡而勸善也。……《春秋》外上四者，而別有勸懲之書法乎？"④其説是也。錢鍾書先生謂"'五例'之一、二、三、四示載筆之體，而其五示載筆之用"⑤，與竹添光鴻説略同。竊以爲"微而顯"等五者可分三層看，"微而顯、志而晦"，主要謂字面之效果；"婉而成章、盡而不汙"，主要謂書寫之態度；"懲惡而勸善"，主要謂記載之作用，三者不必互相排斥，如"書齊豹盜"，既可歸"微而顯"（詞微而義顯），亦可歸"盡而不汙"及"懲惡而勸善"。

錢鍾書先生《管錐編》論"五情"曰：

---

① 詳見本文"四.（一）.（3）城緣陵"一節。
② 詳見本文"四.（二）.（1）參會不地"一節。
③ 詳見本文"四.（二）.（2）與謀曰及"一節。
④《左氏會箋》，卷十三，第 23 頁。
⑤《管錐編》，第 162 頁。

　　　　竊謂五者乃古人作史時心嚮神往之楷模,殫精竭力,以求或合者也,雖以之品目《春秋》,而《春秋》實不足語於此。①

案：所謂"五情"者,"微而顯"云云,蓋出自成公十四年九月《左傳》：

　　……故君子曰："《春秋》之稱,微而顯,志而晦,婉而成章,盡而不汙,懲惡而勸善,非聖人誰能脩之！"②

是君子所讚譽《春秋》者,錢先生則認爲"《春秋》實不足語於此",蓋君子所持者爲經學觀點,而錢先生所持者則爲史學觀點,君子之"微而顯,志而晦,婉而成章,盡而不汙,懲惡而勸善",殆非徒爲錢先生所謂"古人作史時心嚮神往之楷模"也。若衡之以史學,則僖公十九年《春秋經》"梁亡"一語,何止爲"斷爛朝報"③,實有誤導讀者之弊。杜預《春秋序》所以稱之者,乃因其"文見於此,而起義在彼",能"發大義","指行事以正褒貶"④。又如前文所述桓公元年《經》曰："三月,公會鄭伯於垂,鄭伯以璧假許田。"⑤《左傳》曰："三月,鄭伯以璧假許田,爲周公、祊故也。"⑥鄭加璧以祊田易魯之許田,兩國私易天子所賜之地,而《春秋》謂鄭"以璧假許田",何如實之有！？又如隱公三年《經》："三月庚戌,天王崩。"⑦《左傳》曰："三月壬戌,平王崩,赴以庚戌,故書之。"⑧爲懲臣子之過,天子駕崩日期,尚且不如實記載。錢先生以純史學觀點評論《春秋》,似失《左傳》與杜預《春秋序》之旨。《春秋序》總結"微而顯"等五情曰："推此五體,以尋《經》、《傳》,觸類而長之,附于二百四十二年行事,王道之正、人倫之紀備矣。"⑨所持者即爲經學觀點。君子盛推《春秋》,謂："非聖人誰能脩之！"所持者亦爲經學觀點也⑩。

―――――――――

① 《管錐編》,第 161 頁。
② 《春秋左傳正義》,卷二十七,第 19 頁。
③ 錢氏《管錐編》第 161 頁即引此語議《春秋》載事不如《左傳》。
④ 皆《春秋序》語,見《春秋左傳正義》,卷一,第 12—17 頁。
⑤ 《春秋左傳正義》,卷五,第 1 頁。
⑥ 同上書,第 2 頁。
⑦ 同上書,卷三,第 2 頁。
⑧ 同上書,第 4 頁。
⑨ 同上書,卷一,第 18 頁。
⑩ 參拙著《左傳學論集》,第 96—110 頁。

（七）論五情所重在經學不在詩學

錢鍾書先生又云：

> 古人論《春秋》者，多美其辭約義隱，通識如劉知幾，亦不免隨聲附和。《史通・叙事》篇云："《春秋》變體，其言貴於省文。"省文之貴，用心是否欲寡辭遠禍，"辟當時之害"，成章是否能"損之又損而玄之又玄"，姑不具論。然有薄物細故，爲高睨大談者所勿屑着眼掛吻，可得而言也。春秋著作，其事煩劇，下較漢晉，殆力倍而功半焉。文不得不省，辭不得不約，勢使然爾。孫鑛《月峰先生全集》卷九《與李于田論文書》："精腴簡奥，乃文之上品。古人無紙，汗青刻簡，爲力不易，非千錘百鍊，度必不朽，豈輕以災竹木？"章學誠《乙卯劄記》曰："古人作書，漆文竹簡，或著縑帛，或以刀削，繁重不勝。是以文詞簡嚴，取足達意而止，非第不屑爲冗長，且亦無暇爲冗長也。後世紙筆作書，其便易十倍於竹帛刀漆，而文之繁冗蕪蔓，又遂隨其人之所欲爲。作書繁衍，未必盡由紙筆之易，而紙筆之故，居其强半。"阮元《揅經室三集》卷三《文言説》亦曰："古人無筆硯紙墨之便……非如今人下筆千言，言事甚易也。"雖皆不爲《春秋》而發，而《春秋》固不能外此。然則五例所讚"微"、"晦"，韓愈《進學解》所稱"謹嚴"，無乃因傴以爲恭，遂亦因難以見巧耶？古人不得不然，後人不識其所以然，乃視爲當然，又從而爲之詞。於是《春秋》書法遂成史家模楷，而言史筆幾與言詩筆莫辨。楊萬里《誠齋集》卷一一四《詩話》嘗引"微而顯"四語與《史記》稱《國風》二語而申之曰："此《詩》與《春秋》紀事之妙也！"因舉唐宋人詩詞爲例（參觀卷八三《頤菴詩稿・序》），是其驗矣。《史通・叙事》一篇實即五例中"微"、"晦"二例之發揮。有曰："叙事之工者，以簡要爲主，簡之時義大矣哉！……晦也者，省字約文，事溢於句外。然則晦之將顯，優劣不同，較可知矣。……一言而鉅細咸該，片語而洪纖靡漏，此皆用晦之道也。……夫《經》以數字包義，而《傳》以一句成言，雖繁約有殊，而隱晦無異。……雖發語已殫，而含意未盡，使夫讀者望表而知裏，捫毛而辨骨，睹一事於句中，反三隅於字外，晦之時義大矣哉！"《史通》所謂"晦"，正《文心雕龍・隱秀》篇所謂"隱"，"餘味曲包"，"情在詞外"；施用不同，波瀾莫二。劉氏復終之曰："夫讀古史者，明其章句，皆可詠歌"；則是史是詩，迷離難別。老生常談曰"六經皆史"，曰"詩

史",蓋以詩當史,安知劉氏直視史如詩,求詩於史乎?①

筆者案:錢先生謂《春秋》文字簡約,殆因漆文竹簡繁重不勝之故。惟沈玉成等則謂《左傳》、《國語》所載甚詳,必有所據,春秋之世,當已有記載詳細之史籍,不必盡如孔子《春秋》之簡奧也②。趙伯雄則認爲綱要式之大事記,乃春秋時代各國史官記事之常法③。趙氏之說,似與沈氏不同。惟趙氏亦僅謂綱要式之編年大事記,爲當時各國史册記事之通例;至於當時是否有記載詳細之文字,趙氏亦無全然否定也。

錢先生又認爲《春秋》文字簡約,"微"、"晦"、"謹嚴",乃不得不然。後人不知,遂以《春秋》書法爲史家之楷模,復以史筆與詩筆並論,如楊萬里(1127—1206)即引"微而顯"四語,認爲此乃《春秋》紀事之妙,並舉唐宋詩詞爲例論之,以爲《春秋》與詩詞,皆言有盡而意無窮。

案"微而顯"、"志而晦"、"婉而成章"、"盡而不汙"四者,與詩詞之言有盡而意無窮,性質終究不同。觀杜預所舉稱族尊君命、舍族尊夫人、梁亡、城緣陵、參會不地、與謀曰及、諸所諱辟、璧假許田、丹楹刻桷、天王求車、齊

---

① 《管錐編》,第163—164頁。
② 沈玉成、劉寧合著之《春秋左傳學史稿》曰:"《春秋》不僅文字簡約,而且僅記事而不記言,更不發表任何議論。這個問題是不能用當時書寫工具不方便來作解釋的,因爲在《春秋》之後不久,就出現了《左傳》、《國語》這樣洋洋灑灑的史册,而《左傳》、《國語》如果沒有國家檔案作爲依據,不論左丘明或者其他甚麼人都是决不可能編寫出來的。而《墨子·明鬼》所載四國'春秋',文字風格近於戰國後期的著作,可見出於《墨子》作者據所聞而改寫,不過內容情節却完全不像《春秋》而近於三傳敘事。根據《墨子》中引錄'齊之春秋',比較今傳的《春秋》,衛聚賢先生在《古史研究·春秋的研究》中得出結論説,原來的'魯之春秋''原是很詳細的記載,如《左傳》、《國語》一樣,後經孔子用歸納法把它提綱挈領摘要録出,如《通鑑綱目》的綱一樣。即《史記》所説的"約其辭文,去其煩重"'。雖然是大膽的假設而缺乏小心的求證(由於史料缺乏,實際上無法找到更多的證據),但並不能否認其中的合理因素。"參《春秋左傳學史稿》第21頁。
③ 趙伯雄《春秋學史》曰:"《春秋》中的一條記事,少則幾個字,多者也就是三四十個字,一般只記時、地、人、事,絶無枝蔓描寫,絶無人物對話,也極少解釋性的、説明因果的文字,幾乎全不帶感情色彩。這種記事方法,可能是當時各國史册記事的通例。晉國的靈公被大夫趙盾的族人殺死,晉國的太史就在國史上記下了'趙盾弑其君';齊國發生了莊公在崔杼家被殺的事件,齊國的太史就直接記爲'崔杼弑其君';還有前面提到的載在'諸侯之策'的'孫林父、甯殖出其君',都説明當時各國史官記事,確有一種我們今日在《春秋》中所見到的記事法。這種綱要式的、編年大事記式的史書,在晉朝太康年間汲冢出土的戰國策簡中也可以看到,這就是作爲晉魏史的《竹書紀年》。東晉杜預是親眼見到這批策簡的,他在談到《竹書紀年》時説:'(是書)蓋魏國之史記也。……其著書文意大似《春秋經》,推此足見古者國史策書之常也。'杜預此語是用《竹書紀年》印證《春秋經》,指出從春秋至戰國,那種綱要式的大事記是各國史官記事的常法,並非晉國或魯國所獨有的。"參《春秋學史》,濟南:山東教育出版社2004年版,第4—5頁。

侯獻捷諸例，皆無詩意詩味，知不可以《春秋》爲詩也。

五、論《春秋》"五情"——兼論"五情"與詩學之關係

2008年9月，筆者於馬來西亞新紀元學院舉辦之"2008年中國古典文學國際學術研討會"中宣讀《論〈春秋〉"五情"——兼論"五情"與詩學之關係》一文①，該文首部分論《春秋》"五情"，多采自《杜預〈春秋經傳集解·序〉五情説補識》，第二部分論"五情"與詩學之關係，則采《杜預〈春秋經傳集解·序〉五情説補識》末節"論五情所重在經學不在詩學"而加詳。兹撮錄《論〈春秋〉"五情"——兼論"五情"與詩學之關係》一文之第二部分如下：

敏澤先生(1927—2004)曰：

> 錢鍾書先生在1980年曾指示我：漢代對後世文學理論批評影響最大的，並非《詩·大序》等等，而是"春秋筆法"問題。這一問題前人從未提及，我開始也不大理解，後經長期思考，終於醒悟，設專節做了論述。②

由於錢鍾書先生之啓悟，敏澤先生於《中國文學理論批評史》一書，設專節以論《春秋》筆法對後世文論之影響③；周振甫先生(1911—2000)著書講談古代文論，亦設專節釋《春秋》筆法④。近世以《春秋》筆法言詩者，實始自錢鍾書先生，上文四.（七）已言之矣，文煩兹不再録。

錢先生認爲《春秋》文字簡約，"微"、"晦"、"謹嚴"，乃不得不然。後人不知，遂以《春秋》書法爲史家之楷模，復以史筆與詩筆並論，如楊萬里即引"微而顯"四語，認爲此乃《春秋》紀事之妙，並舉唐宋詩詞爲例論之，以爲

---

① 參《2008年中國古典文學國際學術研討會論文集》，馬來西亞：新紀元學院中國語言文學系2009年版，第134—184頁。
② 敏澤《中國文學理論批評史》，長春：吉林教育出版社1993年版，上册《序》，第2頁，注1。
③ 同上書，第102—111頁。
④ 周振甫《周振甫講古代文論》，南京：江蘇教育出版社2005年版，第36—48頁。

《春秋》與詩詞,皆言有盡而意無窮。案:楊萬里《誠齋詩話》云:

> 太史公曰:"《國風》好色而不淫,《小雅》怨悱而不亂。"《左氏傳》曰:"《春秋》之稱,微而顯,志而晦,婉而成章,盡而不汙。"此《詩》與《春秋》紀事之妙也。近世詞人,閒情之靡,如伯有所賦,趙武所不得聞者,有過之無不及焉,是得為好色而不淫乎?惟晏叔原云:"落花人獨立,微雨燕雙飛",可謂好色而不淫矣。唐人《長門怨》云:"珊瑚枕上千行淚,不是思君是恨君。"是得為怨悱而不亂乎?惟劉長卿云:"月來深殿早,春到後宮遲",可謂怨悱而不亂矣。近世陳克《詠李伯時畫寧王進史圖》云:"汗簡不知天上事,至尊新納壽王妃。"是得為微、為晦、為婉、為不汙穢乎?惟李義山云:"侍宴歸來宮漏永,薛王沉醉壽王醒。"可謂微婉顯晦,盡而不汙矣。①

楊萬里盛推李商隱(813—858)《龍池》詩末二句,以為能盡"微婉顯晦,盡而不汙"之妙。案:李商隱《龍池》詩曰:

> 龍池賜酒敞雲屏,羯鼓聲高眾樂停。夜半宴歸宮漏永,薛王沉醉壽王醒。②

羅大經(1196—1242)謂此詩"詞微而顯,得風人之旨"③,蓋唐玄宗既納壽王妃楊玉環,其後龍池賜酒,眾人皆醉,壽王獨醒,以愛妃被奪故也。詩曰:"夜半宴歸宮漏永,薛王沉醉壽王醒。"醉醒對照,沉醉者不必薛王,偶舉作襯而已;惟壽王則宮漏夜永,輾轉無眠。吳喬(清人,生卒年不詳)謂其有含蓄不盡之意④。

楊萬里所謂"微婉顯晦,盡而不汙"者,當為"微而顯,志而晦,婉而成章,盡而不汙"之提要鉤玄。楊氏如何理解"微婉顯晦",似難確考;惟張高評先生於《春秋》"五情"及"微婉顯晦",則有詳細之探討。張先生曰:

---

① 楊萬里《誠齋詩話》,《四庫全書》,第1480冊,第5—6頁。
② 劉學鍇、余恕誠合編《李商隱詩歌集解》,北京:中華書局1988年版,第1514頁。
③ 羅大經《鶴林玉露》,北京:中華書局1983年版,第143頁。
④ 吳喬《圍爐詩話》,《續修四庫全書》,第1697冊,卷一,第8頁。

《左傳》成公十四年載:"《春秋》之稱,微而顯,志而晦,婉而成章,盡而不汙,懲惡而勸善,非聖人孰能修之。"此即所謂"《春秋》五例"。前四例側重《春秋》之遣辭用筆,屬修辭學範圍;最後一例著重倫理教化,社會功能,後世皆尊崇之,稱爲《春秋》書法,或史家筆法,簡稱爲書法或史筆。蓋《春秋》書法在修辭方面,講究措辭簡要,而旨趣顯豁;明載史實,而意蘊深遠;委婉曲折,而順理成章;周賅盡致,而不歪曲事理,此四者之語言結構特色,在用晦、尚簡、崇虛、貴曲;而晦、簡、虛、曲之風格,最易形成含蓄美與朦朧美之詩美趣味。就比較而言,運用微婉顯晦之史筆,其意象組合有意破棄常識邏輯之關聯、過渡、轉折和交代,於是語境剝離、變形,文意斷裂、跳躍,此與宋代詩話標榜之"詩家語"、"詩家三昧"的變形結構有異曲同工之妙。而其含蓄美、朦朧美,則與"溫柔敦厚"、"主文譎諫"之傳統詩教近似;章學誠所謂"通六藝比興之旨,而後可以講春王正月之書",比興之旨,即言婉多風之詩教,此與"甚幽而明,無傳而著"之筆削大義,"旁見側出,未敢斥言"之《春秋》之教,豈非貌異而心同?……至於"懲惡勸善"之褒貶使命,等同於詩教之美刺功能,又可與"興觀群怨"之"言志"教化相發明,更與屬辭比事、筆削見義之"《春秋》之教"相融通,此皆顯而易見者,不必辭費。①

筆者案:張先生之"《春秋》五例",即本文之"五情"。張先生謂"前四例側重《春秋》之遣辭用筆,屬修辭學範圍",此猶錢鍾書先生所謂"載筆之體",惟張先生之分析,似較錢先生更進一境。張先生又曰:"《春秋》書法在修辭方面,講究措辭簡要,而旨趣顯豁;明載史實,而意蘊深遠;委婉曲折,而順理成章;周賅盡致,而不歪曲事實,此四者之語言結構特色,在用晦、尚簡、崇虛、貴曲。"其所指斥者,即"微而顯,志而晦,婉而成章,盡而不汙"四情。張先生又以"微婉顯晦"爲標題,就"四情"分別言之。張先生曰:

《春秋》五例中的"微而顯",猶詩論家所謂"文約義豐"。②

---
① 張高評《春秋書法與左傳學史》,上海:上海古籍出版社 2005 年版,第 126—127 頁。
② 同上書,第 138 頁。

筆者案：杜注釋"微而顯"曰："辭微而義顯。"孔疏云："微而顯者，據文雖微隱，而義理顯著。"此與《春秋繁露》謂《春秋》"甚幽而明"同意。"微"、"幽"未必與"文字希少"、"言辭不多"、"簡潔"全同，本文四.（一）節已嘗論之。周振甫先生釋"微而顯"曰："光看文字看不出它的用意，叫微；把同類的寫法一對照，就明白了，叫顯。"①似得其意。張高評先生所謂"文約"、"措辭簡要"，未必是也。

至於"志而晦"，張先生以"明載史實，而意蘊深遠"釋之，又謂"即是詩家之'蘊藉隱秀'"②。杜注以"微"釋"晦"，微者，微隱也，此即周振甫先生所謂"隱晦"③。《春秋》微隱之情，亦不必與詩家之"蘊藉隱秀"等同也。

又"婉而成章"，杜注釋之曰："婉，曲也。謂屈曲其辭，有所辟諱，以示大順，而成篇章。"至若"盡而不汙"，杜注曰："謂直言其事，盡其事實，無所汙曲"④；孔疏云："直書其事，不爲之隱，具爲其文，以見譏意，是其事實盡而不有汙曲也。""婉而成章"所重者，在"有所辟諱，以示大順"；"盡而不汙"所重者，在"直書其事，不爲之隱，具爲其文，以見譏意，是其事實盡而不有汙曲"。張高評先生以"委婉曲折，而順理成章；周賅盡致，而不歪曲事理"釋之，輕重之際，似不盡相同。

綜上所論，張先生於"微而顯"、"志而晦"、"婉而成章"、"盡而不汙"四情之闡釋，實有所申衍。張先生進而論之曰："此四者之語言結構特色，在用晦、尚簡、崇虛、貴曲；而晦、簡、虛、曲之風格，最易形成含蓄美與朦朧美之詩美趣味。……而其含蓄美、朦朧美，則與'溫柔敦厚'、'主文譎諫'之傳統詩教近似。"此又爲進一步之申衍矣。

至於第五情"懲惡而勸善"，張先生曰："'懲惡勸善'之褒貶使命，等同於詩教之美刺功能，又可與'興觀群怨'之'言志'教化相發明，更與屬辭比事、筆削見義之'《春秋》之教'相融通，此皆顯而易見者，不必辭費。"案《春秋》"懲惡勸善"之旨與詩教之美刺，可謂殊途同歸，張先生之言是也。

觀夫上引楊萬里《誠齋詩話》，其於"微而顯，志而晦，婉而成章，盡而不汙"，取"微"、"晦"、"婉"、"不汙穢"，以論陳克《詠李伯時畫寧王進史圖》，實嫌以偏概全，且所用亦有非此四情原意者，此蓋宋人通習，細觀張高評先

---

① 《周振甫講古代文論》，第38頁。
② 《春秋書法與左傳學史》，第138頁。
③ 《周振甫講古代文論》，第38頁。
④ 竹添光鴻、高本漢、錢鍾書先生有關"盡而不汙"之解釋，請參本文"四.（四）"節。

生《〈春秋〉書法與宋代詩學——以詩話筆記爲例》一文可知也。張先生大文結論曰：

> 宋代文化，注重和合集成，反映在學術或文藝上，自然呈現會通的風氣。宋代詩學，爲宋代文化"雜然賦流形"之表現，自然也就表現會通化成之現象。其現象之一，爲立足詩學，多層面借鏡、融通、化用其他邊緣學科，時作"出位之思"，展示"破體"破格……就彼此相通相融處，相資爲用，觸類引申，往往未經人道，獨具慧眼，如以禪喻詩、以禪衡詩、以書道喻詩、以書道衡詩、以戲劇喻詩、以史筆說詩，及"以書法論詩"等等，皆以會通複合爲特色。①

張先生又云：

> 宋學影響既無所不在，於是文貴載道，詩尚言志，一切文藝皆以致用爲依歸。《春秋》學之反思致用，反映政治現實，於兩宋號稱顯學。以胡安國《春秋傳》而言，兼采衆傳，以義理說經，力倡《春秋》大義，講求《春秋》筆法，於當代文風頗有影響。宋人之詩話筆記不乏"以《春秋》書法論詩"之例，此固是宋人"以當世之務折衷經義"的致用體現，更是載道、言志、反思、資鑒精神之錯綜影響。②

筆者案：《春秋》"五情"所重，本在經學，觀杜預釋"五情"所舉稱族尊君命、舍族尊夫人、梁亡、城緣陵、參會不地、與謀曰及、諸所諱辟、璧假許田、丹楹刻桷、天王求車、齊侯獻捷、書齊豹盜、三叛人名諸例可知也。誠如張先生所言，宋人重會通，於是本非言詩之《春秋》五情，經觸類引申，遂輾轉成爲論詩品詩之權衡矣。

（作者單位：香港能仁書院）

---

① 《春秋書法與左傳學史》，第163頁。
② 同上書，第163—164頁。

經學傳承：《書經》之中外詮釋

陳遠止

【摘　要】 經典的傳承，使文化延續而豐厚。承傳的工作，中國歷代從無間斷。《尚書·堯典》之成篇與《史記》的寫成，中間相隔約300年。司馬遷迻錄《堯典》，在文字上作出明顯的變換以適應其時的語言特質。這些轉換，說明典籍的傳承，所保留的未必是典籍的原本面貌，所有現存的典籍，最少在語言上都作出了很大程度的轉換。現代的西方漢學家，在《尚書》成篇之後二千多年，亦試圖藉文字的翻譯，將中國的古代文化傳播至西方。瑞典學者高本漢所寫的《書經注釋》，其中頗有誤解之處，說明東西文化差異的鴻溝，極難跨越。由此可見，經典的傳承工作，非常艱鉅，必須多方的不懈努力，繞不致失傳。

【關鍵詞】《書經》《五帝本紀》 高本漢 《堯典》 經學

　　文化是人類在認識、改造生活的過程中所形成的特定的形態和觀念；這些認識和改造活動所不斷累積的經驗和智慧，逐漸形成人與人之間的規章，凝結昇華成爲具體的皋謨書册，群體和民族彼此共喻，世代相傳。文化因書册記錄而沉積深厚，書册記錄因文化而豐富精密。書册於人類文化，不僅表現出共時的認知和經驗，也包含著歷時的成果和智慧。文化和書册緊密相連，書册既是文化的載體，也是文化的重要部分。

　　書册的保留、傳承和解讀，在傳統中國，很早已成爲一種非常重要的學問，即所謂經學。具體而言，經學就是典籍的詮釋藝術，利用書册的詮釋，說明世道人心所要遵從的大道理。

《説文解字》："經，織從絲也。"①段注："織從絲謂之經，必先有經，而有緯。是故三綱五常六藝，謂之天地常經。"②章太炎："經之訓常，乃後起之義。《韓非・内外儲》，首冠經名，其意殆如後之目録，並無常義。今人書册用紙，貫之以綫。古代無紙，以青絲繩貫竹簡爲之。用繩貫穿，故謂之經。經者，今所謂綫裝書矣。"③程發軔《國學概論》："《説文》織縱絲爲經，横絲爲緯，是爲經字本義。其後章太炎先生謂編絲綴屬，是謂之經，仍就本義而演繹之。蓋經絲在軸，緯絲在梭。緯則一往一來，有穿梭不息之象。經則依軸排比，有靜居恒久之象。於是由經絲引申而經常，爲恒久，再引申而經天緯地之鴻文，爲性靈之鎔匠，文章之奧府。"④

中華文化的基本特點和主要精神，在傳統經學中得到充分的體現，經學的傳承，使文化延續而豐厚，而在傳承的過程中，也同時是文化本身的重新詮釋和調撥，基本上就是一種文化自覺的表現。

徐復觀："經學是由《詩》、《書》、《禮》、《樂》、《易》、《春秋》所構成的。它的基本性格，是古代長期政治、社會、人生的經驗積累，並經過整理、選擇、解釋，用作政治社會人生教育的基本教材的。因而自漢以後，兩千年來，成爲中國學術的骨幹。它自身是在歷史中逐漸形成的。在形成的歷程中，孔子當然處於關鍵的地位。但孔子並非形成的開始，也非形成的終結。"⑤中國系統的文獻記録，始於殷商，而有意識地利用典册以治世的，則由周公肇其端。徐復觀："周公是由'殷人尊神，率民以事神，先鬼而後禮'的宗教性很濃厚的文化，轉向'周人尊禮尚施，事鬼敬神而遠之，近人而忠焉'的人文性很濃厚的文化關鍵性人物。"⑥追源溯始，經學始於周公。

周公吸取了商朝暴虐人民而滅亡的教訓，和因應統治殷遺民的政治需要而提出"明德慎罰"的思想。"皇天無親，惟德是輔"，"黍稷非馨，明德惟馨"⑦，"以德配天"、"敬德"、"明德"，針對殷末紂王荒淫之弊，要求謹慎修

---

① "從絲"二字，從段玉裁依《太平御覽》卷八百二十六補，參段玉裁《説文解字注》，《説文解字詁林》，臺北：商務印書館 1976 年版，第 13 册，第 5798a 頁。
② 同上注。
③ 章太炎《經學略説》，收入孫世揚校録《國學略説》，香港：寰球文化服務社，缺出版年版月，第 37 頁。
④ 程發軔《國學概論》，臺北：編譯館 1969 年 10 月版，上册，第 22—23 頁。
⑤ 徐復觀《中國經學史的基礎》，臺北：學生書局 1990 年版，第 1 頁。
⑥ 同上注。
⑦ 《左傳・僖公五年》引《周書》，見左丘明傳、杜預注、孔穎達等正義《春秋左傳正義》，《十三經注疏》本，第 6 册，第 208 頁上。

德,來安撫殷遺民。用"德"作爲治民手段,並寫成書册,由此時起。道德的"德"字,《説文》作"悳",解釋爲"外得於人,内得於己也。從直,從心。"①西周初期的銅器銘文中已有這個從"心"構形的"悳"字:㥁(德字金文作㯤),可見這種具有倫理意義的思想已經出現;把"明德"、"敬德"當作一個政治口號提出來,應當從周開始。"德"是周公政治思想的主軸,也成了後來儒家主張"德治"的根據。"德"是内心的觀念,而其外化表現在行爲上則是"禮","德"與"禮"共同構成了中國傳統的價值觀和倫理觀,也成爲傳統經學所宣揚的中心思想。違反"德"的行爲,周公主張以"刑"來懲罰;"刑"據"德"而行,則是爲法制。中國道德、法制和刑罰三結合的傳統,由周公開始,中國用法來制約君、民的思想亦由此產生,也是中國真正進入文明的時代,開啟了經學的時代。

經典中,《尚書》最古老而又出於周公,是傳統經學中地位最崇高的書册。《漢書·藝文志》:"《書》者古之號令,號令於衆,其言不立具,則聽受施行者弗曉,古文讀應爾雅,故解古今語而可知也。"②錢穆説:"此謂'六藝'中惟《書》最難讀。因其爲朝廷當時之號令,以告於衆人之前,故近語體,其文不雅,非以今語解古語則不可曉也。衛宏《定古文尚書序》云:'伏生老不能正言,使其女傳言教錯,齊人語多與潁川異,錯所不知者凡十二三,略以其意屬讀而已。'蓋晁錯受讀,即以今語易定,如《史記》載《尚書》文,亦多以訓詁代經也。錯既不解齊語,以意屬讀,故多有誤者。今得古文讀應爾雅,乃可正今本之誤定,文字異者七百有餘,當多此類,然諸經惟《尚書》有此,他經固不爾,此群經字義亦無分今古之説也。"③

《尚書》的傳承中,司馬遷《史記》的迻録,即所謂以今語解古語,於《尚書》古義的詮釋,貢獻極大。《太史公自序》説:"維昔黄帝,法天則地,四聖遵序,各成法度;唐堯遜位,虞舜不台;厥美帝功,萬世載之。作《五帝本紀》第一。"④又説:"堯、舜之盛,《尚書》載之,禮樂作焉。"⑤《史記·五帝本紀》裏的記事,以《尚書》爲基礎,而其中堯、舜的事跡,則幾乎全部采自《尚書·

---

① 許慎《説文解字》,香港:中華書局1979年2月版,第217頁上。
② 班固《漢書》,北京:中華書局1962年版,第6册,第1706—1707頁。
③ 《兩漢博士家法考》,收入《兩漢經學今古文平議》,臺北:東大圖書有限公司1983年版,第183—184頁。
④ 司馬遷《史記》,第10册,第3301頁。
⑤ 同上書,第3299頁。

堯典》篇。《尚書·堯典》與《史記·五帝本紀》相對照,可以看到史遷在經學傳承中,在語言詮譯上所做的工作。

《尚書》各篇的寫成年代,相差很大,其書可能遲至戰國末年纔編成,《尚書》各篇中,《堯典》所記的事時代最早,但它的寫成年代,却可能是最晚的。從古籍徵引《堯典》來看,《左傳》和《國語》共引用了四次,但在記事和人名使用上却有不同,可知《堯典》的素材在《左傳》和《國語》的時代,已經存在,一些主要文句也已經寫出,但還未寫成後來的文本。《墨子》引用了《尚書》的許多篇章,但却不見引用《堯典》篇;《孟子》則多次引用《堯典》文句,很多都是原文迻録,可以推想,《堯典》在孟子之前還沒有出現完整的定本,它的成篇,應該在《左傳》、《國語》、《墨子》以後①。孟子把他所引的《尚書》的文句標明出自《堯典》,可見戰國中季《堯典》已經出現;他所引"舜流共工于幽州"和"二十有八載"等句子,是戰國時候《堯典》的原文,和現在所見的《堯典》相同。可以推想,伏生的《堯典》雖經儒家整理編定,大體仍然保留了戰國時期的原本素材。

司馬遷編修《史記》,始於武帝元封三年(公元前 108 年),作於征和二年(公元前 91 年)左右的《報任安書》說:"僕竊不遜,近自托於無能之辭,網羅天下放失舊聞,略考其行事,綜其終始,稽其成敗興壞之紀,上計軒轅,下至於兹,爲十表,本紀十二,書八章,世家三十,列傳七十,凡百三十篇。"開列了全書的篇數,可見那時全書已基本完成了,前後經大約十七年。《史記·五帝本紀》堯、舜的記事,以伏生本《堯典》爲本;伏生本《堯典》原本約成於孟子之前,墨子之後;墨子約死在公元前 390 年,孟子生在公元前 372 年;《堯典》原本至《五帝本紀》中間約相差了 280 至 300 年的時間。用《堯典》跟《五帝本紀》比較,可以看到這約 300 年間語言上的變化。

《五帝本紀》引述《堯典》,方式不一:有不加删削,直接迻録的,如:"朕在位七十載,汝能庸命";"在璿璣玉衡,以齊七政,肆類于上帝,禋于六宗,望于山川";"東巡守,至于岱宗,柴;望秩于山川";"五歲一巡守,群后四朝";"四罪而天下咸服";"敬敷五教,在寬";"有能典朕三禮";"夔曰:於!

---

① 《堯典》的成編年代,蔣善國和劉起釪所論甚詳,可以參考。蔣善國《尚書綜述》,上海:上海古籍出版社 1988 年版;劉起釪《尚書學史》,北京:中華書局 1989 年版。《堯典》寫成於春秋戰國時期,早經顧頡剛考定。徐旭生說:"顧頡剛先生及他的朋友們……最大的功績就是把古史中最高的權威,《尚書》中的《堯典》、《皋陶謨》、《禹貢》三篇的寫定歸還在春秋和戰國的時候。"徐旭生《中國古史的傳說時代》,北京:科學出版社 1962 年版,第 22 頁。

予擊石拊石,百獸率舞"等。有增插注釋,以明原委的,如:《堯典》記"曰若稽古帝堯,曰放勳。欽、明、文、思、安安,允恭克讓;光被四表,格于上下。克明俊德,以親九族;九族既睦,平章百姓;百姓昭明,協和萬邦",《五帝本紀》記"帝堯者,放勳。其仁如天,其知如神。就之如日,望之如雲。富而不驕,貴而不舒。黃收純衣,彤車乘白馬。能明馴德,以親九族。九族既睦,便章百姓;百姓昭明,合和萬國";《堯典》記"帝曰:吁!靜言庸違,象恭滔天",《五帝本紀》記"帝曰:共工善言,其用僻,似恭漫天,不可";《堯典》記"曰:明明揚側陋。師錫帝曰:有鰥在下,曰虞舜",《五帝本紀》記"堯曰:悉舉貴戚及疏遠隱匿者。衆皆言於堯曰:有矜在民間,曰虞舜";《堯典》記"正月上日,受終于文祖",《五帝本紀》記"正月上日,舜受終於文祖。文祖者,堯大祖也";《堯典》記"二十有八載,帝乃殂落,百姓如喪考妣,三載,四海遏密八音",《五帝本紀》記"堯立七十年得舜,二十年而老,令舜攝行天子之政,薦之於天。堯辟位凡二十八年而崩。百姓悲哀,如喪父母。三年,四方莫舉樂,以思堯";《堯典》記"舜生三十徵庸,三十在位,五十載,陟方乃死",《五帝本紀》記"舜年二十以孝聞,年三十堯舉之,年五十攝行天子事,年五十八堯崩,年六十一代堯踐帝位。踐帝位三十九年,南巡狩,崩於蒼梧之野"等。亦有簡括其事,以求明達的,如:《堯典》記"咨十有二牧,曰:食哉,惟時!柔遠能邇,惇德允元,而難任人,蠻夷率服",《五帝本紀》記"命十二牧論帝德,行厚德,遠佞人,則蠻夷率服";《堯典》記"帝曰:疇若予工?僉曰:垂哉。帝曰:俞咨!垂,汝共工。垂拜首,讓于殳斨暨伯與。帝曰:俞,往哉;汝諧",《五帝本紀》記"舜曰:'誰能馴予工?'皆曰垂可。於是以垂爲共工"等。更多的則是用漢代語言改寫原文,以求易解,臚列如下(《堯典》/《五帝本紀》):

1. 克明俊德/能明馴德;克諧/能和;惟明克允/維明能信;八音克諧/八音能諧
2. 惟明克允/維明能信;惟允/惟信
3. 協和萬邦/合和萬國
4. 欽若昊天/敬順昊天;欽哉/敬哉
5. 歷象日月星辰/數法日月星辰
6. 宅嵎夷/居郁夷;宅南交/居南交;宅西/居西;宅朔方/居北方;使宅百揆/使居官相事;五宅三居/五度三居
7. 寅賓出日/敬道日出;寅餞納日/敬道日入;夙夜惟寅/夙夜維敬

8. 厥民析/其民析;厥民因/其民因;厥民夷/其民夷易;厥民隩/其民燠
9. 鳥獸孳尾/鳥獸字微
10. 宵中/夜中
11. 庶績咸熙/衆功皆興
12. 疇咨若時登庸/誰可順此事;疇咨若予采/誰可者;疇若予工/誰能馴予工;疇若予上下草木鳥獸/誰能馴予上下草木鳥獸
13. 胤子朱啓明/嗣子丹朱開明
14. 象恭滔天/似恭漫天
15. 咨/嗟
16. 有能俾乂/有能使治者;烝烝乂不格姦/烝烝治不至姦
17. 烝烝乂不格姦/烝烝治不至姦;格于文祖/至於文祖
18. 僉/皆
19. 巽朕位/踐朕位
20. 師錫帝曰/衆皆言於堯曰;震驚朕師/振驚朕衆
21. 有鰥在下/有矜在民間
22. 如何/其何如
23. 瞽子/盲者子
24. 百揆/百官
25. 載/年
26. 汝陟帝位/女登帝位
27. 如喪考妣/如喪父母
28. 五品不遜/五品不馴
29. 歌永言/歌長言
30. 夙夜出納朕命/夙夜出入朕命

這類的改寫，可以見史遷以今語易古語，正是經學上偉大的傳承工作：

  克　→　能

《堯典》"克"作"能"解。《説文》卷七上："克，肩也。"①克字甲骨文作 𠅏（一期前八·九·二）、𠅏（一期合二三七）、𠅏（一期人二六〇）②等形，李孝定

---

① 丁福保《説文解字詁林》，第8冊，第3061b頁。
② 徐中舒《甲骨文字典》，成都：四川辭書出版社1989年版，第773頁。

説：" 字作 ⿰, 若 ⿰ 下从 ⿰, 與古文 ⿰ 字形近, 象人躬身以兩手拊膝之形, 上從 ⿰ 象所肩之物, 肩重物者恒作此形也。"① 徐鍇説：" 肩, 任也, 負何之名也, 與人肩膊之義通。能勝此物謂之克。"② 克本義是肩負, 引伸有任能、戰勝的意思；到了漢代, "克"字"任能"的意思, 已由"能"字取代,《爾雅·釋詁》："殺, 克也。"③ 克的意思已漸變爲"殺",《五帝本紀》遂將"克"改寫爲"能"。

欽、寅 → 敬

《堯典》"欽"、"寅"字,《五帝本紀》改作"敬"。《説文解字詁林》卷八下："欽, 欠貌。"④ 即屏氣欽斂的樣子, 因此引伸有欽敬的意思⑤。"寅"字, 甲骨文借以"矢"字, 晚期或加 ⿰ 作 ⿰ (五期前一·三·七)、⿰ (五期前一·一八)等形⑥, 以别於兵器之矢⑦, ⿰, 金文演化爲曰, 作兩手奉矢形。郭沫若認爲"矢"字"與射同意, 故引伸有急進義、有虔敬義"⑧。到漢代, 這兩個字"欽敬"的意思, 被"敬"這個較通行的字所取代；"寅"則專指地支的第三位。

宅 → 居

《堯典》"宅"字,《五帝本紀》或改作"居"字、"度"字。《説文解字詁林》卷七下："宅, 所托也。"⑨《段注》改作"人所托居也"⑩, 注云："托者, 寄也。人部亦曰：'侂, 寄也。'引伸之凡物所安皆曰宅。"⑪ "宅"本義是人的"住處", 名詞, 引伸爲"居住", 動詞；《堯典》"宅嵎夷、宅南交、宅西、宅朔方、使宅百揆"等的"宅"字, 用了這個引伸的意思。《説文解字詁林》卷十四上："居, 處也。從尸, 得几而止。《孝經》曰：'仲尼居。'居謂閒居如此。"⑫ 居, 居住的意思, 動詞。《五帝本紀》將上引《堯典》的"宅"字都改作"居", 可見其時"居室"、"居住"已明顯地分由兩個詞表達。《堯典》"五流有宅, 五宅三居",《五帝本紀》"宅"字改爲"度"。《史記正義》説："謂度其遠近, 爲三等

---

① 李孝定《甲骨文字集釋》,臺北：中研院歷史語言研究所1965年版,第2344頁。
② 丁福保《説文解字詁林》,第8册,第3061b頁。
③ 郭璞注、陸德明音義、邢昺正義《爾雅注疏》,《十三經注疏》本,第8册,第11頁。
④ 丁福保《説文解字詁林》,第9册,第3866a頁。
⑤ 徐灝《説文解字注箋》,見《説文解字詁林》,第9册,第33866a頁。
⑥《甲骨文字典》,第1585頁。
⑦ 朱芳圃《殷周金文釋叢》,臺北：學生書局1972年版,第45頁。
⑧ 郭沫若《甲骨文字研究》,見《甲骨文字集釋》,第4340頁。
⑨ 丁福保《説文解字詁林》,第8册,第3212b頁。
⑩ 段玉裁《説文解字注》,見丁福保《説文解字詁林》,第8册,第3213a頁。
⑪ 同上注。
⑫ 丁福保《説文解字詁林》,第14册,第6363a頁。

之居也。"①度,《説文》:"法制也。"②引伸有測度的意思,古書宅、度有通用的情況。從《五帝本紀》的改寫,可以看出到了漢代,文字分工,已趨於精細。

厥 → 其

《説文》卷九下:"厥,發石也。"③《段注》説:"若《釋言》曰:'厥,其也。'此假借也。假借盛行而本義廢矣。"④"其",本義爲"箕",古籍多借爲代名詞或虚詞。《尚書》多用"厥"字⑤作爲第三身領格的人稱代名詞(他的),如《堯典》"厥民析"、"厥民因"、"厥民夷"、"厥民隩"等的句子,而用"其"字的情況很少。到了《五帝本紀》,"厥"字則被"其"字取代。

疇 → 誰

"疇",徐灝認爲本義是田界,因此引伸有分界、誰屬的意思⑥。《堯典》疑問代名詞用"疇",《五帝本紀》則用"誰"。

乂 → 治

《説文》卷九上:"辥,治也。从辟,乂聲。《虞書》曰:'有能俾辥。'"⑦原寫作"辥",後被筆劃較簡單的假借字"乂"替代,到了《五帝本紀》則又被較爲通行的"治"字替代。

巽 → 踐

"巽"字从"巴"得聲,與"踐"字都歸上古"寒"部,因此可以通借⑧。《堯典》這個不常見的假借字,到了《五帝本典》被改正爲"踐"。

《五帝本紀》用漢代通行的文字來替代《堯典》中早期的用字,以上所舉,只有幾例,但已可見經學的傳承,如無語言文字的時代轉換,是難以進行和實現的。語言之改變,比較《尚書》篇章本身,其實已有跡可見。就文詞方面看,《康誥》艱澀難讀,《堯典》平易簡潔,明顯可見是兩個不同時代的作品。由《康誥》到《堯典》,文詞變淺近了,可形容爲一次當時的語文現代

---

① 張守節《史記正義》,見《史記》第 40 頁。
② 《説文解字詁林》,第 4 册,第 1259a 頁。
③ 同上書,第 9 册,第 4160b 頁。
④ 段玉裁《説文解字注》,見丁福保《説文解字詁林》,第 4 册,第 4160b 頁。
⑤ 參考 Karlgren, B, "The Pronoun Kue in the Shu King", *Goteborgs Hogskolas Arsskrift*, 39. 2, pp. 29 - 37. 中譯:陸侃如《書經中的代名詞厥字》,收入《文學年版報》,第二卷,1936 年版。
⑥ 《説文解字注箋》,見《説文解字詁林》,第 13 册,第 6187a—b 頁。
⑦ 《説文解字詁林》,第 9 册,第 4038b 頁。
⑧ 參拙著:《書經高本漢注釋斠正》,臺北:文史哲出版社 1996 年版,第 57—60 頁。

化;由《堯典》到《五帝本紀》,是另一次的現代化。相同的是兩次"現代化",都是漢語内部發展規律所促成的;不同的是,《五帝本紀》是有意識的改寫,這種意識,就是文化宏揚本能的表現。

《尚書》所反映的中國上古文化和語言的特點,對中國人來說,容易因循掌握,但與現代西方文明相較,則很顯然的有很大的分别,即使對漢學有深入認識的外國學者,其隔閡之處,亦是難以踰越的。瑞典學者高本漢(Bernhard Karlgren, 1889—1978),是現代西方文明培育之下的著名漢學家,對中國古典文獻具極濃厚的興趣,但是他所寫的《書經注釋》,對中國古代文化,仍有誤解之處。高本漢《書經注釋》把中國古代的文化用現代的英語形式來審視,是一種不容易的文化和語言的詮釋工作。語音、詞彙、語法是語言的表層特徵,語言還有深層的文化内涵。語言和文化是互相影響、互相作用的;理解語言必須了解文化,理解文化也必須了解語言;單單重現語言特徵,而不能通達於文化内涵,總不能説是掌握了這種語言的全部。對一種古代語言進行詮釋,不僅要掌握其語音、詞彙和語法,更重要的還要了解當時使用這種語言的人如何生活、如何觀察世界;要了解他們如何運用語言來反映思想、習慣、行爲。語言詮釋和了解語言所反映的文化是分不開的。高本漢在中國生活的時間很短,中西文化的隔膜,對高氏來説是一道障礙。文化是一個民族全部生活的方式,必須長時間在其中生活,才能有深刻的體會。在高本漢的譯文裏,我們不難發現西方文化的色彩,而這種色彩有時竟然掩蓋了《尚書》語言所應有的文化内涵。

以高本漢爲例,經學的傳承,缺失了文化的内涵,其困難之處,可見之於:

一、不熟諳中國古史而致誤

《酒誥》篇記成王的誥命,高本漢誤以爲出自武王。高氏的理由是,"我們不論從這三篇(案:指《康誥》、《酒誥》、《梓材》)的文體上看,或從這三篇之中對康叔的稱謂——'小子封'、'汝惟小子封'、'汝惟小子'、'封'——上看,原來它們必定是互相連屬的。這三篇是屬於一個單元的。它們所講述的,都是同一類型的莊重而正經的事體。另外,同樣明顯的一個道理是,年輕的成王,絶不可能自己稱康叔封爲'小子封'或用'汝惟小子'這樣的字眼"①,因而《酒誥》篇必出自武王。高氏以三篇對康叔稱謂相同,《康誥》既出於武王,則《酒誥》亦必定出於武王無疑。其實,三篇的稱謂並不完全相同,程元敏《論尚書大誥諸篇王曰之王非周公自稱》論之甚詳:"復考《康誥》與《酒誥》、《梓材》三篇,天子予受封者之稱呼,有一顯著不同處,即前者稱康叔封爲'封'、爲'小子',後者則但稱'封',不稱'小子'……(《康誥》)單稱'封'者十二次,'小子'與'封'連稱者四次,單稱'小子'者亦得二次。考自謙用'小子',雖耄耋亦不嫌;他人則應論年輩,《梓材》與《酒誥》篇天子絕未稱受命者'小子'……兩篇稱康叔曰'封'六次,而絕不一及'小子',亦絕不以'孺子'、'沖子'、'沖人'、'幼沖人'稱之。此與《康誥》動呼叔封爲'小子'者迥異,顯然非出於一口。且《酒誥》王亦四言'小子'——'曰文王誥教小子'、'惟曰我民迪小子惟土物愛'、'越小大德,小子惟一'、'我西土棐徂邦居、御事、小子,尚克用文王教,不腆于酒','小子'皆不指康叔,此尤非偶然。若堅持《康誥》、《酒誥》、《梓材》三篇同時而祗略有先後著成且均爲周公以自己名義誥叔封之書,則何以同出於一人之口,而發誥時間又甚接近,乃有此顯著差異?而惟一合理之解釋:即《康誥》出於武王之口,故屢呼其九弟封爲'小子';《酒》、《梓》二誥成王所發,得稱受命者本名,但姪不得呼叔父爲'小子',故史官無從記撰也審矣。"②所説證據確然,應當可信。

《酒誥》篇首説"明大命于妹邦"③,馬融説:"妹邦,即牧養之地。"④牧養,即牧野;牧野之牧,《説文》作坶,云:"朝歌南七十里地。《周書》:武王與紂戰于坶野。"⑤《逸周書·作雒解》:"(武)王既歸,乃歲十二月,崩鎬,殯于岐周。周公立,相天子……二年,又作師旅,臨衛政殷……俾康叔宇于殷……。"⑥《史記·周本紀》:"周公奉成王命,伐誅武康管叔,放蔡

---

① 高本漢《書經注釋》,臺北:中華叢書編審委員會1970年版,下册,第612—614頁。
② 程元敏《論尚書大誥諸篇王曰之王非周公自稱》,《孔孟學報》,第29期,1975年4月版,第177—178頁。
③ 孔安國傳,孔穎達疏《尚書正義》,《十三經注疏》本,第1册,第206頁下。
④ 《經典釋文》引。
⑤ 《説文解字》,第286頁上。《段注》云:"今《書序》紂作受、坶作牧。《詩·大明》:'矢于牧野。'《正義》引鄭《書序·注》云:'牧野,紂南郊地名。《禮記》及《詩》作"坶野",古字耳。'此處所見《詩》、《禮記》作'坶',《書序》祗作'牧'也。許所據《序》則作'坶',蓋所傳有不同。"見《説文解字詁林》,第13册,第6097b頁。
⑥ 朱右曾《逸周書集訓校釋》,《續皇清經解》本,臺北:復興書局1972年版,第15册,第11409頁上下。

叔……頗收殷餘民,以封武王少弟封爲衛康叔。"①《酒誥》云"明大命于妹邦",當是康叔封妹邦時的誥命,其時武王已死,可見《酒誥》非出於武王極明。

二、誤解中國古代社會制度

《洪範》篇"王省惟歲,卿士惟月,師尹惟日"句,高本漢將"卿士"分開來解作"高官和貴族"②,顯然有所誤解。《詩·十月之初》:"皇父卿士,番維司徒,家伯維宰,仲允膳夫,棸子内史……"③《鄭箋》:"皇父、家伯、仲允皆字;番、棸……皆氏。"④陳奂《詩毛氏傳疏》:"士,事也,主掌六卿之事謂之卿士。卿士,三公執朝政者,幽王時則皇父也。"⑤《左傳·隱公三年》:"鄭武公莊公,爲平王卿士。"⑥《杜注》:"卿士,王卿之執政者。"⑦《國語·鄭語》:"史伯曰:'年號石父譖諂巧從之人也,而立以爲卿士。'"⑧都可證明"卿士"爲官位,不得分爲二事。

三、違反中國古代忌諱習俗

君尊民卑的觀念,對中國人來説,幾乎是理所當然的,但對現代西方人而言,有時是難以掌握的。《顧命》記成王駕崩之後,康王繼位,在册封的過程中,康王站起來拜謝,謙恭的説:"眇眇予末小子,其能而亂四方,以敬忌天威?"⑨高氏將"末"字解作"末尾",將整句譯作:"我這微不足道的(最後的小孩子=)小孩,我們這世系裏的最後一個。在這句的前兩句話,

---

① 司馬遷《史記》,第1册,第132頁。
② 高本漢《書經注釋》,上册,第519頁。
③ 毛亨《毛詩正義》,《十三經注疏》本,第2册,第407頁下。
④ 同上注。
⑤ 陳奂《詩毛氏傳疏》,第1册,第508頁。
⑥ 左丘明傳,杜預注,孔穎達等正義《春秋左傳正義》,《十三經注疏》本,第6册,第51頁上。
⑦ 同上注。
⑧ 《國語》,下册,第518頁。
⑨ 孔安國傳,孔穎達疏《尚書正義》,《十三經注疏》本,第1册,第282頁上。

'末'字也有當作'最後'講的例子:'末命',意思就是:'最後的(命令＝)遺命',與此句中的'末'字相同。"①這樣説,對於一個王朝,非常不吉利,是很不熟悉中國人忌諱的説法。陳舜政批評説:"康王是一位新登基的王,即在其父喪悲痛之餘,也不應該説出這種不吉利的話來。"②僞《孔傳》把"眇眇予末小子"説成:"言微微我淺末小子"③,以"末"爲"淺末";蔡沈《書集傳》采用了這個解釋,説爲"眇眇然予微末小子"④。屈萬里將整句譯作:"渺小的我這微末的青年人,我怎能治理天下,來敬畏老天(可能給)的懲罰呢?"⑤以"末"爲"淺末"、"微末",既近於經意,也合於民情,高氏是誤譯了。

四、不通古漢語成詞而致誤

　　翻譯是語言形式的轉换,漢語和印歐語言在性質上有很大的分歧,兩種語言表現在書面形式上,也截然不同。漢語詞彙上單音節和複音節的不定及可替换形式,是印歐語言所缺乏的。古漢語一些複音節詞,由於長期的使用習慣,本身在結構和意義上形成了一種特殊的形態,不可以單從詞的表面形式來理解。此外,一些語助虛詞,可單可雙,作用在於增字補音,是語言的習慣,也難有規律可循。這些語言的微妙差異,具有各自的文化背景,容易造成翻譯上的錯誤。《君奭》記周公勉勵召公共輔成王之言,其中有:"在今予小子旦,非克有正迪惟前人光施于我沖子。"⑥高本漢譯作:"我不能有正確的作爲(＝行走);那是前人的榮耀延及我們這年輕的孩子(成王)。"⑦高氏從"迪"字處斷句。"迪",《説文》:"道也。"⑧高本漢引伸爲"行爲";"正迪"連言,於是譯爲"正確的行爲"。高氏的翻譯,受漢字的誤導,望文生義,並不正確。古漢語中,"迪惟"連用,是一個常見的形式,如

---

① 高本漢《書經注釋》,下册,第1018頁。
② 陳舜政《評高本漢〈尚書注釋〉》,《孔孟學報》,第8期,1964年版,第192頁。
③ 孔安國傳,孔穎達疏《尚書正義》,《十三經注疏》本,第1册,第282頁上。
④ 蔡沈《書集傳》,上海:上海古籍出版社1987年3月版,第127頁。
⑤ 屈萬里《尚書今注今譯》,臺北:商務印書館,缺出版年版月,第170頁。
⑥ 孔安國傳,孔穎達疏《尚書正義》,《十三經注疏》本,第1册,第245頁上。
⑦ 高本漢《書經注釋》,下册,第873頁。
⑧ 許慎《説文解字》,第40頁上。

《立政》"迪惟有夏"①、《君奭》"迪惟寧王"②等,不可以將兩字分開來解釋。曾運乾説:"克,能也。非克有正者,謙詞也。迪惟,語詞,猶下文言道惟也。施,延也。言我道惟延前人光于我沖子,不使遏佚。"③《君奭》這句當在"正"字處斷句,"迪惟"是一個複用的語助虛詞。

經學傳承就是典籍的詮釋藝術,這種藝術是中國文化沉澱的精華,建構出偉大的中華文化。經學以典籍爲依歸,以發揮義理爲目的;語言文字爲體,經世教化爲用。司馬遷生活在典籍文字今古分離之時,遵修舊文而不穿鑿,補史之闕文,使典籍真貌得以保存,對中國經學的承傳,貢獻至鉅。中國古代文化與西方現代文明之間的鴻溝,使西方漢學家,縱有科學化和系統的訓練,即就文字的修補詮釋,還是極難跨越。中國經學的傳承,是文化的事,不是文字之事。

(作者單位:香港大學中文學院)

---

① 《尚書正義》,《十三經注疏》本,第 1 册,第 260 頁下。
② "我迪惟寧王",今本作"我道惟寧王"。"道"字,馬融本、魏石經均作"迪",今從之。
③ 曾運乾《尚書正讀》,香港:中華書局 1972 年版,第 277 頁。

論韓國《書》學文獻的文本狀態及其校勘原則

錢宗武

【摘　要】韓國《尚書》學文獻是《書》學東傳的重要歷史資料，寫作時間大約從公元14世紀到19世紀，文本形態多爲寫本和抄本，由於年代久遠，水漬蟲蛀，或漫漶不清，兼之没有標點，正文注解字體大小無異，殆不可辨。韓國《尚書》學文獻多爲注疏體，大量徵引中國的經史子集。這些徵引部分不僅存在普通古籍的誤、脱、衍、倒、異等問題，而且書寫或抄寫率性，多爲行書，字跡潦草，難以辨别；引文隨意，體例混亂，校勘難度異於尋常。研究韓國《尚書》學文獻紛繁複雜的文本狀態，不僅具有不可或缺的文獻價值，還可爲傳統校勘學增加新的研究内容，並爲傳統文獻整理增加新的方法。

【關鍵詞】韓國　《書》學　文獻　文本狀態　校勘原則

古文獻在漫長的時間和遼闊的空間流傳，不斷發生衍脱訛亂等紛繁複雜的文本異變。清代乾嘉學者王鳴盛在《十七史商榷·序》中説："欲讀書必先精校書，校之未精而遽讀，恐讀亦多誤矣。"①王鳴盛所謂"校書"之"校"，又稱"校勘"或"校讎"，即借助有關的理論和知識，運用相關文獻比對、綜合考訂的方法，以極其審慎的態度，校正古文獻在流傳過程中産生的種種錯誤，包括字句的訛誤、篇章的舛亂等等，以期恢復文本的真實面貌。校勘是讀書和治學不可或缺的基礎工作，也是學術研究中正確利用文獻資料的前提；同時，任何一個問學者和學問家都必須具備校勘的理論素養，掌

---

① 王鳴盛：《十七史商榷》，北京：中國書店1987年版，第2頁。

握校勘的技術手段。

整理和研究任何一部古代文獻皆需校勘,本土如斯,異域尤甚。本文所言異域主要指朝鮮、韓國、日本、越南這些周邊國家。這些異域古代文獻多爲漢文獻,這些漢文獻既有歷代傳入之中土文獻,也有異域學者用漢語寫作之文獻。異域學者寫作之漢文獻,頗多特點,爲傳統校勘學的研究增加了新的研究內容,也爲傳統文獻整理增加了新的方法。

一、韓國《尚書》學文獻的文本狀態

朝鮮半島歷史上長期以儒教立國,以儒教爲國教。《尚書》作爲儒學最基本也是最重要的文獻,曾對朝鮮半島產生過重要影響,古代朝鮮半島幾乎所有重要學者都研治過《尚書》。因之,《尚書》學文獻卷軼浩繁。韓國《尚書》學研究文獻的寫作時間大約從公元 14 世紀到 19 世紀,文本形態包括寫本、抄本、刻本等,其中寫本和抄本數量較多。這些韓國《尚書》學文獻大量引用中國的經史子集。其徵引部分不僅存在普通古籍的誤、脱、衍、倒、異等問題,而且書寫或抄寫率性,多爲行書,字跡潦草,難以辨別;引文隨意,體例混亂,兼之《尚書》文本形態的紛繁複雜,校勘比預料困難得多。

現僅以抄本、刻本、仿古文寫本例舉影印本並附標點文本,以資對照,明其文本狀態及校勘中需要處理的問題。

(一)抄本影印,見《書經》第五册禹汝橚《洪範羽翼·四》第六頁
標點文本:

《禮記》哀公曰:"人道孰爲大?"孔子對曰:"愛人爲大。愛人,禮爲大。禮,敬爲大。敬之至矣,大昏爲大。大昏既至,冕而親迎,親之也。親之也者,親之也。"公曰:"冕而親迎,不已重乎?"孔子愀然作色而對曰:"合二姓之好,以繼先君之後,以爲天地宗廟社稷之主,君何謂已重乎?"孔子曰:"天地不合,萬物不生。大昏,萬世之嗣也。君何謂已重乎!""天地合,而後萬物興焉。夫昏禮,萬世之嗣也。①取於異姓,

---

① "嗣",《十三經注疏》本《禮記正義》作"始"。

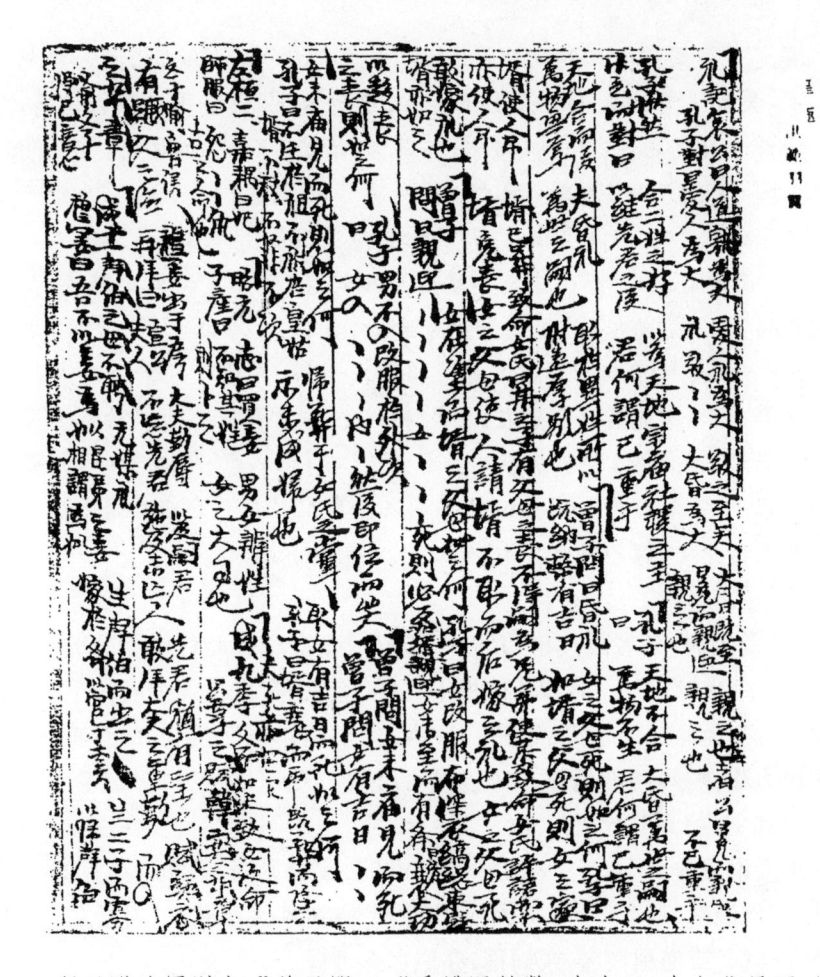

所以附遠厚別也。"曾子問曰:"昏禮既納幣,有吉日,女之父母死,則如之何?"孔子曰:"壻使人弔。如壻之父母死,則女之家亦使人弔。壻已葬,致命女氏曰:'某之子有父母之喪,不得嗣爲兄弟,使某致命。'女氏許諾而不敢嫁,禮也。壻免喪,女之父母使人請,壻不取而後嫁之,禮也。女之父母死,壻亦如之。"曾子問曰:"親迎女在塗,而壻之父母死,如之何?"孔子曰:"女改服,布深衣,縞白絹總束髮以趨喪。女在塗,而女之父母死,則必反。"①"如壻親迎,女未至,而有齊衰大功之喪,則如之何?"孔子曰:"男不入,改服於外次。女入,改服於內次,然後即位而

---

① "必",《十三經注疏》本《禮記正義》作"女"。

哭。"曾子問:"女未廟見而死。"①曾子問:"女有吉日而死,女未廟見而死,則如之何?"孔子曰:"不遷於祖,不祔於皇姑,壻不杖、不菲、不次,歸葬于女氏之黨,示未成婦也。""取女有吉日而死,如之何?"孔子曰:"壻[齊]衰而弔,既葬而除之。夫死亦如之。"

《左·桓二》師服曰:"嘉耦曰妃,怨耦曰仇,古之命也。"

《昭元》子產曰:"志曰:買妾不知其姓,則卜之。男女辨姓,女之大司也。"②《成九》:"季文子如宋致女,復命,公享之。賦《韓奕》之卒章③。文子喻魯侯有蹶父之德。穆姜出于房,再拜曰:'宣公夫人④,大夫勤辱,不忘先君以及嗣君,施及未亡人,先君猶有望也。敢拜大夫之重勤。'賦《綠衣》之卒章而入。喻文子[言]得己意。"《成十一》:"聲伯之母不聘,無媒禮。穆姜曰:'吾不以妾爲姒。'昆弟之妻相謂爲姒。生聲伯而出之,嫁於齊管於奚,生二子而寡,以歸聲伯。"

《洪範羽翼》著者禹汝楙(1591—1657),半島朝鮮時代中期著名學者,26歲(光海八年)進士,44歲(仁祖十二年)登文科,歷任司憲府持平、河東縣監。一生飽讀經史子集,尤好《尚書》之《洪範》,斟字酌句,或有牴牾,晝夜苦思力學,豁然開朗始止。16歲即治《書》,花甲之年方完成《書》學三種,《洪範羽翼》爲其代表作。

禹汝楙雖曾爲小宦,然長期生活於鄉間,或少見聞,影印本可見其臨筆率性,行例混亂,無章可尋;符號使用隨意,特別是代替號;引書稱名,或書名篇名合稱,或僅稱篇名,或簡稱,亦似多無理據。

中國的古籍行例一般是正文一欄一行,注疏多采用小字雙行夾注,正文是正文,注疏是注疏,眉目清晰,閱讀便利。禹汝楙《洪範羽翼》影印寫本可見行例率性變化,以中國讀者的閱讀經驗,無法卒讀。諸如:有的一欄分兩行,有的一欄分三行;分兩行的有的是兩行到底,有的則兩行當中夾著三行;分三行的有的又夾著兩行。有的每行以句爲單位,一行一句,第二句轉

---

① 此處與下句"曾子問"重複錯亂,《十三經注疏》本《禮記正義》爲:曾子問曰:"女未廟見而死,則如之何?"孔子曰:"不遷於祖,不祔於皇姑,壻不杖、不菲、不次,歸葬于女氏之黨,示未成婦也。"曾子問曰:"取女有吉日而女死,如之何?"孔子曰:"壻齊衰而弔,既葬而除之。夫死亦如之。"
② "女",《十三經注疏》本《左傳正義》作"禮",是。
③ "卒",《十三經注疏》本《左傳正義》作"五",是。
④ "宣公夫人",衍,《十三經注疏》本《左傳正義》無此四字。

到第二行,將一欄分爲幾個小節;有的每行以句爲單位,一行從上到下連句寫,然後再轉行連句寫。有些似有規律但又無規律,如"某某問曰"本應是一個句子,依著者行例應一句連寫,著者却改成兩行轉寫:"某某"一行,"問曰"一行。還有的是左右欄之間跳行轉寫,甚至還有跳行逆轉的體例。另外注文與正文的格式無異,混爲一體,難以區分。

符號的使用也具有隨意性。影印本可見著者使用"點號"作爲代替號,有時一一對應,代替號在左行,一個點號代替相對應的右行的一個字;有時又不是一一對應,用一個點號代替右行的兩個字;有的點號又不作爲代替號,再三深究,亦不知何意。

雖然抄本刻本,款式行例,本不相同,中外一例,然以中國古代《尚書》稿本文獻較之禹汝楙《洪範羽翼》,尚稱殊異。

(二) 刻本影印,見《書經》第十五册丁若鏞《尚書古訓》第一百三十四頁

標點文本:

（《周禮》）注作"辨在朔易"。（《馮相氏之注》）〇《説文》"氂毛"作"犛髦"。許云:"犛,从毛,隼聲。"〇案:犛,古"氂"字。氂又作"□"。見□部。

〔考證〕《大戴禮》云:"虞舜嗣堯,制禮朔方,幽都來服,南撫交趾。"（《少間篇》）①〇案:朔方是□（疑爲"地"字。）名,《詩》云:"城彼朔方。"（《出車詩》）毛萇云:"朔方,近獫狁之國。"（《正義》云:"朔方,地名。"）朔方要□太原相近,正在冀州之地,若《漢書·地理志》所載"朔方渠搜"之"朔方"是在雍州之西,與此別也。

帝曰:"咨!汝羲暨和。朞三百六旬有六日,以閏月定四時,成歲,允釐百工,庶績咸熙。"古文"定"爲"正",有爲。又《説文》"暨"爲"臮",薛本同。

鄭云:"以閏月推四時,使啓、閉、分、至不失其常,著之用成歲曆,將以授民時,且記時事。"見《公羊傳·隱元年疏》。〇王肅云:"朞,四時是也。"〇梅云:"匝四時曰朞。一歲十二月,月三十日,正三百六十

---

① "《少間篇》"當爲《少閒篇》。

> 與猶堂全書
>
> 注作辨在朔易之訛但氏　○說文靃毛作犛毛○研究埤倉古謠毛華氏靃又作
>
> 癸已以
>
> 【考證】大戴禮云與舜嗣堯制禮朝方幽都來服南撫交趾
>
> 朔方是名詩云城彼朔方註　毛萇云朔方近獫狁之國萬氏地名○案
>
> 朔方要太原相近正在冀州之地若漢書地理志所載朔方渠搜之
>
> 朔方是在雍州亦而與此別也
>
> 帝曰咨汝羲暨羲三百六旬有六日以閏月定四時成歲允釐百工庶
>
> 績咸熙
>
> 郯云以閏月推四時使啓閉分至不失其常著之用成歲曆將以授民
>
> 時且記時事　○王肅云朞四時是也○梅云朞四時日朞一
>
> 歲十二月三百六十日除小月六爲六日是爲一歲有餘
>
> 十二日未盈三歲是得一月則置閏焉○鏞案朞閏之理具詳於孔疏
>
> 蔡註可按而知但舊法破分析釐蒙學難通今法一日十二時一時八

日。除小月六爲六日,是爲一歲有餘十二日。未盈三歲,是得一月①,則置閏焉。"○鏞案:朞閏之理,具詳於《孔疏》、《蔡注》,可按而知。但舊法破分析釐,蒙學難通,今法一日十二時,一時八……

《尚書古訓》著者丁若鏞(1762—1836),朝鮮朝英祖三十八年出生於京畿道廣州郡馬峴陵内里,乳名歸農,字美庸、頌甫,號茶山,堂號與猶堂。他

---

① 據中華書局本《十三經注疏》,"是得一月"當爲"足得一月"。

以漢江爲洌水,取棲身洌水濱之意,亦號洌水。世人多習稱茶山先生。丁若鏞天資聰穎,卓爾不群,4 歲始習《千字文》,9 歲喪母,14 歲承旨與洪和輔之女完婚,20 歲初試及第。曾應王命,在經筵席講授《中庸》,獲得成功;也曾受命於奎章閣(內閣)在熙正堂講授《書經》。一生著述宏富,古籍經義,用力勤劬,《尚書》最爲著力。《尚書古訓》成於 1834 年,是其晚年精心結撰的經典。

丁若鏞生活的年代,中國歷經清代乾、嘉、道三朝,日本爲德川時代後期,文獻的行例與清代中葉文獻款式行例相仿,一欄一行,小字雙行夾注,文本狀態較佳,字跡較爲清晰。

(三) 仿古文寫本影印,見《書經》第十三冊申綽《古尚書》

釋文：

古尚書上　今文及馬、鄭、王本附注
平州申綽集
堯典
　　曰今文佁粤**若稽古，帝堯曰放**勛亦佁勛，今文佁勳，**欽明文思**或曰今文佁塞，馬、鄭本佁思**安安**或曰今文作晏晏，**允恭**今文佁共**克讓**今文同，**光**或曰今文佁廣**被四表，格**今文佁假**於上下。克明峻**鄭本同，今文佁俊**德，以**今文作臥，下同**親九族。九族既睦，平**今文佁辯**章百姓。百姓昭明，協**又佁叶，今文佁協**和萬邦**今文佁和萬國。**黎**或曰今文佁犂**民於**又佁於 於彰今文作蕃，亦佁下……

　　《古尚書》著者申綽（1760—1828），籍貫平州，初名綱，字在中，號石泉。1809 年 11 月考中狀元，此後被任命爲弘文館校理、同副承旨、大司諫等職，因抱憾沒有親爲其父申大羽（1735—1809）送終，辭官還鄉，一生致力於研究經學，尤重《尚書》。有《書次故》（4 冊）、《尚書古注》（8 卷 2 冊）、《古尚書》（1 冊）、《二十五篇·百篇考》（合 1 冊）。

　　《古尚書》旨在將伏生《尚書》28 篇用孔壁《古文尚書》的隸書體復原。申綽本來對隸書就具有很深造詣，爲了采用隸體復得其真，又對漢魏碑石所載《尚書》古字、古《孝經》字等進行了深入研究，並隨處指明古字出處。《古尚書》還在經傳原文的下邊附注了今文本、馬融本、鄭玄本、王肅本中的有關説解，指明各學説的異同。

　　《古尚書》真實反映了申綽對於金石考證學的理解程度，而且還使讀者深刻認知其研究《尚書》的最終目的乃爲復原經傳。與此相比，丁若鏞主要是整理了《尚書》古訓，悟出其中的大義，然後再將其與制度改革相聯繫，顯示出了與申綽不同的傾向性。如果將丁若鏞的經學稱作"爲了經世學的經學"，那麼就可以稱申綽的經學爲"爲了經學的經學"。

　　韓國《尚書》學文獻有少數夾寫夾注韓文，其中個別韓文還是古韓文。有些韓文附著於漢文句子，類似語氣詞，不可割捨，又無適當的對譯漢文。若沒有多學科豐富的知識，則整理點校無從下筆。例見《經書集説》中《皋陶謨》"載采采"相關内容之書影：（《經書集説》著者未詳。）

　　韓國《尚書》學文獻有些著述近似於語録體，内容上似有篇目序列，文

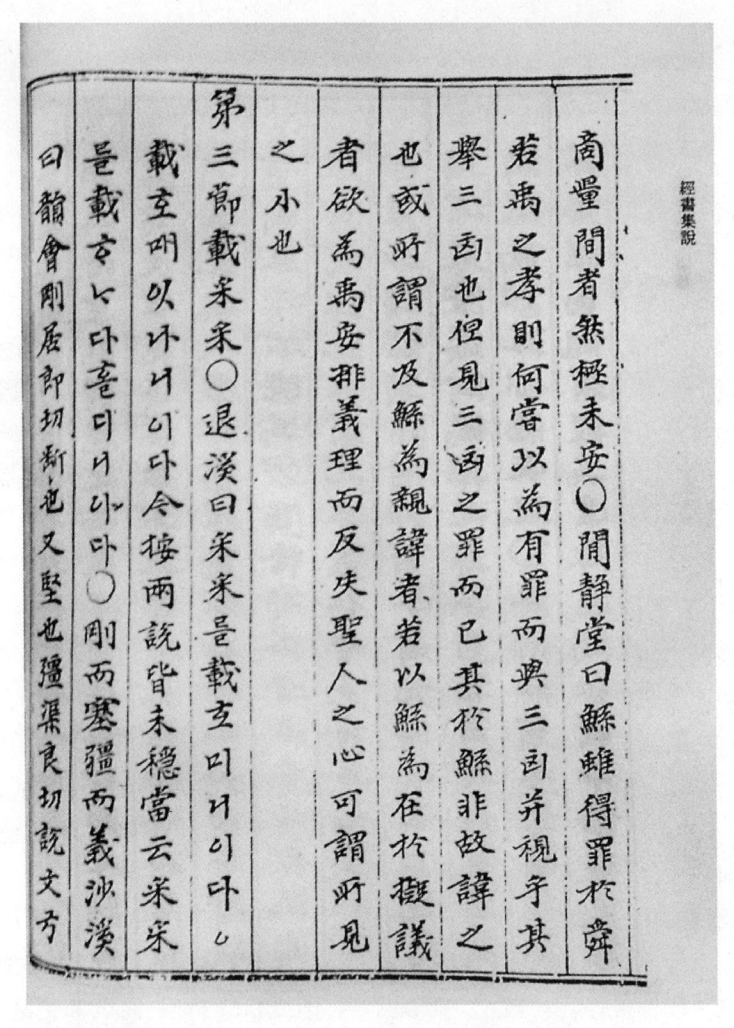

本上却無篇目標識。例如,李朝晚期學者朴文鎬(1846—1918)的《經説·尚書》取自其《楓山記聞録》,係朴文鎬的學生及其兒孫們記録其平時《書》説,内容多羽翼蔡沈《書集傳》,形式多爲字詞訓詁材料,偶亦闡釋章旨性理。倘若不加校記,理清頭緒,説明起訖,實難順暢閲讀。

綜上所述,韓國《尚書》學文獻文本狀態紛繁複雜,頗多特點。寫本抄本從未整理,亦未校勘。許多問題請益於當代韓國學者,亦無所措;對於當代的中國整理點校者而言,整理點校的難度異乎尋常,遠超預計。當然,這些問題爲傳統校勘學的研究增加了新的内容,也爲傳統文獻的整理增加了新的方法。

二、韓國《尚書》學文獻的校勘原則

域外《尚書》學漢籍文獻主要有兩種類型。一是中國傳入,與中國文獻相同。一是域外產生,與中國本土文獻有同有異。域外產生的《尚書》學文獻又分爲三個小類。一是域外學者撰述的漢籍,一是域外傳寫傳刻的漢籍,一是用外文翻譯的《尚書》經文或著述。韓國《尚書》學文獻多爲域外產生的《尚書》學文獻的第一種小類。這一小類的著述形式多爲集注集疏類,每每大量徵引經史子集,引文多不規範,有些與中國古代學者引文規範相同,有些又不相同,需要確定校勘原則。韓國《尚書》學文獻的點校原則主要有三點。

(一) 不校校之,存真爲要

校勘之旨在於校改勘正古書在傳抄翻刻過程中產生的訛誤,以復古存真。胡適在爲陳垣《元典章校補釋例》所作的《序》中闡明校勘的任務是改正傳寫的訛誤,"恢復一個文檔的本來面目,或使他和原本相差最微"①。然而,古書訛誤之因錯綜複雜,校勘者學問識見高低參差,"相差甚微",抑或恢復"本來面目",皆非易事。因之,歷代校勘家亦有不同的校勘理念和校勘原則。

段、顧之爭是清代嘉慶年間學術史上的著名公案,爭論的焦點即爲校勘的理念與原則。然而,段、顧雖多歧見,二人亦有共識,古書校而致訛是其一也。段玉裁曾言:"校定之學識不到,則或指瑜爲瑕,而疵類更甚,轉不若多存其未校定之本,使學者隨其學之淺深,以定其瑜瑕,而瑜瑕之真固在。……古書之壞於不校者固多,壞於校者尤多。壞於不校者,以校治之;壞於校者,久且不可治。"②顧廣圻亦於《〈文苑英華辨證〉跋》云:"余性素好鉛槧,從事稍久,始悟書籍之訛,實由於校,據其所知,改其不知。通人類然,流俗無論矣。"③段、顧皆爲有清一代校勘大家,雖一爲皖學正脈,一爲吳

---

① 陳垣:《元典章校補釋例》,上海:上海書店出版社 1997 年版,第 1 頁。
② 段玉裁撰,鍾敬華點校:《經韻樓集·重刊明道二年〈國語〉序》,上海:上海古籍出版社 2008 年版,第 191 頁。
③ 顧廣圻撰,王欣夫輯:《顧千里集》,北京:中華書局 2007 年版,第 376 頁。

學翹楚;一重視理校,一重視對校,然皆慎於校改勘正,言之鑿鑿,爲世所重。校改需要特別審慎,切不可妄逞臆見,輕易改補底本。

校勘不妄改是前人早就建立起來的一個優良傳統。東漢鄭玄比勘文字異同時,遇到明顯誤字,只注明"某當爲某",不輕以己意妄改原文。宋朝《文苑英華辨證》的著者彭叔夏在自序中亦用切身體驗説明以意妄改的危險①,這是一種非常審慎的態度。韓國《尚書》學文獻的整理不僅僅是爲了保存古籍,還爲了更好地利用這些古籍進行多維度研究。因而,校勘不妄改更爲重要。"校"的目的不僅僅是爲了改,有時還要存其"異",凡遇有疑訛,最好存其同異,壞字缺文也不可妄補,旁注更不要混入正文。存異則爲存古存真,以求進一步研究。

1. 異文俗字校而不改

在古籍整理中,通常的方法是將俗字改成通用字,異體字改爲正字,以便閲讀。韓國《尚書》學文獻中異於古代中土通用字的異文較多。無可諱言,這些異文少數爲魯魚豕亥,訛誤而至,可以稱爲錯字訛字。大多數却絶對不能簡單地稱爲異體字俗字。這些字雖然較之古代中土通用字是異體字俗字,但是在當時的朝鮮半島也許就是通用字正字。這些字具有鮮明的時代特徵和韓國漢字的地域特點,具有較高的研究價值,倘若徑改爲古代中土的通用字正字,則會失去韓國漢字的研究價值。

諸如,韓國《尚書》學文獻中"边"幾乎都寫作"过",偶寫作"邊","過"與"过"則無涉,也許當時的朝鮮半島"过"就是"边"的通用字。

韓國《尚書》學文獻中"歸"皆寫作"帰"字。《説文·止部》:"歸,女嫁也。从止,从婦省,𠂤聲。舉韋切。"桂馥《説文解字義證》引《公羊傳·隱公二年》:"婦人謂嫁曰歸。"何休注曰:"婦人生以父母爲家,嫁以夫爲家,故謂嫁曰歸。"②李孝定《甲骨文字集釋》:歸,金文"大抵从婦,𠂤聲……或从辵从彳,無單从止者,辵、彳、止,本通用無別。"③《説文·止部》"歸"字條附有从止从帚的籀文異文,《康熙字典·辵部》列有从辵从帚的石鼓文異文,《康

---

① 彭叔夏:《文苑英華辨證·叙》:"叔夏嘗聞太師益公先生之言曰:'校書之法,實事是正,多聞闕疑。'叔夏年十二三時,手抄《太祖皇帝實録》,其間云:'興衰治□之源。'闕一字意謂必是'治亂'。後得善本,迺作'治忽'。三折肱爲良醫,信知書不可以意輕改。"王雲五主編,北京:商務印書館1939年版,第1頁。

② 桂馥:《説文解字義證》,上海:上海古籍出版社1987年版,第145頁。

③ 李孝定編述:《甲骨文字集釋》,南港:中研院歷史語言研究所1965年版,第2589頁。

熙字典·補遺·巾部》有从是从帚的或體,等等。自甲骨文時代始,"歸"即有多種異體字,却罕見到从"丿"的異形。現代漢語"歸"字簡化爲"归",爲何如此簡化,理據不清。韓國《尚書》學文獻中之"歸"皆寫作"帰"字,可爲"歸"之字形簡化提供對比研究材料。或爲"𠂤"統一簡化爲"丿","師"之"𠂤"亦簡化爲"丿","師"簡化字爲"师"。

　　韓國《尚書》學文獻中"婚"皆寫作"昏"。《説文·日部》:"昏,日冥也。从日、氏省。氏者,下也。一曰:民聲。呼昆切。"①"昏"之異體,从日,民聲。段玉裁《説文解字注》:"从民者,譌也。"②士娶妻之禮,以昏爲期,因以名焉。後加女旁,作"婚",指婚姻。婚姻之"昏"、"婚",古今字;"婚"行而"昏"廢,"昏"字則專指"日冥也"。韓國《尚書》學文獻中之"昏"可以旁證漢字複雜的形義演變,具有重要語料價值。

　　"不校校之"似爲不辭,"不校"何謂校勘,"不校"又何謂"校之"。實際上,"書必以不校校之。毋改易其本来,不校之謂也;能知其是非得失之所以然,校之之謂也。"③"不校"並非不校勘,而是需要精細校勘,只是不改易文本本末。"校之"是校點者必需隨時記録異文俗字,用"校記"或"考證"的形式辨析是非得失。

　　根據這一原則,韓國《尚書》學文獻整理的每一種書皆需完成"通用字與異形字對照表",然後再匯輯整理成整個"韓國《尚書》學文獻集成"的"通用字與異形字對照總表",通用字特指古代中土通用字,異形字特指韓國《尚書》學文獻中對應的異文,這樣既便於閲讀者查考,也有利於研究者使用。

　　2. 簡稱不改,摘引不補

　　韓國《尚書》學文獻引述書名篇名多用簡稱,這些簡稱多不見於中國古代文獻。朴文鎬《書集傳詳説》、《書序辨説詳説》引稱《左傳》爲"左"、"左氏","某公某年"亦多作"某某年"。《洪範羽翼》還常引稱《中庸》爲"中",《禮記》簡稱爲"記",《史記》簡稱爲"史"。諸如上述,俯拾皆是。保留這些簡稱,可以顯現韓國《尚書》學文獻的文本表述特點。

　　韓國《尚書》學文獻體式多爲集注集疏,廣泛徵引經史子集類文獻,多

---

① 許慎撰,徐鉉校訂:《説文解字》,北京:中華書局1963年版,第138頁。
② 許慎撰,段玉裁注:《説文解字注》,上海:上海古籍出版社1981年版,第305頁。
③ 顧廣圻:《思適齋集·禮記考異跋》,清道光二十九年刻本《續修四庫全書·集部·別集類》,第108頁。

有刪略。倘爲不影響文意的非關鍵字句,應保留原樣,無需加以增補。例:

《昭廿五》:"[季]公若之姊爲小邾夫人,生宋元夫人,生子,以妻季平子。昭子如宋[聘,且逆之]。公若從,謂曹氏宋元夫人勿與,魯將逐之。勿與女。[曹氏告公。公告樂祈]樂祈曰:'與之。[如是,魯君必出]。政在季氏三世矣。"

上述例句方括號内爲《洪範羽翼》卷三十二摘引《左傳·昭公廿五年》節略之文,對於這類非關鍵字句,處理原則應依從原作,不予增補。倘若原文中出現影響文意的情況,則應根據實際情況以校記形式説明。

至於概括引用原文大義或概括叙述故事情節的引文既不增補,亦不出校記。例如:《洪範羽翼》"犬部"中"忽聞地中有犬聲得犬子雌雄各一"十四字,源自《搜神記》卷十二:"忽聞地中有犬聲隱隱。視聲發處,上有小竅,大如螾穴。瑶以杖刺之,入數尺,覺有物。乃掘視之,得犬子,雌雄各一,目猶未開,形大於常犬。"凡五十三字。校點時,没有必要增補,亦無須出校記。

在版式編排方面,韓國《尚書》學文獻原爲豎排,整理倘採用當今通行的橫排形式。對於原文中出現的"見右"、"見左"等字樣,校勘時當依從原作,一律不加改動。

寫本、抄本的天頭、地脚所加按語切須注意不要混入正文,當應以校記説明,例如:"今按:本頁原有天頭按語"云耳。

(二) 改則必精,務出校記

韓國《尚書》學文獻有許多需要校改的地方,否則不能卒讀。校勘原則仍爲"不校校之",校改之處均保留原文,同時改則必出校記加以説明。

1. 校勘文字訛誤

在點校的過程中,如果遇到看不清的字,皆當以缺字處理,並用□表示。不能妄下斷語,但如果可以推定的,則可以在該字後面用( )説明"疑爲某字"。例:

又"稾"與"犒"通。《集韻》"犒"、"稾"、"膏"同。勞其"槁"曰"犒"。亦作"□"(疑爲"膏"字)。

誤字方面，如在原文誤字後加括號寫出正字，比較省事，但缺點一是容易將原文與校勘者的成果合成一體，造成讀者認識混亂；二是更改的依據顯示不出來。處理的方式應是以出校記的方式改正，使之有據可查。例：

《劉郎浦》："誰將一女傾天下，欲換劉郎鼎峙心。"
【校記】"傾"，《全唐詩》呂溫《劉郎浦》作"輕"。

　　底本中據引經典與通行本文字不同者如需要校改，也應出校注説明。諸如：

汪州陳氏，元和給事中京之後。
【校記】"汪州"，《南唐書》、《五代史》作"江州"，是。
匡衡曰："情欲之感，無介於容儀；宴私之意，不形於動靜。"
【校記】"形"，誤，元刻本作"移"。
降出，御婦車，而壻授綏，御輪三周，先徙於門外。
【校記】"徙"，《十三經注疏》本《禮記正義·昏義》作"俟"。

　　上述文字之訛誤主要有三個方面的情況：因音近而訛，因形近而訛，傳寫之誤。需要精心校勘，周密考證，勘正訛誤。

2. 校勘引文順序錯亂之處

　　韓國《尚書》學文獻徵引典籍往往不甚嚴密，甚或出現順序顛倒錯亂的情況，校勘時需要在校記中指明。類例如下：
（1）單字移位

六二象："無攸遂，在中饋。""六二之吉，順以巽也。"
【校記】"象"字應在下句"六二之吉"前。
上九象："有孚，威如，終吉。""威如之吉，反身之謂也。"
【校記】"象"字應在下句"威如之吉"前。

（2）顛倒詞序

匡衡曰："孔子論《詩》，以《關雎》爲始，此紀綱之首，王教之端。"

【校記】紀綱,《漢書·匡衡傳》作"綱紀"。

(3) 顛倒句序

曾子問:"女未廟見而死。"曾子問:"女有吉日而死,女未廟見而死,則如之何?"孔子曰:"不遷於祖,不祔於皇姑,壻不杖、不菲、不次,歸葬於女氏之黨,示未成婦也。""取女有吉日而死,如之何?"孔子曰:"壻[齊]衰而弔,既葬而除之。夫死亦如之。"

【校記】首句與下句"曾子問"重複錯亂,《十三經注疏》本《禮記正義·曾子問》爲:曾子問曰:"女未廟見而死,則如之何?"孔子曰:"不遷於祖,不祔於皇姑,壻不杖、不菲、不次,歸葬於女氏之黨,示未成婦也。"曾子問曰:"取女有吉日而女死,如之何?"孔子曰:"壻齊衰而弔,既葬而除之。夫死亦如之。"

"狄人歸季隗於晉而請其二子。"文公之妻趙衰,君子之知出姜。"文公妻趙衰,以女妻趙衰,生原同、屏括、樓嬰。趙姬請逆盾與其母。"

【校記】考《左傳·僖公二十四年》,"狄人歸季隗於晉而請其二子"句錯位,當在"文公妻趙衰"前。下二句"文公之妻趙衰,君子之知出姜"屬本段之題,當在段首。

3. 校勘年份

《七年》:"鄭公子忽如陳,逆婦(嬀)。(辛亥,以嬀氏歸。甲寅,入於鄭。陳鍼子送女。)先配而後祖。"先逆配而後告廟。

【校記】"七年",當爲八年。查《十三經注疏》本《左傳正義》,事在隱公八年四月。

4. 校勘重文

帝多簡良家子以充內戢,自擇美者以充內戢。

【校記】"以充內戢"四字與上句重,《古今事文類聚》此句作"自擇美者以絳紗繫臂"。

5. 校勘指稱與史實不合者

《昭廿五》:"公若之姊爲小邾夫人,生宋元夫人,生子,以妻季平子。昭子如宋。公若從,謂曹氏宋元夫人勿與,魯將逐之。勿與女。樂祈曰:'與之。政在季氏二世矣。'"

【校記】"二",《十三經注疏》本《左傳正義》作"三",是。三世,指文子、武子、平子。

6. 校勘引文張冠李戴者

杜詩《送顧八分》:"早通交契密,晚接道流新。"

【校記】"早交"二句,《送顧八分文學適洪吉州》詩無此句,實爲杜甫《寄張十二山人彪三十韻》詩句。

柳郢著書,誡其子孫曰:"夫門地高者,立身行己,一事有墜先訓,則罪大於他人。"

【校記】"柳郢",當爲"柳玭",據《舊唐書》卷一六五,《新唐書》卷一六三。

7. 校勘正文和注文淆亂者

建立長秋,東朝降詔,故事可遵也。而顯仁不肓,曰:"不預外政。"

【校記】《古今源流至論》此語正文作"而顯仁后自謂:'不預外庭'",注文作"太后不肯,曰:'我但理家事,豈預外庭'"。

(三) 校勘之旨,利於閱讀研究

1. 統一行款,仿古文本附加影印本,以利於閱讀與研究

韓國《尚書》學文獻寫本和抄本行例複雜凌亂,整理須統一行款,改豎排爲單行橫排,注文比原文小一號字單排,以求眉目清楚,便於閱讀與研究。

楊樹達先生《古書疑義舉例續補》指出:"古人行文,中有自注。"韓國《尚書》學文獻多有"文中自注",著者常常將正文的解釋性文字插入行文中。這雖是古人行文的一種習慣,但對一般讀者來說,打斷連貫話語,易生誤解。可處理爲小一號字單排的形式,以便顯得較爲清晰明朗。例如:

"社以祈天中庸曰郊社之禮所以事上帝社亦祈天可知而聖人腏食夏以柱殷以棄是也"標點爲:

社以祈天,《中庸》曰:"郊社之禮所以事上帝",社亦祈天可知。而聖人腏食。夏以柱,殷以棄是也。

申綽《古尚書》經文皆爲古字,可采用原文影印本在前,再配以改寫本的排印方式,既便於普通讀者對照閱讀,更利於研究者研究。詳見前文。

2. 儘量減少讀者的閱讀障礙

在以存古爲要的宗旨和前提下,儘可能不改變韓國《尚書》學文獻的文本原貌,不妄改,但是對於影響閱讀的文本則需加以説明,以掃清其閱讀障礙。

(1) 校勘引文删略嚴重,不易理解者

晉惠時,賈謐與石崇、陸機等號二十四友,石崇、潘岳尤諂及郭槐出,皆降車路左,望塵而拜。

【校記】"石崇、潘岳尤諂及郭槐出"此語删略嚴重,《資治通鑑》卷八二作"崇與岳尤諂事謐,每候謐及廣城君郭槐出,皆降車路左,望塵而拜"。

《唐》:竇參爲萬年尉,同舍夕直者,聞親疾遑遽,叅代之。失囚,京兆。

【校記】此處删略嚴重。中華書局版《新唐書》卷一四五作:"竇參字時中,刑部尚書誕四世孫。學律令,有人矜嚴悻直,果於斷。以廕累爲萬年尉。同舍當夕直者,聞親疾惶遽,參爲代之。會失囚,京兆按直簿劾其人。"

(2) 校勘不同的音譯名

吐浴渾者,慕容廆之庶兄也。

【校記】古代國名地名的書寫形式和特殊讀音早已標準化,"吐浴渾",當爲"吐谷渾"。

3. 標點以簡明、清晰爲宗旨,減少不必要的符號

標點工作是古籍整理的重要環節,魯迅先生對此深有體悟:"有許多處,我常疑心即使請著者自己來標點,怕也不免於遲疑。"[1]韓國《尚書》學

---

[1] 魯迅:《馬上日記》,載《魯迅全集》三,北京:人民文學出版社1981年版,第313頁。

文獻點校工作，需在標點符號的使用上體現出簡明、清晰的特點，避免繁複，凡可加可不加者則以下面幾條爲標準：

（1）引號的使用突出簡明的特點

被解釋字和解釋字不需要加引號。如：

> 帝釐下土方，設居方，別生分類，作《汩作》、《九共》九編、《槀飫》。鄭第三、第四至第十二、第十三。○汩，音骨。
> 徐廣曰：“懌，音亦。”章懷曰：“《前書音義》，臺讀曰嗣。”

注意減少引號的層級。多層引用只用兩層引號，第一層不加引號，從第二層開始用雙引號。例如：

> 董鼎曰：芸閣呂氏曰：“宅，謂居而有之。光宅天下，猶言光有天下。”碧梧馬氏曰：“此所謂《書序》也。”

注釋中“直接引語＋者”，如直接引語是詞，不加引號，是句子則需加引號。“所謂＋直接引語＋者”，直接引語需加引號。例如：

> 《大禹謨》曰：“……正德利用厚生惟和……”正德者，謂君臣上下各正其德，非真爲正民之德而已也。
> 《周官》之制“司空掌邦土，居四民，時地利”。所謂“居四民”者，乃所以彊勒厥民，奠厥攸居，使不淂轉徙之謂也。所謂“時地利”者，乃所以興撫土產，轉殖財貨，以贍其國家之用也。

（2）書名號的使用以清晰爲目標

書名號的使用最爲複雜，韓國《尚書》學文獻書名的簡稱、繁稱、合稱、變稱等現象普遍存在。在具體點校時，一般只要是書，不管如何稱說都要標書名號。間隔號要配合書名號使用，篇、章名目標示要清楚。

關於所引篇名後有“篇”字者，點校時須查看原書篇名是否帶有“篇”字，如有，則將“篇”字標在書名號内；如無，則將“篇”字標在書名號外。諸如，《論語》原作“《學而》第一”、“《爲政》第二”，則標爲“《論語·學而》篇”、“《爲政》篇”；《荀子》原作“《勸學篇》第一”、“《修身篇》第二”，則標爲

"《荀子·勸學篇》"、"《修身篇》"等。

關於書名簡稱,例如:"禹謨、漢志、傳、注、疏"等。在文獻中,"注"、"疏"等有時是書名簡稱,有時是訓詁術語,如果作書名就加書名號,如果傳、注、疏當動詞用不加書名號。如"孔疏"應加書名號,而"孔穎達疏曰"則不加書名號。"史注"如泛指則不加書名號;再如《尚書序》有"約史記而修《春秋》"句,"史記"非指《史記》這本書,而是説孔子根據歷史記載整理《春秋》。如特指某書簡稱,則需加書名號。例如:

  此經自堯、舜至周公之言與事,俱載焉。於今,得備見周公以上,聖人之言與事,唯在此一經。然則此經豈非萬世爲道之原本乎?《蔡氏傳》周備纖悉,字字句句無不分釋,於今瞭然。解其意義,無復疑晦,實《傳》之力也。

關於書名合稱,如果爲一本書中的不同章節,則標爲一本書,加一個書名號;如果爲兩本書則分別加一個書名號。例如:"堯舜典"、"商周書"、"漢書翟方進劉向傳"標爲《堯舜典》、《商周書》、《漢書·翟方進劉向傳》;"河洛"標爲"《河》"、"《洛》"。

關於書名繁稱,一般保留繁稱,有些需要靈活處理。例如:"虞夏之書"、"書之洪範"標爲《虞夏之書》、《書》之《洪範》等。

關於書名變稱,要保留變稱。例如:"詩三百"標爲《詩三百》。

關於碑名的標號,一般要加書名號。如"漢孔宙碑變作卞"中"漢孔宙碑",作《漢孔宙碑》。

關於卦名等的標號,《周易》"卦名、彖、象"等當標識書名號、間隔號,爻辭不加書名號,如下示例:

  真德秀曰:"唐高宗受制於武氏,不足怪也。隋文帝亦受制於獨孤,何哉?由自處之不正故耳。《歸妹·彖》曰:'歸妹,天地之大義也。天地不交,而萬物不興。歸妹,人之終始也。無攸利,柔乘剛也。'"

關於特殊的書名或篇名的標號,如"河圖、洛書、古尚書、僞尚書、僞古文尚書、僞孔傳、今文尚書、尚書序、百篇序、大衍曆"等,這些都是《尚書》學文獻中頻繁提及的書名。可根據約定俗成原則標爲:《河圖》、《洛書》、古

《尚書》、僞《尚書》、僞古文《尚書》、僞《孔傳》、今文《尚書》、《尚書序》、百篇《序》、《大衍曆》。

（3）使用頓號以增加明確性爲要旨

並列數詞或名詞用頓號。例：

  董氏鼎曰："一、二、三、四，皆經常之疇，法天以治乎人者也。六、七、八、九，皆權變之疇，即人以驗諸天者也。五皇極一疇，則守常制變之主，與天爲徒爲民之則者也。"

  《禹謨》曰："水、火、金、木、土、穀惟修。"

不易誤解的，不加頓號也可以，比如"唐虞之際"。

韓國《尚書》學文獻中常以"一"作爲一個條目的起始標誌，爲了與後面的内容相區别，一般在"一"後加頓號。例如：

《尚書古訓》凡例

  一、百篇之序雖本孔子所作，今經梅賾變亂，非皆原本。然自鄭玄以來，似已分冠各篇，不可黜之在下，但分冠各篇則益多枘鑿，今還作一篇，弁之爲首卷，其或字句翻弄、明知爲梅所竄改者，亦不得不仍用梅本。如《皋陶謨》、《益稷》。唯其序次一遵鄭本。依孔穎達《正義》中所注。所以存古也。

  一、經文中非非伏非孔特被梅氏改竄者，明知伏本、鄭本原作某字而經文存者，既唯梅本而已，則不得不純用梅本，唯於考異之下論其是非，不敢擅易一字以從古本。

顧廣圻"不校校之"之論，思想淵源或爲北齊邢卲。《北齊書・邢卲傳》："邢卲，字子才。""有書甚多，而不甚讎校。見人校書，常笑曰：'何愚之甚，天下書至死讀不可遍，焉能始復校此，且誤書思之，更是一適。'妻弟李季節，才學之士，謂子才曰：'世間人多不聰明，思誤書何由能得？'子才曰：'若思不能得，便不勞讀書。'"①顧廣圻還在《思適寓齋圖自記》中高度評價邢卲"不甚讎校"，云："故子才之不校，乃其思，不校之誤使人思，誤於

---

① 李百藥：《北齊書》，北京：中華書局1972年版，第478—479頁。

校者使人不能思,去誤於校而存不校之誤,於是日思之,遂以與天下後世樂思者共思之,此不校校之者之所以有取於子才也。"①"不校"者,就是要保持典籍的原始面貌,不僅"使人思",還要"與天下後世樂思者共思之";"不校"者,并非不要檢核訛誤,而是要精細"校之",以"校記"、"考證"的形式,"與天下後世樂思者"共研之。"不校"、"校之"既是校勘理念,也是校勘原則,同時亦爲具體的校勘方法。"不校"是存文本之古之真,尊重古人;"校之"是集中校勘成果,利於今人閱讀和研究。

  韓國《尚書》學文獻卷帙浩繁,文句點校的問題紛繁複雜,其中既有一般漢籍的常見問題,也有《尚書》學文獻的個性問題,還有韓國文獻的特定問題。文獻整理的首要功能是保存功能,保存的應是文本的原貌。求古存真,是保存文獻文本原貌的主要原則。校勘的目的是勘正,勘正必出校記,利於閱讀研究。整理韓國《尚書》學文獻旨在推動《書經》域外傳播的研究,科學的研究需要立足於真實的材料。

(作者單位:揚州大學文學院)

---

① 顧廣圻撰,王欣夫輯:《顧千里集》,北京:中華書局2007年版,第86頁。

文化接受者的身份認同
——朝鮮王朝文廟從祀的形成過程[①]

盧鳴東

【摘　要】 東漢永平十五年(72)，明帝親臨曲阜祭孔，配以孔子七十二弟子從祀，開始了中國的文廟從祀制度，而鄰近的朝鮮半島自高麗王朝顯宗十一年(1020)奉入新羅儒生崔致遠從祀文廟，自此建立了中、韓賢儒並列從祀文廟的傳統。直至朝鮮高宗二十年(1883)，從祀文廟的朝鮮賢儒共十八人，統稱"東國十八賢"。繼往開來，朝鮮王朝在遵照高麗王朝奉行中國文廟從祀制度的同時，就朝鮮先儒從祀文廟的標準，朝野上下俱經歷了長時間的議論，始由"文化傳播者功績"的考量，轉向以"東國傳道系譜"的確立，認同朝鮮賢儒的傳道者身份，作爲他們入廟從祀的準則。這個轉變反映了朝鮮儒者從自身文化的主體性視角，漸次意識到他們也是文廟從祀的參與者，至在承襲和模仿中國道學的過程中，逐漸形成"東國道學"的意識，拓展出韓國本土儒學的根本意義，宣祖朝《國朝儒先錄》的問世正是這種意識具體展現的實踐結果。

【關鍵詞】 文廟從祀　文化傳播　身份認同　東國道學　《國朝儒先錄》

[①] 本論文爲香港大學教育資助委員會優配研究金資助項目成果，項目編號"HKBU245913"，謹此致謝。

一、引　言

　　文化傳播是文化元素隨時間和空間的變換，所產生的一種文化擴散和遷移的傳遞現象，這種現象發生在跨地域的傳播上，涉及民族之間在共享文化資源中對原有文化的多元闡釋和就各種文化元素本身的重新創造。從文化傳播到認識文化，到後來接受、整理和重組文化的各項組成元素，到認同自身在文化活動中的存在，成爲其中的參與者，一環扣一環的文化接受流程，由文化接受者展開，他們一方面維持自身民族文化的獨特傳統，並在文化接受的過程中，尋求自身民族在文化傳承中的存在屬性和身份特質，追求完善自身文化可再拓展的空間。

　　李氏朝鮮立國初期，文廟制度主要模仿中國廟制規模，除了京城設置文廟外，規定全國各道州、府、郡、縣在所屬鄉校内興建文廟，而當時廟中奉祀人物的位置和數目與前朝高麗不完全相同。概括來說，朝鮮王朝對文廟的重視程度有增無減，在文廟數目和從祀人物兩方面，皆大大超越前朝各代，若單從這兩方面考量，朝鮮儒者接受儒家文廟文化的程度顯然有所提高，但在整個文化接受的過程中，他們是否已由文廟制度上的文化移植，進而認同自身在此文化活動中的存在，兼且達到包容朝鮮本土民族性的文化内涵，而深入至朝鮮全國並成爲民族文化的精神核心呢？這個課題便需要從文化參與的角度來說明。

　　有關朝鮮王朝文廟從祀的問題，韓國境内外學者已有一些相關研究。韓國境外學者主要探討朝鮮半島文廟發展的歷史背景、高麗和朝鮮兩朝文廟的奉祀人物及釋奠祭祀制度，例如孔祥林《朝鮮的孔子廟——儒家思想深遠影響的象徵》、沈暘《李氏朝鮮時期都城文廟祭孔考》和金禹彤《朝鮮高麗朝祀孔制研究》①。比較來說，韓國境内學者較多注意朝鮮王朝文廟從祀的問題，而文廟從祀的標準是一個重要討論焦點。例如池斗焕在《朝鮮前

---

① 孔祥林《朝鮮的孔子廟——儒家思想深遠影響的象徵》，《孔子研究》第一期（1992 年），第 108—115 頁。沈暘《李氏朝鮮時期都城文廟祭孔考》，《故宫博物院院刊》第三期（2008 年），第 79—98 頁。金禹彤《朝鮮高麗朝祀孔制研究》，《東方論壇》第五期（2013 年），第 72—76、88 頁。

期文廟從祀論議——鄭夢周・權近을중심으로》①中,以朝鮮朝初年鄭夢周、權近作爲討論中心,分析世宗朝到中宗朝期間,朝鮮君臣根據"功績論"和"節義論"議論文廟從祀的標準。據此立論,禹景燮提出已入廟從祀者會因爲不符合標準,而受到當時儒者批判,例如宋時烈指出許衡身爲漢人而出仕元朝,因此向孝宗建議黜享其文廟從祀之位②。本文認爲朝鮮歷代君臣經過長時間的議論,無疑是爲了確立朝鮮賢儒入廟從祀的標準,判斷從祀人物的具體人選,但我們若整合並分析君臣之間的議論內容,其動機和意義却不僅限於此。

事實上,朝鮮君臣在議論和爭辯文廟從祀的問題上,既以文化接受者的身份來認識、理解和履行儒家文廟制度,但與此同時,他們已逐漸轉向文化參與者的身份,探索朝鮮本土的道學正統,藉此確立自身文化的主體。韓國學者李羲權在《東方五賢의文廟從祀小考》③中曾探索韓國學統系譜與文廟從祀的關係;김영두在《中宗代文廟從祀論議와朝鮮道統의形成》④中指出朝鮮中宗朝君臣在討論鄭夢周和金宏弼入廟從祀的問題時,也曾評議朝鮮道統。韓國文廟從祀與道統形成二者關係密切,這方面毋庸置疑,但在中、韓文化傳播的關係上,韓國學統系譜的形成已不只是爲了判斷文廟從祀的人選,更重要的是,此反映了朝鮮儒學本土化的形成過程,印證朝鮮儒者經歷主體性的身份認同,確認自身在儒家文化中的存在和所扮演的角色,使其身份從儒學文化接受者轉向文化參與者,在完善其本土文化的同時,創造出中國儒家文化在域外傳播的分流成果。

二、文化傳播爲主導:功高者入廟從祀

朝鮮朝立國繼承高麗朝行釋奠禮於文廟的儒家傳統。太祖李成桂即

---

① [韓]池斗煥《朝鮮前期文廟從祀論議——鄭夢周・權近을중심으로》,《釜大史學》第九輯,1985年版,第241—264頁。
② [韓]禹景燮《宋時烈對許衡的認識與文廟黜享論》,《震檀學報》第一零六期(2008年),第33—58頁。
③ [韓]李羲權《東方五賢의文廟從祀小考》,《全北史學》第七輯,1983年版,第105—126頁。
④ [韓]김영두《中宗代文廟從祀論議와朝鮮道統의形成》,《史學研究》第八十五號(2007年),第39—76頁。

位首年(1392)八月丁巳日已"命藝文春秋館大學士閔霽,釋奠於文廟"①,但當時的文廟仍然設立在舊都開城府,新都漢陽的文廟是朝鮮遷都後翌年才開始營建,即太祖四年(1395),之後施工數年,因爲定宗李芳果決定重返舊都開城,因而耽誤了新都文廟營建的進度,直至太宗李芳遠在位之第五年(1405)遷回漢陽並重新營建,真正屬於朝鮮國都的文廟在太宗七年(1407)三月二十一日才正式竣工。文廟落成以後,廟內一切設施也隨之展開籌建,準備釋奠禮儀的舉行。當時禮曹的首要任務是認識和處理文廟內的儒家奉祀人物、神位製造和釋奠儀式等制度內容。

李氏朝鮮以"儒道立國"自居,凡禮儀制度一依中國,這在太宗時期文廟制度的規模上可見一斑。文廟建成後的同年6月,禮曹"奉安文宣王及四配神位於文廟,十哲則東西翼室,歷代從祀諸賢,列於東西廡"②。在奉祀人物的陳設上,文廟大成殿內主祀孔子,以四配配祀,而十哲、孔門弟子和歷代賢儒從祀,分別在殿外東西側室和兩廡從祀。太宗遵從中國制建造朝鮮文廟,對於自中國歸來大臣的獻議,他都能言聽計從。太宗四年(1404)二月,河崙獻議:

> 陞郕國公曾子、沂國公子思於先聖配位。初,曾子在十哲之位,子思在從祀之列。左政丞河崙奉使入朝,得二子圖像而來,獻議塑像陞於配位,又塑子張像,列於十哲。③

朝鮮使者傳入中國文廟規模,使曾子、子思從十哲和從祀之位升入大成殿配祀孔子,此變動由文化傳播者倡議,決定了朝鮮文廟內奉祀人物的升降進黜。類似的例子,見於禮曹參議許稠入訪孔子故居闕里,歸國後向太宗的兩次獻議。太宗十一年(1411),許稠啓曰:"臣嘗朝上國,過闕里見釋奠儀,與今國家所用之儀,互有同異,請加考證。"④於是太宗授命其詳細制定釋奠儀,此爲一例。翌年,許稠因出訪闕里時途經州縣,獲悉揚雄黜退,董仲舒和許衡入廟從祀的變動,遂向太宗獻議"乞從中國之制",進黜朝鮮文

---

① 國史編纂委員會編《朝鮮王朝實錄》,漢城:國史編纂委員會1968年版,第1册,第26頁。太祖元年(1392),八月八日。
② 太宗七年(1407),五月六日。《朝鮮王朝實錄》,第1册,第393頁。
③ 太宗四年(1404),二月六日。《朝鮮王朝實錄》,第1册,第288頁。
④ 太宗十一年(1411),四月二十七日。《朝鮮王朝實錄》,第1册,第580頁。

廟內的從祀人物：

> 臣入闕里謁先聖，問諸教授官蔡平曰："所過州縣之學，皆有董仲舒，無揚雄，何也？"答曰："建文年間，禮官獻議，以董子代雄，雄爲莽大夫故也。"又問曰："許魯齋從仕[祀]，始於何代？"答曰："始於元朝。"乞從中國之制，以董、許從祀兩廡，勿幷祀揚雄。①

明惠帝建文年間，朝中禮官以董仲舒替代揚雄從祀之位，原因是揚雄投效王莽，背負不忠不節的惡名，定當降退其位，而新進入廟的許衡在元代已經開始從祀，也需效尤。太宗在位年間命許稠撰寫《吉禮》儀式，以反映成均館文廟奉祀人物位次，此文後來載於《世宗實錄·五禮》的《吉禮序例·神位》篇中，該篇已反映了董、許二人已列入從祀之位，這說明了太宗再次采納許稠的獻議，遵循中國文廟當時的實際情況作出相應變動。

事實上，歷代操控朝鮮半島命脈的政權，多能審時度勢，跟隨中原政權的交替改變文廟制度內容。根據《三國史記》記載，新羅聖德王於其十六年遣使入唐，"大監守忠迴獻文宣王十哲士、十二弟子圖，即置於大學"②。至高麗肅宗以後，文廟仿照元代改用塑像代替新羅時期的畫像，以祭祀先聖儒賢，但在朝鮮立國以後，奉祀塑像的傳統沒有延續下來；太宗時，禮曹因文廟"位板之式，古無其文"爲理由，遂參照明代《洪武禮制》的規式，使用木主代替高麗沿用的塑像。太宗九年（1409），禮曹稟告文宣王、四配位、十哲位板規式：

> 按《洪武禮制》：社稷壇神牌，身高二尺二寸，闊四寸五分，厚九分；座高四寸五分，闊八寸五分，厚四寸五分。……文宣王位板，乞依社稷壇神位板規式製造。四配位板，身高二尺，闊四寸三分，厚八分；十哲位板，身高一尺八寸，闊四寸一分，厚七分。座高闊厚皆同，依此差等製造。③

---

① 太宗十二(1412)，六月六日。《朝鮮王朝實錄》，第1册，第638頁。
② [高麗] 金富軾《三國史記》，卷八，《新羅本紀第八·聖德王十六年》條，漢城：亞細亞文化社1998年版，第109頁。
③ 太宗九年(1409)，七月七日。《朝鮮王朝實錄》，第1册，第497頁。

朝鮮時期，平壤府、開城府文廟仍然保留着前朝奉祀塑像的傳統；朝鮮成宗十一年（1480），承政院曾議論在成均館大成殿内用塑像奉祀，但在衆大臣都不欲重返"元法"的前提下，最終不獲接納。左承旨蔡壽曰："文廟用塑像自元朝始，意謂塑像出於胡俗，而高麗又從而效之也。"①在畫像、塑像至木主的演變歷程上，中國之制爲朝鮮文廟帶來了深遠影響，在朝鮮半島上留下了深刻痕跡。

以上所見，包括文廟内的奉祀人物，以及當時的一切禮儀制度，它們都是文化傳播者長期以來積累的成果，作爲宣揚儒家文化的物質形式，除此以外，文化接受者所要認識和理解的，還有儒者對廟中儒家先聖先師的一份崇高敬仰的深情。自鄭道傳爲朝鮮太祖撰寫《朝鮮經國典》，奠下文廟爲"百王以之爲儀範，萬世以之爲師表"，"以致尊師重道之意"後，孔子的地位舉足輕重，深爲朝鮮儒者推崇。然而，這不是理所當然的。《朝鮮王朝實錄》太宗朝十四年記載：

> 上曰："孔子非君，何拜也？"吏曹判書韓尚敬對曰："孔子雖不得位，實爲萬世百王之師，是以有拜。"上曰："文武不可偏廢也。國家只祀孔聖，不祀武成王何也？"刑曹參議權遇對曰："先儒議之曰：'孔子百世之師也。等而祀之，則太公如有神，必有愧矣。'"②

在祖宗遺訓的指導下，太宗的質疑難免令人感到有"明知故問"的意圖，因孔子素王無位，却是百世師表，一直以來備受敬拜已是世所共知的不爭事實。當時吏曹大臣的回應毫不婉轉，在語辭上還含有嘲諷的意味，他不懼怕觸犯國君威嚴，直言孔子與成王等級不同，是以二人不能並祭。從太宗與大臣的言論可見，面對外來文化的輸入，儘管文化接受者樂於接受，兼且已取得群體的一致認識，但是，他們對外來文化的詮釋和創造會因應現實環境的需要而作出變化，不能够保證其與文化輸出者具備一致的理解。事實上，太宗所以有奉祀周成王的建議，實際目的是爲了倡導文武兼備的治國精神，也爲其始創武科取試的原因下注脚。

文廟祭祀賦予孔子唯一主祀者身份，其地位歷代不變，但廟内配祀和

---

① 成宗十一年（1480），八月二十九日。《朝鮮王朝實錄》，第 10 册，第 159 頁。
② 太宗十四年（1414），七月十一日。《朝鮮王朝實錄》，第 2 册，第 27 頁。

從祀的人選,仍容許有增減黜退的改變,爲文化接受者提供重新詮釋和創造的空間;實際上,高麗朝已將新羅時期的崔致遠、薛聰和本朝安珦入廟從祀,反映出文廟祭祀在朝鮮半島已出現了本土化的勢頭。朝代交替,朝鮮朝在延續高麗朝所增選的奉祀人物的同時,已遵行前朝入廟從祀的門檻,試圖審議合適的人選,爲確立朝鮮半島自身文化主體性開啓了契機。太宗九年(1409),司憲府上時務:

> 我東方禮樂、刑政、典章、文物,擬諸華夏而無愧者,雖本於箕子之化,亦由道德文章之臣,笙鏞治道,黼黻王化而然也。故我東方文臣之有功於聖教,有補於治道者,使之配享文廟,以示襃崇之典,文昌侯崔致遠與薛聰、安珦是已。自是以後,以至我朝,其文臣之有道德功業者,豈無過於安、薛諸公者乎? 然無一配享者,一欠也。願命都堂,將前朝以至我朝,其文臣之可配文廟者,表而出之,以舉配享之典,垂法後世。①

高麗尊稱佛教爲國家宗教,國君尚能重視文廟從祀的參與,使崔致遠、薛聰和安珦三人躋身文廟從祀之例,而朝鮮朝以"儒道設教"自居,對此更是責無旁貸,加上兩朝儒學人才濟濟,弘揚儒道之士多不勝數,不乏合適從祀文廟的人選。因此,太宗聽從司憲府提議,甄選高麗、朝鮮兩朝功高者從祀文廟。

此外,太宗朝認爲從祀文廟者必須"有功於聖教,有補於治道者",重視對先儒在功業上的衡量。朝鮮立國初年所頒定的《朝鮮經國典》記載②,文廟從祀與宗廟、諸神等祭祀,祭祀對象不同,而它們皆以報本尚功爲祭祀目的,在祭祀動機上接近。但從崔致遠、薛聰和安珦三人生平觀之,所謂以崇尚事功作爲入廟從祀的標準,是專指在文化傳播上的貢獻而言,這與宗廟、諸神祭祀不同:

---

① 太宗九年(1409),三月十九日。《朝鮮王朝實錄》,第1冊,第477頁。
② 《朝鮮經國典上・宗廟》記載:"王者受命開國,必立宗廟以奉其先,蓋報本追遠,厚之道也。其有功德者,祖而宗之,以爲不遷之主。"此外,《朝鮮經國典上・諸神祀典》記載:"凡載祀典者,皆有功德於民,不可不報者也。其祀山川之神,以其興雲雨滋五穀,足民食者也。其祀山川之神,以其得時行道,康濟斯民,立法垂訓,昭示後世,故皆載之祀典,以爲常祭。"鄭道傳《三峰集》,載《韓國文集叢刊》,漢城:韓國文集叢刊編委會2003年版,卷七,第426—427頁。

一、崔致遠爲新羅人，於新羅景文王八年（868）入唐，時爲十二歲，留唐十七年歸國，以文學著名，爲新羅國王制作表狀及碑傳、頌贊、詩賦之作①。《新唐書·藝文志》著録其著作有《四六》一卷、《桂苑筆耕》二十卷②。高麗朝重視辭賦文章，以其文章卓絶，有功於詩文，故在高麗顯宗十一年（1020），使之從祀文廟③。

二、薛聰爲新羅人，"生知道，待以方言讀'九經'，訓導學生，至今學者宗之"④。又，《代慶州儒生請賜額西岳書院疏》記載："夫薛聰以方言解'九經'，教導後生，至今學者師宗之，宜其爲我東經學之祖。"⑤"方言"所指的是"吏讀"，又名"吏道"或"吏吐"，是朝鮮世宗在1446年創制"訓民正音"之前，古代朝鮮用漢字所組成的一套音節符號。薛聰始用"吏讀"解釋儒家"九經"，起到普及儒家文化的作用，因此，高麗顯宗十三年（1022）奉之從祀文廟⑥。

三、安珦爲高麗人，根據《高麗史》記載高麗朝忠烈王三十年（1304），安珦出錢養宮中儒士，"又以餘貲付博士金文鼎，送中原畫先聖及七十子像，並求祭器、樂器、'六經'、諸子、史"⑦。安珦有功於儒家文獻和禮樂器具的傳播，又在境内捐贈金錢，教育人才，是以高麗忠肅王六年（1319）奉之入廟從祀⑧。

三、傳道者的身份認同：傳道者入廟從祀

太宗時司憲府建議朝鮮賢儒入廟的强烈訴求，是文化接受者自我意識的一種體現，是他們充分掌握文化知識後，嘗試跨越文化接受者身份的藩

---

① 《三國史記》，卷四十六，《列傳第六·崔致遠》條，第466—468頁。
② ［宋］歐陽修、宋祁《新唐書》，北京：中華書局1987年版，卷六十，第5册，第1617頁。
③ ［韓］洪鳳漢《東國文獻備考》，漢城：明文堂1981年版，《學校考一》卷二百零二，下册，第355頁。
④ 《三國史記》，卷四十六，《列傳第六·薛聰》條，第468—469頁。
⑤ ［韓］鄭克後《代慶州儒生請賜額西岳書院疏》，《雙峰先生文集·疏》，《韓國歷代文集叢書》，漢城：景仁文化社1999年版，第2234册，卷二，第285頁。
⑥ 《東國文獻備考》，《學校考一》卷二百零二，下册，第355頁。
⑦ 鄭麟趾《高麗史》，載《四庫全書存目叢書》，臺南：莊嚴文化事業有限公司，"史部"第161册，第629頁。
⑧ 《東國文獻備考》，《學校考一》卷二百零二，下册，第359頁。

籬,從溯源朝鮮半島文廟從祀的演變歷程中,認識並探索自身民族在這外來文化中的存在屬性和身份特質,藉著文化參與領悟文廟奉祀的根本意義,繼而從其自身文化的主體性出發,創造本土儒學的從祀標準,發掘當前朝鮮文廟從祀文化的獨有個性。

自太宗九年(1406)司憲府提出選拔賢儒從祀的方案,直至燕山居(1494—1506)爲止,經過八朝君臣的商議,歷時百年的尋覓,朝鮮中央各部衙門依然没法在前朝或本朝之中挑選出一位具備從祀條件的賢儒。雖然,議論未能取得實質的成果,但在朝鮮君臣和大臣之間的長期討論下,各方代表已在入廟從祀的原則上達到共識:他們由個別考量朝鮮先儒的政績大業,以報功崇儒爲標準,決定入廟從祀的人選,轉向至探索本土儒學的師承溯源,建立與中國並行的自身的傳道系譜,續以繼承儒家正統自居,藉此爲朝鮮傳道者創造入廟從祀的資格。

自世宗接下太宗君位,歷經世祖、成宗三朝,朝野一直議論開國功臣權近應否列入文廟從祀。世宗元年(1419)八月,司諫院左司諫大夫鄭守弘等上疏,以權近"大有功於斯文者"爲理由①,獻議權近從祀文廟;同年九月至十月間,京城議政府、六曹官衙討論崔冲、河崙二人是否可連同權近入廟從祀,但議論最終未能取得結果。事隔十四年,權近弟子金泮重提舊議②,於世宗十五年(1433)上書,請六曹及儀禮詳定所擬議本朝權近及高麗朝李齊賢、李穡從祀文廟:

> 凡有功於聖道者,祀之。從祀之典始於漢永平十五年,而祀先聖從以七十二弟子;至唐貞觀二十年,詔以歷代名儒,並令配享;宋理宗朝增以程頤、程顥、張載、朱熹而列諸從祀。本朝亦以崔致遠、薛聰、安珦,增諸從祀之後,吾東方世教尚矣。致遠、薛聰、安珦之後,唯吾益齋李齊賢唱鳴道學,牧隱李穡實傳正印,臣師陽村權近獨得其宗,而近之學之源出於穡,穡之學之正出於齊賢。③

---

① 鄭守弘上疏曰:"竊觀歷代以來,凡有功於斯文者,率皆從祀文廟。我朝文忠公權近以純粹之資,窮性理之學,作《入學圖》,以開後學入道之門;著《淺見録》,以發先儒未盡之藴,繼往開來,功莫大焉。"世宗元年(1419),八月六日。《朝鮮王朝實録》,第2册,第330頁。
② 金泮"字詞源,號松亭,江西人。受業於陽村權近,精於經學。"[韓]安鍾和《國朝人物志》,漢城:明文堂1983年版,上册,第72頁。
③ 世宗十五年(1433),二月九日。《朝鮮王朝實録》,第3册,第442頁。

之前,崔致遠、薛聰和安珦等先儒能夠在儒學文化傳播上作出貢獻,取得事功,已有入廟從祀的資格,然而,分析金泮所説的内容,單憑事功已不足以入廟從祀。崔致遠、薛聰和安珦有功於中華文化的傳播,他們是文化的傳播者;李齊賢、李穡和權近有功於東國道學正統的傳承,以繼承道統正宗爲己任,他們的身份是傳道者。因此,前後兩組先儒的從祀條件顯然不同。金泮宣揚李齊賢三人"唱鳴道學"、"實傳正印"和"獨得其宗"的正統傳承關係,這是對於他們作爲傳道者的一種身份認同,之後這些言論在權近入廟從祀的議論中,成爲儒生申辯的有力憑證。世宗十八年(1436)五月,成均館生員金日孜等上言,褒賞李齊賢"推明道學之正,開示性命之理";李穡"討論經籍之藴,妙契程、朱之志","窮身心性命之源,宗師道而不惑於異端";權近"其所以沿洙、泗、遡濂、洛,而澤潤生民者至矣"。三人繼承了宋代理學的餘緒,延續了周敦頤、程顥、程頤、邵雍、張載和朱熹的道學正統,所以金日孜續有"性命之理明於天下者,孔、孟之功也。孔、孟之道行於東方者,三子之功也"①的評論。

　　從東國道學傳承方面考量,朝鮮儒者在文廟從祀準則上似乎已獲得了一些頭緒,但在延續半個世紀的議論中,成均館文廟依然没法增祀一位朝鮮先儒木主,至世祖二年(1456),集賢殿直提學梁誠之上疏曰:"中國之配享者果皆如孔、孟、程、朱乎? 東方之士皆不可如中國人乎?"②他認爲朝鮮先儒足以配享先聖,原因是彼此俱共同傳授道學正統,當中不存在民族的差異,但這零星的控訴只换來世祖口頭接納的回應,提議没有具體落實,更由於後來成宗懷疑李賢齊、李穡二人傳道不純,雜染佛學,徹底結束了二人連同權近入廟從祀的議論。成宗八年(1477),右承旨任士洪啓曰:"'夢周則誠無間,然未知齊賢之學,果純正否。穡近多有議之者矣。'上曰:'李穡,侫佛者也,安可入文廟乎?'"③李賢齊三人最終未能入廟從祀的原因,是由於朝鮮君臣期望從祀者必須是能夠繼承儒家正統的人選,藉此表明東國道統的正統,並爲朝鮮朝建立起入廟從祀的標準。

　　成宗時東國道統意識有日漸增強的趨勢,這體現在地方文廟的從祀人數上。朝鮮朝各地鄉校皆設置文廟,包括全國州、府、郡、縣的地方行政組

---

① 世宗十八年(1436),五月十二日。《朝鮮王朝實録》,第3册,第676頁。
② 世祖二年(1456),三月二十八日。《朝鮮王朝實録》,第7册,第123頁。
③ 成宗八年(1477),七月二十一日。《朝鮮王朝實録》,第9册,第480頁。

織，而行政級別越低的地方，鄉校文廟奉祀的人數也越少。成宗十六年（1485）七月，議政府議論崔致遠、薛聰和安珦三人遷入縣學文廟大成殿內配享：

> 禮曹啟："儀禮詳定內州縣之學，免祭兩廡諸位，縣學并免殿上十位，唯開城府及諸道界首官徧祭兩廡諸位。"……但薛聰始作吏讀，崔致遠始以文章著，安珦入奴婢於國學，雖於我國有功，其於道統之傳不可與程、朱比倫。與享兩廡於禮亦優，配祀大成殿，恐爲過制。……傳曰："崔致遠、薛聰、安珦固不及周濂溪等道統之傳，宜若只祀國學。……"都承旨權健等議："薛聰等雖於我國有功，豈可比擬於濂溪、程、朱傳道之功耶？"……副提學安處良等議："薛聰等雖有功於國學，非濂溪、程、朱之比。止於界首官有兩廡處從祀爲便。"①

成宗時開城府及八道界首官②徧祭兩廡，孔門弟子、中國賢儒及朝鮮崔致遠、薛聰和安珦三人從祀，此與成均館文廟相同。州、府、郡鄉校文廟罷祀兩廡先賢，而把周敦頤、程頤、薛聰、安珦遷入大成殿東面西向，並置程顥、朱熹和崔致遠西面東向；而在縣級的地方行政單位上，議政府認爲縣學文廟不需要跟從州、府、郡鄉校的陳設變遷，不必把崔致遠、薛聰和安珦三人遷入大成殿從祀，因爲他們僅有功於文化傳播，實在不能與宋儒傳道之功相比。議政府這次頒令具有重要意義，既是區別了朝鮮本土文化傳播者和傳道者的身份差異，確立了文廟從祀的資格，同時又把崔致遠等三人拒於東國道統正宗之外，爲自身儒道系譜的形成確立門檻。

四、東國道學系譜的確立：傳道學脈的旁支

傳道系譜是通過師承淵源的探索，從認同個別傳道者的身份，溯源至

---

① 成宗十六年（1485），七月十日。《朝鮮王朝實錄》，第11冊，第41頁。
② 朝鮮太祖二年劃定各道界首官：慶尚道包括鷄林、安東、尚州、晋州、金海、京山；全羅道包括完山、羅州、光州；楊廣道包括廣州、忠州、清州、公州、水原、交州；江陵道包括原州、淮陽、春州、江陵、三陟；西海道包括黃州、海州；京畿左道包括漢陽、鐵原；右道包括延安、富平。太祖二年（1393），十一月十二日。《朝鮮王朝實錄》，第1冊。

與自己有著一脈相承的傳道者,在共同持有和標榜自身或自身一派的道學正統之餘,堅守儒家所賦予的價值觀,並履行傳道及弘道的使命。由於文廟從祀的準則由儒家道統傳承決定,躋身道統行列的先儒,自然是傳道系譜中的一分子,冠有道學正統的地位,因此,傳道系譜也就是入廟從祀者的人物名錄,被寫入系譜的先儒便獲得從祀的身份,這是宣宗下令朝中大臣撰寫《國朝儒先錄》的原因,以爲東國道學的正統建立起官方所制定的系譜。

　　成宗以後,歷經燕山君十二年亂政,朝鮮朝先後發生了"戊午史禍"(1497)和"甲子士禍"(1504),不少儒生被廢黜或處死,對朝鮮儒學的發展造成了很大禍害。中宗即位後決意重振儒風,主張道學政治,重修成均館,召回被流配的儒生,以改燕山時的歪風。中宗重視性理之學,朝中大臣亦因時導勢,乘勢上疏奏請從祀鄭夢周和金宏弼。中宗十二年(1517),成均生員權磧等曰:

> 惟我東方……廼生儒宗鄭夢周於麗季,研窮性理,學海淵博,默會奧旨,暗合先儒。忠孝大節,聲動當世,制喪立廟,一依《家禮》。文物、儀章皆其更定,建學設校,丕興儒術,明斯道、啓後學,東方一人而已。比學周、程,誠亦有級;比功周、程,殆有同焉。……然其以道自任,隱然遠紹夢周之緒,深究濂、洛之源者,有若金宏弼其人也。……伏惟殿下,廓容光之明,決乾剛之斷,渙發玉音,特賜允可,使夢周、宏弼得從祀文廟,明東方萬世道學之重,而庶斯民知有所宗也,斯道幸甚,士林幸甚。①

鄭夢周是生活在高麗末年的理學大儒,在兩朝交替之間,被朝鮮太宗李芳遠擊殺;金宏弼是燕山君時期的儒生,因捲入老師金宗直的政治迫害,於"戊午史禍"中招致殺身之禍。最初,成均館儒生的原意是獨舉金宏弼入廟從祀,因當時中宗朝金宏弼門人甚衆,尤其中宗近臣趙光祖是其門人,俱協力推薦,而鄭夢周只是兼舉而已②。但爲避免包藏私心之嫌,儒生當時的策

---

① 中宗十二年(1517),八月七日。《朝鮮王朝實錄》,第15册,第308頁。
② "初,生員安處謙、安珽等入館中,首以鄭夢周、金宏弼從祀事倡之……其意乃在從祀宏弼,藉以樹黨,而獨舉宏弼,則人無信服者,故不得已兼舉夢周,初非爲夢周而設計也。"中宗十二年(1517),八月七日。《朝鮮王朝實錄》,第15册,第308頁。

略是把鄭夢周奠定爲朝鮮半島性理學的宗師,就其道學的成就,以及傳道和弘道的貢獻,比及宋代理學大儒,形成東國本土傳道者的師承源頭,再申明金宏弼以傳道爲己任,遠紹鄭夢周的師承淵源,繼承程、朱的道學正統,藉以東國傳道系譜的確立,使二人取得入廟從祀的身分。

對於成均館生員的獻議,中宗召集朝中各部衙門高層長官會議,命他們提供意見,而中宗沒有下任何決定,但他於事前顯然下了一些功夫。在議論期間,中宗首先要求衆臣釐清東國道學的傳承,然後才考慮鄭夢周和金宏弼二人應否入廟從祀。

> 上曰:"昨見太學生上疏,鄭夢周、金宏弼從祀文廟事也。可祀之人,不入於文廟,不可;不可祀之人,祀於文廟,亦不可。東方道學不明,故頃者亦有言之者,今太學生之疏如是,議之可也。"①

中宗提出的討論議題帶有導向性,他所關注的是以東國道學爲本位的師承系譜。據此,衆臣的議論結果是以鄭夢周爲朝鮮理學的開創宗師②,並奉之爲朝鮮傳道系譜的正宗,由此使他成爲朝鮮朝所選入的第一位從祀文廟的本土先儒;至於金宏弼,因爲受到"無發揮聖經之事"的批評,因此,他當時沒有跟隨鄭夢周入廟從祀。自此以後,朝鮮傳道系譜既已確立,日後儒生便可藉以延續鄭夢周的師承系統爲理由,於朝中向國君推薦入廟從祀的適當人選。

中宗十二年(1517)八月九日,宣布鄭夢周正式從祀文廟,這不但落實了朝鮮儒生百餘年的宿願,也標誌著東國傳道系譜今後的發展方向。宣祖三年(1570)十二月一日,副提學柳希春受命撰進《國朝儒先錄》。誠如柳希春所言,此書"仿《伊洛淵源錄》","與濂、洛、關、閩之書并傳於天地之間,

---

① 中宗十二年(1517),八月八日。《朝鮮王朝實錄》,第15册,第309頁。
② 在議論之中,先是檢討官奇遵曰:"吾東方理學不明,人心貿貿,而高麗之末,惟夢周挺生,爲理學之宗,稍開其源。"之後中宗命召政府、六曹長官、臺諫、弘文館,議論鄭夢周、金宏弼從祀等事。各人分别指出:"鄭夢周爲東方理學之祖,内建五部學堂、外設鄉校,皆其規劃。當其時,喪制大毁而立家廟,行三年之喪,其有功於斯文大矣。""鄭夢周,理學爲東方之祖,節義爲萬世之師,發揮聖經,有功斯文。""鄭夢周,窮探性理、踐履篤實,立言垂教,爲一世宗師。其論心性情之説,無不脗合先賢,爲東方理學之祖。"之後弘文館又議:"夢周,挺生千萬世屯昏之後,開東方理學之源,其天人之學、王佐之才、忠孝大節、制作施設之方,載在史籍,概可見矣,從祀文廟,斷在不疑。"中宗十二年(1517),八月九日。《朝鮮王朝實錄》,第15册,第309—310頁。

是表章真儒,扶植正道之盛意"。《伊洛淵源録》是朱熹記録周茂叔以下,二程之交游及門人弟子四十六人之言行,屬於宋人談道學宗派最初的典籍。柳希春仿照《伊洛淵源録》寫成《國朝儒先録》,這其中包涵了重要信息:《國朝儒先録》與《伊洛淵源録》并行,其目的是爲了扶植朝鮮儒家正統的師承淵源,其中記録了東國道統繼承者的言行。在這意義上,文化接受者通過自我身份的認同,使儒家文化在域外傳播中取得傳衍效應,並在中國道學正統的傳承過程中產生了學脈分流的結果。

　　《國朝儒先録》記録了四位朝鮮朝賢儒的言行,其中包括金宏弼、鄭汝昌、趙光祖和李彦迪。《惺齋先生文集·雜著·題國朝儒先録後》曰:"此録中四先生言行事蹟,真可謂吾東方道學之領袖矣。"①及後光海君元年(1608),禮曹乃參照《國朝儒先録》的記録再次申明東國道學正統的傳承人物,其指出:"自高麗鄭夢周始倡絶學,至本朝金宏弼、鄭汝昌、趙光祖、李彦迪等相繼而起,講明道義,發揮經傳。"②由此以傳道系譜中先儒人物作爲推動道統意識的内部動力,帶動儒家文化在朝鮮本土的發展。光海君二年(1610),朝中大臣申述禮曹的看法:

　　　　我太宗大王以鄭夢周陞祀文廟,而國家億萬年之基業其精神命脈專在於此,然則儒先之表章係於理學之興廢,理學之興廢關於世道之污隆者,有如是矣。吾東方理學之源發自文忠公鄭夢周,而厥後紹夢周之緒者:文敬公金宏弼、文獻公鄭汝昌、文正公趙光祖、文元公李彦迪、文純公李滉其人也。③

在《國朝儒先録》的撰寫過程中,已有大臣提出納入李滉的建議④;至光海君時,君臣俱接受以此傳道系譜中的人物,作爲入廟從祀的人選,並允許李滉連同其他四人一起配享文廟。光海君二年(1610)九月五日下教書,以金宏弼、鄭汝昌、趙光祖、李彦迪、李滉等"從祀於文廟東西廡。"自高麗儒臣鄭夢

---

① [韓]琴蘭秀《題國朝儒先録後》,《惺齋先生文集·雜著》,載《韓國歷代文集叢書》,漢城:景印文化社1999年版,第1732册,卷三,第93頁。
② 光海君元年(1608),二月二十一日。《朝鮮王朝實録》,第26册,第25頁。
③ 光海君二年(1610),五月二日。《朝鮮王朝實録》,第26册,第615頁。
④ "時修《儒先録》。趙廷機曰:'李滉文集當同人於四賢之中。'鄭惟一以爲不必然。"宣祖六年(1573),十二月十六日。《朝鮮王朝實録》,第21册,第284頁。

周爲朝鮮朝第一位入廟從祀的先儒，開創了東國道學的正統，直至宣祖期間《國朝儒先錄》成書，金宏弼、鄭汝昌、趙光祖、李彥迪、李滉繼鄭夢周入廟從祀，在此時朝鮮傳道系譜的發展已達至一個重要里程碑。

五、結　語

　　歷代操控朝鮮半島命脈的政權，多能審時度勢，跟隨中原政權的交替改變文廟的制度內容。高麗王朝尊稱佛教爲國家宗教，國君尚能重視文廟從祀的意義，奉崔致遠、薛聰和安珦三人躋身文廟從祀之例，而朝鮮王朝以"儒道立國"自居，弘揚儒道之士多不勝數，當不乏符合從祀文廟的推薦人選。太宗時從祀文廟的標準爲重視朝鮮先儒在文化傳播上的貢獻，這至世宗時發生了轉變：自個別考量朝鮮先儒的功績大業，以報功崇儒爲決定入廟從祀的標準，轉向至探索本土儒學的師承溯源，建立與中國並行的傳道系譜，繼而以東國道學正統自居，奠立儒家傳道者與文廟從祀者的密切聯繫。

　　東國道統傳承決定了文廟從祀的標準，若朝鮮先儒成爲了傳道系譜內的一員，便能夠躋身道統行列，冠有東國儒家正統的地位。因此，傳道系譜無疑是入廟從祀的人物名錄，寫在系譜中的先儒具有文廟從祀的資格。隨著鄭夢周入廟從祀，確立了東國道學的源頭，日後朝鮮儒生便藉以延續鄭夢周的師承系譜，推薦先儒入廟從祀。這反映在儒家文化的傳播上，即爲：基於文化接受者自我身份的認同，產生了文化傳播的傳衍效應，致使在中國道學的正統師承中產生了學脈分流的並行結果。

（作者單位：香港浸會大學中文系）

編後記

　　2014年3月7日至8日,嶺南大學中文系(下簡稱中文系)在蔡宗齊和李雄溪兩位教授的帶領下,召開了爲復刊《嶺南學報》而舉行的第二次學術會議。會議由經學與詩學兩部分組成,命名爲"經學之傳承與開拓國際學術會議暨聲音與意義——古典詩歌新探國際研討會"。經學部分,匯聚了兩岸四地近40位學者,可謂群賢畢至;發表的論文共有34篇,堪稱成果豐碩。

　　嶺大創校,可追溯至清光緒十四年(1888),至今已逾一百二十五年。一直以來,嶺大人皆以傳承和弘揚中華文化爲己任。嶺南大學是香港唯一的一所博雅大學。按照中國傳統文化來詮釋,"博雅"就是"學問淵博、爲人儒雅"。博雅教育的目的,並不是把學生塑造成只有特定用途的某種工具,而是培養全人。這種教育理念,與儒家所强調的"君子不器"是一脈相通的。爲了達致這個目標,嶺大一直致力推行多元化教學,訓練學生的適應、思考和創意能力,培養他們的藝術涵養和人文關懷。嶺大以"作育英才,服務社會"爲校訓,讓學生通過服務社會培養社會良知,將來學有所成、回饋社會,成爲富於理想、勇於承擔的棟梁之材。儒家强調"志於道"、"游於藝",主張經世致用,追求人文素養,與嶺大的理念正相契合。中文系秉承優良傳統,致力推動經學發展。2009年5月29至30日,中文系在經學重鎮中研院中國文哲研究所經學研究室的林慶彰教授的勉勵和協助下,召開了"經學國際學術研討會"。這是香港本地舉辦的首次經學會議,爲香港的經學發展奠下了里程碑。會議論文集,將很快由臺灣萬卷樓出版。時隔五年,在校方的大力支持下,中文系再次舉辦經學會議,適值嶺大創校一百二十五週年誌慶,尤具意義。開幕主禮嘉賓嶺大校長鄭國漢教授致開幕辭,同與會者共勉,説:"在嶺大校園研討經學、探尋詩樂,開拓國學的新視野,讓傳統的學問得以繼續煥發光彩。"

是次會議,學者切磋學問,討論和交流都很充分,體現了原《嶺南學報》"倡導學問,闡揚真理,賞奇析疑"的精神。提交會議的論文都很有份量,都有不同的亮點,都代表着各相關範疇的新研究成果,開拓了經學的新視野,達到了大會預定的目標。

爲向學界展示會議成果,《嶺南學報》將以專輯形式,分兩輯(即第三、五輯)刊載部分會議論文。其中第三輯命名爲"經學的傳承與開拓"。此輯輯録十一篇論文,主題涵蓋"五經",從諸多面向呈現經學的新成果,包括葉國良教授的《〈儀禮〉各禮典之主要禮意與執禮時之三項基本禮意》、陳雄根教授的《孟子深於〈易〉論》、徐興無教授的《釋"詩者天地之心"》、張壽安教授的《清儒的"知識分化"與"專門之學"萌芽——從幾場論辯談起》、郭鵬飛教授的《讀王引之〈經義述聞·爾雅〉札記二則》、蔡長林教授的《皮錫瑞〈詩〉主諷諭説探論》、鄧國光教授的《唐文治先生〈論語大義〉義理體統探要》、單周堯教授的《香港大學"〈春秋〉、〈左傳〉學"研究述要補》、陳遠止副教授的《經學傳承:〈書經〉之中外詮釋》、錢宗武教授的《論韓國〈書〉學文獻的文本狀態及其校勘原則》和盧鳴東教授的《文化接受者的身份認同——朝鮮王朝文廟從祀的形成過程》。此等論文的結集出版,既見證着兩輩學人薪火相傳、潛心經學的研究成果,也足以見證中文系在推動經學發展上踏上了新臺階。

承蒙上述前輩先進的厚愛和支持,惠賜鴻文,專家同道費心審稿,中文系秘書同事周佩欣小姐居中籌劃聯絡,研究生胡家晉、曾穎欣、温卓豪諸位同學幫忙統一論文格式,上海古籍出版社印行,使此集經學專輯得以順利出版,謹致由衷謝忱。

許子濱

2014 年 10 月 30 日於嶺大校園

《嶺南學報》徵稿啟事

本刊是人文學科綜合類學術刊物,由香港嶺南大學中文系主辦,上海古籍出版社出版,每年出版兩期。徵稿不拘一格,國學文史哲諸科不限。學報嚴格遵循雙向匿名審稿的制度,以確保刊物的質量水準。學報的英文名爲 Lingnan Journal of Chinese Studies。

《嶺南學報》曾是中外聞名的雜誌,於 1929 年創辦,1952 年因嶺南大學解散而閉刊。在這二十多年間,學報刊載了陳寅恪、吳宓、楊樹達、王力、容庚等 20 世紀最著名學者的許多重要文章,成爲他們叱咤風雲、引領學術潮流的論壇。

嶺南大學中文系復辦《嶺南學報》,旨在繼承發揚先輩嶺南學者的優秀學術傳統,爲 21 世紀中國學的發展作出貢獻。本刊不僅秉承原《嶺南學報》"賞奇析疑"、追求學問的辦刊宗旨,而且充分利用香港中西文化交流的地緣優勢,努力把先輩"賞奇析疑"的論壇拓展爲中外學者切磋學問的平臺。爲此,本刊與杜克大學出版社出版、由北京大學袁行霈教授和本系蔡宗齊教授共同創辦的英文期刊《中國文學與文化》(*Journal of Chinese Literature and Culture*, 簡稱 *JCLC*) 結爲姐妹雜誌。本刊不僅刊載來自漢語世界的學術論文,還發表 *JCLC* 所接受英文論文的中文版,力爭做到同步或接近同步刊行。經過這些努力,本刊冀求不久能成爲展現全球主流中國學研究成果的知名期刊。

徵稿具體事項如下:

一、懇切歡迎學界同道來稿。本刊發表中文稿件,通常一萬五千字左右。較長篇幅的稿件亦會考慮發表。

二、本刊將開闢"青年學者研究成果"專欄,歡迎青年學者踴躍投稿。

三、本刊不接受已經發表的稿件,本刊所發論文,重視原創,若涉及知識產權諸問題，應由作者本人負責。

　　四、來稿請使用繁體字，並提供 Word 和 PDF 兩種文檔。

　　五、本刊採用規範的匿名評審制度，聘請相關領域之資深專家進行評審。來稿是否採用，會在兩個月之內作出答覆。

　　六、來稿請注明作者中英文姓名、工作單位，並附通信和電郵地址。來稿刊出之後，即付予稿酬及樣刊。

　　七、來稿請用電郵附件形式發送至：yanikachau@ln.edu.hk。

　　編輯部地址：香港新界屯門　嶺南大學中文系（電話：[852]2616－7881）

撰 稿 格 式

一、文稿包括三部分：本文、中文提要及不超過6個的關鍵詞。

二、請提供繁體字文本，自左至右橫排。正文、注釋使用宋體字，獨立引文使用仿宋體字，全文1.5倍行距。

三、獨立引文每行向右移入二格，上下各空一行。

四、請用新式標點。引號用""，書名、報刊名用《》，論文名及篇名亦用《》。書名與篇(章、卷)名連用時，用間隔號表示分界，例如：《史記·孔子世家》。

五、注釋請一律用脚注，每面重新編號。注號使用帶圈字符格式，如①、②、③等。

六、如引用非排印本古籍，須注明朝代、版本。

七、各章節使用序號，依一、(一)、1.、(1)等順序表示，文中舉例的數字標號統一用(1)、(2)、(3)等。

八、引用專書或論文，請依下列格式：
(一) 專書和專書章節
甲．一般圖書
1. 楊伯峻《春秋左傳注》，北京：中華書局1990年修訂版，第60頁。
2. 蔣寅《王夫之詩學的學理依據》，《清代詩學史》第一卷，北京：中國社會科學出版社2012年版，第416—419頁。
乙．非排印本古籍
1.《韓詩外傳》，清乾隆五十六年(1791)金谿王氏刊《增訂漢魏叢書》

本,卷八,第四頁下。

2.《玉臺新詠》,明崇禎三年(1630)寒山趙均小宛堂覆宋陳玉父刻本,卷第六,第四頁(總頁 12)。

(二)文集論文

1. 裘錫圭《以郭店〈老子〉爲例談談古文字》,載於《中國哲學》(郭店簡與儒學研究專輯)第二十一輯,瀋陽:遼寧教育出版社 2000 年版,第 180—188 頁。

2. 余嘉錫《宋江三十六人考實》,載於《余嘉錫論學雜著》,北京:中華書局 1963 年版,第 386—388 頁。

3. Ray Jackendoff, "A Comparison of Rhythmic Structures in Music and Language", in *Rhythm and Meter*, eds. Paul Kiparsky and Gilbert Youmans (San Diego, California: Academic Press, 1998), pp. 15–44.

(三)期刊論文

1. 李方桂《上古音研究》,載於《清華學報》新九卷一、二合刊(1971 年),第 43—48 頁。

2. 陳寅恪《梁譯大乘起信論僞智愷序中之真史料》,載於《燕京學報》第三十五期(1948 年 12 月),第 95—99 頁。

3. Patrick Hanan, "The Chinese Vernacular Story", *The Journal of Asian Studies* 40.4 (Aug. 1981): pp. 764–765.

(四)學位論文

1. 吕亭淵《魏晉南北朝文論之物感説》,北京:北京大學學位論文,2013 年,第 65 頁。

2. Hwang Ming-chorng, "Ming-tang: Cosmology, Political Order and Monument in Early China" (Ph. D. diss., Harvard University, 1996), p. 20.

(五)再次徵引

再次徵引時可僅出列文獻名稱及相關頁碼信息,如:

注① 楊伯峻譯注《論語譯注》,第 13 頁。

九、注解名詞,注脚號請置於名詞之後;注解整句,則應置於句末標點符號之前;若獨立引文,則應置於標點符號之後。

十、英文提要限 350 個單詞之内,中英文提要後附關鍵詞,一般不超過 6 個。

十一、標題及署名格式舉例如下（中英文提要亦按同樣格式署名）：

南北朝詩人用韻考

王　力

北京大學中國語言文學系教授